Luca Pacioli, Constantin Winterberg

Divina proportione : die Lehre vom goldenen Schnitt

Luca Pacioli, Constantin Winterberg

Divina proportione : die Lehre vom goldenen Schnitt

ISBN/EAN: 9783744682053

Hergestellt in Europa, USA, Kanada, Australien, Japan

Cover: Foto ©ninafisch / pixelio.de

Weitere Bücher finden Sie auf **www.hansebooks.com**

FRA LUCA PACIOLI

DIVINA PROPORTIONE

DIE LEHRE VOM GOLDENEN SCHNITT.

NACH DER VENEZIANISCHEN AUSGABE VOM JAHRE 1509

NEU HERAUSGEGEBEN, ÜBERSETZT UND ERLÄUTERT

VON

CONSTANTIN WINTERBERG

WIEN.

VERLAG VON CARL GRAESER.

1889.

VORWORT.

Die Bestrebungen der Neuzeit gingen, wie bekannt, schon längst darauf aus, die verloren gegangenen technischen Grundlagen, welche insbesondere bei der malerischen Composition der Meisterwerke aus der Zeit der Renaissance stets wiederkehren, auf den Grund zu kommen, um so wiederum auf die Kunst der Gegenwart anregend zu wirken. Durch sorgfältige Veröffentlichung der schriftlichen Ueberlieferungen hervorragender Meister jener Periode der Lösung dieser Aufgabe näher getreten zu sein, ist das grosse Verdienst der „Quellenschriften." In der That sind es gerade die technischen Tractate, welchen das unverdiente Schicksal zu Theil ward, entweder unbenützt und theilweise verschollen in den Bibliotheken Italiens zu vermodern, oder wenn etwa in früheren Jahrhunderten publicirt, dem heutigen Verständniss so fern zu stehen, dass nur Wenige sich mit ihrem Studium befassen. Das gilt insbesondere von den Pacioli'schen Tractaten der „Divina Proportione" und dem „Libellus de quinque corporibus regularibus." Als wissenschaftliche Werke unbedeutend, besteht ihr Hauptwerth vielmehr darin, dass sie, im engsten Zusammenhang mit den Bedürfnissen der künstlerischen Praxis entstanden, ein bedeutendes Licht auf die Art der Anwendung mathematischer Disciplinen in den bildenden Künsten insbesondere zur Zeit des ersten Aufschwunges der Frührenaissance werfen. Die vorerwähnten Uebelstände: die schwerfällige veraltete Ausdrucksweise, dazu die oft kaum zu entziffernden Abkürzungen, welche die noch vorhandene aus dem Anfang des 16. Jahrhunderts datirende Ausgabe dieser beiden Werke kennzeichnet, erklärt, warum dieselben unter den ausübenden Künstlern bisher so gut wie verschollen geblieben, abgesehen dass das Studium der nur in wenig Exemplaren auf einzelnen Bibliotheken befindlichen Tractate nur schwer zu ermöglichen war.

Diesen Mangel durch die vorliegende neue Ausgabe zum Theil wenigstens beseitigen, durch dieselbe einen neuen Beitrag zum Verständniss des künstlerischen Schaffens einer grossen Zeit liefern und den Manen des hochverehrten Hofrath von Eitelberger, welcher neben seinem Freunde Ludwig in Rom die erste Anregung dazu gegeben, den Tribut seiner Dankbarkeit weihen zu dürfen, gereicht dem Herausgeber dieses zu besonderer Genugthuung.

Karlsruhe i./B. März 1889.

D. H.

INHALT.

Druckfehler.

Pag. 170, Zeile 2 v. u., statt: „Parosasius" lies: „Parrhasius".

„ 178, „ 12 v. u., „ „hinsichtlich seines Kopfes und der" l. „zu seinem Kopfe und den".

„ 180, „ 1 v. u., „ „von" l. „unter".

„ 181, „ 14 v. o., „ „Lire" l. „Pfund".

„ 185, „ 21 v. o., „ „grösste Künstler" l. „höchste Schöpfer".

„ 186, „ 5 v. o., „ „Ihrer" l. „Ihres".

„ 187, „ 3 v. u., „ „erzeugen" l. „ergänzen".

„ 188, „ 5 v. o., „ „jene verfassen" l. „auf jene verlassen".

„ 189, „ 2 v. u., „ „vorliegendem Excurs" l. „vorliegender Ausfertigung".

„ 191, „ 15 v. o., „ „Parosasius" l. „Parrhasius".

„ 191, „ 16 v. u., „ „wie ich es thue" l. „wie ich mit den meinigen thue".

„ 192 „ 16 v. u., am Ende der Zeile zu ergänzen: „besonders bei uns, wie es auch in jeder anderen erforderlich".

„ 192, „ 9 v. u., statt: „durch" l. „auch".

„ 234, „ 8 v. o., „ „jener" l. „seiner".

„ 235, „ 4 v. o., „ „wenn" l. „dass".

„ 235, „ 5 v. o., am Ende der Zeile zu ergänzen: „werden".

254, „ 15 v. o., statt: „vorbehaltlich" l. „abgesehen".

„ 254, „ 16 v. o., die Worte: „von etwas convexer Form" zu streichen.

261, „ 1 v. u., statt: „Vorspiel" l. „Wortspiel".

„ 289, „ 1 v. o., „ „Anjon und Arafionien" l. „Anjou und Aragonien".

Bem. Die der Uebersetzung im Text gelegentlich beigefügten Zahlen sind, soweit sie sich nicht auf die Noten unterhalb desselben beziehen, zu streichen.

EINLEITUNG.

Unter den wenigen Schriften aus der Frührenaissance, welche von technisch-mathematischen Disciplinen handeln, soweit sie mit der künstlerischen Praxis in Beziehung stehen, dürfte keine das Interesse des Historikers wie des Fachmannes so sehr verdienen, als die ihrer Zeit vielgenannten Tractate Pacioli's. Enthält doch selbst das grösste und bedeutendste Werk aus jener Zeit, Lionardo da Vinci's Malerbuch, im Wesentlichen Nichts, als kurz aneinandergereihte Notizen ohne innern Zusammenhang, über alle möglichen Hilfswissenschaften der Malerei sich erstreckend, woraus die wissenschaftliche Bedeutung des grossen Meisters in keiner Weise genügend hervorgeht. Etwas anderes ist es mit den Schriften Pacioli's, die im Gegensatz dazu trotz aller sonstigen Mängel doch ein fertig durchgearbeitetes Ganze bilden, von um so grösserem Interesse, als sie, wie bekannt, im ersten Anschluss an die künstlerischen Bedürfnisse jener Zeit entstanden, der eine von den fünf regelmässigen Körpern sogar seine Autorschaft nicht von Pacioli, sondern von Piero della Francesca, also einem wirklichen Künstler, ableitet. Erst beim Lesen dieser Schriften gewinnt man einen vollen Einblick in die grossen Schwierigkeiten, welche sich damals selbst bei einfacheren Problemen der Geometrie den Künstlern, darboten und man kann nicht genug die Einsicht und Energie bewundern, mit welcher die hervorragendsten unter ihnen sich unablässig bemüht, mit den mangelhaften wissenschaftlichen Mitteln, wie sie vom Alterthum her überkommen, die für ihre Zwecke nothwendigen Fragen zu erledigen.

Fra Luca Pacioli, dem Franziskanerorden angehörig, ist nach Libri [1]) im Jahre 1450 zu Borgo San Sepolcro geboren, demselben im Toscanischen Apennin gelegenen Flecken, wo auch der vorerwähnte Pierro della Francesca das Licht der Welt erblickte, dessen wissenschaftliche Beziehungen zu jenem an einem anderen Orte genauer zu discutiren sein werden. Von Pacioli's Lebensverhältnissen ist wenig bekannt; erst nach seinem Tode wird er von den Autoren jener Zeit öfters citirt. Nach Montucla [2]) habe er auf Befehl seiner Vorgesetzten Reisen in den Orient gemacht, wo er vielleicht mit der arabischen Wissenschaft näher vertraut ward. Die Resultate seiner Studien finden sich in seinem Hauptwerke der: „Summa di arithmetica" niedergelegt. Das Werk dürfte deswegen auch von praktischem Interesse sein, als sich darin ausser dem algebraischen ein von Geometrie handelnder Abschnitt findet, wo insbesondere von den Proportionen die Rede ist, unter denen speciell den stetigen die grössere Brauchbarkeit zuerkannt und eine Reihe darauf bezüglicher Sätze abgeleitet wird, die in der That weniger aus theoretischer Speculation als aus praktischem Bedürfnisse hervorgegangen scheinen. Da der goldene Schnitt darin als specieller Fall auftritt, so scheint das auf einen gewissen Zusammenhang mit der weiter unten zu besprechenden „Divina proportione" hinzudeuten. Pacioli stand nämlich, wie berichtet wird,[3]) mit den hervorragendsten Künstlern seiner Zeit in wissenschaftlichem Verkehr. Von Piero della Francesca, seinem älteren Landsmanne, heisst es insbesondere, dass dieser ihn in den mathematischen Disciplinen unterrichtet habe, und selbst der gefeierte Lionardo da Vinci verschmähte es nicht, zur Divina proportione die Figuren zu entwerfen. Es sind dieselben Zeichnungen der fünf regelmässigen und aus diesen durch Abschneiden der Ecken oder pyramidale Erhöhung der Flächen abgeleitete Körper, die sich bei späteren Autoren von Tractaten über Perspective wiederholen. Vielfach spricht ausserdem Pacioli selbst von seinen freundschaftlichen Beziehungen zu beiden Meistern. Piero insbesondere bezeichnet er in der Einleitung des zuerst genannten, dem Herzog Guidu-

[1]) Libri, Histoire des sciences mathématiques III.

[2]) Montucla, Histoire des sciences mathématiques.

[3]) Vasari vite.

baldo von Urbino gewidmeten Hauptwerkes als „il monarca alli tempi nostri della pictura", während im Tractate vom goldenen Schnitt die freundschaftlichen Beziehungen zu Lionardo mehrfach betont und dessen Cenacolo, wie auch die leider nur im Modell vollendete Reiterstatue des Herzogs von Mailand unter unter den Meisterwerken jener Zeit genannt werden. In demselben Tractate finden sich überdies mehrfach Namen ausübender Künstler, die beim Autor Belehrung über praktische Fragen gesucht, insbesondere wird mit Genugthuung auf den Beifall hingewiesen, welchen seine zu Florenz, Mailand und anderen Orten gehaltenen wissenschaftlichen Vorträge bei Hoch und Niedrig gefunden, die Herzoge und Fürsten durch ihre Anwesenheit zu verherrlichen pflegten. Aus diesem lebendigen Verkehr von Theorie und Praxis, von Wissenschaft und Kunst gingen wesentlich wohl jene beiden Tractate hervor, die nicht sowohl als Resultate theoretischer Forschung anzusehen sind, als vielmehr vorwiegend praktischen Zwecken des ausübenden Künstlers ihre Entstehung verdanken. Von ihnen ist der erste, der hier vorgelegte De divina proportione, gegen Ende des fünfzehnten Jahrhunderts entstanden und Anfang des sechzehnten zum erstenmale publicirt worden. Derselbe ist dem Herzog Lodovico Sforzo, genannt il Moro, gewidmet und bildet eigentlich nur den allgemeinen oder theoretischen Theil als Einleitung eines zweiten Tractates von den fünf regelmässigen und daraus abgeleiteten Körpern, welcher sich mit der Lösung bestimmter, in Zahlen ausgedrückter geometrischer Probleme der künstlerischen Praxis beschäftigt. Der gleichsam nur als Anfang dem zuerst genannten angefügte kurze Tractat über Architektur steht sachlich ziemlich ausser Zusammenhang mit jenem, es sei denn, dass man einen solchen annimmt, wie Libri a. a. O. darin zu erkennen glaubt. Derselbe sagt nämlich, indem er von der Divina proportione spricht, Pacioli habe darin nachweisen wollen, wie jene Proportion, welche man auch als goldener Schnitt benennt, in den Gliederungen aller wohlgebildeten menschlichen Gestalten ebenso wie in den Gebilden der Kunst, der Architektur insbesondere sich finde, und überall da wiederkehren müsse, wo etwas Schönes entstehen solle, so dass sogar die Buchstaben des Alphabets, dieser Regel entsprechend, zu construiren seien. Nun ist aber das, was Pacioli in jenem

Tractat über Architektur von der menschlichen Gestalt sagt, im Wesentlichsten nichts, als eine Wiederholung der Vitruv'schen Angaben, und das Gleiche lässt sich auch hinsichtlich der Säulenordnungen behaupten, umsomehr als der Autor selber keinen Hehl daraus macht. Bei Vitruv aber, und ebenso bei allen Architekten der Renaissance, die wie Serlio, von ihm geschöpft, spielt nicht der goldene Schnitt, sondern vielmehr das auf Grund der musikalischen Accorde abgeleitete harmonische Zahlenverhältniss die Hauptrolle. Was endlich das Alphabet betrifft, so ist dasselbe nebst den vom Autor gegebenen constructiven Bestimmungen am Ende des Tractates hinzugefügt, wonach sich Jeder selber überzeugen kann, inwieweit nach dieser Seite die Ansicht Libri's motivirt erscheint. Wäre sie dennoch begründet, so müsste man umsomehr fragen, mit welchem Rechte ein Werk jüngeren Datums [1]) etwas als völlig neu ausgeben durfte, was bereits vor dreihundert Jahren bekannt war. Gleichwohl steht fest und geht aus den im Tractat selber gelegentlich verstreuten Bemerkungen hervor, dass Pacioli, wenn er auch den goldenen Schnitt nicht als Basis eines allgemein giltigen Natur- und Kunstprincipes auffasst, doch dessen Bedeutung beiweitem überschätzt. Geht er doch so weit, in seinem Enthusiasmus zu bekennen, dass durch diese seine Entdeckungen die Wissenschaft an den Grenzen des menschlicher Fähigkeit Möglichen angelangt und künftige Fortschritte nur durch Erweiterung des bisherigen, nicht aber durch Erfindung neuer Theorien zu erhoffen sei. Naive Auslassungen dieser Art mochten die für die damalige Zeit neuen Resultate veranlassen, wonach nicht nur die fünf regulären, sondern überhaupt alle möglichen durch Abschneiden der Ecken und so fort daraus erhaltenen Modificationen dem goldenen Schnitt direct oder indirect bezüglich ihrer Formverhältnisse sich unterworfen zeigen. Ja es weist sogar eine gelegentliche Aeusserung darauf hin, in welchem Sinne der Autor jene künftig zu erhoffende Erweiterung der Wissenschaft verstanden wissen will, denn er denkt sich seine Theorie des Ueberganges von den einfacheren zu den complicirteren, das heisst von einer grösseren und grösseren Flächenzahl umgrenzten

[1]) A. Zeising, Neue Lehre von den Proportionen des menschlichen Körpers. [illegible]

Körpern, die sich durch Eckenabschneiden aus jenen ergeben, gleichsam als Ersatzmittel für die Differentialrechnung, um auf diese Art zu allen möglichen krummflächig begrenzten Körpern zu gelangen, wie er am betreffenden Orte ausdrücklich durch den Ausdruck „in ogibilibus" andeutet.[1]) Ausserdem haben für ihn jene Körper auch eine praktische und ästhetische Bedeutung: Abgesehen von dem Lobgesang auf die fünf regulären Körper, mit welchem er den bezüglichen Tractat beginnt, versäumt er keine Gelegenheit, Architekten und Bildhauern die praktische Anwendung derselben zu empfehlen, weil die Regelmässigkeit ihrer Form dem Beschauer ästhetisches Wohlgefallen gewähre, so dass selbst Phidias, der grösste Meister der Antike, dieselben anzuwenden nicht unterlassen habe.

Bei der grossen Bedeutung, welche als Leitfaden für Künstler und Techniker Pacioli's Divina proportione ihrer Zeit in Anspruch nahm, liegt neben dem historischen Interesse die Frage nach dem theoretischen und praktischen Werth des Tractats, insbesondere des goldenen Schnittes, vom Standpunkte der heutigen Kunstwissenschaft nahe, umsomehr als schon das Alterthum diesem Verhältniss, wie der Name anzudeuten scheint, eine besondere Wichtigkeit beilegte, wie denn Euklid im Wesentlichen bereits alles das bekannt war, was Pacioli über die Divina proportione beibringt: denn alle darin enthaltenen Sätze lassen sich als nothwendige Folgerungen aus der Definition selbst ableiten. So erklärt es sich denn, dass mit dem Wiedererwachen des Studiums der Antike das Interesse für Pacioli's Schriften, die wesentlich nichts Neues boten, und damit auch das für den goldenen Schnitt allmählich zurücktrat. Erst lange nachher, in der Mitte dieses Jahrhunderts, ward in der erwähnten Schrift der Gegenstand von neuem aufgenommen und in einer allgemeineren Auffassung der goldene Schnitt nicht nur als morphologisches Princip der Naturgebilde, sondern auch als ästhetisches Grundprincip alles Kunstschaffens aufgefasst, also dieselbe Bedeutung, welche nach Libri von Pacioli bereits der Divina proportione beigelegt, von neuem in den Vordergrund gestellt. Es handelte sich zunächst darum, auf Grund dieses

[1]) Wenn nicht etwa ein Druckfehler anzunehmen und zu lesen ist: „in agibilibus" (vgl. die betr. Stelle des Textes.)

Princips einen sogenannten Kanon der menschlichen Gestalt zu construiren. Das Bemühen, eine Normalfigur für die Zwecke der Kunst herzustellen, hat an sich nichts Befremdliches. Schon in alten Zeiten, bei den Aegyptern wie den Griechen, mögen derartige Vorbilder existirt haben. Das gewöhnliche und natürlichste Verfahren besteht darin, aus einer Anzahl von Messungen an möglichst normal gebildeten, sonst aber nach Alter und Geschlecht verschiedenen Individuen die linearen Verhältnisse der einzelnen Körpertheile bezüglich zur Gesammtlänge des Körpers zu bestimmen, und daraus nach dem Princip der Wahrscheinlichkeitsrechnung den mittleren Werth abzuleiten. Daraus ergibt sich der sogenannte Kanon, der also gewissermassen als allgemeiner Typus ohne individuelle Eigenthümlichkeiten anzusehen ist. Allein der Künstler stellt keine Typen, sondern stets Individuen dar, wären es auch noch so ideale, wie die antiken Göttergestalten, die mit Unrecht als Typen bezeichnet werden, denn es wohnt ihnen allen doch stets ein bestimmter individueller Charakter inne. Diesen darzustellen, müsste der Künstler in jedem Falle die entsprechenden Modificationen seines Kanons kennen, welche Modification um so grösser, je weniger bei der Herstellung des Kanons Individuen entsprechender Art in Betracht gezogen werden. Es fragt sich in der That, ob anstatt eines in vorheriger allgemeiner Weise abgeleiteten Kanons es für die Zwecke des Künstlers nicht rathsamer wäre, nicht nur für jedes Alter und Geschlecht, sondern auch für jeden individuellen Charaktertypus aus einer Anzahl entsprechender normal gebildeter Individuen specielle kanonische Formen abzuleiten, wie ja auch die hellenische Plastik nicht einen, sondern verschiedene Typen als solche aufweist. Immerhin mag es im Interesse der Kunst liegen, ein allgemeines festes Gesetz aufzusuchen, demgemäss sich die normalsten Körperformen geometrisch construiren lassen. Zu diesem Zwecke ward, wie bekannt, auch der goldene Schnitt benutzt. In der That haben die Messungen Zeising's und die darnach vorgenommenen Constructionen normaler menschlicher Figuren (cfr. unter Anderen Brocheneck, die männliche und weibliche Normalgestalt) ergeben, dass die Verhältnisse des goldenen Schnittes den wirklichen Naturformen ebensowohl, wie auch den besten Bildungen der antiken Kunst sich mit relativ unbedeutenden Abweichungen anschliessen, derart, dass sich unter Zugrundelegung dieses Gesetzes wiederum eine Art von „Kanon" ergibt, der von dem auf die andere Art enthaltenen kaum wesentlich abweicht. Aber mit Recht bemerkt Harless, dass auch jede beliebige andere stetige Proportion durch fortgesetzte lineare Theilung zu demselben Resultate führen müsse, weshalb von einem morphologischen Princip, nach welchem alle Organismen im Sinne des goldenen Schnittes sich gliedern, zu abstrahiren ist. Im Gegentheil wird jede sonst noch eingeschlagene Methode, sofern sie nur von Resultaten begleitet ist, welche den natürlichen Formen und den daraus durch directe Messungen abgeleiteten Mittelwerthen keinen Zwang anthun, denselben Erfolg haben, ohne dass der einen vor der anderen darum der Vorzug gebührt, ob wir mit Carus von der Wirbelsäule aus die natürliche Gliederung der Form suchen oder wie Schmidt eine an sich ganz willkürliche geometrische Construction zu Grunde legen oder wie Quetelet und nach ihm Trost rein empirisch verfahren.

Die einzig rationelle und einzig denkbare Art, einen Kanon der menschlichen Gestalt im wahren Sinne des Wortes zu schaffen, wäre offenbar die, auf Grund der organischen Bildungsgesetze, welche seit seiner ersten Entstehung im Embryo die Entwickelung des Menschen begleiten. Diese aber zu ergründen, sind wir noch weit entfernt und werden es, wie der oben citirte Autor bemerkt, für immer wohl bleiben. So nützlich auch im übrigen der goldene Schnitt in seiner Anwendung auf die äussere Gestaltung des menschlichen Körpers sich für das künstlerische Studium erwiesen, so bleibt er doch nur eins von den unendlich vielen Mitteln, welche den gleichen Erfolg ergeben, also etwas ganz Aeusserliches.

Anders verhält es sich aber mit der ästhetischen Wirkung, welche nach diesem Princip gegliederte Formen dem Beschauer erzeugen. Soll das Auge bei der Betrachtung eines Gegenstandes die Empfindung von gesetzmässiger Gliederung seiner Theile empfangen, so ist in erster Linie erforderlich, dass das fragliche Gesetz möglichst einfach sei, um sich auf den ersten Blick als solches kundzugeben. Das einfachste Verhältniss aber wäre das der Gleichheit aller Theile, welches jedoch aus naheliegenden Gründen als ästhetisches Princip hier ausser Acht bleiben kann. Die demnächst einfachsten Verhältnisse wie $1 : \frac{1}{2} : \frac{1}{4} : \frac{1}{8}$ kann das Auge durch Vergleich zweier benachbarter Strecken zwar noch unterscheiden, doch schon das harmonische Verhältniss $1 : \frac{1}{2} : \frac{1}{3} : \frac{1}{4}$ würde sich ohne andere Hilfsmittel schwer erkennen lassen, und noch schwieriger fast unmöglich würde bei complicirteren Zahlen, z. B. solchen, die in bestimmten Intervallen wachsen, die Schätzung ihrer Verhältnisse, es sei denn, dass die Einheit oder der Modul der Eintheilung in allen Theilen des Gebildes wiederkehrt, wie etwa bei den Quadern oder Backsteinen eines complicirteren Bauwerkes. Aber es handelt sich bezüglich des ästhetischen Eindrucks auch weniger um den Zahlenwerth der Verhältnisse, als darum, die gesetzliche Durchführung eines solchen im Ganzen wie in allen seinen Theilen oder mit anderen Worten die Gliederung desselben nach einem bestimmten Rhythmus zum Bewusstsein zu bringen. Nun sind von Proportionen im allgemeinsten Sinne bekanntlich zweierlei: arithmetische und geometrische zu unterscheiden. Von jenen werden die successiven Glieder einer Reihe durch Addition oder Subtraction, von diesen durch Multiplication oder Division aus den Anfangsgliedern abgeleitet. Die einfachste Form für Reihen der ersten Art wäre somit die, wo nur zwei Anfangsglieder a und b willkürlich anzunehmen sind, aus denen die folgenden durch die Relationen $c = a + b$, $d = b + c$, $e = c + d$ u. s. f. abgeleitet werden können. Jeder solchen Reihe liegt, wie schon andern Orts [1]) hervorgehoben, ein gewisses organisches Princip zu Grunde, welches sagt, dass aus zwei schwächeren ein stärkeres, oder umgekehrt aus diesem zwei schwächere hervorgehen, wie etwa beim Baumwuchs. [2]) Es liegt auf der Hand, dass das Auge durch den Vergleich je dreier aufeinanderfolgender Glieder bei

[1]) Das Malerbuch Lionardo da Vinci's in Jahrbücher der königlich preussischen Kunstsammlungen 1887.

[2]) Versteht man unter a, b, a' b' nicht Zahlengrössen, sondern je zwei sich unter einem Winkel begegnende lineare Kräfte, unter c c' deren Resultanten nach Grösse und Richtung, so ergibt die Zusammensetzung der zwei letzteren eine neue Mittelkraft, u. s. f. wie nebenstehende Figur andeutet.

jeder so gebildeten Reihe, indem es dieselben überfliegt, ihr Bildungsgesetz sofort erkennen wird. Dagegen würde es die Gleichheit zweier geometrischer Verhältnisse $\frac{a}{b}$ und $\frac{c}{d}$, welche zwischen vier auf derselben Linie aneinanderstossenden Stücken *a*, *b*, *c*, *d* bestehen soll, nicht ohne weiters übersehen. Der Blick würde zunächst von *a* nach *b* gleitend, diese Längen vergleichen, sodann von *b* nach *c* übergehend dasselbe versuchen, ohne dafür einen Anhalt aus dem Verhältniss der beiden ersten Stücke zu finden, und somit eine Lücke in der Betrachtung empfinden. Erst wenn diese durch die Bestimmung ausgefüllt wird, dass das Verhältniss von $\frac{a}{b}$ gleich dem Nachbarverhältniss $\frac{b}{c}$ sein soll, wie bei stetigen Proportionen, ist ein fortlaufender Vergleich und somit eine Erkenntniss des Rhythmus möglich. Tritt ferner zu dieser einfachsten dem Auge stets kenntlichen geometrischen Proportion die Bedingung, dass zwischen den drei Grössen *a b c* auch das arithmetische Verhältniss $a + b = c$ stattfinden soll, so ergibt sich dadurch das, was als goldener Schnitt bezeichnet wird, dessen Vorkommen in der organischen Natur hiernach nichts Auffallendes haben dürfte, während zugleich die doppelte Beziehung, welche unter je dreien seiner Glieder stattfindet, dem Auge unmittelbar und ohne weitere Hilfsmitteln klar wird. Alle anderen, in der Kunst zur Anwendung kommenden Proportionen, insbesondere die harmonische Theilung, bedürfen, um sie dem Beschauer zu verdeutlichen, solcher Hilfen wie die in perspectivisch gleiche Abschnitte getheilten, im Augenpunkt convergirenden Senkrechten zur Bildebene, welche erst mittelst des durch sie und die zur Bildebene parallelen Linien entstehenden perspectivischen Quadratnetzes das Gesetz ihrer Theilung dem Auge vollkommen verständlich machen. Die Schwierigkeit ist hierbei schon deshalb grösser, weil zwei Glieder der Proportion voneinander unabhängig bleiben, woraus sich für das Auge stets die oben angedeuteten Inconvenienzen ergeben. Die Anwendung des goldenen Schnittes als Constructionsprincip für die äussere Form des menschlichen Körpers wird, den vorherigen Erläuterungen gemäss, zwar nie das uns unbekannte Naturgesetz ersetzen können. Es wird vielmehr ein Surrogat stets sein und bleiben, wie alle übrigen Versuche dieser Art, einen Kanon zu construiren. Aber unter allen den Principien, welche in diesem Sinne bis jetzt beim menschlichen Körper angewandt worden, und weiterhin auch bezüglich anderer Organismen, für welche die vorher erläuterten Bedingungen zutreffen, Anwendung versprechen, dürfte keinem der Vorzug ästhetischer Vollkommenheit mit mehr Recht zukommen, als diesem, insofern die Durchführung dieses Gesetzes und der dadurch im Ganzen und den Theilen erzeugte Rhythmus dem unbefangenen Blick sich leichter als andere offenbart. Dass es der Kunst überhaupt möglich, einen solchen Rhythmus in der menschlichen Figur zum Ausdruck zu bringen, wird Niemand in Abrede stellen, der nach dieser Seite die Formen der Antike einer genaueren Betrachtung gewürdigt. Trotz aller Vorzüge ist doch nicht zu leugnen, dass genug Fälle eintreten können, wo nichts weniger als der goldene Schnitt am Platze wäre. Musikalische Accorde nach der Scala des goldenen Schnittes construiren zu wollen, würde ebenso widersinnig sein, als die Eintheilung des menschlichen Körpers nach dem Princip der Harmonie der Töne. Nur da, wo aus der Sache selbst dieses oder jenes Verhältniss sich naturgemäss von selbst ergibt, wird dessen Wahl vor anderen den Vorzug haben. Ob übrigens Pacioli selber die hier angedeuteten Beziehungen bekannt gewesen, bleibt zweifelhaft. Die Divina proportione enthält davon, ausser den vorherigen Andeutungen, nichts von Bedeutung.

Dem Inhalte nach zerfällt der Tractat in vier Gruppen. Die erste gibt eine Anzahl elementarer Sätze über den goldenen Schnitt, die übrigens ohne innere Nothwendigkeit willkürlich aneinandergereiht sind, wobei hinsichtlich der Beweise auf die betreffenden Stellen Euklid's verwiesen wird, so dass es des Verständnisses wegen nothwendig schien, die meisten dieser Sätze kurz zu erläutern, wie im Anhang am Ende des Tractates geschehen. Uebrigens wären für das Folgende bei Weitem nicht alle nöthig gewesen. An sie schliesst sich eine zweite Gruppe, welche sich mit der geometrischen Construction der fünf regulären Körper beschäftigt, die, da sie ohne Kenntniss der neueren Geometrie und der Theorie polarer Gebilde auf rein elementarer Grundlage fusst, naturgemäss etwas umständlich ausfällt.

Nachdem diese Gruppe mit dem Nachweis beschlossen, dass im Gegensatze zur unendlichen Zahl regulärer Polygone nur fünf entsprechende Körperformen existiren, werden in den folgenden eine Reihe gegenseitiger Ein- oder Umschreibungen besagter Körper discutirt, derart, dass entweder Ecken auf Ecken oder Flächen auf Flächen oder Ecken auf Flächen oder Flächen auf Kanten fallen, wobei Pacioli den schon von Tartaglia [1]) gerügten Fehler begeht, eine Anzahl von Fällen mit Stillschweigen zu übergehen, ja in einem Falle: der Einschreibung des Octaeders ins Icosaeder, unter Beibringung mysteriöser Gründe den Nachweis versucht, dass dieser Fall unmöglich sei. Es schien darum im Interesse der Sache nothwendig, die Gesammtheit aller möglichen Fälle gegenseitiger Einbeschreibungen auf Grund der Theorie von Pol und Polare im Anhang kurz zu erledigen. Zu jener absonderlich klingenden Annahme hat übrigens Pacioli, wie es scheint, eine aus dem Alterthum stammende Tradition veranlasst, und zeigt recht evident, wie fest die Macht der Vorurtheile selbst unter den Gelehrten damaliger Zeit wurzelte. Die platonische Lehre von den vier Elementen, welcher er als fünftes die Himmelskraft hinzufügt, glaubt der Autor nämlich auf die fünf Körper anwenden zu müssen, indem er sie dem Grade der Vollkommenheit der einfachen Stoffe, welche sie symbolisch vertreten, entsprechend vertheilt. Diesen Vollkommenheitsgrad aber bestimmt er je nach der Anzahl derer, welche sich in jedem derselben einbeschreiben lassen, wobei das Dodekaeder als das vollkommenste, alle vier in sich aufnimmt, das Icosaeder aber als das nächst vollkommene, nur drei Einschreibungen zulässt. Uebrigens sieht man schon aus der Umständlichkeit der Behandlung dieses Gegenstandes, dass sich der Autor dabei weniger als anderswo selbständig fühlt. Als Schluss dieses Theiles behandelt der Inhalt eine Anzahl als „abhängige" von den fünf regulären Körpern bezeichnete Formen, beschränkt sich aber dabei auf die blosse Beschreibung. Alle lassen sich, mit Ausnahme des 72-Flächners, aus jenen durch Abschneiden der Ecken oder pyramidales Aufhöhen der Flächen ableiten.

---

[1]) Tartaglia, General-Trattato di Matematiche.

Die letzte Gruppe beginnt nach einem längeren Intermezzo mit der Deduction der Inhaltsbestimmungen von Prismen, Cylindern, ganzen und abgestumpften Pyramiden und Kegeln ohne Beweis; nur einmal wird nachzuweisen versucht, warum die Pyramide genau den dritten Theil des Volumens vom Prisma gleicher Grundfläche und Höhe ergeben müsse.

Hiermit ist wesentlich der mathematische Inhalt des Tractates erschöpft. Als Anhang schliesst sich, wie bemerkt, in zwanzig Capiteln ein kurzer Abriss über Architektur an. Er enthält ausser einer umfangreichen, sachlich interesselosen Einleitung die hauptsächlichsten, von Vitruv entnommenen Angaben und praktischen Regeln, soweit sie sich auf Säulenconstruction und Säulenbau beziehen. Vorangestellt ist eine kurze, ebenfalls Vitruv entlehnte Zusammenstellung der menschlichen Körperverhältnisse, welche nach jenem Autor den ältesten Säulengliederungen zum Vorbild gedient.

Hinsichtlich der Methoden, soweit sie wissenschaftlich als solche in Betracht kommen, sind bereits die ihnen anhaftenden Mängel im Allgemeinen hervorgehoben. Ausser den ohne Beweis vorausgeschickten Sätzen vom goldenen Schnitt kommen bei der Behandlung der fünf regulären Körper und der Deduction ihrer gegenseitigen Beziehungen neben dem Pythagoräischen Lehrsatze den Sehnen- und Tangentensätzen des Kreises, wie sie im Euklid sich finden, kaum andere Theorien in Betracht. Mittelst solcher Sätze werden die Höhen der zur Grundebene parallelen Schnitte bestimmt, welche man an entsprechenden Stellen durch die Körper hindurchlegt und ebenso die relativen Coordinaten oder gegenseitigen Abstände der Eckpunkte dieser Schnitte. Dass ein so elementares Verfahren nur auf umständlichsten Verfahren zum Ziele führt, leuchtet ein. Bei dem Dodekaeder z. B. würde schon die Zuhilfenahme des ihm eingeschriebenen Cubus die Construction vereinfacht haben; ebenso würde die des Icosaeders, wenn man sie nicht als polare Figur des Dodekaeders herleiten will, sich mit Zuhilfenahme des umschriebenen Würfels weit bequemer gestalten, dessen Seiten je eine Kante des Icosaeders enthalten. Dass Pacioli dies Verfahren dem complicirteren nicht vorzieht, erklärt sich dadurch, dass es seinem Princip vom Einfacheren zum Complicirteren fortzuschreiten widersprochen hätte, die gegenseitigen Beziehungen der fünf Körper zu erörtern, ohne vorher die Bildung der einzelnen für sich genau untersucht zu haben. Er spart darum die Untersuchung dieser Beziehungen für die dritte Gruppe. Die Unzulänglichkeiten dieses Theiles sind bereits hervorgehoben worden. Er bietet überdies nichts, was uns nicht schon bei Euklid begegnet. Das fünfzehnte Buch desselben enthält dieselben zwölf Probleme gegenseitiger Einschreibung regulärer Körper, welche Pacioli hier wieder aufnimmt. Die übrigen noch möglichen Fälle entgehen ihm: ja er stellt sie sogar aus oben erwähnten Gründen in Abrede. Auch darin war er übrigens nicht der Erste, sondern bereits sein Vorgänger Cumpanus hatte die gleiche Ansicht vertreten. Doch schon Tartaglia bewies, wie bemerkt, die Haltlosigkeit dieser Ansicht und fügte zwei neue Fälle, die Einschreibung des Icosaeders in den Kubus und den von Pacioli geleugneten Fall, hinzu. Des letzteren Beweismethoden sind überdies bei Weitem klarer und kürzer als die unbehilflichen Methoden Pacioli's. Aber erst die neuere Geometrie vermochte in eleganter Deduction die volle Anzahl aller möglichen Fälle darzuthun, indem sie aus jedem der bis dahin bekannten die polare Figur ableitete und dadurch die Zahl verdoppelte. Auch die letzte Gruppe zeigt nichts weniger als eigene Arbeit des Verfassers, vielmehr scheinen die Notizen bezüglich der nicht in die Gruppe der regulären zu zählenden Körper nur den Zweck zu haben, für die in dem folgenden Tractat, dem Libellus enthaltenen auf diese bezüglichen Probleme die allgemeinen Regeln noch kurz in Erinnerung zu bringen.

Für die heutige knappe und präcise Ausdrucksweise hat die weitschweifige, unbeholfene Satzbildung, wie wir sie in beiden Tractaten antreffen, etwas Ungeniessbares. Schon die Zeitgenossen bezeichnen seine Schreibweise in wenig schmeichelhafter Art als: „Ceneraccio" (Aschenlauge, Schmutzbrühe). In der That ist es nicht blos die halb latinisirte an das heutige klangvolle Italienisch gewöhnten Ohren befremdliche Wortbildung, auch bezüglich des Gedankenganges findet sich keineswegs überall jene strenge Logik festgehalten, die wir als einen Vorzug der classischen Zeit zu schätzen wissen. Mathematische Lehrsätze finden sich nach damaligem Brauch mit dogmatischen Absurditäten und bigottestem Aberglauben im bunten Gemisch. Nicht selten sind ganze Episoden eingeschaltet, welche zur Sache ohne irgend welche Beziehung, den Ideengang ohne Noth unterbrechen. Doch darf man nicht ungerecht urtheilen. Denn wohl mochte der durch seine mündlichen Vorträge routinirte Mönch mit Rücksicht auf das Publicum, welchem er seine Lehren deducirte, worunter, wie erwähnt, keineswegs ausschliesslich Künstler und Techniker, sondern auch Fürsten, hohe Herren zu zählen, denen es weniger um den Ernst der Wissenschaft als um leichte Unterhaltung zu thun, die Nothwendigkeit eingesehen haben, das ermüdende Einerlei trockener Prosa hin und wieder durch derartige Episoden zu unterbrechen. In der Divina proportione schien dies um so nöthiger, als der Tractat dem Herzog von Mailand gewidmet, sich in der That auch formell als ein an dessen Person gerichteter mündlicher Vortrag darstellt.

Mehr historisches Interesse, insofern sich daran der Name Lionardo da Vinci's knüpft, dürften die dem Tractate beigegebenen Tafeln beanspruchen, welche eine grössere Zahl von Zeichnungen regulärer und daraus abgeleiteter Körper theils in Skeletform, theils als Vollkörper enthält, derart, wie sie von da seither in den meisten Werken perspectivischen Inhaltes übergegangen sind. Offenbar sah man darin ein wesentliches Mittel, zunächst durch solche Zeichnungen eine gewisse Uebung zu erlangen, auch bei weniger scharf gegliederten Contouren der natürlichen Organismen die relative Lage der einzelnen, sie umgrenzenden Flächentheile richtig taxiren und dementprechend perspectivisch darstellen zu können, ähnlicherweise wie der Künstler seine Studien zuerst mit dem Zeichnen nach Gypsfiguren beginnt, ehe er sich zu den natürlichen Modellen wendet. Für den vorliegenden Zweck durften sie daher um so eher entbehrlich sein, als sich, wie bemerkt, keineswegs etwas Eigenartiges darin bietet, sofern sie fast in allen perspectivischen Abhandlungen jener Zeit sich wiederfinden, abgesehen davon, dass die Herstellung der nicht geringen Anzahl von Platten eine nicht unwesentliche Erhöhung der Kosten veranlasst haben würde.

Die Neuausgabe der Divina proportione stellte sich zwar zunächst den Zweck, den alterthümlichen, durch Abkürzungen aller Art fast ungeniessbar gewordenen Text der früheren Ausgabe wieder lesbar zu machen und zugleich die sachlichen Mängel und Ungenauigkeiten zu berichtigen, um dadurch den Ueberblick und Beurtheilung der wissenschaftlichen Hilfsmitteln, über welche die damalige Kunst verfügt, zu erleichtern, zugleich aber neben diesem historischen Interesse möchte sie auch anregend auf den heutigen Künstler wirken, welchem Kenntniss und Zeichnungen der regulären und daraus abgeleiteten Körper in der Weise, wie es Lionardo gethan, auch heute noch wohl zu empfehlen sein dürfte, vorausgesetzt, dass anstatt der geisttödtenden Art Pacioli's die Hilfsmittel der neueren Geometrie benutzt werden, wie im Anhang dieser Ausgabe kurz angedeutet. Ohne diese Kenntniss würde sich die Kunst nicht nur alle solchen Studien erschweren, sondern auch ein Feld reichster Anregung für ihre Zwecke verschliessen, welcher Umstand umsomehr in die Wagschale fällt, als das moderne Geschlecht ausübender Künstler den Vorzug der alten Meister nicht theilt, welche sich keineswegs blos auf die Kunst zu beschränken, sondern, wie bekannt, zugleich als Techniker, Ingenieure, Architekten zu fuuctioniren pflegten.

Schliesslich sei bemerkt, dass das der Bearbeitung zu Grunde gelegte Exemplar der Ausgabe von Anfang des 16. Jahrhunderts der Bibliothek des k. k. Oesterreichischen Museums angehört, von welcher es vom verstorbenen Director Hofrath v. Eitelberger gütigst zur Verfügung gestellt worden. Daneben wurde gelegentlich bei zweifelhaften Stellen das Manuscript der Vaticane zu Rathe gezogen.

Diuina proportione

opera a tutti glingegni perspicaci e curiosi necessaria oue ciascun studioso di Philosophia, Perspectiua, Pictura, Sculptura, Architectura, Musica e altre Mathematiche suauissima sottile e admirabile doctrina contegiura e delectarassi con uarie questione de secretissima scientia.

M. Ant. Capella eruditiss. recensente.
Venetiis impressum per probum virum
Paganinum de Paganinis de Brescia
1509.

Danielis Cajetani Cremonensis Epigramma.

Natura omnipotens produxit corpora quinque
Simplicia haec certo nomine dicta manent
Composito in numerum Concurrunt addita cuique
Atque inter sese Consociata vigent
Condita principio pura et sine labe fuere
Nomina sunt aer Coelum. Aqua. flamma et humus
Foetibus innumeris. Voluit plato maximus illa
Esse: vbi est primum sumpta figura: dare
Sed quia naturae lex nil concedit inane
(In coelo et Mundo dixit Aristoteles)
Quodque vnum per se positum est. Caret atque figura
Nulla subest oculi Supposito species.
Propterea Euclidae sublimius atque Platonis
Ingenium excussit Sphaerica quinque alia
Jocunda aspectu et multum irritantia Sensum
Monstrauere bases vt latus omne docet.

Sonetto del auctore.

Cinque corpi in natura son producti
Da naturali semplici chiamati.
Perche aciascun composito adunati
Per ordine concorran fra lor tutti.
Immixti netti e puri fur constructi
Quattro elementi e ciel cosi nomati.
Quale Platone vol che figurati
Lesser dien a infiniti fructi.
Ma perche eluacuo la natura aborre
Aristotil in quel de celo e mundo
Per se non figurati volsse porre.
Pero lingegno geometra profondo
Di plato edeuclide piacque exporre
Cinqualtri che in spera volgan tundo
Regolari daspeto iocundo.
Comme vedi delati e basi pare.
E vnaltro sexto mai sepo formare.

FINIS.

Corpora ad lectorem.

El dolce fructo vago e si dilecto
Constrinse gia i Philosophi cercare
Causa de noi che pasci lintellecto.

Disticon ad idem.

Quaerere de nobis fructus dulcissimus egit
Philosophos causam mens vbi laeta manet.

Corpora loquuntur.

Qui cupitis Rerum varias cognoscere causas
Discite nos: Cunctis hac patet vna via.

FINIS.

Nomina et numerus corporum.

Tetrahedron.	Τετραεδον.
1. Planum solidum	επιπεδον στερεον
2. Planum vacuum	επιπεδον κενον
3. Abscisum solidum	αποτετμημενον στερεον
4. Abscisum vacuum	αποτετμημενον κενον
5. Eleuatum solidum	επηρμενον στερεον
6. Eleuatum vacuum	επηρμενον κενον.

Exahedron siue Cubus.	Εξαεδρον η κυβος.
7. Planum solidum	επιπεδον στερεον
8. Planum vacuum	επιπεδον κενον
9. Abscisum solidum	αποτετμημενον στερεον
10. Abscisum vacuum	αποτετμημενον κενον
11. Eleuatum solidum	επηρμενον στερεον
12. Eleuatum vacuum	επηρμενον κενον
13. Abscisum eleuatum solidum	αποτετμημενον επηρμενον στερεον
14. Abscisum eleuatum vacuum	αποτετμημενον επηρμενον κενον.

Octahedron.	Οκταεδρον.
15. Planum solidum	επιπεδον στερεον
16. Planum vacuum	επιπεδον κενον
17. Abscisum solidum	αποτετμημενον στερεον
18. Abscisum vacuum	αποτετμημενον κενον
19. Eleuatum solidum	επηρμενον στερεον
20. Eleuatum vacuum	επηρμενον κενον.

Icosahedron.	εικοσαεδρον.
21. Planum solidum	επιπεδον στερεον
22. Planum vacuum	επιπεδον κενον
23. Abscisum solidum	αποτετμημενον στερεον
24. Abscisum vacuum	αποτετμημενον κενον
25. Eleuatum solidum	επηρμενον στερεον
26. Eleuatum vacuum	επηρμενον κενον.

Dodecahedron.	Δωδεκαεδρον.
27. Planum solidum	επιπεδον στερεον
28. Planum vacuum	επιπεδον κενον
29. Abscisum solidum	αποτετμημενον στερεον
30. Abscisum vacuum	αποτετμημενον κενον
31. Eleuatum solidum	επηρμενον στερεον
32. Eleuatum vacuum	επηρμενον κενον
33. Abscisum eleuatum solidum	αποτετμημενον επηρμενον στερεον
34. Abscisum eleuatum vacuum	αποτετμημενον επηρμενον κενον.

Vigintisex basium.	εικοσιεξαεδρον.
35. Planum solidum	επιπεδον στερεον
36. Planum vacuum	επιπεδον κενον
37. Abscisum eleuatum solidum	αποτετμημενον επηρμενον στερεον
38. Abscisum eleuatum vacuum	αποτετμημενον επηρμενον κενον
39. Septuaginta duarum basium solidum	εβδομηκοντα διςςαεδρον στερεον
40. Septuaginta duarum basium vacuum	εβδομηκοντα διςςαεδρον κενον
41. Columna laterata triangula solida seu corpus seratile	κιων πλευρωδης στερεος η σωμα κλεισον
42. Columna laterata triangula vacua	κιων πλευρωδης τριγωνος κενος
43. Pyramis laterata triangula solida	πυραμις πλευρωδης τριγωνος στερεα
44. Pyramis laterata triangula vacua	πυραμις πλευρωδης τριγωνος κενη
45. Columna laterata quadrangula solida	κιων πλευρωδης τετραγωνος στερεον
46. Columna laterata quadrangula vacua	κιων πλευρωδης τετραγωνος κενος
47. Pyramis laterata quadrangula solida	πυραμις πλευρωδης τετραγωνος στερεα
48. Pyramis laterata quadrangula vacua	πυραμις πλευρωδης τετραγωνος κενη

49. Columna laterata penthagona solida	κιων πλευρωδης πενταγωνος στερεος
50. Columna laterata penthagona vacua	κιων πλευρωδης πενταγωνος κενος
51. Pyramis laterata penthagona solida	πυραμις πλευρωδης πενταγωνος στερεα
52. Pyramis laterata penthagona vacua	πυραμις πλευρωδης πενταγωνος κενη
53. Columna laterata exagona solida	κιων πλευρωδης εξαγωνος στερεος
54. Columna laterata exagona vacua	κιων πλευρωδης εξαγωνος κενος
55. Pyramis laterata triangula inaequilatera solida	πυραμις πλευρωδης τριγωνος ανισοπλευρος στερεα
56. Pyramis laterata triangula inaequilatera vacua	πυραμις πλευρωδης τριγωνος ανισοπλευρος κενη
57. Columna rotunda solida	κιων στρογγυλος στερεος
58. Pyramis rotunda solida	πυραμις στρογγυλη στερεα
59. Spera solida	σφερια στερεα
60. Pyramis laterata exagona solida	πυραμις πλευρωδης εξαγωνος στερεα
61. Pyramis laterata exagona vacua	πυραμις πλευρωδης εξαγωνος κενη.

Lettore le sequenti parole porrai formaliter nel Cap. L Al fin della colonna doue dici absciso fo detto non e sequitano queste: possibile che causino angulo solido e formase dal precedente nella terza parte de ciascun suo lato uniforme tagliato etc. XIX, XX. Loctocedron eleuato solido etc. Poi sequita el principio della sequente colonna videlicet solido ouer vacuo fo per errore scorso.

Le sequenti videlicet superficie: E 24 piu R. 6912 e la quadratura e R.8192 Porrai infine del caso 4. del 3 tractato a carti 22 doue dici: e tal corpo tutto e R. 40 e la" etc. sequita superficie e 24 etc. e fia finito el caso seque el principio de laltra colonna (Lectore et cetera).

Taula dela presente opera et vtilissimo compendio detto dela diuina proportione dele mathematici discipline electo. Composto per lo Reuerendo patre de sacra theologia professore M. Luca paciolo dal borgo San Sepolchro de lordine deli Minori e alo excellentissimo e potentissimo prencipo Ludouico Maria Sforza Anglo. Duca de Milano dela Ducal Celsitudine ornamento e de tutti letterati euirtuosi maximo fautore dicato.

Acio piu facilmente quel che in questo se contene se habia ritrouare la sequente taula el lectore obseruara nella quale prima sira la cosa che siuole e poi el numero deli capituli aquanti la sia.

Cap. I. Epistola a lo excellentissimo principe Ludouico Maria Sforza anglo Duca de Milano. Commendatione dela sua Magnifica corte equalita de homini inogni grado che quella adornano. Clarissimi theologi edignissimi dela sacra scriptura preconi del seraphyco ordine minore. — Illustre S. Galeazzo San Seuerino suo general capitano. — Medici e astronomi supremi de sua Ducal celsitudine. Condictione de suo dignissimo magistrato. — Leonardo vinci fiorentino. — Iacomandrea de ferara. Altezza e grandezza delladmiranda estupenda sua equestre statua epeso quando sia gittata commendatione del simulacro de lardente desiderio de nostra salute nel templo dele gratie. — Auree e melliflue parolle de sua ducal celsitudine de sanctissima scientia. — Costume e qualita del presente auctore e de laltre opere per lui facte. — Excitatione e causa che aquesto compendio lo indusse eperche. — Commendatione e condictione del presente compendio e sua continentia. — Commo senza la notitia dele discipline mathematici non e possibile alcuna bona operatione. Exortatione de sua celsitudine e suoi cari familiari ereurenti subditi ala quisto de quelle. — Comme le cose false aleuolte sonno vtili.

Cap. II. Prohemio del presente tractato o ver compendio dicto deladiuina proportione. Commo dal vedere ebbe initio el sapere. — Commendatione deli corpi mathematici e perche de sua propria mano lauctor li feci e col presente compendio a sua celsitudine la presento. — Commo le discipline mathematici sonno fondamento e scala de peruenire ala notitia deognaltra scientia. — Commo sua celsitudine sira causa al tempo suo in quelle el seculo renouare.

Commo in suo excelso dominio acrescera probita in suoi subditi ala defensione de quello sempre parati. Archimenide siracusano difese la patria contra limpeto deli romani con ingegni e instrumenti medianti le mathematici. — La felicissima sua paterna memoria. Duca Francesco Sforza. Commo non e possibile ladefensione dele republiche ne perfectione de alcuno exercito militare senza la notitia de Arithmetica. Geometria e proportioni. — Commo tutte artegliarie instrumenti emachine militari sonno facte secondo li descipline mathematici. — Commo tutti repari muraglie e fortezze roche ponti e bastioni similmente son formate con dicte discipline. — Commo li antichi romani per la deligente cura de ingegneri foron victoriosi. — Ruberto valturri peritissimo ariminese. Julio cesaro feci lartificioso ponte alrodano. Dela felicissima sua paterna memoria. Duca francesco Sforza. Canapi grossissimi delo industrioso ponte alteuere. Federico feltrense suo strecto affine Illustrissimo Duca de Vrbino de tutte machine e instrumenti militari antichi e moderni el suo degno palazo deuiua pietra cinse. — Gioani scoto subtilissimo theologo e dignissimo mathematico. — Le opere de arte difficili tutte per la ignorantia dele mathematici. — Bartolo de saxo ferrato legista eximio conle mathematici faci lateberina. — Penuria de buoni astrologhi per defecto delle dicte mathematici. — Cagione dela rarita de buoni mathematici. — Prouerbio magistrale de mathematici tusco. — Platone non uoliua quelliche non erano geometri. — Breue de platone sopra la porta del suo gymnasio contra li ignoranti le mathematici. — Pyctagora per la letitia delangol recto feci sacrificio ali dei de 100 grassi buoi. — In milano per gratia de sua celsitudine cresci ala giornata el numero de buoni mathematici per la loro assidua lectione nouellamente da quella introducta Lauctore quotidie ordinarie leggi in milano le prefate discipline mathematici congrandissima gratia edegno proficto neli egregii audienti componendo elpresente tractato.

Cap. III. Quella che significa e inporti questo nome mathematico. Quali sienno le scientie e discipline mathematici equante. — Commo la prospectiua pertante ragioni quante la musica fia vna dele mathematici. — Commo le mathematici sonno 3 ouer 5 precise. — Commendatione dela prospectiua. — Zeuso e parhasio pictori dignissimi. Commo la pictura inganna luno e laltro animale cioe rationale e irrationale. De quelle cose che debia obseruare elletore ala intelligentia di questo libro.

Cap. IV. Quello se intenda quando se dici per la prima ouer 2 del 1 ouer del 3 o daltro. Dele abreuiature e carateri mathematici. — Deli sinonomi cioe diuersi nomi dela medesima substantia in le mathematici. — Commo la potentia e quadrato dalcuna quantita sindenda.

Cap. V. Del condecente titulo de questo tractato dicto dela Diuina proportione. Dele cinque spetialissime conuenientie de dicta proportione conli diuini epytheti. Commo la quinta essentia dalessere ali 4 corpi semplici e mediante quelli a tutti li altri cosi questa proportione ali 5 corpi regulari e per quelli a infiniti altri. — Commo le forme de dicti 5 corpi regulari furon atribuite ali 5 corpi semplici.

Cap. VI. Dela dignissima commendatione de questa sancta e diuina proportione. Commo senza la notitia de dita proportione molte cose de admiratione dignissime in phylosophia ne in alcuna altra scientia se poterieno hauere.

Cap. VII. Del Primo effecto de vna linea diuisa secondo la dicta diuina proportione. Commo dicta proportione fra le quantita se habia intendere e interporre. — Commo li sapientissimi dicta proportione habiano vsitato chiamarla in lor volumi. Commo se intenda diuidere vna quantita secondo questa tale proportione. — Commo fra tre termine de medesino genere denecessita se trouano doi proportioni ouer habitudini osimili o dessimili. — Commo questa proportione sempre inuariabilmente fra tre termini a vn modo seritroua. — Commo letre proportioni continue o discontinue in infiniti modi fra 3 termini de medessimo genere possano variare. — Commo questa proportione non degrada auzi magnifica tutte laltre proportioni conlor diffinitioni. — Commo questa proportione mai po essere rationale nel suo menore extremo emedio mai per numero ratiocinato si possano asegnare.

Cap. VIII. Quello se intenda a diuidere alcuna quantita secondo la proportione hauente el mezzo e doi extremi. — Commo se preferescano vulgarmente li residui e quello che per loro se intenda.

Cap. XI. Che cosa sia radice de numero e de che altra quantita se voglia. Quali sienno le quantita rationali e irrationali.

Cap. X. Sequella del primo proposto effecto. — Commo in tutto el processo de questo libro sempre se presupone Euclide.

Cap. XI. Del secondo essentiale effecto de questa proportione.

Cap. XII. Del terzo suo singulare effecto.

Cap. XIII. Del quarto suo ineffabile effecto.

Cap. XIV. Del quinto suo mirabile effecto.

Cap. XV. Del suo sexto innominabile effecto. — Comme niuna quantita rationale sepodiuidere secondo questa proportione che le parti sienno rationali.

Cap. XVI. Del septimo suo inextimabile effecto. — Commo lo exagono e decagono fraloro fanno vna quantita diuisa secondo questa proportione.

Cap. XVII. Delo octauo effecto conuerso del precedente.

Cap. XVIII. Del suo sopra glialtri excessiuo nono effecto. — Che cosa sienno corde delangolo pentagonico. — Commo le doi corde pentagonali propinque se diuidana fraloro sempre secondo questa proportione. — Commo sempre vna parte de dicte corde fia denecessita lato del medessimo pentagono.

Cap. XIX. Del decimo suo supremo effecto. — Commo tutti li effecti e conditioni de vna quantita diuisa secondo questa proportione respodano a tutti li effecti e conditioni de qualuncaltra quantita cosi diuisa.

Cap. XX. Del suo vndecimo excellentissimo effecto. — Commo de la diuisione del lato delo exagono dopo questa proportione se caua ellato del decagono equilatero.

Cap. XXI. Del suo duodecimo quasi incomprehensibile effecto. — Che cosa sienno radici vniuersali elegate.

Cap. XXII. Del terzodecimo suo dignissimo effecto. — Commo senza questa tale proportione non e possibile formare vn pentagono equilatero e equiangulo. — Commo Euclide ele sue demonstrationi sempre adoperano le precedenti e non le sequenti.

Cap. XXIII. Commo per reuerentia de nostra salute se terminano dicti effecti e molti piu sene trouano. — Particular deuotione de sua celsitudine. — Commendatione piu aperta del simulacro de lardente desiderio di nostra salute. — Lionardo vinci fiorentino.

Cap. XXIV. Commo li dicti effecti concorrino ala compositione de tutti li corpi regulari e dependenti. Perche questi 5 corpi sienno dicti regulari.

Cap. XXV. Commo in la natura non e possibile esser piu de 5 corpi regulari e perche. Commo de exagoni eptagoni octagoni nonanguli decagoni e altri simili non e possibile formare alcun corpo regulare.

Cap. XXVI. Dela fabrica deli 5 corpi regulari e dela proportione de ciascuno al dyametro dela spera e prima del tetracedron altramente 4 basi triangulare forma del fuoco secondo li platonici.

Cap. XXVII. Dela formatione del corpo detto exacedron o ver cubo e sua proportione ala spera figura dela terra secondo li platonici.

Cap. XXVIII. Commo se formi loctocedron in spera apunto collocabile figura de laeri dopo li platonici e sua proportione ala spera.

Cap. XXIX. Dela fabrica e formatione del corpo detto ycocedron forma delaqua secondo liplatonici edenominatione de suoi lati. Dela proua commo aponto la spera el circondi.

Cap. XXX. Del modo asaper fare el nobilissimo corpo regulare detto Duodecedron altramente corpo de 12 pentagon secondo li platonici forma dela quinta essentia edel nome de suoi lati. Dela proua commo aponto la spera el circumscriua.

Cap. XXXI. Dela regola e muodo mediante el diametro dela spera a noi noto saper trouare tutti li lati de dicti 5 corpi regulari. De lordine euia commo dicti corpi fraloro se ęxcedino in lati e fabrica.

Cap. XXXII. Dela proportione fraloro de dicti regulari elor dependenti. — Commo lor proportioni fraloro aleuolte sonno rationali ealeuolte irrationali.

Cap. XXXIII. Dela proportione de tutte lor superficie lune alaltre.

Cap. XXXIV. Dele inclusioni deli 5 corpi regulari vno in laltro e laltro in luno equante sienno in tutto e perche.

Cap. XXXV. Commo el tetracedron se formi e collochi nel cubo che aponto le ponti tochino.

Cap. XXXVI. Dela inclusione aponto deloctocedron nel cubo.

hedifitii. Commo molti moderni per abusione sonno chiamati archithecti per la loro ignoranza deuiando dali antichi auctori maxime da victruuio. — Motiuo ducale de sua celsitudine a confusione delignoranti. — Letitia grande de pyctagora quando trouo la proportione deli doi lati continenti langol recto.

Cap. LV. Del modo asaper formare piu corpi material oltra li predicti e commo lor forme procedano in infinito. Perche ragione Platone atribui le forme deli 5 corpi regulari ali 5 corpi semplici cioe aterra aqua aieri fuoco e cielo. — Calcidio Apuleio emacrobio. — Commo la spera non se exclude dela regularita auenga che in lei non sienno lati e anguli.

Cap. LVI. Del corpo sperico la sua formatione.

Cap. LVII. Commo in la spera se collochino tutti li 5 corpi regulari. — Commo el lapicida hauesse afare de pietra o altra materia dicti corpi regulari. — Honesto e scientifico solazzo e argumento contro falsi millantatori. Diuersa aparentia in longhezza de doi linee recte equali poste inanze gliochi. — Caso de lauctore in roma apiacere dela felice memoria delo Illustre conte Gironimo ala presentia de Magistro melozzo pictore in la fabrica del suo palazzo. — Argumento exemplare contra dicti falsi millantatori de Hierone e Simonide poeta.

Cap. LVIII. Deli corpi oblonghi cioe piu longhi o ver alti che larghi commo sonno colonne e lor pyramidi. Dele doi sorti principali de colonne in genere. — Che sienno colonne laterate e che rotonde.

Cap. LIX. Dele colonne laterate triangule. — Che cosa sia corpo seratile.

Cap. LX. Dele colonne laterate quadrilatere. — Dela diuersita delor basi equali sienno le principali figure quadrilatere regulari cioe quadrato tetragono longo elmuhaym e altre elmariffe o vero irregulari o sienno equilatere o inequilatere.

Cap. LXI. Dele colonne laterate pentagone cioe de 5 facce osienno equilatere o inequilatere. Commo le spetie dele colonne laterate possano in infinito accrescere si commo le figure rectilinee delor basi.

Cap. LXII. Del modo amesurare tutte sorte colonne e prima dele rotonde con exempli. — Perche ala quadratura del cerchio si prenda li $^{11}/_{14}$ cioe li vndici quatuordecimi del quadrato del suo diametro.

Cap. LXIII. Del modo amesurare tutte sorte colonne laterate e loro exempli.

Cap. LXIV. Dele pyramidi e tutte loro differentie. — Che cosa sia pyramide rotonda.

Cap. LXV. Dele pyramidi laterate e sue differentie. — Commo le spetie dele pyramidi laterate possano procedere in infinito si commo le lor colonne. Che cosa sienno pyramidi corte ouer troncate.

Cap. LXVI. Del modo eua asaper mesurare ogni pyramide. — Commo ogni pyramide sia el terzo del suo Chylindro ouer colonna.

Cap. LXVII. Commo dele laterate aperto se mostra cadauna esser subtripla ala sua colonna. — Commo tutte le colonne laterate in tanti corpi seratili se risoluano in quanti trianguli se possino le lor basi distringuere.

Cap. LXVIII. Del modo asapere misurare tutte le sorti dele pyramidi corte rotonde e laterate in tutti modi.

Cap. LXIX. Dela mesura de tutti li altri corpi regulari e dependenti. — Confidentia deli peregrini ingegni ma per excellentia de Quello de sua ducal celsitudine. Con degna commendatione euera laude con excellentissime conditioni seuere epie de sua Ducal celsitudine. — Commo sua Ducal celsitudine non commenor conuenientia al tempio dele gratie in Milano che Ottauiano in roma quel dela pace fesse. — Comme non manco de inuidia eliuore a sua Ducal celsitudine siria conuento chi le dicte laude per adulatione giudicasse che lautore de epsa adulatione. — Commo tutta la sua seraphica religione de sancto francesco e suo capo Generale Maria francesco sansone da brescia dela sua immensa largita humanita affabilita e sanctita per luniuerso ne rendeno buon testimonio per loro capitolo generale del presentanno in Milano egregiamente celebrato. La Reuerendissima Signoria de Monsignor suo caro cognato Hipolyto Cardinale estense.

Cap. LXX. Commo se habino retrouare tutti li dicti corpi ordinatamente commo sonno posti in questo facti in prospectiua e ancora le lor forme materiali dopo la lor taula particulare posta patente in publico.

Cap. LXXI. De quello se intenda per questi vocabuli fra le Mathematici vsitati cioe ypothesi ypotumissa. Corausto.

Cono pyramidale. Corda pentagonica. Perpendiculare. Catheto. Dyametro. Paralellogramo. Diagonale. Centro saetta.

Tabula del tractato de larchitectura qual sequita immediate doppo tutto el compendio dela diuina proportione distincto per capitoli dicendo Capitolo primo. Cap. 2, Cap. 3 etc. Diuisione de larchitectura in tre parti principali deli luochi publici parte prima.

Cap. I. Dela mesura e proportioni del corpo humano. Dela testa a altri suoi membri simulacro de larchitectura.

Cap. II. Dela distantia del profilo alcotozzo de dicta testa cioe al ponto a. qual chiamano cotozzo ede le parti che in quello se interpongano. Ochio e orechia.

Cap. III. Dela proportione de tutto el corpo humano che sia ben disposto ala sua testa e altri membri secondo sua longhezza e larghezza.

Cap. IV. Dele colonne rotonde con sue basi capitelli epilastrelli overostilobate.

Cap. V. Dela longhezza e grossezza dele colonne tonde.

Cap. VI. De lordine del stilobata o ver pilastro o ver basamento dela colonna comme se facia.

Cap. VII. In quello sieno differenti le tre specie de dicte colonne fra loro.

Cap. VIII. Doue ora se trouino colonne piu debitamente facte per italia per antichi e ancor moderni.

Cap. IX. Dele colonne laterate.

Cap. X. Dele pyramidi tonde e laterate.

Cap. XI. De lorigine dele lettere deogni natione.

Cap. XII. De lordine dele colonne rotonde comme sedebino nelli hedifitii fermare con lor basi.

Cap. XIII. De linterualli fra lun tygrapho e laltro.

Cap. XIV. Delo epistilio o vero architraue secondo li moderni e suo zophoro. Ecorona o ver cornicione per li moderni.

Cap. XV. Del zophoro nello epistilio.

Cap. XVI. Dela compositione dela cornitione.

Cap. XVII. Del sito deli tygraphi.

Cap. XVIII. Comme lapidici e altri scultori in dicti corpi sienno commendati.

Cap. XIX. Comme nelli luochi angusti larchitecto se habia aregere in dispositione.

Cap. XX. Dele colonne situate sopra altre colonne nelli hedifiti.

Tractatus actiue perscrutationis Corporum Domino petro Soderino principi perpetuo populi Florentini dicatus immediate post Architecturam sequitur. Lectore atua comodita, in questo ho voluto lasciare nela margine amplo spacio considerando che simili discipline sempre se studiano con la penna in mano e mai al mathematico auanza campo experto. Credas etc.

Per questi carateri intenderai comme qui se dici videlicet □ cosa cose. ☐ censo censi. R. radici R. R. radici de radici R. cu. radici cuba e cosi R. q. Cu. Cubo cubi etc.

FINIS.

Excellentissimo principi Ludouico mariae Sforza Anglo Mediolanensium duci: pacis et belli ornamento fratris Lucae pacioli ex Burgo sancti Sepulchri ordinis Minorum: Sacrae theologiae professoris. De diuina proportione epistola.

Correndo glianni de nostra salute excelso Duca 1498 a di 9 de Febrario. Essendo nellinspugnabil arce delinclita vostra cita de milano dignissimo luogo de sua solita residentia ala presentia di quella constituto in lo laudabile e scientifico duello da molti de ogni grado celeberrimi sapientissimi acompagnata si religiosi commo seculari: deli quali assidue la sua magnifica corte habunda. Del cui numero oltra le reuerendissime signorie de Vescoui Protonotarii e abbati fuoron del nostro sacro seraphico ordine el reuerendo padre e sublime theologo Maestro Gometio dignissimo della sacra scriptura precone frate Domenico per cognomento ponzone: el reuerendissimo Padre Maestro Francesco busti. Al presente nel degno conuento nostro de Milano regente deputato. E de seculari prima el mio peculiar patrone Illustre Signore Galeazzo Sforza VI. San Seuerino fortissimo e generale de vostra Ducal celsitudine capitano nellarmi ogi a niun secondo e de nostri discipline solerto imitatore. E de clarissime potentie egregii oratori: e dela medicina e astronomia supremi el clarissimo e acutissimo de Serapione e Auicenna e de li corpi superiori indagatore e de le cose future interprete Ambrogio rosa el doctissimo de tutti mali curatore Aluisi Marliano e solertissimo dela medicina in ogni parte obseruatore Gabriel pirouano. E dali prefati molto in tutti premesse admirato e venerato Nicolo cusano col peritissimo de medesime professioni Andrea nouarese.

E altri eximii consultissimi vtriusque iuriș doctori e de vostro ornatissimo magistrato conseglieri secretarii e cancelieri in compagnia deli perspicacissimi architecti e ingegnieri e di cose noue assidui inuentori Leonardo da venci nostro compatriota Fiorentino qual de scultura getto e pictura con ciascuno el cognome verifica. Commo ladmiranda e stupenda equestre statua. La cui altezza dala ceruice a piana terra sonno braccia 12 cioe $37^{1}/_{5}$ tanti dela qui presente linea ab. e tutta la sua ennea massa alire circa 200000 ascende che di ciascuna loncia communa fia el duodecimo ala felicissima inuicta vostra paterna memoria dicata da linuidia di quelle defidia e Prasitele in monte cauallo altutto aliena. Colligiadro de lardente desiderio de nostra salute simulacro nel degno e deuoto luogo de corporale e spirituale refectione del sacro templo dele gratie de sua mano penolegiato. Al quale oggi de Apelle Mirone Policreto e glialtri conuiene che cedino chiaro el rendano. E non de queste satio alopera inextimabile del moto locale dele percussioni e pesi e dele forze tutte cioe pesi accidentali (hauendo gia con tutta diligentia al degno libro de pictura e mouimenti humani posto fine) quella con ogni studio al debito fine attende de condure. E suo quarto fratello Iacomo Andrea da Ferara de lopere de Victruuio acuratissimo sectatore. Non pero dela singulare industria militare in alcuna cosa diminuto. Quella con suoi auree e mellitlue parolle disse essere de grandissima commendatione degno apresso dio el mondo colui che dalcuna virtu dotato volentieri aglialtri la comunica. Diche nel proximo carita e a lui laude e honore ne resulta imittando el sacro dicto: quod ne sine figmento didici et sine inuidia libenter communico. Dele quali suauissime parolle se fermo nella mente el senso apresi che mai piu saldo in marmo non se scripse. E benche prima quasi da natura innato mi fosse el simile con ciascuno vsitare maxime de quelle faculta dellequali fra glialtri alaltissimo per sua immensa benignita piacque doctarme cioe dele necessarie scientie e dignissime discipline mathematici. Non dimeno gia stracco per li laboriosi affani si diurni e nocturni corporali commo anco spirituali. El che tutto a chi con diligentia la grandopera nostra de simili discipline e faculta compilata e al magnanimo de vostra celsitudine affine Duca de vrbino Guido vbaldo dicata con laltre che nella quinta distinctione di quella se inducano aperto fia posto mera gia con glialtri aluogo aprico glianni recoltare. Ma de quelle grandamente excitato represi lena ala piagia diserta e per condimento de ognaltra opera nostra de simili faculta composta e asummo e deletteuil gusto de tutte le prefate scientie e mathematici discipline a Vostra Ducal celsitudine e autilita de li reuerenti subditi di quella. A decore anche e perfecto ornamemto de la sua dignissima bibliotheca de innumerabile multitudine de volumi in ogni faculta e doctrina adorna a disponere questo breue compendio e vtilissimo tractato detto de diuina proportione. El quale con tutte sue forme materiali deli corpi che in ditto se contengono non menore admiratione a chi quella visitara darano che tutti glialtri volumi con laltre sue dignissime cose in quella reposte se faciua. Per esser dicte forme aliuiuenti finora state ascoste. Nel quale diremo de cose alte e sublimi quale veramente sonno el cimento e copella de tutte le prelibate scientie e discipline e da quello ogni altra speculatiua operatione scientifica pratica e mecanica deriua. Senza la cui notitia e presuposito non e possibile alcuna cosa fra le humane bene intendere operare commo se dimostra. E pero Vostra Ducal celsitudine con acorta intelligentia exortara suoi fanciliari e altri reuerenti subditi quello con dilecto e summo piacere con vtilissimo fructo discorrere. Conciosia che non sieno faule anniline altre rediculose e false facetie: ne anco mendaci e incredibili poetici inuentioni. Le quali solo per vn fume le orechie pascano. Auenga che le cose false secondo el philosopho anoi per la cognatione dele vere che di lor sequitano sieno vtili si commo el reuerscio del deritto e vno opposito de laltro. e pero magiormente le cose vere sirano a noi vtili e proficue per che di queste se non vero ne prouene. Ma de leuere commo afferma aristoteles e Auerrois le nostre mathematici sonno verissime e nel primo grado de la certeza e quelle seguitano ogni altre naturali. Onde per introductione e argumento alequi seguenti sia bastante.

e pero chiaro apare tutte laltre scientie excelso Duca essere opinioni e solo queste son da esser dicte certezze. Comme fra li medici Auicenna Gallieno Ypocrate eli altri interuene ch' luno dici la vita de lhomo esser nel core e altri nel cerebro altri nel sangue aducendo ragioni e argomenti asai aloro conroboratione. Sich' non e mai bono lasciare le cose certe per le dubie conciosiacosa ch' queste dali sauii sieno chiamate vane vnde uersus: Non debent certa prouanis relinqui etc. Con humilita sempre e debita reuerentia de Vostra Ducale celsitudine e da quale summamente de continuo merecomando. Que felicissime ad vota valeat.

Reuerendi Patris Magistri Luce pacioli de Burgo San Sepulchro Ordinis Minorum. Et sacre theologie professoris in compendium de diuina proportione ex mathematicis disciplinis prefatio.)

Cap. II.

Propter admirari ceperunt philosophari. Vole Excelso Duca la propria auctorita del maistro de color ch' sano che dal vedere auesse initio el sapere. Se commo el medesimo in vn altro luogo aferma dicendo. Quod nihil est in intellectu quin prius sit in sensu. Cioe che niuna cosa fia nellintellecto che quella prima non se sia peralcun modo al senso offerta. Etc. li nostri sensi per li sauii el vedere piu nobile se conclude. Onde non imeritamente ancor da vulgari fia detto lochio esser la prima porta per la qual lo intellecto intende e gusta. Comme in quel luogo se contene vedendo li sacerdoti de Egypto la luna eclipsare molto stetero admiratiui e cercando la cagione quello per vera scientia trouare naturalmente adueníre per la interpositione de la terra infra el sole e la luna dich' rimaser satisfati. E da indi inqua demano in mano asutigliandose lor successori col lume dele 5. intellectual finestre impiero a nostra vtilita de lor profonde scientie inumerabile multitudine de volumi. Peroche si commo luno pensier da laltro scopia cosi naquer de quello molti altri poi. La qual cosa fra mestesso pensando a questo vtilissimo compendio dele scientie mathematici electo la penna prender deliberai. E insiemi con quello de mia propria mano materialmente per la comune vtilita in forma propria li lor corpi debitamente formare. E quelli con lo presente compendio a Vostra Ducal celsitudine offerirlo. Pel cui inusitato aspecto commo cosa a nostri tempi dal cel venuta non dubito el suo ligiadro e perspicaci intelleeto prenderne grandissimo piacere maxime quando con lo prefato lume non con menore indagatione che li antichi egyptii in dicto eclipsi di tal forme sue cause e dolcissima armonia con laiuto e suffragio del presente tractato retrouara. Diche certo me rendo se nel passato a chi in parte di tal scientie e discipline predicto quella largo e amplo li se offerta nel futuro douersise asai piu magnanima e amplissima mostrare e che piu fia con ogni diligente cura alaquisto de quelle suoi cari familiari e reuerenti subditi e altri beniuoli exortare. Conciosia che dicte mathematici sienno fondamento e scala de peruenire a la notitia de ciascun altra scientia per esser loro nel primo grado de la certeza affermondolo el philosopho cosi dicendo. Mathematice enim scientie sunt in primo gradu certitudinis et naturales sequuntur eas. Sonno commo edicto le scientie e mathematici discipline nel primo grado de la certezza e loro seguitano tutte le naturali. E senza lor notitia fia impossibile alcunaltra bene intendere e nella sapientia ancora e scripto. quod omnia consistunt in numero pondere et mensura cioe che tutto cio che per lo vniuerso inferiore e superiore si squaterna quello de necessita al numero peso e mensura fia soctoposto. E in queste tre cose laurelio Augustino inde ciuitate dei dici el summo opefici summamente esser laudato perche in quelle fecit stare ea que non erant. Per la cui amoreuile exhortatione comprendo molti de tal fructo suauissimo de vtilita ignari douersi dal topore e mental sonno exueghiare e con ogni studio e solicitudine inquirer quella al tutto darse. e fia cagione in esse el seculo al suo tempo renouarse. E con piu realita e presteza in cadun lor studio in qualunch' scientia ala perfection venire. E oltra la fama e degna commendatione a Vostra Ducal celsitudine in suo excelso dominio acrescera probita non poca in suoi cari familiari e dilecti subditi sempre ala defension de quello al tutto parati non manco ch' per la propria patria el nobile ingegnoso geometra e dignissimo architetto Archimede fesse. El qual (commo e scripto) con sue noue e varie inuentioni de machine per longo tempo la cita siracusana contra limpeto é belicoso successo de romani finche apertamente per. Marco Marcello da expugnarla cercaron saluo incolume. E per quotidiana experientia a Vostra Ducal celsitudine non e ascosto. (auenga che per molti anni gia la clarissima sua paterna memoria ali talia tutta e a luna e laltra galia transalpina e cisalpina ne fosse auctore preceptore enorma) che la deffensione de le grandi e piccole republiche per altro nome arte militare appellata non e possibili senza la notitia de Geometria Arithmetica e Proportione egregiamente poterse con honore e vtile exercitare. E mai niun degno exercito finalmente a obsidione o defensione deputato de tutto proueduto se po dire se in quello non se troui ingegnieri e nouo machinatore particular ordinato commo poco inanze del gran geometra Archimede aseracusa dicto habiamo. Se ben se guarda generalmente tutte sue artegliarie prendise qual voglia commo bastioni e altri repari bombarde briccole, trabochi Mangani Rohonfe e Baliste Catapulte Arieti Testudini semper con forza de numeri mensura e lor proportioni se trouaranno fabricati e formati. Che altro sonno Rocche. Torri. Reuelini. Muri. Antemuri. Fossi. Turioni. Merli. Mantelecti. e altre fortezze nelle terri cita e castelli che tutta geometria e proportioni con debiti liuelli e archipendoli librati e asettati? Non per altro si victoriosi furon li antichi romani commo Vegetio frontino e altri egregii auctori scriuano se non per la gran cura e deligente preparatione de ingegnieri e altri amiragli da terra eda mare qual senza le mathematici discipline cioe Arithmetica Geometria e proportioni lor sufficientia non e possibile le quali cose a pieno le antiche ystorie de Liuio Dionisio Plinio e altri le rendano chiare e manifeste. Da le quali. Ruberto valtorri peritissimo ariminese quelle che in la degnopera sua de instrumentis bellicis intitulata e alo Illustre Signore Sigismondo pandolfo dicata tutte trasse. E de dicte machine e instrumenti ad literam commo in suo libro dicto ariminese pone e de molte altre piu asai. La felicissima memoria del congionto e stretto affine de vostra celsitudine Federico feltrense Illustrissimo Duca de vrbino tutto el stupendo edificio del suo nobile e admirando palazzo in vrbino circumcirca da piede in vn fregio de viua e bella pietra per man de dignissimi lapicidi e scultori ordinatamente feci disporre. Si commo fra glialtri de Julio Cesare de lartificioso ponte in suoi commentarii se legi. E commo fin questo di nella degna cita tudertina de vmbria nella chiesa de sancto fortunato nostro sacro conuento dela clarissima vostra paterna memoria ancora gran multitudine de grossissimi canapi publice pendenti quali per vn ponte al teuere a sua famosa consequita victoria debitamente dispose. Non per altri mezzi ancora ale grandi speculationi de sacra theologia el nostro subtilissimo scoto peruene se non per la notitia de le mathematici discipline commo per tutte sue sacre opere apare. Maxime se ben se guarda la questione del suo secondo libro dele sententie quando inquirendo domanda se langelo habia suo proprio edeterminato luogo a sua existentia in la quale ben demostra hauere inteso tutto el sublime volume del nostro perspicacissimo megarense philosopho Euclide. Non per altro simil-mente li testi tutti del principo dicolor che sanno physica methafisica posteriora eglialtri si mostrano difficile se non per la ignorantia de le gia dicte discipline. Non per altro e penuria de buoni astronomi senon pel defecto de arithmetica geometria proportioni e proportionalita. E de li 10. li 9. in lor Judicii se regano per taule tacuini e altre cose calculate per Ptolomeo Albumasar. Ali al fragano Gebe. Alfonso Biancho Prodocino. e altri le quali per la poca aduertenza de li scriptori possono essere maculate euitiate. E per consequente in quelle fidandose in grandissimi et euidenti errori peruengano non con poco danno e preiudicio de chi in loro se fidano. La sutilita suprema ancora de tutte le legi muncipali consiste secondo piu volte da in loro periti me exposto nel giudicare de la luuioni ecircumluuioni de laque per la excessiua lor inundatione. Commo de quelle elloro eximio capo Bartolo da saxo ferrato particular tractato compose e quello Tiberina in titulo nel suo prohemio molto geometria con arithmetica extolse. Affermando quelle similmente da vn nostro frate per nome Guido chiamato e di sacra theologia professore hauerle aprese in quel tractato del dare e torre che alcuolte fa il teuere per sua inundatione in quelle parti maxime de perosa verso deruta se contene. Doue sempre con figure geometriche rectilinee e curuilinee de parte in parte el nostro perspicacissimo philosopho Euclide alegando se resse e quello con grandissima subtilita concluse. Non dico de la dolce suaue armonia musicale ne dela somma vagheza e intellectual conforto prospectiuo e de la solertissima dispositione de architectura con la descritione de luniuerso maritimo e terestre e doctrina de corpi e celestiali aspecti per ch' di lor quel che sinor se detto chiaro apare. Lascio per men tedio al lectore scientie altre asai pratiche e speculatiue con tutte larti mecaniche in le cose humane necesarie, dele quelli senza el suffragio de queste non e possibile loro aquisto ne debito ordine in quelli seruare. E pero non e da prendere admiratione se pochi sono a nostri tempi buoni mathematici per che lararita de buoni preceptori ne fia cagione con la gola sonno e otiose piume e in parte la debilita de li recentiori ingegni. Onde fra li saui per comun prouerbio magestralmente se costumato adire. Aurum probatur igni et ingenium mathematicis cioe la bonta de loro demostra el fuoco e la peregrineza del ingegno le mathematici discipline. Che in sententia vol dire che buono ingegno ale mathematici fia aptissimo acadau[1]) che le sienno de grandissima abstractione e subtigliezza perche sempre fuora dela materia sensibile se hano a considerare. E veramente son quelle commo per Tusco prouerbio se costuma che spaccano el pelo in laire. Per la qual cosa lantico e diuin philosopho Platone non immeritamente ladito del suo celeberrimo Gymnasio ali de geometria in experti denegaua quando vn breue al sommo dela sua principal porta a lettere magne intelligibili pose de queste formali parolle videlicet: Nemo huc geometrie expers ingrediatur. Cioe chi nonera buon geometra li non intrasse. El che feci perche in lei ognaltra scientia occulta se retroua. Dela cui suauissima dolcezza in nanze lui repieno el solertissimo dela natura contemplatore. Pytagora per la inuentione de langolo recto commo di luise legi e Vitruuio el recita con grandissima festa e giubilo che 10 buoi ali dei feci sacrificio commo de sotto se dira. E questo al presente dele mathematici alor commendatione. Dele quali gia el numero in questa vostra inclita cita ala giornata commenza per gratia de vostra. Ducal celsitudine non poco acrescere per lassidua publica de lor lectura nouellemente per lei introducta col proficere deli egregii

---

[1]) l. acadauna.

audienti secondo la gratia in quelle a me da laltissimo concessa chiaramente e con tutta diligentia (alor iudicio) el sublime volume del prefato Euclide in le scientie de Arithmetica e Geometria, proportioni e proportionalita exponendoli. E gia ali suoi X lilbri. dignissimo fine imposto interponendo sempre a sua theoria ancora la pratica nostra a piu vtilita e ampla intelligentia de quelli e ala presente expedition de questo el residuo del tempo deputando.

(Finito el prohemio seguita chiarire quello che per questo nome Mathematico sabia intendere.)

Cap. III.

(Questo vocabulo Mathematico excelso Duca fia greco deriuato da[1] che in nostra lengua sona quanto a dire disciplinabile, e al proposito nostro per scientie e discipline mathematici se intendano. Arithmetica. Geometria. Astrologia. Musica. Prospectiua. Architectura. e Cosmographia. e qualunc altra daqueste dependente. Non dimeno communamente per li saui. le quatro prime se prendano. cioe Arithmetica. Geometria. Astronomia. e Musica. e laltre sienno dette subalternate cioe da queste quatro dependenti. Cosi vol Platone e Aristotele e ysidoro in le sue ethimologie. El seuerin Boethio in sua Arithmetica. Ma el nostro iudicio benche imbecille e basso sia o tre o cinque ne constregni. cioe Arithmetica. Geometria. e Astronomia excludendo la musica da dicte per tante ragioni quante loro dale 5. La prospectiua e per tante ragioni quella agiongendo ale dicte quatro per quante quelli ale dicte nostre 3. la musica. Se questi dicano la musica contentare ludito vno di sensi naturali. E quella el vedere. Quale tanto e piu degno quanto eglie prima porta alintellecto se dichino quella satende al numero sonoro e ala mesura importata nel tempo de sue prolationi. E quella al numero naturale secondo ogni sua diffinitione e a'a mesura dela linea visuale. Se quella recrea lanimo per larmonia. E questa per debita distantia e varieta de colori molto delecta. Se quella suoi armoniche proportioni considera. E questa le

[1] Hier ist im Text eine leere Stelle für das griechische Wort.

arithmetici e geometrici. E breuiter excelso Duca finora e gia son piu anni che questo nel capo me tenzona. E da nullo cio me facto chiaro per che piu quatro che tre o cinque. Pur existimo tanti saui non errare. E per lor dicti la mia ignoranza non si suelle. Oime chie quello che vedendo vna ligiadra figura con suoi debiti liniamenti ben disposta. a cui solo el fiato par che manchi. non la giudichi cosa piu presto diuina che humana? E tanto la pictura immita lanatura quanto cosa dir se possa. El che agliochi nostri euidentemente apare nel prelibato simulacro de lardente desiderio de nostra salute. nel qual non e possibile con magiore viui li apostoli immaginare al suono dela voce delinfallibil verita quando disse: vnus vestrum me traditurus est. Doue con acti egesti luno alaltro e laltro a luno con viua e afflicta admiratione par che parlino si degnamente con sua ligiadra mano el nostro Lionardo lo dispose. Commo de Zeuso e Parrasio se leggi in Plinio de picturis che siando a contrasto del medesimo exercitio con parrasio sfidandose de penello: quello feci vna cesta duua con suoi pampane inserta e posta in publico. gliucelli vinse commo auera a se getarse. E laltro feci vn velo alora Zeuso disse a parrhasio auendolo ancor lui posto in publico e credendo fosse velo che coprisse lopera sua facta a contrasto leua via el velo e lascia vedere la tua a ognuno commo fo la mia e cosi rimase vincto. Perche se lui li vcelli animali irrationali e quello vno rationale e maestro ingannose forse el gran dilecto el summamore a quella (benche di lei ignaro) non minganna. E vniuersalmente non e gentil spirito achi la pictura non dilecta. Quando ancor luno e laltro animal rationale e irrationali a se alice. Onde con questo ancor mi staro saltro non vene che le sien tre principali e laltre subalternate ouer cinque se quelli la musica connumerano e per niente mi pare la prospectiva da postergare conciosia chella non fia de men laude degna. E son certo per non essere articolo de fede me sira tolerato. E questo quanto al dicto nome aspeti.

(De quelle cose chel lectore ala intelligentia de questo debia obseruare.)

Cap. IV.

Apresso per men briga nel sequente e da notare quando se allegara aleuolte la prima del primo la quarta del secondo la decima del quinto la 20. del 6. e cosi scorrendo fin al quintodecimo sempre se debia intendere per la prima cotatione el numero dele conclusioni. E per la secondo cotatione el numero deli libri del nostro philosopho Euclide quale al tutto immitamo commo archimandritta de queste faculta. Cioe dicendo per la quinta del primo vol dire per la quinta conclusione del suo primo libro: e cosi deglialtri libri partiali del suo libro totale deli elementi e primi principii de Arithmetica e Geometria. Ma quando lauctorita per noi aducta fosse daltra sua opera o daltro auctore quella tale e quel tale auctore nominaremo. Ancora per molti varii caratheri e abreuiature che in simili faculta se costumano vsitare. maxime per noi commo se rechiede etiamdio a ciascunaltra. Onde la medicina vsa li suoi per scropoli: once: dragme: e manipoli. Li argentieri e gioielieri per grani dinari e caratti. li suoi li astrologi per Joue Mercurio Saturno Sole Luna e glialtri similmente li loro. Eli mercanti per lire soldi grossi e denari parimente diuersi con breuita. E questo solo per euitare la prolixita del scriuere e anco del leggere che altramente facendo empirebono de inchiostro molta carta. A simili ancora noi in le mathematici per algebra cioe practica speculatiua altre che dinotano cosa censo e cubo eglialtri termini commo in la predicta opera nostra se contene. Del numero deliquali ancora in questo alcuni ne vsaremo. e son quelli che dinanze in la tauola ponemmo. Similmente questi nomi. cioe multiplicatione producto rectangolo importano vna medesima cosa. E ancora questi cioe quadrato de vna quantita e potentia dalcuna quantita sonno vna medesima cosa: peroche la potentia dela linea fia respecto al suo quadrato per lultima del primo. E piu che possa la linea fia el suo quadrato. E queste cose conuen sieno obseruate aleuolte nel nostro processo: acio non se equiuochi nel senso delle parolle.

(Del condecente titulo del presente tractato.)
Cap. V.

Parme del nostro tractato excelso Duca el suo condecente titulo douer essere dela diuina proportione. E questo per molte simili conuenientie quali trouo in la nostra proportione delaquale in questo nostro vtilissimo discorso intendemo a epso dio spectanti. Delequali fra laltre quatro ne prendaremo a sufficientia del nostro proposito. La prima e che lei fia vna sola e non piu. e non e possibile di lei asegnare altre specie ne differentie. Laquale vnita fia el supremo epiteto de epso idio secondo tutta la scuola theologica e anche philosophica. La seconda conuenientia e dela sancta trinita. Cioe si commo in diuinis vna medesima substantia fia fra tre persone padre figlio e spirito sancto. Cosi vna medesima proportione de questa sorte sempre conuen se troui fra tre termini. e mai ne in piu ne in manco se po retrouare. Commo se dira. La terza conuenientia e che si commo idio propriamente non se po diffinire ne per parolle a noi intendere. cosi questa nostra proportione non se po mai per numero intendibile asegnare ne per quantita alcuna rationale exprimere: ma sempre fia occulta e secreta e dali Mathematici chiamata irrationale. La quarta conuenientia e che si commo idio mai non se po mutare e fia tutto in tutto e tutto in ogni parte cosi la presente nostra proportione sempre in ogni quantita Continua e discreta: o sienno grandi: o sienno piccole fia vna medesima e sempre inuariabile e per verun modo se po mutare ne anco per intellecto altramente apprendere. commo el nostro processo demostrara. La quinta conuenientia se po non immeritamente ale predicti a‹g›ogere cioe. Si commo idio lessere conferesci ala virtu celeste per altro nome detta quinta essentia e mediante quella ali altri quatro corpi semplici. cioe ali quatro elementi. Terra. Aqua. Aire. E fuoco. E per questi lessere a cadauna altra cosa in natura. Cosi questa nostra sancta proportione lesser formale da (secondo lantico Platone in suo Timeo) a epso cielo atribuendoli la figura del corpo detto Duodecedron. altramente corpo de 12 pentagoni. El quale commo desotto se mostrara senza la nostra proportione non e possibile poterse formare. E similmente a ciascuno de li altri elementi sua propria forma asegna fra loro per niun modo coincidenti. cioe al fuoco la figura pyramidale detto Tetracedron. A latera la figura cubica detta exacedron. Alaire la figura detta octocedron. E alaqua quella detta ycocedron. E queste tal forme e figure dali sapienti tutti corpi regulari sonnonuncupate. Commo separatemente disotto de cadauno se dira. E poi medianti sti a infiniti altri corpi detti dependenti. Li quali 5 regulari non e possibile fra loro poterse proportionare ne dala spera poterse intendere circonscriptibili senza la nostra detta proportione. El che desotto tutto apparera. Le quali conuenientie. benche altre assai sene potesse adure. queste ala condecente denominatione del presente compendio sienno per sufficientia assegnate.

(Dela sua degna commendatione.)

Cap. VI.

Questa nostra proportione excelso Duca. ede tanta prerogatiua e de excellentia degna quanto dir mai se potesse per respecto dela sua infinita potentia conciosia che senza sua notitia moltissime cose de admiratione dignissime ne in philosophia ne in alcuna altra scientia mai a luce poterieno peruenire. Elqualdono certamente dala inuariabile natura deli superiori principii. commo dici el gran philosopho Campano nostro famosissimo mathematico sopra la decima del 14. glie concesso. Maxime vedendo lei esser quella che tante diuersita de solidi si de grandezza si de moltitudine de basi si ancora de figure e forme con certa irrationale simphonia fra loro acordi. commo nel nostro processo se intendera ponendo li stupendi effecti quali (de vna linea secondo lei diuisa) non naturali ma diuini veramente sonno dappellare. Deli quali el primo a lor connumeratione fia questo.

(Del primo effecto de vna linea diuisa secondo la nostra proportione.)

Cap. VII.

Quando vna linea recta fia diuisa secondo la proportione hauente el mezzo e doi extremi (che cosi per altro nome dali sapienti fia nuncupata la nostra prelibata proportione) se ala sua magior parte se agionga la mita de tuta la linea cosi proportionalmente diuisa. Sequitara de necessita chel quadrato de lor congionto sempre sia quincuplo cioe 5 tanto del quadrato de dicta mita integrale. Nanze che piu oltra se proceda e da chiarire commo dicta proportione fra le quantita la sabia intendere e interporre e commo dali sapientissimi in lor volumi fia chiamata. Onde dico lei esser detta proportio habens medium et duo extrema cioe proportione hauente el mezzo e doi extremi. qual fia propria passione dogni ternario. Peroche qual voi ternario asegnato quello sempre hara el mezzo con li doi suoi extremi. perche mai el mezzo senza lor se intende. E in tal modo se insegna diuidere vna quantita nella 19. del 6. hauendo prima descripto nella 3. diffinitione del 6. commo cosi diuiderla se debia intendere. Benche nel suo 2. per la 11. demostri diuidere la linea sotto la medesima virtu e forza non altramente nominando proportione fin chel 5. non passasse. e dal Campano se aduci fra li numeri nella 16. del 9. E questo quanto ala sua denominatione.

(Comme se intendino el suo mezzo eli suoi extremi.)

Inteso comme la nostra proportione per suo particular nome fia chiamata. resta a chiarire comme dicto mezzo e anco extremi in qual voi quantita se habino a intendere e commo bisogna sienno conditionati. acio fra loro se habia a retrouare dicta diuina proportione. Per la qual cosa e da sapere commo nel quinto se asegna che sempre fra tre termini de vn medesimo genere de necessita sonno doi habitudini o vogliam dire proportioni cioe vna fral primo termino el secondo. laltra fral secondo el terzo. verbi gratia. Sienno tre quantita de medesimo genere (che altramente non se intende esserui fra loro proportione) la prima sia a. e sia 9. per numero. la seconda b. e sia 6. la terza c. e sia 4. Dico che fra loro sonno doi proportioni luna dal a. al b. cioe dal 9. al 6. la quale fra le commune in lopera nostra chiamamo sexquialtera e fia quando el magior termino contene el menore vnauolta e mezza. Pero chel 9. conten 6. e ancor 3. qual fia mita del 6. e per questo fia detta sexquialtera. Ma perche qui non intendiamo dire dele proportioni in genere per hauerne diffusamente apieno tractato e chiarito insiemi con le proportionalita nella preaducta opera nostra. pero qui de loro non me curo altramente extendere. ma sempre tutto quello in commune de lor dicto se habia con loro diffinitioni e diuisioni a presuporre. E solo de questa vnica al presente sia nostro discorso per non trouarse di lei con tale e tanto vtilissimo processo per alcuno esserne inanze tractato. Ora tornando alo incepto proposito dele tre quantita. e fia ancora dala seconda b. ala terza c. cioe dal 6. al 4. vnaltra proportione similmente sexquialtera. Delequali o sienno simili o dissimili al presente non curiamo. Ma solo lo intento fia per chiarire. commo fra tre termini de medesimo genere se habia de necessita retrouare doi proportioni Dico similmente la nostra diuina obseruare le medesime conditioni. cioe che sempre fra li suoi tre termini: cioe mezzo e doi extremi inuariabilmente contene doi proportioni sempre de vna medesima denominatione. Laqual cosa de laltre o sienno continue ouer discontinue po in infiniti varii modi aduenire. Pero che aleuolte fra lor tre termini sira dupla alcuna volta tripla: et sic in ceteris discorrendo per tutte le communi specie. Ma fral mezzo ai extremi de questa nostra non e possibile poterse uariare commo se dirà. Diche meritamente fo la quarta conuenientia col sommo opefici. e che la sia connumerata fra laltre proportioni senza specie e altra differentia seruando le conditioni de loro diffinitioni in questo la possiamo asemigliare al nostro saluatore qual venne non per soluere la legi anzi per adempirla e con gliomini conuerso facendose subdito e obediente a Maria e Joseph. Cosi questa nostra proportione dal ciel mandata con laltre sacompagna in diffinitione e condictioni e non le degrada anzi le magnifica piu amplamente tenendo el principato de lunita fra tutte le quantita indifferentemente e mai mutandose commo del grande idio dici el nostro sancto Seuerino. videlicet Stabilisque manens dat cuncta moueri. Per la qual cosa e da sapere per poterla fra le occurrenti quantita cognoscere che sempre fra li suoi tre termini inuariabilmente la se ritroua disposta in la continua proportionalita in questo modo. cioe chel producto del menore extremo nel congionto del menore e medio fia equale al quadrato del medio. E per consequente per la 10. diffinitione del quinto dicto congionto de necessita sira el suo magiore extremo. e quando cosi se trouino ordinate tre quantita in qual voi genere quelle son dicte secondo la proportione hauente el mezzo e doi extremi. el suo magiore extremo sempre fia el congionto del menore e medio. Che possiamo dire dicto magiore extremo essere tutta la quantita diuisa in quelle doi tal parti cioe menor extremo e medio a quella condictione. El perche e da notare dicta proportione non poter essere rationale. ne mai poterse el menore extremo nel medio per alcun numero denominare siando el magior extremo rationale. Pero che sempre siranno irrationali. commo de sotto apertose dira. E questo al terzo modo conuen con idio vt supra.

(Commo se intendi la quantita diuisa secondo la proportione hauente el mezzo e doi extremi.)

Cap. VIII.

Dobiamo sapere che queste cose ben notate a diuidere vna quantita secondo la proportione hauente el mezzo edoi extremi. vol dir di quella far doi tal parti inequali chel producto dela menore intutta dicta quantita indiuisa sia quanto el quadrato dela magior parte. comme per la 3. diffinitione del 6. dechiara el nostro philosopho. E pero quando mai nel caso non se nominasse diuidere dicta quantita. Secondo la proportione hauente el mezzo e doi extremi ma solo dicesse el caso farne doi parti cosi conditionate chel producto de luna in tutta dicta quantita saguagli al quadrato de laltra parte a chi ben intende e in larte sia experto deue el proposito a dicta nostra proportione redure. pero che altramente non se po interpretare. verbi gratia. Chi dicesse famme de 10. doi tal parti che multiplicata luna per 10. facia quanto laltra multiplicata in se medesima. Questo caso e altri simili operando secondo li documenti da noi dati nella pratica speculatiua detta algebra e almucabala per altro nome la regola dela cosa posta in la prealegata opera nostra se trouana soluto. luna parte cioe la menore esser 15. m. R. 125. e laltra magiore fia R. 125. m. 5. Lequali parti cosi descripte sonno irrationali e nellarte se chiamano residui. Deli quali le specie asegna el nostro philosopho nella 79. del 10. esser 6. E vulgarmente dicte parti se preferescano cosila menore quando dici meno radice de centouenticinque. E vol dir tal parlare. Presa la R. de 125. qual fia poco piu de 11. E quella tracta de 15. che restara poco piu de 3. O vogliam dire poco meno de 4. Ela magiore se proferesci R de 125. meno 5. E vol dire presa la radice de 125. qual e poco piu de 11. commo e dicto e di quella tracto 5. che restaria poco piu de 6. o vogliam dire poco meno de 7. per dicta magior parte. Ma simili acti de multiplicare. summare. sottrare partire de residui binomii e Radici e tutte altre quantita rationali e irrationali sani e rotti in tutti modi per hauerli nella prefata opera nostra apieno dimostri in questo non curo replicarli e solo se atende a dire cose noue e non legia dicte a reiterare. E cosi diuisa ogni quantita sempre haremo tre termini ordinati in la continua proportionalita che luna sira tutta la quantita cosi diuisa. cioe el magiore extremo. commo qui nel proposto caso 10. E laltro fia la magiore parte cioe el medio. Comme e R. 125. m. 5. el terzo menor fia 15 m. R. 125. fra li quali fia la medesima proportione. Cioe dal primo al secondo commo dal secondo al terzo. e cosi per laduerso cioe dal terzo al secondo commo dal secondo al primo. E tanto fa multiplicare el menore cioe 15. m. R. 125. via el magiore che e 10. quanto a multiplicare el medio in se. cioe R. 125 m. 5 che luno e laltro producto fia 150 m. R. 12500. si commo recercha la nostra proportione. E per questo 10. fia dicto esser diuiso secondo la proportione hauente el mezzo e doi extremi. ela sua magior parte fia R. 125 m. 5. ela menore fia 15. m. R. 125 che luna elaltra de necessita fia irrationale. commo se proua per la sexta del terzodecimo. e ancora in la vndecima del secondo e 16. del 9. questo a notitia dela quantita cosi diuisa.

(Che cosa sia radici de numero e de altra quantita.)

Cap. IX.

E perche nel nostro processo spesso acadera nominare Radici pero sucinte qui me par chiarire quello importi. auenga che diffusamente nellopera nostra ne sia dicto in tutti modi. Non dimeno dico la radice de vna quantita essere medesimamente vna quantita laquale multiplicata in se fa quella quantita delaquale ella fia detta esser Radice e quella tal multiplicatione facta in se se chiama quadrato de dicta radice. Commo diciamo la R. d. 9. esser 3. e de 16. esser 4. e de 25. esser 5 cosi neglialtri e 9. e 16. e 25 sonno detti quadrati. E per questo e da sapere che sono alcune quantita lequali non hano R. che per numero aponto se possa nominare. Commo 10. non ha numero che in se multiplicato facia epso 10. aponto. e cosi 11. 12. 13. e altri simili. E pero sonno e nascano de doi sorte R. luna detta discreta o vogliam dire rationale e fia che per numero aponto se po asegnare como de 9 la R. fia 3. E laltra e detta sorda. e fia quella che per numero non se po aponto dare. Commo habiam detto dela R. de 10. e altri. E queste per altro nome son dette irrationali. impero che tutte quelle quantita che per numero aponto non se possano asegnare in larte sonno dette irrationali. e quelli che per numero se possano dare sonno dette rationali. E questo al proposito nostro dele R. basti.

(Sequela del primo proposto effecto.)

Cap. X.

Lequali cose ben notate al suo primo proposto effecto faciam regressso. E quello con euidenti exempli rendiam chiaro e a sua delucidatione reprehendase el medesimo caso de 10 inquel luogo aducto. senza piu trauagliarse in altre laboriose quantita chel medesimo sempre in cadauna aduiene che in questo se dici. E per via de Arithmetica a piu piena notitia de vostra celsitudine li altri tutti andaremo sequitando presuponendo tutta via le scientifiche proue de quel tutto chel nostro processo contirra nelli luoghi che aduremo dal nostro philosopho Euclide essere con ogni solertia Geometrice asegnate secondo la oportuna exigentia dele conclusioni. Dico adonca che 10. diuiso: secondo la nostra proportione e la magior sua parte fia R. 125. m. 5 sopra laquale per dicto effecto posto 5. cioe la mita de tutto 10. fara R. 125 aponto. Pero che quel m. 5 se vene a restorare e arempire con piu 5 mita de 10. Questo congionto cioe R. 125. in se multiplicato che fa 125 per lo suo quadrato fia 5 tanto del quadrato dela mita de 10. che e 5. el suo quadrato 25. Onde 125. fia aponto quincuplo al dicto 25. quadrato de dicta mita de 10 commo fo dicto. E questo effecto ha luogo.

in ogni quantita de che natura sia commo aperto demostra la prima del 13. de nostra guida.

(Del suo secondo essentiale effecto.)

Cap. XI.

Sel sira vna quantita in doi parti diuisa. e sopra luna posto vna quantita chel quadrato de questo congionto sia quincuplo alquadrato de la quantita agionta sequita de necessita la dicta quantita agionta esser la mita dela prima quantita in dicte doi parti diuisa. E quella a cui se agionse essere la sua magior parte e lei tutta in quelle esser diuisa secondo la nostra proportione. Verbi gratia. Prendase 15. m. R. 125 e R. 125 m. 5. per le doi parti integrali de vna quantita e sopra luna cioe R. 125 m. 5. posto 5 per terza quantita el congionto fia R. 125 el cui quadrato e 125. elo quadrato dela quantita agionta e 25. Onde 125 fia quincuplo al 25. quadrato dela quantita agionta. Dico la R. 25. cioe 5. esser mita dela prima quantita in quelle tal doi parti diuisa. E quella a cui sagionse essere la magior parte de dicta prima quantita diuisa secondo la nostra proportione hauente el mezzo e doi extremi. cioe de 10. E questo fia conuerso del precedente effecto. si commo conclude la seconsta [1]) del terzodecimo Geometrice

---

(Del terzo suo singulare effecto.)

Cap. XII.

Se vna quantita fia diuisa secondo la nostra proportione, se ala menor sua parte se agionga la mita dela magiore sira poi el quadrato sempre del congionto quincuplo al quadrato dela mita de dicta magiore. Verbi gratia. Sia 10. la quantita diuisa secondo la nostra diuina proportione che luna parte cioe la magiore sira R. 125. m. 5 ela menor 15. m. R. 125. Dico se sopra 15. m. R. 125. che e la menore sagionga la mita de R. 125 m. 5. che e la magiore el congionto poi dela menore e de dicta mita in se multiplicato sira 5 tanto del quadrato

[1]) lies: seconda.

dela mita de dicta magiore e cosi apare. Pero che la mita de R. 125 m. 5. e R. $31^1/_4$ m. $2^1/_2$ gionta con 15. m. R. 125 che e la menore fa $12^1/_2$ m. R. $31^1/_4$. Onde multiplicando $12^1/_2$ m. R. $31^1/_4$ via $12^1/_2$ m. R. $31^1/_4$ fa $187^1/_2$ m. R. $19531^1/_4$. E questo fia dicto el quadrato del congionto. Poi quadrise ancora la mita de dicta magiore cioe multiplica R. $31^1/_4$ m. $2^1/_2$ via R. $31^1/_4$ m. $^1/_2$ [1]) fara $37^1/_2$ m. R. $781^1/_4$. E questo fia detto el quadrato dela mita dela magiore quale aponto fia el $^1/_5$ del quadrato del congionto. E per consequente dicto quadrato del congionto e quincuplo al quadrato dela mita de dicta parte magiore de 10. cosi diuiso. La qual forza molto con laltre fia da stimare. commo tutto geometrice si proua per la terza del 13. del nostro auctore.

(Del quarto suo ineffabile effecto.)

Cap. XIII.

Se vna quantita se diuide secondo la nostra diuina proportione se a tutta dicta quantita se agionga la sua magior parte sira poi dicto congionto e dicta magior parte parti de vn altra quantita cosi diuisa. Ela magior parte de questa seconda quantita cosi diuisa sempre sira tutta la prima quantita. Verbi gratia. Sia la quantita secondo lunica nostra proportione diuisa 10. che la magior sua parte sira R. 125 m. 5. ela menore 15 m. R. 125. Onde se sopra 10. prima quantita se ponga R. 125 m. 5. magior parte fara vna seconda cioe R. 125 piu 5. E questa seconda quantita cioe R. 125 piu 5. dico esser similmente diuisa secondo la nostra proportione in le dicte doi parti: cioe in R. 125 m. 5. magior dela prima e in 10. qual fo la prima quantita e fia la magior parte de questa seconda quantita. E questo apare cosi. Pero che el producto de 125 [2]) m. 5 (che era la magior parte dela prima e ora fia la menore de questa seconda) in tutta questa seconda. cioe in R. 125 piu 5. fa quanto el quadrato dela media o vogliam dire magiore parte de questa seconda che e 10. che luno e laltro fanno aponto 100. commo se richiede

[1]) l. $2^1/_2$.
[2]) l. R. 125 m. 5.

ala dicta proportione. La qual forza ancora ci manifesta geometrice la quarta del terzodecimo.

(Del quinto suo mirabile effecto.)

Cap. XIV.

Se vna quantita sia diuisa secondo la nostra dicta proportione sempre el congionto del quadrato dela menor parte col quadrato de tutta la quantita integra sira triplo al quadrato dela magiore parte. Verbi gratia. Sia 10. la quantita diuisa: commo habiam dicto che luna parte fia 15 m. R. 125. cioe la menore e laltra R. 125 m. 5. cioe la magior. Dico chel quadrato de 15 m. R. 125. gionto con lo quadrato de 10. tutta quantita e lor congionto sira triplo cioe tre tanto del quadrato dela magior parte cioe de R. 125. m. 5. Onde el quadrato de 15 m. R. 125. e 350 m. R. 112500. elo quadrato de 10 e 100. che gionto con 350 m. R. 112500 fanno 450 m. R. 112500 per dicto congionto. Elo quadrato de R. 125 m. 5. e 150 m. R. 12500 qual fia el $^1/_3$ de dicto congionto commo apare. Pero che multiplicato 150 m. R. 12500. per 3 fara aponto 450 m. R. 112500. Donca dicto congionto fia triplo al dicto quadrato si commo dicemmo. El quale effecto geometrice conclude la quinta del 13.

(Del suo sexto innominabile effecto.)

Cap. XV.

Niuna quantita rationale e possibile diuiderse secondo la nostra dicta proportione che sua cadauna parte non sia irrationale chiamata residuo. Verbi gratia. Sia 10. la quantita rationale qual se habia a diuidere dopo la proportione hauente el mezzo e doi extremi. Dico de necessita ciascuna dele parti douer essere residuo. Onde luna sira 15 m. R. 125. cioe la menore e laltra magior fia R. 125 m. 5. El perche apare cadauna essere residuo. che cosi se chiamano nellarte secondo la 79. del 10. E questo tale effecto habiamo dala sexta del 13.

(Del septimo suo inextimabile effecto.)

Cap. XVI.

Sel lato delo exagono equilatero sagiogni al lato del decagono equilatero quali ambedoi se intendino in vn medesimo cerchio descriti. E lor congionto sempre sira vna quantita diuisa secondo la dicta nostra proportione. Ela magior sua parte sira el lato delo exagono. Verbi gratia. Sia el lato de vno exagono equilatero nel cerchio segnato R. 125 m. 5. E il lato del decagono equilatero nel medesimo cerchio sia 15 m. R. 125. Del qual cerchio el diametro sira R. 500 m. 10. Dico chel congionto de R. 125 m. 5. con 15 m. R. 125 qual fia 10 esser diuiso secondo la nostra proportione. e la magior sua parte fia R. 125 m. 5. ela menore 15 m. R. 125. commo piu volte se dicto diuider 10. E questo fia manifesto per la 9. del 13. geometrice.

(Del 8. effecto conuerso del precedente.)

Cap. XVII.

Se vna linea sia diuisa secondo la proportione hauente el mezzo e doi extremi sempre de quel cerchio delquale la magior parte fia lato dello exagono del medesimo la menore ne fia lato del decagono. Verbi gratia. Se la linea diuisa fosse 10, la sua magior parte che e R. 125 m. 5. sempre sira el lato delo exagono de vn cerchio. del quale el diametro sira el doppio de R. 125 m. 5. cioe R. 500 m. 10. Dico che de quel medesimo cerchio 15 m. R. 125. menor parte ne fia lato del decagono equilatero in epso collocato. E de questo conuerso molto se ne serue Ptolomeo nel 9. capitulo dela prima directione del suo almegesto a demostrare la quantita dele cordi degliarchi del cerchio. Commo similmente aperto se demostra sopra la predicta 9. del 13. geometrice.

(Del suo 9. effecto sopra glialtri excessiuo.)

Cap. XVIII.

Se nel cerchio se formi el pentagono equilatero e ali suoi doi propinqui anguli se subtenda doi linee recte mosse dali termini deli suoi lati de necessita quelle fra loro se diuiderano secondo la nostra proportione. E cadauna dele lor magior parti sempre sira el lato del dicto pentagono. Verbi gratia. Sia elpentagono a b c d e e dali extremi c. e a. se tiri la corda a c. laqual subtende a langolo b. E dali extremi b e. e se tiri laltra corda be. qual subtende a langolo a. Dico che queste doi lince a c e. b[1]) se diuidano fra loro nel ponto f dopo la proportione hauente el mezzo e doi extremi. e la magior parte de cadauno fia lato de dicto pentagono a ponto.

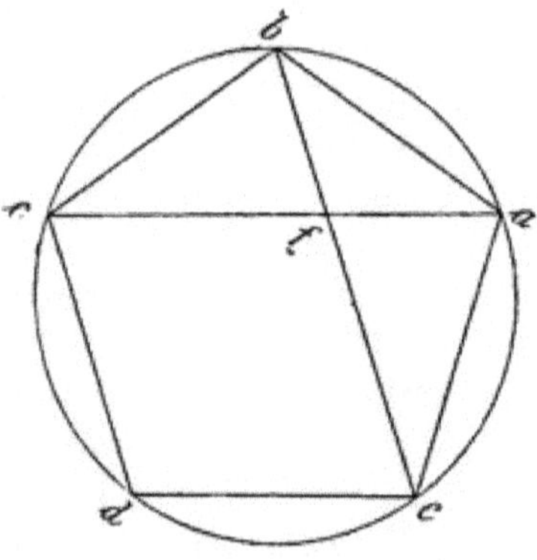

Onde dela linea ac. lamagior parte fia cf. e la magior dela linea be. fia ef. ognuna de queste sempre fia cf. E la magior dela linea be. fia ef. E ognuna de queste sempre fia equale al lato del pentagono detto. E dali Mathematici dicte doi linee per altro nome se chiamano corde delangolo pentagonico. Commo se le dicte corde ognuna fosse 10 perche siranno equali siando el lor pentagono nel cerchio equilatero cf. seria R. 125 m. 5 af. 15 m. R. 125 ela parte ef. seria similmente R. 125 m. 5. elo bf. seria 15 m. R. 125. Elo lato del pentagono seria similmente R. 125 m. 5. e questo tutto con bel muodo demostra la 11. del 13. geometrice. E per questo tale effecto possiamo per la notitia del lato peruenire ala notitia de tutte le sue corde e de tutte le lor parti. E cosi per lo aduerso per la notitia dele corde possiamo peruenire ala notitia del lato e dele parti de dicte corde. Operando arithmetice e geometrice come habiamo nellopera nostra sopra aducta insegnato de manegiarle contutta diligentia de binomii e altrelinee

[1]) l. be.

irrationali. delequali el nostro philosopho tracta nel suo 10. e per linea lui el demostra nella 11. del 2. e in la 29. del 6. Si che facilmente se peruene ala notitia de luna e de laltra in tutti modi che fia cosa de grandissima vtilita nelle nostre scientifiche e speculatiue occurrentie.

(Del 10. suo supremo effecto.)

Cap. XIX.

Se vna quantita sia diuisa secondo la predicta proportione tutti li effecti che di lei ele sue parti possino peruenire quelli medessimi in habitudine numero spetie e genere prouengano de qualunche altra quantita cosi diuisa. Verbi gratia. Sienno doi linee cosi diuise cioe luna ab. diuisa in c. e la sua magior parte sia ac. e laltra de. e la sua magior parte sia df. E commo diciamo de queste doi cosi intendiamo de infinite altre le quali facilmente se possano per via de arithmetica asegnarle ponendo ab. 10. ac. seria R. 125. m. 5. e laltra 15 m. R. 125. E ponendo de. 12. df. seria R. 180. m. 6. e laltra seria 18 m. R. 180. Dico che tutto quello che mai po auenire a vna de dicte linee comparate multiplicate partite e in tutti altri modi trauagliate. El simile aduene sempre a laltra cioe de cadauna ala sua magior parte fia la medesima proportione e cosi da caduna ala sua menor parte fia la medesima proportione. E cosi per conuerso da caduna de le lor parti a

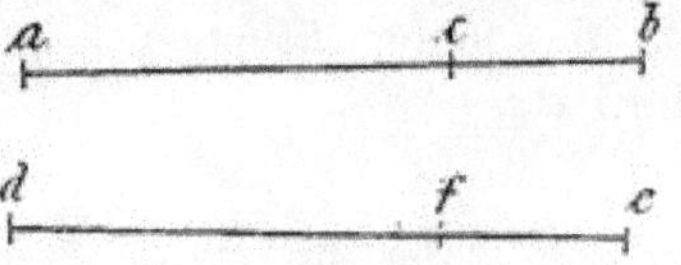

esse tutte. e cosi el producto de luna nelle sue parti e conuerso ale dicte parti e cosi nel partire e sotrare acade. Onde la proportione che e da 10. ala sua magior parte R. 125 m. 5. fia quella medessima che e da 12 ala sua magior parte R. 180 m. 6. e la proportione che dal congionto de 10 e R. 125 m. 5. a R. 125 m. 5 quella medesima fia del congionto de 12 e R. 180 m. 6. a R. 180 m. 6. E cosi breuiter in infinito prese ereuoltate quantocumque qualitercumque perla permutata conuersa congionta disgionta euersa e equa proportionalita sempre conuirra a vna medesima denotatione e ali medessimi effecti intensiue laqual cosa senza fallo demostra grandissima armonia in tutte quantita cosi diuise. Commo desocto aparera nelli corpi regulari edependenti, e tutto questo conclude in substantia la 2. del 14. geometrice.

(Del suo 11. excellentissimo effecto.)

Cap. XX.

Sel diuidera el lato de vno exagono equilatero secondo la nostra diuina proportione sempre la sua magior parte de necessita sira el lato del decagono circumscricto dal medesimo cerchio che lo exagono. Verbi gratia. Sel lato delo exagono fose 10 deuiso a modo dicto la sua magior parte sira R. 125 m. 5. qual dico aponto esser el lato del decagono dal cerchio medessimo circumscripto. Del quale el diametro verria esser 20. e questo fia concluso per la 3. del 14. Onde per euidentia auuto el lato de vno facilmente se troua el lato de laltro e cosi auuto el diametro del cerchio overo sua circumferentia overo la sua area o de qualunche parte sua sempre per quello possiamo peruenire ala notitia de luno o de laltro per luno e cosi per conuerso in tutti li modi de cerchio exagono decagono e ancor triangulo operando arithmetice e geometrice che vtilissima cosa fia si commo disopra nel 9. effecto del pentagono fo decto. Ideo etc.

(Del suo 12. quasi incomprehensibile effecto.)

Cap. XXI.

Sel se diuide vna quantita secondo la nostra ditta proportione la radice del congionto del quadrato de tutta la quantita edel quadrato de la sua magior parte sira in proportione ala radice del congionto del quadrato de dicta quantita e quadrato dela sua menor parte commo el lato del cubo el lato del triangulo del corpo de 20 basi. Verbi gratia. Sia 10. la quantita diuisa secondo la proportione hauente el mezzo e doi extremi che luna parte cioe la magiore sira commo piu volte se detto R. 125 m. 5. e la menore 15 m. R. 125. Or quadrise cioe multiplichise in se medesimo la dicta quantita aducta cioe 10. fara 100 e ancora quadrise la sua magior parte cioe R. 125 m. 5. la qual multiplicata in se fara 150 m. R. 12500. equadrise ancora la menor parte cioe 15 m. R. 125 che multiplicata in se fa 350 m. R. 112500. Ora sopra el quadrato dela magior parte cioe sopra 150 m. R. 12500 pongase el quadrato de tutta la quantita cioe de 10 che e 100. fara 250 m. R. 12500. el medesimo quadrato de dicta quantita cioe pur 100 pongase sopra el quadrato dela menore parte qual trouamo essere 350 m. R. 112500. sopra el quale gionto 100 fara 450 m. R. 112500. Or dico che la proportione dela radice de luno congionto cioe de 250 m. R. 12500 facto del quadrato de detta quantita e dela magior parte ala radice de laltro congionto facto del quadrato de dicta quantita e de la sua menor parte cioe de 450 m. R. 112500 fia aponcto commo la proportione del lato del cubo al lato del triangulo del corpo de 20 basi quando ambedoi dicti corpi sienno da vna medesima spera (ambe doi) circumscripti ouer circumdati le quali radici de congionti sonno chiamate linee potenti sopra dicti congionti cioe la R. de 250 m. R. 12500 vol dire vna quantita lacui potentia ouer quadrato sia aponto dicto congionto. E cosi la R. de 450 m. R. 112500 vol dire vna quantita dela quale la potentia o volemo dire quadrato fia a ponto 450 m. R. 112500 le quali radici per altro nome dali pratici sonno chiamate radici vniuersali o vero radici legate commo nel opera nostra preallegata nel 3. tractato de la sua 8. distinctione commenzando a carti 120 de dicto volume apare. Le quali quantita sonno de subtilissima perscrutatione e aspectanse ala pratica speculatiua commo difusamente in dicto volume apare. e questi tali Excelso Principe non e possibile nominarle con piu depresse denotationi. E tutto questo speculatiuo effecto se demostra per la 9. del 14. geometrice con alcunaltre in quel luogo aducte dal Campano.

(Del 13. suo dignissimo effecto.)

Cap. XXII.

Per lo suo 13. effecto non e poca admiratione che senza el suo suffragio non se possa mai formare el pentagono cioe figura de cinque lati equali sopra nel 9. effecto aducta e de socto ancora de adure senza el qual pentagono commo se dira non e possibile potersi formare ne immaginare el corpo nobilissimo sopra tutti glialtri detto duodecedron cioe corpo de 12 pentagoni equilateri e equianguli per altro nome detto corpo de 12 basi pentagonali la cui forma commo se dira. El diuin Platone atribui ala 5. essentia cioe al cielo per conuenientissime ragioni. Onde el nostro philosopho nel 4. libro per la 10. ce insegna saper fare vn triangulo de questa condictione. Cioe che caduno de li suoi doi anguli che stano in su la basa sia dopio alaltro. e questo lo feci pero che volendo noi saper formare el pentagono equilatero e ancora equiangulo e quello inscriuere e circumscriuere al cerchio cioe formarlo dentro ede fore a poncto al cerchio non era possibile se prima lui non ci hauesse amaestrato saper fare dicto triangulo Commo per la 11. e 12 de dicto 4. apare. e per far dicto triangulo. bisogna de necessita diuidere vna linea secondo la nostra diuina proportione commo per dicta 10. del 4. lui ci mostra. Auenga che in quel luogo esso non dica dicta linea diuiderse socto dicta proportione sue conditioni per non ci hauer ancora dato notitia che cosa sia proportione de la quale nel suo 5. se reserba pero che non e suo costume indure in suoi demonstrationi le cose sequenti de le quali ancora non se ha notitia. Ma solo vsa le antecedenti e questo ordine se comprehende per tutti li suoi 15. libri. e pero al proposito de dicto triangulo non dici diuidere dicta linea secondo la proportione hauente el mezzo e doi extremi ma dici secondo la 11. del 2. farne di lei doi parti tali chel quadrato de luna sia equale al producto de laltra parte in tucta dicta linea la qual cosa in virtu non vol dir altro se non diuiderla secondo dicta proportione commo apare per la 3. diffinitione del 6. e per la 29. del dicto e ancora noi disopra in questo dicemmo quando fo dechiarito commo se intenda el mezo eli suoi extremi circa al primo suo effecto aducto.

(Commo per reuerentia de nostra salute terminano dicti effecti.)

Cap. XXIII.

Non me pare excelso Duca in piu suoi infiniti effecti al presente extenderme peroche la carta non supliria al negro a exprimerli tutti ma solo questi 13 habiamo fra glialtri electi a reuerentia de la turba duodena e del suo sanctissimo capo nostro redemptore Christo Jesu pero che hauendoli atribuito el nome diuino ancora pel numero de nostra salute deli 13 articoli. e 12 apostoli col nostro saluatore sabion a terminare del qual collegio comprehendo V. D. celsitudine hauere singular deuotione per hauerlo nel preaducto luogo sacratissimo tempio de gratie dal nostro prefacto Lionardo con suo ligiadro penello facto disporre non dimeno nel sequente processo non se restara piu altri secondo le occurrenze adurne conciosia commo se dira che non sia possibile poter formare ne imaginare larmonia e degna conuenientia fra loro de tutti li corpi regulari e loro dependenti. al cui fine li gia dicti habiamo proposti acio lor sequela piu chiara se renda.

(Commo li dicti effecti concorrino ala compositione de tutti li corpi regulari e loro dependenti.)

Cap. XXIV.

Hora excelso Duca la virtu e potentia de lantedicta nostra proportione con suoi singulari effecti maxime commo desopra dicemmo se manifesta in la formatione e compositione de li corpi si regulari ommo dependenti. De li quali acio meglio saprenda qui sequente ordinatamente ne diremo. E prima de li 5 essentiali quali per altro nome sono chiamati regulari. E poi successiuamente de alquanti abastanza loro egregii dependenti. Ma prima e da chiarire per che sieno dicti corpi regulari. Secondariamente e da prouare commo in natura non sia possibile formare vn 6. Onde li dicti sonno chiamati regulari per che sonno de lati e anguli e basi equali e luno da laltro a poncto se contiene commo se mostrara e correspondeno ali 5 corpi semplici in natura cioe terra. aqua. airi. fuco equinta essentia cioe virtu celeste che tutti glialtri sustenta in suo essere. E si commo questi 5 semplici sonno bastanti e sufficienti in natura altramente seria arguire. I dio superfluo ouero diminuto al bisogno naturale. La qual cosa e absurda commo afferma el philosopho che Idio ela natura non operano in vano cioe non mancano al bisogno e non excedeno quello cosi asimili le forme de questi 5 corpi deli quelli sa adire a poncto sonno 5 ad decorem vniuersi e non possano esser piu per quel che sequira. E pero non imeritamente commo se dira disocto lantico Platone nel suo thymeo le figure de dicti regulari atribui ali 5 corpi simplici commo in la quinta conuenientia del diuin nome ala nostra proportione atribuita[1]) de sopra fu decto e questo quanto a la loro denominatione.

(Commo non possino essere piu. 5. corpi regulari.)

Cap. XXV.

Conuiense ora mostrare commo non possino essere pin de 5 tali corpi in natura cioe tutte lor basi sieno équalli fra loro ede angoli solidi e piani equali e similmente de lati equali la qual cosa cosi apare peroche ala constitutione de vno angulo solido almanco e necessario el concorso de 3 anguli superficiali perche solo de doi anguli superficiali non se po finire vn angol solido. Onde per che li 3 anguli de caduno exagono equilatero sonno equali a anguli recti. E ancora delo eptagono cioe figura de 7 lati e generalmente de caduna figura de piu lati equilatera e anco equangula li 3 suoi anguli sempre sonno magiori de 4 recti si commo per la 32. del primo euidentamente apare e caduno angulo solido e menore de 4 anguli recti commo testifica la 21. del 11. E pero fia impossibile che 3 anguli de lo exagono e de lo eptagono e generalmente de qualunche figura de piu lati equilatera e ancora equiangula formino vn angol solido. E per questo se manifesta che niuna figura solida equilatera e di anguli equali non si po formare de superficie exagonali o veramente de piu lati. Pero che se li 3 angoli de lo exagono equilatero e anco equiangulo sonno magiori che vn angolo solido. sequita che 4. e piu molto magiormente excederano dicto angulo solido. Mali 3 angoli del pentagono equilatero e anco equiangolo e manifesto che sonno menori de 4 angoli recti. E li quatro sonno magiori de 4 recti. Onde de li 3 anguli de vn pentagono equilatero e anco equiangulo se po formare langulo solido. Ma de li suoi 4 anguli o de piu non e possibile a for-

[1]) L. atribuite.

mare angulo solido. E pero solamente vn corpo de pentagoni equilateri e anco equianguli fia formato. el qual e dicto duodecedron altramente corpo de 12 pentagoni. E pero solamente vn corpo de pentagoni equilateri e anco equiangoli fia formato el quale dicto duodecedron altramente corpo de 12 pentagoni dali philosophi. Nel quale li anguli deli pentagoni a 3 a 3 formano e contengano tutti li anguli solidi de dicto corpo. La medesima ragione fia in le figure quadrilatere de lati e anguli equali: commo in li pentagoni se dicto. Peroche ogni figura quadrilatera se la sira equilatera e anco de angoli equali quella per la diffinitione sira quadrata. perche tutti li suoi anguli siranno recti commo se mostra per la 32 del primo. Onde de 3 angoli adonca de tal figura superficiale fia possibile formare vnangol solido. Ma de 4 suoi e de piu e impossibile. Per laqual cosa de tali figure superficiali lequali conciosiacosa che le sienno quadrilatere equilatere e de angoli equali sene po formare vn solido el quale noi chiamamo cubo elquale e vn corpo contenuto da 6 superficie quadrate e ha 12 lati e 8 angoli solidi. E deli triangoli equilateri li 6 angoli sonno equali a 4 recti per dicta 32. del primo. Adonca manco de 6 sonno menori de 4 recti. e piu de 6 sonno magiori de 4 recti. E pero de 6 angoli e de piu de simili triangoli non se po formare vnangolo solido. ma de 5. e de 4. e de 3. se po formare. E conciosia che 3 angoli del triangolo equilatero contenghino vnangol solido pero de triangoli equilateri se forma el corpo de 4 basi triangulari de lati equali dicto tetracedron. E quando concorgano 4 tali triangoli se forma el corpo de 8 basi detto octocedron. E se 5 triangoli equilateri contengano vnangol solido alor se forma el corpo detto ycocedron de 20 basi triangulari e de lati equali. Onde perche sienno tanti e tali li corpi regulari e perche ancora non sienno piu per quel che dicto habiamo a pieno fia manifesto etc.

(De fabrica seu formatione eorum 5 regularium et deproportione cujusque ad diametrum spere et primo de tetracedron).

Cap. XXVI.

Veduto e inteso che sienno li corpi regulari e quanti aponto seque ora adire commo se formino acio sienno aponto circondati da vna spera e ancora che proportione e denotatione de loro overo suoi lati al dyametro dela spera che aponto li circundasse. mediante laquale se vene in notitia de lor tutti. E pero prima diremo del tetracedron cioe del 4 basi triangulare equilatero e poi de cadauno deli altri successiuamente per ordine sequendo se dira.

Dico adonca dicto corpo douerse cosi formare. cioe prima se prenda el dyametro dela spera in laquale noi intendiamo collocarlo qual poniamo che sia la linea ab. E questa se diuida nel ponto c. in modo che la parte ac. sia dopia ala parte bc. E faciase sopra lei el semicirculo adb. e tirise la linea cd perpendicular sopra la linea ab. e tirinse le linee bd. e da. Dapoi se facia el cerchio fgh. sopra el centro e. del quale el semidiametro sia equale ala linea cd. Nel qual cerchio poi se facia vn triangulo equilatero: secondo che insegna la seconda del 4. E questo triangulo sia fgh. E dal centro ali suoi angoli se tirino le linee ef . eg . eh. Poscia sopra el

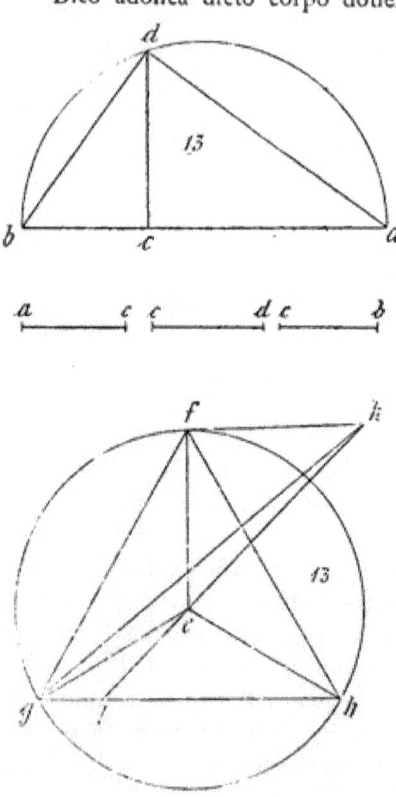

centro: e. se leui la linea ek. perpendiculare ala superficie del cerchio fgh. commo insegna la 12 del 11. E questa perpendiculare ponghise equale ala linea ac. E dal ponto k se lascino le ypotomisse kf . kg . kh. Le quali cose cosi aponto obseruate dico esser finita la pyramide de 4 basi triangulari de lati equali. E

[1] l. al.

questa aponto sira circunscripta dala spera di quel tal dyametro ab. E dico per la proportione fral dyametro dela spera el lato dela fabricata pyramide el quadrato de dicto dyametro essere sex quialtera al quadrato del lato de dicta pyramide. cioe chel quadrato del dyametro contiene el quadrato del lato dela pyramide vnauolta e mezza: cioe commo 3 a 2 e 6 a 4. E vol dire che sel quadrato de dicto dyametro fosse 6 el quadrato del lato dela pyramide seria 4. E cosi se troua prouato in geometria.

(Dela fabrica del cubo e sua proportione ala spera.)

Cap. XXVII.

Sequita a demostrare commo se formi el cubo e qual sia la proportione fral lato suo elo dyametro dela spera che aponto lo circundasse. per la qual cosa dico dicto cubo douerse cosi formare cioe. Prima se prenda el diametro dela spera. Nela quale intendiamo aponto collocarlo. E questo sia la linea ab. sopra la quale faro el semicirculo adb. Epoi diuidaro el diametro nel poncto c. si commo feci in la formatione dela piramide precedente. Cioe che la parte ac. sia dopia ala parte bc. Etirise la linea cd. perpendiculare ala linea ab. Etirinse ancora le linee db. e da. Dapoi se facia vnquadrato del quale tutti li lati sienno equali ala linea bd. E sia quel tal quadrato efgh. E sopra li suoi 4 anguli seleuino 4 linee perpendiculari ala superficie del dicto quadrato commo insegna la duodecima del vndecimo. Equesti tali perpendiculari ognuna sia posta ancora equale ala linea bd. e sienno le ditte 4 perpendiculari ek . fl . gm . hn. E siranno queste 4 perpendiculari ognuna equidistante alaltra fraloro per la sexta del dicto vndecimo. E li anguli da quelle e dali

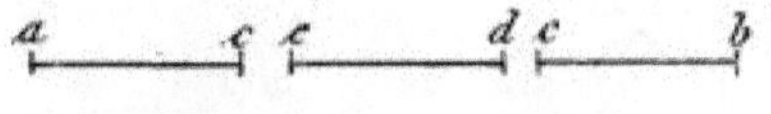

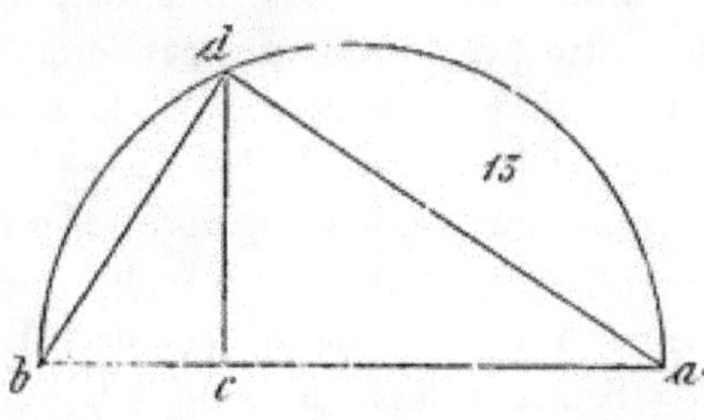

lati del quadrato contenuti sonno recti per la diffinitione de la linea perpendiculare ala superficie. Dapoi congiunghinse le extremita di queste perpendiculari tirando le linee kl . lm . mn. nk. Le quali cose con diligentia a ponto seruate sira finito el cubo che circauamo de formare. da 6 superficie quadrate contenuto che seproua per la 34. del primo le 4 superficie che lo circundano e sonno quelle dele quali li lati oppositi sonno le 4 perpendiculari sonno tutte quadrate. De la basa che la sia quadrata questo se manifesta per la nostra propositione. E ancora che la suprema superficie sia ancor lei quadrata cioe klmn. se demostra ancora per la dicta 34. del primo e per la decima de lo vndecimo. E cosi ancora per la quarta del ditto vndecimo se manifesta tutti li lati de dicto cubo stare orthogonalmente sopra le sue doi superficie opposite. E questo tale[1]) aponto dala spera del proposto diametro sira circumscripto. Onde sempre dicto diametro sira triplo in potentia allato del ditto cubo cioe chel quadrato de ditto diametro sira tre tanto del quadrato dellato del cubo. Commo sel diametro fosse R. 300 ellato del cubo conueria essere 10 aponto. Lacui notitia a molti casi necessarii fia oportuna, etc.

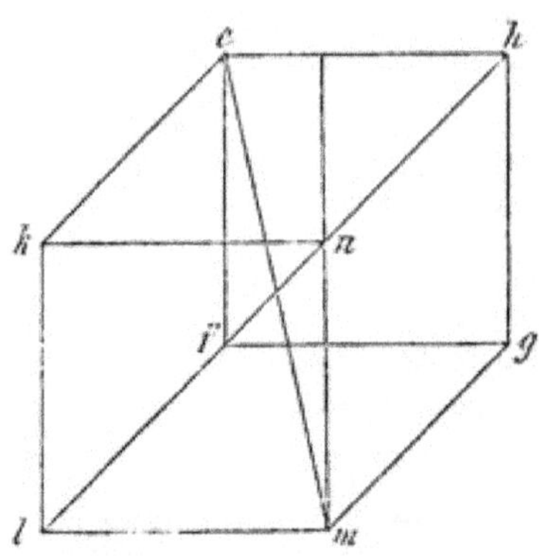

(Commo se formi lo octocedron in spera aponto collocabile e sua proportione ala spera.)

Cap. XXVIII.

Nel terzo luogo sucede in fabrica el corpo de 8 basi triangulari detto octocedron qual similmente da vna proposta sphera sia aponto circumdato dela qual spera solo et diametro

1) scil. cubo.

anoi sia noto. E fasse in questo modo. Prendase el diametro dela sphera qual sia la linea ab. la quale se diuida per equali nel ponto c. E sopra tutta la linea se facia el semicirculo adb. e tirise cd. perpendiculare ala linea ab. edapoi se gionga el ponto d. con le extremita del ditto diametro cioe con a. e con b. Dapoi faciasse vn quadrato de qual tutti li lati sienno equali a la linea bd. E sia questo quadrato efgh. E in questo quadrato setiri doi diametri deli quali luno sia eg e laltro fh. Li quali fraloro se diuidino nel ponto k. Onde per la quarta del primo fia manifesto che cadauno de questi diametri equale ala linea ab. la quale fo posta diametro dela sphera conciosia che langulo d. sia recto per la prima parte dela trigesima del terzo. E ancora cadauno deli anguli e. f. g. h. fia recto per la diffinitione del quadrato. E ancora fia manifesto che quelli doi diametri eg. e fh. fra loro se diuidano per equali nel ponto k. E apare per la quinta e trigesima secunda e sexta del primo facilmente deducendo. Ora leuise sopra k la linea kl. perpendiculare ala superficie del quadrato. la qual perpendiculare se ponga equale ala mita del diametro eg overo fh. E poi se la-

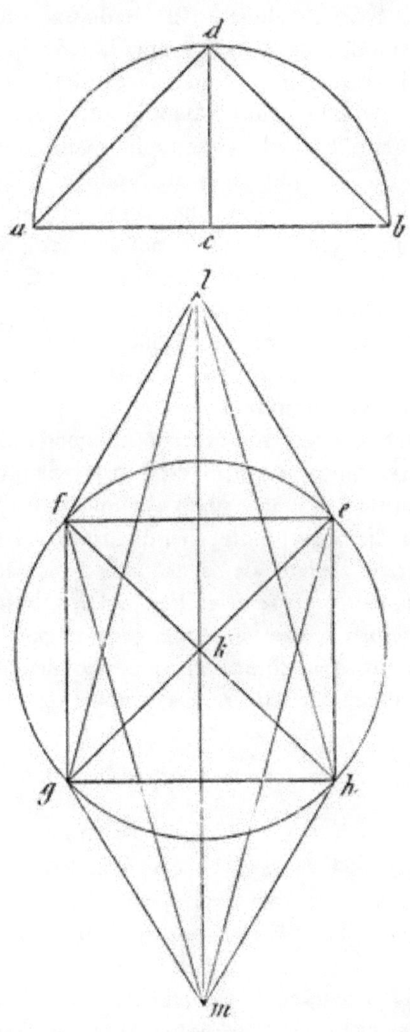

scino le ypotomisse le lf. lg. lh. E tutte queste ypotomisse per le cose dicte e prosuposte mediante la penultima del primo replicata quante volte fia bisogno fraloro siranno equali. E ancora equali ali lati del quadrato. Adonca finqua habiamo vna piramide de 4 basi triangulari de lati equali constituta sopra el dicto quadrato la qual piramide fia la mita del corpo de 8 basi quale intendemo. Dapoi sotto dicto quadrato faremo vnaltra piramide simile aquesta in questo modo cioe. Tiraremo la dicta linea lk. forando epenetrando el dicto quadrato fin al ponto m in modo che la linea km. laqual sta sotto el quadrato sia equale ala linea lk laqual sta desopra dicto quadrato. E da poi giognero el ponto m. con tutti li anguli del quadrato tirando 4 altre linee ypotumisali le quali sonno me. mf. mg. mh. Equeste ancora se prouano esser equali fraloro e ancora ali lati de ditto quadrato per la penultima del primo e laltre sopra aducte commo fo prouato de laltre ypotumisse sopra al quadrato. Ecosi sempre con diligentia obseruate le sopra dicte cose sira finito el corpo de 8 basi triangulari de lati equali el quale apunto sira dala spera circumscripto. La proportione fra la spera el dicto corpo sie chel quadrato del diametro dela spera al quadrato dellato de dicto corpo fia dopio aponto cioe sel dicto diametro fosse 8 el lato del octobasi seria R. 32. lecui potentie fraloro sonno in dupla proportione cioe chel quadrato del diametro fia dopio al quadrato dellato del dicto corpo e cosi habiamo la fabrica ela proportione respecto la spera etc.

(De la fabrica e formatione del corpo detto ycocedron.)

Cap. XXIX.

Saper fare el corpo de 20 basi triangulari equilateri che aponto da vna data spera che habia el diametro rationale sia circundato. E sira euidentemente ellato del dicto corpo vna linea irrationale cioe quella che fia dicta linea menore. Verbi gratia Sia ancora qui el diametro dela data spera ala qual se ponga esser rationale o in longhezza o solo in la potenza. E diuidase nel ponto c. In modo che ac. sia quadrupla del cb. e faciase. sopra lei el semicirculo adb. etirise cd. perpendiculare al ab. e tirise la linea db. Dapoi secondo la quantita de la linea db. se facia el cerchio efghk. sopra el centro l al quale se inscriua vn pentagono equilatero de le medesime anotato. Ali anguli del quale dal centro l semenino le linee le. lf. lg. lh. lk. E ancora nel medesimo cerchio se faria vndecagono equilatero. Dividinse adonca tutti li archi per equali de liquali le cordo sonno li lati del pentagono. E dali ponti medii al extremita de tutti li lati. de lo inscripto pentagono se dirizino le linee recte. E ancora sopra tutti li anguli del dicto pentagono se dirigi el cateto commo insegna la duodecima del vndecimo liquali cadauna ancora sia equale ala linea bd. E congionghinse le extremita de questi 5 cateti con 5 corausti. E siranno per la sexta del vndecimo li 5 cateti cosi derigati fraloro equidistanti. E conciosia che loro sienno equali siranno ancora per la tregesimaterza del primo li 5 corausti quali congiongano le loro extremita equali ali lati del pentagono. Lascia cadere adonca da cadauna sumita de tutti li cateti doi e doi ypotumise ali dai anguli circunstanti del decagono inscripto. E le extremita de queste deci ypotomisse quali descendano dale 5 extremita de li cateti ali 5 ponti quali sonno cadauni anguli medii del decagono inscripto congiungi formando[1]) vnoaltro pentagono nel dicto cerchio. El quale ancora sira equilatero per la vigesimaterza del terzo. E quando arai facto questo ve

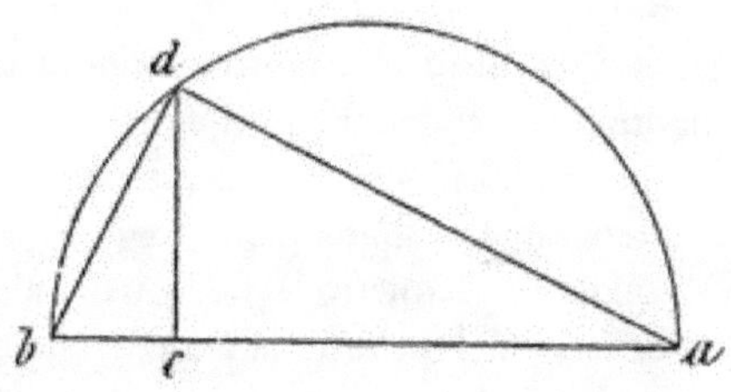

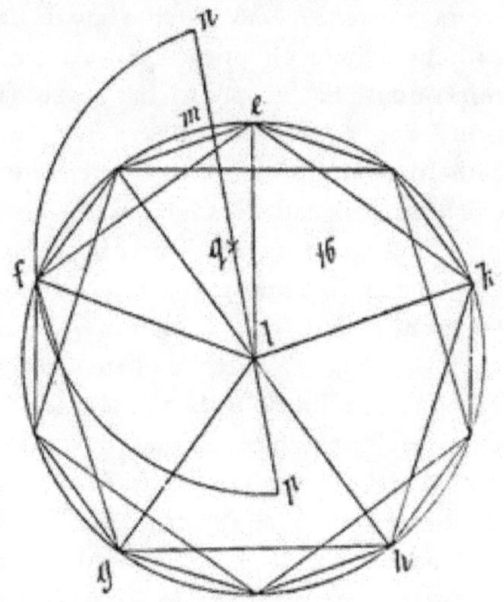

[1]) l. congiunti formano.

derai che arai facto 10 trianguli de li quali li lati sonno le 10 ypotomise eli 5 corausti. eli 5 lati de questo pentagono inscripto. E che questi trianguli sienno equilateri cosi lo aprenderai. Conciosia che tanto el semidiametro del cerchio descripto quanto che cadauna de li cateti derizati sia equale ala linea bd. per la ypothesi sira per lo corelario de la 15. del 4 cadauno de li cateti equale allato delo exagono equilatero facto nel cerchio del quale el diametro[1]) fia equale ala linea bd. E perche per la penultima del primo cadauna dele 10 ypothemise tanto e piu potente del cateto quanto po ellato del decagono ancora per la decima del terzodecimo ellato del pentagono e tanto piu potente del medesimo quanto po el medesimo lato del decagono sira per la comuna scientia cadauna de queste ypotomise equale allato del pentagono. E deli corausti gia e stato mostro che loro sienno equali ali lati del pentagono. Onde tutti li lati de questi 10 trianguli o veramente sonno lati del pentagono equilatero la secunda volta alcerchio inscripto o veramente aquelli equali. Sonno adonca li dicti trianguli equilateri. Ancora piu sopra el centro del cerchio qual fia el ponto l deriza vnaltro catheto equale ali primi qual sia lm. E la sua superiore extremita qual fia el ponto m giogni con cadauna extremita deli primi con 5 corausti. E sira per la sexta del vndecimo questo catheto centrale cioe che fia derizato nel centro equidistante a cadauno deli catheti angulari. E pero per la trigesimaterza del primo questi 5 carausti siranno equali al semidiametro del cerchio e per lo correlario de la decimaquinta del quarto cadauno fia commo lato delo exagono.

Adunca al dicto catheto centrale da luna elaltra parte sa gionghi vna linea equale allato del decagono cioe de sopra in su li sagionga mn. E in giu sotto al cerchio li sagionga dal centro del cerchio lp. Dapoi se lascino cadere dal ponto n 5 ypotomise ali 5 anguli superiori deli 10 trianguli quali sonno interno alarcuito. E dal ponto p. altri 5 ali altri 5 anguli inferiori. E siranno queste 10 ypothomise equali fraloro ali lati delo inscripto pentagono per la penultima del primo e per la decima del terzodecimo si commo de le altre 10 fo demostrato

[1]) Soll heissen: semidiametro.

prima. Hai adonca el corpo de 20 basi triangulari e equilatere del quale tutti li lati sonno equali ali lati del pentagono. E lo suo diametro fia la linea np. E de queste 20. trianguli 10 ne stanno nel circuito sopra el cerchio. E 5 se eleuano in su concurrenti al ponto n. E li altri 5 concorrano de sotto al cerchio nel ponto p. E questo corpo chiamato icocedron cosi formato che la data spera aponto el circondi cosi sira manifesto. Conciosia che la linea lm. sia equale allato delo exagono. E la linea mn. allato del decagono quali sienno equilateri circumscripti ambe doi del medisimo cerchio efg. tutta ln. sira per la nona del terzodecimo diuisa secondo la proportione hauente el mezzo e doi extremi nel ponto m. e la sua magior parte sira la linea lm. diuidase adonca lm. per equali nel ponto q. e sira per la comune scientia pq. equale al qn. peroche pl. fia posto equale al lato del decagono si commo mn. Onde qn. fia la $\frac{1}{2}$ de np. si commo qm. fia mita de ml. Conciosia adoncha chel quadrato nq. sia per la terza del terzodecimo quincuplo al quadrato qm. sira ancora per la quinta decimo del quinto el quadrato pn. quincuplo al quadrato lm. Peroche per la quarta del secondo el quadrato pn. fia quadruplo al quadrato qn. Elo quadrato ancora lm. quadruplo al quadrato qm. per la medesima. E lo quadruplo al quadruplo fia commo el simplo: al simplo commo afferma la quintadecima del quinto. E lo quadrato ab fia quincuplo al quadrato bd. per la secunda parte del corelario dela octaua del sexto. E per lo correlaro dela decimaseptima del medesimo. Peroche ab. ancora e quincuplo al bc. Peroche ac fo ala medesima quadruplo. Perche adonca lm. fia per la ypothesi equale al bd. sira per la comune scientia ab. equale al np. Onde se sopra la linea np. se faria el semicirculo. El qual se mene intorno finche torni al primo luogo donde se conmezo amouere quella spera che sira facta pel suo moto sira (per la diffinitione dele spere equali) equale ala spera proposta. E perche la linea lm. fia nel medio luogo proportionale in fra ln. e nm. E pero infra ln. e pl. Sira ancora cadauno semidiametro del cerchio nel medio luogo proportionale infra ln. e lp. E conciosia che lm. sia equale al semidiametro del cerchio. Onde el semicirculo descripto sopra pn. passara per tutti li ponti dela circumferentia del cerchio efg. E pero ancora per tutti li anguli del fabricato solido quali stanno in quella circumferentia. E per che per la medesimo ragione tutti li corausti (quali congiongano le extremita delli catheti angulari con la extremita del centrale) sonno nel medio luogo proportionali infra pm. e mn. Impero che cadauno depsi fia equale al lm. Sequita chel medesimo semicirculo passi ancora per li altri angoli dela figura ycocedra cosi fabricata. Fia adunca questo dal corpo inscriptibile in la spera de la quale el diametro fia pn. E pero ancora ala spera dela quale el diametro fia ab. Elo lato de questa solida figura dico essere la linea menore. Pero che glie manifesto che la linea bd fia rationale in potenza conciosia chel suo quadrato sia el quinto del quadrato de la linea ab. la qual fo posta rationale o in longhezza o vero solo in potenza. Onde el semidiametro eli semidiametri del cerchio efg. fia ancora rationale in potenza. Perochel suo semidiametro fia equale al bd. Adonca per la duodecima del decimotertio ellato del pentagono equilatero a questo cerchio inscripto fia la linea menore. E ancora si commo nel processo de questa demonstratione fo mostro ellato de questa figura e quanto ellato del pentagono. Adoncha ellato de questa figura de 20 basi triangulari equilatere fia la linea menore si commo se presupone.

(Saper fare el corpo de 12 basi pentagonali equilatere e equiangule che de ponto la spera proposto lo circondi.)

Cap. XXX.

E sira ellato del ditto corpo manifestamente irrationale quello che fia dicto residuo [1])

Faciasse vn cubo secondo che insegna el modo dato che la spera asegnata lo circondiaponto. E sienno de questo cubo le doi superficie ad. e ac. Eymaginamo adesso che ab. sia la superficie suprema de questo. E la superficie ac. sia vna de le laterali. E sia la linea ad. comuna a queste doi superficie. Diuidinse adonca in la superficie ab. li doi lati oppositi per equali cioe db. elo lato alui opposito. E liponti de la diuisione se continuino per la linea ef. Ello

[1]) In der nachfolgenden Figur mussten einige Linien abgeändert werden, da sie offenbar falsch, und somit das Verständniss erschwert hätten.

lato ancora ad. e quello che alui e opposito in la superficie ac. Diuidinse per equali eli ponti dela diuisione secontinuino per vna linea recta dela quale la $^1/_2$ sia gh e sia el ponto h el ponto medio dela linea ad. Similmente la linea ef. diuidise per equali nel ponto k. Etirise hk. Cadauna donca dele tre linee ek. kf. e gh. diuiderai secondo la proportione hauente el mezzo edoi extremi in li 3 ponti l. m. q. E sienno le loro parti magiori lk. km. e gq. Le quali fia manifesto essere equali conciosia che tutte le linee diuisi sienno equali cioe cadauna depse ala $^1/_2$ dellato del cubo. Dapoi ali doi ponti l. e m. derizza le perpendiculari (commo insegna la duodecima del vndecimo) ala superficie ab. dele quali cadauna porrai equale ala linea kl. E sieno ln. e mp. Similmente dal ponto q. derizza perpendicularmente qr ala superficie ac la quala porrai equale al gq. Tira adunca le linee al. an. am. ap. dm. dl. dp. dn. ar. aq. dr. dq. Fia manifesto adonca per la quinta del terzodecimo che le doi linee ke e el. in potentia sonno triplo ala linea kl. Epero ancora ala linea ln. conciosia che kl. e ln. sienno equali. E ancora ke fia equale al ea. Adonca le doi linee ae. e el. sonno in potenza triplo ala linea ln. Onde per la penultima del primo al. fia in potenza triplo al ln. Epero per lamedesima an. fia in potenza quadruplo al ln. E conciosia che ogni linea in potenza quadrupla ala sua mita sequita per la comune scientia che an. fia dupla in longhezza al ln. Eperche lm. fia dupla al lk. E ancora kl. e ln. sonno equali sira an equale al lm. Pero che le lor mita sonno equali Eperche per la trigesimaterza del primo lm. fia equale al np sira an. equale al np. Eperlo medesimo muodo prouarai le 3 linee pd. dr. e ra. essere alo foro[1]) equale e aledoi predicte. Habiamo adonca per queste 5 linee el pentagono equilatero el quale anpdr. Ma forse tudirai chel non sia pentagono. Per che forse non e tutto in vna medesima superficie la qual cosa e necessario acio chel sia pentagono. E chel sia tutto in vna medesima superficie cosi lo aprenderai esca dal ponto k la linea ks. perpendiculare ala superficie ab. la qual sia equale al lk. E sira per questo equale acadauna dele doi ln. e mp. E conciosia che la sia equidistante acadauna depse per la

[1]) l. fra loro.

sexta del vndecimo. E pero con ambedoi in la medesima superficie per la diffinitione dele linee equidistanti fia necessario chel ponto s. sia in la linea np. E che la diuida per equali. Tirinse adonca le doi linee rh. e hs. Onde li doi trianguli ksh. e qrh. sonno sopra vnangulo (cioe khq) constituti. E fia la proportione del kh. al qr. commo del ks. al qh. Peroche si commo gh. al qr. cosi kh. al qr. per la 7. del 5. E commo rq. al qh. cosi ks. al qh. per la medesima. Ma qh. al qr. commo qr. al qh. Imperoche qr. fia equale al gq. Adonca per la 30. del 6. la linea rhs. fia linea vna. Onde per la 2. del 11. tutto el pentagono del qual desputamo fia in vna medesima superficie. Dico ancora epso essere equiangulo che cosi aparera. Peroche conciosia chel ek. sia diuisa secondo la proportione hauente el mezzo e doi extremi. Ela km. sia equale ala sua magior parte sira ancora perla 4 del 13. e tutta em. diuisa secondo la proportione hauente el mezzo e doi extremi e la sua magior parte ancora la linea ek. E pero per la 5. le doi linee em. e mk. Epero le doi em. e mp. Peroche mp. fia equale al mk. sonno in potentia tripla ala linea ek. Epero ancora ala linea ae. Peroche ae. fia equale al ek. Onde le 3 linee ae. em. e mp. sonno in potenza quadruplo ala linea ae. Fia chiaro ancora per la penultima del primo doi volte replicata che la linea ap. fia in potentia equale ala 3 linee ae. em. e mp. Onde ap fia in potentia quadrupla ala linea. ae. Elo lato del cubo conciosia chel sia dopio ala linea ae. fia ancora in potentia quadruplo a epso per la 4. de 2.

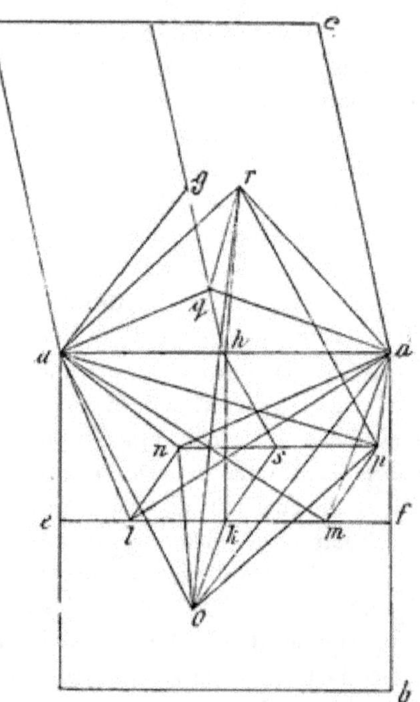

Adonca per la comuna scientia ap. fia equale allato del cubo. E conciosia che ad sia vno deli lati del cubo sira ap. equale al ad. E pero per la 8. del primo langulo ard. fia equale alangulo anp. Al medesimo modo prouerai langulo dnp. essere equale alangulo dra. Perche tu pouerai la linea dn. essere in potentia quadruplo ala $^1/_2$ dellato del cubo. Conciosia adonca che per queste cose dicte el pentagono sia equilatero e habia 3 anguli equali epso sira equiangulo per la 7. del 13. Se adonca per questa via econsimile ragione sopra cadauna deli altri lati del cubo ſabricaremo vn pentagono equilatero e equiangulo se finira vn solido de 12 superficie pentagone equilatere e ancora equiangule contenuto. Pero chel cubo ha 12 lati. Resta ora demostrare che questo tal solido sia aponto circundato dala spera data che cosi aparera. cioe. Tirinse adonca dala linea sk. doi superficie quali diuidino el cubo deli quali luna el diuida sopra la linea hk. elaltra sopra la linea ef. E sira per la 40. del 11. che la cummune diuisione de queste doi superficie diuida el diametro del cubo e cosi per conuerso che epsa sia diuisa dal dicto diametro per equali. Sia adonca la loro commune diuisione fin al diametro del cubo la linea ko. In modo chel ponto o sia centro del cubo. Emenise le linee oa. oa. op. od. or. E fia chiaro che cadauna dele doi linee oa. e od. fia semidiametro del cubo epero sonno equali. E de la linea ok. fia chiaro per la 40. del 11. che lei fia equale al ek. cioe al $^1/_2$ dellato de cubo. E perche ks. fia equale al km. sira os diuisa nel ponto k secondo la proportione hauente el mezzo e doi extremi. ela sua magior parte fia la linea ok. la quale fia equale al ek. Onde per la 5. del 13. siranno le doi linee os. e sk. Epero ancora os. e sp. Peroche sp. (ale quali questa demonstratione non se extende) fia equale al ks. triplo in potentia ala linea ok. Epero ala $^1/_2$ dellato del cubo. Onde per la penultima del 1. la linea op fia in potentia tripla al $^1/_2$ del lato del cubo. E pel corelario dela 14. del 13. semanifesta chel semidiametro dela spera e triplo in potentia ala $^1/_2$ dellato del cubo el qual fia circumscripto dala medesima spera. Onde op. fia quanto el semidiametro dela spera che circunda aponto el cubo proposto. Perla medesima ragione tutti le linee tirate dal ponto o, a cadauno de li anguli de tutti li pentagoni formati sopra li lati del cubo.

cioe a tutti li anguli quali sonno proprii ali pentagoni. E non a quelli che sonno comuni aloro e ale superficie del cubo cioe proprii de ponto si commo sonno li tre anguli n. p. r. nel formato pentagono. E de quelle linee che vengano dal ponto o. a tutti li anguli deli pentagoni li quali sonno comuni ali pentagoni e ale superficie del cubo si commo sonno nel presente pentagono li doi anguli a. e d. fia chiaro che loro sonno equali al semidiametro dela spera che aponto el cubo circonda. Peroche loro sonno diametri del cubo per la 40. del 11. Ma el semidiametro del cubo fia commo al semidiametro dela spera che aponto el circonda si commo apare per lo ragionamento dela 14. del 13. Adonca tutte le linee menate dal ponto o. a tutti li anguli del duodecedron cioe del solido contenuto da 12 superficie pentagone equilatere e equiangule che cosi se chiama in greco sonno equali fraloro e al semidiametro dela spera. Onde sel semicirculo lineato sopra tutto el diametro dela spera oueramente del cubo sel se mena intorno passara per tutti li suoi anguli. Onde per la diffinitione epso fia circundato oponto dala spera asegnata. Dico ancora chel lato de questa figura fia linea irrationale cioe quella che se chiama residuo sel diametro dela spera che aponto lo circonda sia rationale in longhezza o vero in potentia che cosi apare. Conciosia chel diametro dela spera per la 14. del 13. sia triplo in potentia allato del cubo sira ellato del cubo rationale in potentia sel diametro dela spera sira rationale in longhezza o vero in potentia E perla 11. del 13. fia chiaro che la linea rp. diuide la linea ad. La quale e lato del cubo. secondo la proportione hauerte el mezzo e doi extremi. E che la sua magior parte fia equale allato del pentagono. Eperche la sua magior parte fia residuo per la 6. del 13. se manifesta ellato dela figura dicta duodecedron essere residuo la qual cosa habiam voluto demostrare.

(A trouar li lati de tutti 5 corpi regulari.)

Cap. XXXI.

Li lati deli 5 corpi antedicti circumscripti tutti aponto da vna medesima spera dela quale spera a noi el diametro solamente sia proposto e per dicto diametro sapere trouare. Verbi gratia. Sia ab el diametro de alcuna spera a noi proposto per lo quale a noi bisogni li lati deli 5 predicti corpi ritrouare quali tutti se intendino in vna medesima spera collocati deli quali tocando vno de li suoi anguli tochino tutti cioe che aponto dicta spera tutti li circundi.[1]) La qual cosa cosi faremo cioe. Diuidiamo adonca questo diametro nel puncto c. Immodo che ac. sia dopia al cb. E per equali nel ponto d. E faremo sopra epsa el semicirculo afb. alacircumferentia del quale se tirino doi linee perpendiculari ala linea ab. le quali sienno ce. e df. E giognemo e. con a. e con b. Eglie manifesto adonca per la demonstratione dela 13. del 13. che ac. fia lato dela figura de 4 basi triangule e equilatere. E per la demonstratione dela 14. del dicto che eb fia lato del cubo. E perla demonstratione dela 15. che fb fia lato dela figura de 8 basi triangulari e equilatere. E sia adonca dal ponto a la linea ag perpendiculare. al ab. e ancora equale alamedesima ab. E giongase g. con d. e sia h. el ponto nel quale gd. diuide la circumferentia del semicirculo. Emenise hk. perpendiculare al ab. E perche ga. fia dupla al ad. sira perla 4. del 6. hk dopia al kd. Peroche sonno li doi trianguli gad e. hkd. equianguli per la trigesima secunda del primo. Imperoche langulo a del magiore fia equale alangulo k delmenore peroche cadauno e recto elangulo d. fia commune aluno elaltro. Adonca per la quarta del secundo hk. fia quadrupla in pontentia al kd. Adonca per la penultima del primo hd. fia in potentia quincupla al kd. E conciosiache db. sia equale al hd. (Peroche d. fia centro del semicirculo) sira ancora db. in potentia quincupla al kd. E conciosia che tutta ab. sia dopia a tutto bd. si commo ac. cauata dela prima ab fia dupla al cb. tracta dela secunda bd. E sira perla decimanona del quinto bc. remanente dela prima dopia al cd residua dela secunda. Epero tutta bd. fia tripla al dc. Adonca el quadrato bd. fia nonuplo cioe noue tanto del quadrato cd. Eperche epso era solamente quincuplo al quadrato kd. sira per la secunda parte dela decima del quinto el quadrato dc. menore del quadrato kd e per questo dc. menore del kd. Sia adonca dm. equale al kd. E vada mn. fin ala circumferentia

---

[1]) Die Ergänzung der im Original fehlenden Figur ist nach dem Text so einfach, dass davon abstrahirt werden darf.

la qual sia perpendiculare al ab. e giongase n. con b. Conciosia adonca ch dk. e dm. sienno equali siranno per la diffinitione de quello che alcuna linea dal centro esser equidistante le doi linee hk. e mn. equalmente distanti dal centro. E pero equali fraloro perla 2. parte dela 13. del 3. e perla 2. parte dela 3. del dicto. Onde mn. fia equale al mk. Peroche hk. era equale alei. E perche ab. fia dopia al bd. e km. dopia al dk. Elo quadrato bd. quincuplo al quadrato dk. sira per la 15. del quinto el quadrato ab. similmente quincuplo al quadrato km peroche gli cosi chel quadrato del duplo al quadrato del duplo. commo el quadrato del simplo al quadrato del simplo. E per la demonstratione dela 16. fia manifesto chel dyametro dela spera fia in potentia quincuplo cosi allato delo exagono del cerchio dela figura de 20. basi. Adonca km. fia equale allato delo exagono del cerchio dela figura de 20. basi. Pero chel dyametro dela spera qual fia ab. fia in potentia quincuplo cosi al lato delo exagono del cerchio de quella figura commo al km. E ancora per la demostratione dela medesima fia manifesto chel dyametro dela spera fia composto del lato delo exagono e de doi lati del decagono del cerchio dela figura de 20. basi. Conciosia adonca che km. sia commo el lato delo exagono. E ancora ak. sia equale al mb. Peroche loro sonno li residui o voi dir remanenti de le equali. leuatone le equali sira mb. commo el lato del decagono. Perche adonca mn. fia commo lato delo exagono peroche epsa fia equale al km. sira per la penultima del primo e per la 10. del 13. nb. commo el lato del pentagono dela figura del cerchio de 20. basi. E perche per la demostratione dela 16. del dicto apare chel lato del pentagono del cerchio de la figura de 20. basi fia lato dela medesima figura de 20 basi fia chiaro la linea nb. esser lato de questa figura. Diuidise adonca eb. (qual fia lato del cubo dala proposta spera aponto circondato) secondo proportionem habens medium duoque extrema nel ponto p. e sia la sua magior parte pb. fia chiaro adonca per la demostratione dela precedente che pb. fia lato dela figura de 12 basi. Sonno adonca trouati li lati deli 5 corpi anteposti mediante el dyametro dela spera solamente a noi proposto li quali lati sonno questi cioe ae. dela pyramide de 4 basi eb. lato del cubo. fb. lato del 8. basi elo nb. lato del 20. basi e la linea pb. lato del 12. basi.

E quali sieno magiore de questi latifr deglialtri a loro cosi apare. Pero che gli chiaro che ae. fia magiore del fb. peroche larco ae fia magiore de larco fb. e ancora fb. fia magiore del eb. elo eb. magiore del nb. E ancora dico nb. esser magiore che pb. Peroche conciosia che ac. sia dopio del cb. sira per la quarta del 2. el quadrato ac. quadruplo al quadrato cb. E per la secunda parte del correlario dela 8. del 6. e per lo correlario dela 17. del dicto fia chiaro chel quadrato ab fia triplo al quadrato be. Ma per la 21. del 6. el quadrato ab. al quadrato be fia commo el quadrato be al quadrato cb. peroche la proportione del ab. al be. fia commo del be al bc. per la seconda parte del correlario dela 8. del 6. Onde per la 11. del 5. el quadrato be. fia triplo al quadrato cb. E perche el quadrato ac fia quadruplo al medesimo quadrato comme e stato mostrato sira per la prima parte dela 10. del 5. el quadrato ac. menore[1]) del quadrato be. E pero la linea ac. fia magiore dela linea be. E pero am. molto piu magiore e gia e manifesto per la nona del terzodecimo. che se la linea am. sira diuisa secondo proportionem habens medium duoque extremo sira la sua magior parte la linea km. la qual fia equale al mn. e ancora quando bc. se diuide secondo la medesima proportione cioe habens medium duoque extrema la sua magior parte fia la linea pb. Conciosia adonca che tutta am. sia magiore che tutta be. sira mn. quale fia equale ala magior parte am. magior che pb. laqual fia la magior parte del eb. E questo fia manifesto perla seconda del 14. libro. laquale senza aiuto de alcuna de quelle che sequitano con ferma demostratione se fortifica. Adonca per la 19. del primo molto piu forte nb. fia magiore che pb. Onde apare li lati deli cinque corpi ante dicti quali con quel medesimo ordine che fra loro se sequitano con quello fra loro se excedino. Solamente questo ha la instantia. cioe non se obserua tal ordine nel cubo e nel octocedron. cioe in lo 8 basi. Pero chel lato del octo basi antecede al lato del cubo. auenga chel cubo anteceda aloctocedron in fabrica e formatione commo nel 13. apare e non e senza misterio. Onde in la formatione el cubo se propone aloctocedron perche per la medesima diuisione del dyametro dela spera proposta se troua ellato dela pyramide

---

[1]) l. magiore.

de 4 basi triangulari elo lato del cubo. Fia adonca ae. lato dela pyramide magiore delilati de tutti li altri corpi. E dapoi lui fia fb. Lato del 8 basi. magiore delilati de tutti li altri corpi che dappo lui sequitano. E nel 3 luogo sequita in grandezza eb. lato del cubo. E nel 4. luogo fia nb. lato del 20 basi. cioe ycocedron. Elo minimo de tutti fia pb. lato del duodecedron cioe del 12 basi pentagonali.

(Dela proportione de dicti regulari fraloro elor dependenti.)

Cap. XXXII.

Hauendo inteso lasufficientia deli dicti 5 corpi regulari e mostrata la impossibilata a esserne piu de 5 col modo in loro dependente aprocedere in infinito seque douer dar modo alor proportioni fraluno elaltro elaltro eluno e quanto acapacita e continentia equanto a loro superficie. E poi dele inclusioni de luno in laltro e per conuerso e prima de la loro aria corporale. Le proportioni de luno alaltro sempre siranno irrationali per rispecto dela nostra proportione sopra aducta laquali in loro compositioni e formationi se interpone commo se detto excepto del tetracedron elo cubo eloctocedron per la precissione aponto de loro proportioni al dyametro dela spera nel laquale se inscriuano porra aleuolte forse essere rationale ma quella delo ycocedron e quella del duodecedron aquali siuoglia comparati mai po essere rationale per la cagione dicta. E pero qui non mi pare excelso. Duca altro douerne dire perche serebe crescere el volume de infinite irrationalita in le quali piu presto lo intellecto seueria aconfundere che aprenderne piacer: alcui fine el nostro studio sempre fia intento equel tanto acio me pare douer esser bastante che in lo particular nostro tractato de dicti corpi composto nellopera nostra se detto al quale per la multitudine aluniuerso communicata facile fia el recorso. E medianti loro dimensioni in quel luogo poste secundo la peregrinezza deli ingegni sempre seneporra con lutilita reportarne grandilecto. E cosi similmente dico de tutti loro dependenti deli quali in quel luogo alquanti vene sonno posti. Vero e che per la 10. del 14. la proportione del duodecedron alo ycocedron quando ambe doi sieno facti in la medesima spera se conclude essere aponto como quella de tutte le sue superficie atutte le superficie di quello insiemi gionte. Ela 16. del dicto dici lo octocedron esser diuisibile in 2 piramidi de altezza equali che fia para al semidiametro dela spera doue fosse fabricato ele lor basi sonno quadrate. El qual quadrato superficiale fia sul duplo al quadrato del diametro dela spera. La qual notitia a noi per sua mesura asai gioua emediante quella amuolte altre sepo deuenire.

(Dela proportione de tutte loro superficie lune alaltre.)

Cap. XXXIII.

Le lor superficie excelso Duca fralora simelmente possiamo dire al medesimo modo esser proportionali commo de lor massa corporea se dicto cioe irrationali per la malitia dela figura pentagona che in lo duodecedron se interpone. Ma delaltre possano alcuolte essere rationali commo quelle del tetracedron cubo octacedron per essere triangule equadrate e note in proportione conlo diametro de laloro spera in la quale si formano commo seueduto disopra. Vero e che la 8. del 14. conclude tutte le superficie del 12 basi pentagonale a tutte le superficie di 20 basi triangule cioe del duodecedron aquelle del ycocedron essere commo quella dellato del cubo allato del triangulo del corpo de 20 basi quando tutti dicti corpi sienno aponto contenuti ouer circumscripti da vna medesima spera. El perche non me pare consilentio dapassare lamirabile conuenientia fraloro nelle loro basi cioe che le basi del duodecedron equelle del ycocedron ognuna fia aponto circumscripta de vn medesimo cerchio como mostra la 5. del dicto 14. laqual cosa fia de nota degna e questo quando in la medesima spera siranno fabricati. E dele superficie tutte del tetracedron ale superficie tutte deloctacedron fia la proportione nota per la 14. del dicto 14. conciosia che vna dele basi del tetracedron sia vn tanto e vn terzo de vna dele basi deloctocedron cioe in sexquiterza proportione che fia quando el magior contene el menore vnauolta e vnterzo si commo 8. a 6. e quella de 12 a 9. Ela proportione de tutte le superficie del octocedron insiemi gionte a tutte quelle del tetracedron insiemi gionte fia sexqui altera cioe vntanto e mezzo commo se quelle deloctocedron fosser 6 equelle 4 che fia quando el magior contene el menor vnauolta e mezza quando sienno de vna medesima spera. E tutte quelle del tetracedron gionte con quelle deloctocedron compongano vna superficie detta mediale commo vole la 13. del dicto 14. E tutte le superficie delo exacedron cioe cubo se agualiano al duplo del quadrato del diametro dela spera che lo circumscriue e la perpendiculare che dal centro dela spera a ciascuna dele basi del dicto cubo se tira sempre fia equale ala mita dellalto de dicto cubo per lultima del 14. cioe se dicto diametro fosse 4 tutte dicte superficie serebono 32 ese dicta perpendiculare fosse 1 ellato del cubo seria 2. Dele quali proportioni e superficie per hauerne apieno in lopera nostra tractato aquesto sieno suplemento con quelle dele dependenti in tutti modi con diligentia operando per algebra.

(Dele inclusioni dele 5 regulari vno in laltro elaltro in luno equante sienno in tutto eperche.)

Cap. XXXIV.

Sequita ora chiarire commo luno de questi 5 corpi essentiali cioe regulari luno fia contenuto dalaltro equali si e quali non eperche. Onde prima deltetracedron parlando se mostra lui non potere per alcun modo in se receuere altro che loctocedron cioe corpo de 8 basi triangule ede 6 anguli solide. Peroche in lui non sonno ne lati ne basi a anguli nelli quali se possino li lati del cubo ne de suoi anguli ne superficie apogiare in modo che tochino equalmente secondo che richiede la loro vera inscriptione commo la sua forma materiale alochio ci demostra e per scientia vera nella 1. del 15. fia manifesto. Ne anco de niuno de li altri doi cioe ycocedron o duodecedron. Quando adonca voremmo el dicto octacedron in dicto 4 basi a vero tetracedron iscriuere ouero formare in questo muodo lo faremo cioe. Prima fabricaremo dicto tetracedron commo de sopra habiamo insegnato. El quale cosi facto poi diuideremo cadauno suo lato per equali eli lor ponti medii tutti continuaremo con linee recte luno con laltro elaltro conluno. La qual cosa facta che sia senza dubio dicto corpo in quello aponto haremo situato in modo che li suoi 6 anguli solidi in suli 6 lati del dicto tetracedron siranno appogiati equalmente. La qual cosa la experientia materiale rendera aperta e la 2. del 15. manifesta.

(Commo dicto tetracedron se formi e collochi nel cubo.)

Cap. XXXV.

Il detto tetracedron nel cubo se collocara in questo modo cioe. Prima faremo el cubo secondo li modi sopra dati poscia in cadauna dele sue 6 superficie quadrate tiraremo la dyagonale o vero diametro e sira el proposito concluso commo la prima del 15. demostra peroche dicto tetracedron commo fo detto ha 6. lati correspondenti al numero dele 6 superficie del cubo e quelle vengano a essere le sue 6 dyagonali in sue superficie protracte. Eli 4 anguli de la pyramide siuengano afermare in 4 deli 8 del dicto cubo. El che ancora la maestra de tutte le cose sancta experientia in lor materiali chiaro el rende.

(Dela inclusione deloctocedron nel cubo.)

Cap. XXXVI.

Euolendo locto basi cioe octocedron nelo exacedron formare. Prima bisogna nel cubo hauere la pyramide triangula equilatera fabricata li cui lati commo fo detto sonno li 6 diametri dele sue basi. Epero se cadauno de dicti diametri per equali diuideremo equelli ponti medii con linee recte luno con laltro congiongneremo senza dubio nel proposto cubo fia aponto lo octocedron formato e ogni suo angulo solido aponto si fermera nele basi de dicto cubo per la 3. del 15.

(La fabrica de lo exacedron nel octocedron.)

Cap. XXXVII.

Lo exacedron o ver cubo nelloctocedron si fara in questo modo cioe. Prima faremo dicto octocedron secondo li documenti dati disopra in questo. El qual cosi formato da ognuna dele sue basi triangulari per la 5. del 4. troua el centro. Li quali 8 centri poi congiongeremo vno colaltro medianti 12 linee recte. E hauermo lo intento concluso. E cadauno deli anguli solidi del cubo virra afermarse in su la basa del dicto octocedron como la 4. del 15. dichiara.

(Dela inscriptione del tetracedron in loctocedron.)

Cap. XXXVIII.

Farai in quello el cubo comme disopra e nel cubo el 4 base comme dicto e fia facto.

(Dela formatione del duodecedron nello ycocedron.)

Cap. XXXIX.

Lo ycocedron commo se detto ha 12 anguli solidi cadauno contenuto da 5 anguli superficiali de li 5 suoi trianguli. Epero auolere in epso far el duodecedron conuinse prima secondo hauemo in questo insegnato fare dicto ycocedron e quando cosi debitamente sia disposto de cadauna sua basa triangulare se troui el centro per la 5. del 4. e quelli poi continuaremo per 30 linee recte tutti fraloro in modo che si formano de necessita 12 pentagoni ognuno opposito a vnangulo solido del dicto ycocedron. E ognuno deli lati de dicti pentagoni fia opposito in croci a cadauno deli lali de dicto ycocedron. E si commo nel dicto ycocedron sonno 12 anguli solidi cosi nel duodecedron sonno 12 pentagoni. E si comme in epso sonno 20 basi triangule cosi in dicto duodecedron sonno 20 anguli solidi causati in dicte basi medianti dicte linee. E si comme in epso sonno 30 lati cosi in lo duodecedron sonno 30 lati a quelli oppositi in croci commo e dicto che tutto la forma loro materiale manifesta commo anco la 6. del 15. conclude.

(Della collocatione delo ycocedron nel duodecedron.)

Cap. XL.

Quando se vorra nel duodecedron lo ycocedron formare prima quello fabricaremo secondo el documento sopra in questo dato. E de li suoi 12 pentagoni che lo contengano el centro trouerremo dopo insegna la 14. del 4. E quelli fraloro con 30 linee congiogneremo in modo che in epso se causaranno 20 trianguli e 12 anguli solidi ognuno contenuto da 5 anguli superficiali de dicti trianguli. Deli quali le lor puncte siranno neli 12 centri deli suoi 12 pentagoni. E similmente queste suoi 30 linee se oppongano in croci ale 30 del duodecedron si commo quelle a queste fo detto e anco per la 7. del dicto 15. apare.

(Dela situatione del cubo in lo duodecedron.)

Cap. XLI.

El cubo ancora faremo in dicto duodecedron facilmente ateso che lui si formi in suli 12 lati del cubo commo in la 17. del 13. se contene. Peroche se acadauno deli suoi 12 pentagoni dopo laexigentia del dicto se tiri 12 corde senza dubio se formeranno 6 superficie quadrangule equilatere e cadauna de quelli siranno oppositi doi anguli solidi de dicto duodecedron e in 8 suoi siranno formati 8 del cubo inscripto in modo che in su ciascuna basa del cubo vene aremanere la forma quasi del corpo seratile cho tutto fia chiaro per la 8 del 15.

(Del octocedron nel duodecedron commo se formi.)

Cap. XLII.

Se nel duodecedron prima el cubo se disponga commo in la precedente se dicto facilmente in lo dicto duodecedron si formara loctocedron. Peroche noi diuideremo li 6 lati opositi del duodecedron ale 6 superficie del cubo per equali cioe quelli lati che quasi fanno colmo al seratile quali aponto sonno 6. E quelli lor 6 ponti medii continuaremo per 12 linee recte tutti fraloro in modo che viranno acausare 6 anguli solidi contenuto ciascuno da 4 anguli superficiali deli 4 trianguli de loctocedron. E cadauno tocca vno deli dicti 6 lati del duodecedron e per consequente se manifesta essere el quesito concluso si commo in la 9. del 15 secontene.

(Dela inclusione del tetracedron in dicto duodecedron.)

Cap. XLIII.

El tetracedron ancora nel medesimo duodecedron se collocara se prima in lui se formi el cubo commo se dicto e poi nel dicto cubo se collochi el tetracedron commo ancora se mostro. Le quali cose facto che sienno chiaro apparera essere el nostro proposito concluso in questo modo cioe. Conciosia che li anguli solidi del cubo se posino nelli anguli solidi del duodecedron. E li anguli solidi del tetracedron si fermino in quelli del cubo sequita el dicto tetracedron debitamente al proposto duodecedron essere incluso che la nostro experientia in li materiali per noi composti e alemani de v. celsitudine oblati el fa manifesto conla scientifica demostratione dela 10. del dicto 15.

(Dela fabrica del cubo in lo ycocedron.)

Cap. XLIV.

Formase el cubo nello ycocedron se prima in quello se faccia el duodecedron commo dinanze dicemmo e poi in epso duodecedron se facci el cubo al modo dato. Le quali cose facto aparera lo intento essere expedito per le cose de nanze dette. Pero che li anguli solidi del duodecedron tutti cagiano nel centro dele basi delo ycocedron. E li anguli solidi del cubo cagiano in li dicti solidi del duodecedron e per consequente lo intento fia expedicto. che anco dala 11. del 15 cifia dechiarato.

(Del modo aformare el tetracedron nello ycocedron.)

Cap. XLV.

Non e dubio se in lo dicto ycocedron si formi el cubo commo desopra insegnammo e poi in epso cubo se fabrichi el tetracedron de necessita quello ancora virra essere inscripto al dicto ycocedron. Peroche li anguli solidi dela pyramide 4 basi triangulari toccano quelli solidi del cubo e quelli del cubo toccano quelli delo ycocedron sequita de primo ad vltimum quelli del tetracedron toccare parimente quelle dello ycocedron. E per consequente el proposito nostro concluso per la 12. del 15. E questo quanto ale lor proposte inclusioni se aspecta.

(Perche dicte inscriptioni non possano esser piu.)

Cap. XLVI.

Onde excelso Duca per le cose discorse se manifesta che siando 5 li corpi regulari se cadauno in cadauno debitamente commo se presupone se potesse formare sequitaria che ognuno ne receuesse 4. E per consequente fra tutti veriano a esser 20 inscriptioni. cioe 4 volte 5. Ma per che ognuno non receue ognuno commo se aducto non sonno se non 12 inscriptioni. Cioe vna sola de loctacedron nel tetracedron. E doi nel cubo cioe del tetracedron e del octocedron. Edoi ancora neloctocedron cioe vna del cubo. E vna del tetracedron. E tre sonno quelle delo ycocedron cioe vna del duodecedron e vna del cubo elaltra del tetracedron. E 4 sonno quelle dello duodecedron cioe vna delo ycocedron laltra del cubo laltra deloctocedron. Ela quarta del tetracedron. Quali fra tutte sonno 12 per numero. Perche in la pyramide 4 basi non sonno lati ne anguli ne superficie in li quali se possino appogiare li anguli deli tre altri regulari se non deloctocedron. El cubo ancora in se po riceuere. La pyramide eloctocedron. Eloctocedron solamente el cubo elà pyramide e[1]) niun de questi non e possibile collocare alcuno deli altri doi cioe ycocedron e duoedcedron. E auenga che lo ycochedron ali 3 dia recepto solo quello a loctocedron ha denegato e questo auene per respecto del glorioso segno che tutti li demonii fa tremare cioe dela sanctà croci el quale[2]) le 3 linee che fra loro se tagliano a squadro pertracte da vnangulo allaltro dyametralmente non e luogo in epso che se possino debitamente ala dispositione del dicto tetracedron protrahere. Ma el duodecedron per esser fraglialtri de singulare prerogatiua doctato a niuno ha prohibito o vero vetato alogiamento commo de tutti receptaculo. E per questo ancora lantico platone insiemi conlaltre aducte lo atribui a luniuerso.

(Commo in ciascuno deli dicti regulari se formi la spera.)

Cap. XLVII.

Desopra commo seuisto excelso Duca hauemo ciascuno deli dicti 5 corpi regulari demostrato essere nella proposta spera inscriptibile e da quella circumscriptibile resta ora conuenientemente mostrare commo ancora la dicta spera cadauno depsi si possa inscriuere. El che qui sequente aduremo con euidente chiarezza viceuersa la spera in cadauno de loro poterse inscriuere. La qual cosa cosi apare. Peroche dal centro dela spera la quale circumscriue cadauno de questi tali corpi a tutte quante le basi de cadauno depsi eschino ouer tirise le perpendiculari. Le quali denecissita caderanno dentro li centri deli cerchi quali circumscriuemo aponto dicte basi. E conciosia che tutti li cerchi

[1]) l. e in niun.

[2]) l. el quale fanno le tre linee.

quali aponto circundano dicte basi sienno equali siranno queste perpendiculari equali. Onde se dopo la quantita de vna depse circumscriueremo el cerchio sopra el centro dela spera che li circumscriue elo suo semicirculo giraremo atorno fia tanto che torni alluogo donde commenzo amouerse. Perche fia necessario che lui passi per tutte le extremita de tutte le perpendiculari conuenceremo per lo correlario dela 15. del 3. la spera descripta pel moto de questo semicirculo contingere ouer aponto toccare tutte le basi del corpo asegnato nel concorso dele perpendiculari. Peroche laspera non po piu contingere dele basi del corpo chel semicirculo toccasse quando se mouiua. Onde fia manifesto noi hauere inscripto la spera alo segnato corpo sicommo era proposto fare.

(Dela forma edispositione del tetracedron piano solido o ver vacuo e del absciso solido piano o ver vacuo edelo eleuato solido o ver vacuo.)

Cap. XLVIII.

I. II.[1]) El tetracedron piano solido o ver vacuo fia formato da 6 linee equali quali contengano 12 anguli superficiali e 4 solidi e fanno fraloro 4 basi triangulari equilatere e equiangule.

III. IV. Del scapezzo o ver absciso.

El tetracedron scapezzo o voliamo dire absciso piano solido o ver vacuo fia contenuto da 18 linee quali causano 36 anguli superficiali e 12 solide e 8 basi lo circundano dele quali 4 sonno exagone e 4 trigone equilatere cioe de 6 lati ma materiale alochio nostro rendi chiaro e nasci dal precedente neli suoi lati per terzo vniformi tagliati.

V. VI. El tetracedron eleuato o vogliamo dir pontuato solido o ver vacuo ha similmente 18 linee deli quali 6 sonno commune e ha 36 anguli superficiali e 8 solidi de li quali 4 sonno coni dele pyramidi superficiali e 4 sonno communi ale 5 pyramidi cioe a quella interiore che lochio non po veder ma solo lintellecto la prende e ale altre 4 exteriori dele quali 5 pyramidi dicto corpo fia composto quando le sienno fraloro equilatere triangule e equiangule commo la sua proposita forma

[1]) Die römischen Ziffern beziehen sich auf die in vorliegender Ausgabe nicht aufgenommenen Figuren regulärer etc. Körper.

materiale a noi dimostra. E le sue superfitie che lo vesteno quali non propriamente sonno dette basi in tutto sono 12 per numero tutte triangule. E de questo non sepo per alcun modo asegnare lo eleuato absciso pel defecto deli exagoni che non fanno anguli solidi.

(Delo exacedron piano solido o ver vacuo absciso solido o ver vacuo eleuato piano e eleuato absciso.)

Cap. XLIX.

VII. VIII. Lo exacedron o voliamo dir cubo piano solido over vacuo ha 12 linee o ver lati o coste e 24 anguli superficiali e 8 solidi e 6 basi o ver superficie quali lo contengano tutte quadrate equilatere e anco equiangule simile ala forma del diabolico instrumento altramente detto dado o ver taxillo.

IX. X. Lo exacedron scapezzo ouer absciso similmente solido o ver vacuo ha 24 linee quali circa epso causano 48 anguli superficiali deli quali 24 sonno recti eli altri acuti. E haue 12 solidi e fia contenuto da 14 superficie o ver basi cioe da 6 quadrate e 8 triangule. E tutte le dicte linee sonno commune ale quadrate e ale trigone perche quelle 6 quadrate gionte asiemi angulariter de necessita causano 8 trianguli si commo fecero li exagoni nello tetracedron absciso. E nasci dal cubo tagliato vniforme nella mita de ciascun suo lato commo demostra alochio la sua proposta forma materiale.

XI. XII. Lo exacedron eleuato solido o ver vacuo a sua constitutione de necessita concurrano 36 linee le quali fraloro aplicate causano 72 anguli superficiali e 6 solidi pyramidali da 4 superficiali cadauno contenuto. E fia vestito da 24 superficie triangulari quali propriamente non sonno dadir basi. E de quelle linee 12 ne sonno cummune atutti quelli trianguli superficiali che lo contengano e circundano e fia composto dicto corpo de 6 pyramidi laterate quadrilatere extrinseci quali alochio tutte sapresentano secondo la situatione del corpo. E ancora del cubo intrinseco sopra el quale dicte pyramide seposano e solo lintellecto lo ymagina. perche alochio tutto sasconde per la suppositione alui de dicte pyramidi e di quel cubo le sue 6 superficie quadrati sonno basi de dicte 6 pyramidi che sonno tutte de medesima alteza e sonno ascoste dalochio e circumdano ocultamente dicto cubo.

XIII. XIV. Lo exacedron absciso eleuato solido ouer vacuo ha linee ouer lati o coste 72. equeste fanno 144. anguli superficiali ede solidi ne fanno 14. tutti pyramidali. De quali 6 sonno de pyramide laterate quadrangule e 8 de pyramidi trilatere e dicte linee 24 ne sonno comune ale pyramidi trigone e tetragone. E ha 48 faze ouer superficie che lo circundano tutte triangulari e questo si facto corpo si compone delo exacedron tagliato solido intrinseco per intellecto solo perceptibile e de 14 pyramidi commo e dicto egettato in piano spacio sempre se fermo sopra 3 coni pyramidali dali o ver ponti commo la forma demonstra.

(Delo octocedron piano solido o ver vacuo e absciso solido o ver vacuo edelo eleuato solido o ver vacuo.)

Cap. L.

XV. XVI. Lo octacedron piano solido o ver vacuo riceue in se 12 linee e 24 anguli superficiali e de solidi ne ha 6. e fia contenuto da 8 basi triangulari equilatere e parimente equiangule commo nella propria sua forma materiale anoi sa presenta.

XVII. XVIII. Loctocedron absciso o ver tagliato piano solido o ver vacuo ha linee 36. che fanno 72 languli superficiali cioe 48 sonno deli exagoni e 24 deli quadrati e contene 24 solidi e ha 14 basi dele quali 8 sonno exagone cioe de 6 lati e 6 ne sonno tetragone cioe quadrate. Ma de dicte linee 24 ne sonno commune cioe ali quadrati e ali exagoni. E quelli tali quadrati se formano dali exagoni quando vniformi tutti 8 se contangino che di tutto lochio nela forma sua materiale chiaro alintellecto lauerita fa nota. E de questo ancora non e possibile se formi el suo eleuato che vniforme sapresenti per lo deffecto similmente deli exagoni quali commo del tetracedron absciso fo detto non e possibile che causino angulo solido e formase dal precedente nella terza parte de ciascuno suo lato uniforme tagliato.

XIX. XX. Loctocedron eleuato solido o ver vacuo ha 36 linee de equal longhezza e ha 72 anguli superficiali e 8 solidi pyramidali. E fia contenuto da 24 superfice tutte trigone equilatere e equiangule lequali aponto el circundano. Ma de quelle linee 12 ne sonno comune atutti li trianguli de le pyramidi. E questo tal corpo composto de 8 pyramidi laterate triangule equilatere de medesima altezza quali tutti de fore aparano. e ancora del ottocedron intrenseco per sola ymaginatione de lintelletto perceptibile del quale octocedron le basi sonno basi de le dicte 8 pyramidi. Commo la forma sua materiale a noi fa manifesto.

(Delo ycocedron piano solido o ver vacuo e delo absciso solido o ver vacuo e delo eleuato solido o ver vacuo.)

Cap. LI.

XXI. XXII. Lo ycocedron piano solido o ver vacuo contene 30 linee o ver lati tutti fraloro equali e questo [1]) in lui causano 60 anguli superficiali e 12 solidi. E anco formano in epso 20 basi tutte triangulari equilatere e equiangule e ciascuno de dicti anguli solidi son facti o ver contenuti da 5 anguli superficiali de dicte basi triangule che la sua figura similmente materiale lo dimostra.

XXIII. XXIV. Lo ycocedron absciso piano solido o ver vacuo ha 90 lati o ver linee e si ha 180 anguli superficiali de li quali 120 sonno de li trianguli ala sua compositione concurrenti e 60 sonno deli pentagoni che pur aquella conuengano quali tutti sonno equilateri. E queste linee formano intorno dicto corpo 32 basi dele quali 20 sonno exagone cioe de 6 lati equali e 12 ne son pentagone cioe de 5 lati equali. E cadaune ni suo grado sonno fra loro equilatere. e anco equiangule cioe che tutti li exagoni fraloro sonno de anguli equali e cosi li pentagoni fraloro sonno de anguli equali. Ma li lati tutti si de pentagoni commo deli exagoni tutti fraloro sonno equali. Solo in li angoli sonno differenti li pentagoni. eli exagoni. E questo si facto corpi nasci dal precedente regulare quando ciascun suo lato ne la sua terza parte vniforme se taglino. Edi tal tagli se causano 20 exagoni e 12 pentagoni commo e ditto e 30 anguli corporei o ver solidi. Ma dele dicti linee 60 ne son commune ali exagoni epentagoni per che de li 20 exagoni insiemi vniformamente gionti de necessita causano 20 pentagoni e de queste ancora non se' po dare lo eleuato per lo defecto del dicto exagono commo nel tetracedron absciso e delo octocedron absciso de sopra dicto habiamo.

---

[1]) l. queste.

XXV. XXVI. Lo ycocedron eleuato solido o ver vacuo in se ha 90 linee e ha 180 anguli superficiali e 20 solidi pyramidali e ha 60 basi o ver superficie che lo circundano tutte triangulari equilatere e anco equiangule. Ma dele 90 linee 30 ne sonno comune a caduna dele superficie dele suoi 20 pyramidi. E fia composto dicto corpo de 20 pyramidi laterate triangulari equilatere e equiangule de equale altezza e de lo ycocedron integro interiore per sola ymaginatione dal intellecto perceptibile ele sue basi sonno basi similmente de dicte 20 pyramidi. Che tutto ancora la propria forma sua materiale fa aperto.

(Del duodecedron piano solido o ver vacuo edelo absciso solido o ver vacuo edelo eleuato solido ouer vacuo edelo absciso eleuato solido o ver vacuo e sua origine o ver dependentia.)

Cap. LII.

XXVII. XXVIII. El duodecedron piano solido o ver vacuo ha 30 linee equali ouer lati quali in lui causano 60 anguli superficiali e ha 20 anguli solidi e ha 12 basi o ver superficie che lo contengano e queste sonno tutte pentagone delati e anguli fraloro tutti equali commo apare.

XXIX. XXX. El duodecedron scapezzo o ver absciso piano solido o ver vacuo ha 60 linee tutte de equale longhezza e ha 120 angoli superficiali e haue 30 solidi. Ma deli 120 superficiali 60 sonno de trianguli e 60 sonno de pentagoni. Equelli trianguli de necessita se causano da dicti pentagoni se angularmente fraloro seconghino.[1]) Commo in la causatione de quelli del tetracedron e octocedron abscisi fo detto quali da exagoni equadrangoli e triangoli se formauano cosi in quelli delo ycocedron absciso da exagoni e pentagoni commo la figura material demostra. E cadauno de dicti angoli solidi fia facto e contenuto da 4 anguli superficiali de li quali 2 sonno de trianguli edoi sonno de pentagono concorrenti ad vn medesimo punto. E tutte le sue linee o ver lati sonno comune ali triangoli e ali pentagoni perche luno e glialtri insiemi debitamente aplicati luno e causa de laltro cioe li trianguli deli pentagoni elipen-

[1]) l. congionghino.

tagoni deli trianguli. E si commo li 12 pentagoni equilatere angularmente congionti formano in dicto corpo 20 trianguli cosi ancora possiamo dire che 20 trianguli equilateri angularmente fralor congionti causano 12 pentagoni similmente equilateri. E per questo apare tutte dicte linee fraloro esser comune commo e dicto. E le superficie che queste circundano sonno 32. Dele quali 12 sonno pentagone equilatere e equiangule e 20 sonno triangulare pure equilatere tutte fraloro commo habiamo detto reciprocamente causate. El sua material forma apare. E questo deriua dal precedente in la mita de ciascun suo lato vniforme tagliato.

XXXI. XXXII. El duodecedron eleuato solido ouer vacuo ha 90 linee e 180 anguli superficiali e de solidi 12 eleuati pyramidali pentagonali e haue ancora 20 basi[1]) pur corporei exagoni. E ha 60 superficie tutte triangule equilatere e equiangule Ma de dicte 90 linee 12 sonno comune ale 12 basi dele pyramidi pentagone. de le quali le basi similmente conuiene sienno pentagone. E sonno le base del duodecedron regulare intrinseco che ala sua compositione concorre qual lintellecto per sola ymaginatione comprende e queste 30 linee comune solo contrano ala causatione deli 12 anguli solidi depressi quali commo e dicto sonno exagonali. cioe che aloro formatione concorrano 6 linee. E formase dicto corpo dal duodecedron regulare intrinseco predicto e da 12 pyramide laterate pentagone equilatere e equiangule ede altezza equale. Ele loro basi sonno le medesime basi delo intrinseco ut supra.

XXXIII. XXXIV. El duodecedron absciso eleuato solido ouer vacuo ha lati ouer linee numero 180 dele qnali 60 sonno eleuate ala causatione dele pyramidi pentagone 60 sonno eleuate ala constitutione dele pyramide triangule laltre 60 sonno basse lati cadauno de dicte pyramidi cioe dele pentagone e de triangule. E questo si facto corpo se compone del duodecedron tagliato piano intrinseco per sola ymaginatione alintellecto offerto. E de 32 pyramidi. Dele quali 12 sonno pentagonali. de altezza fraloro equali. E laltre 20 sonno triangule pur de alteza fraloro equale. E le basi de queste pyramidi sonno le superficie del

---

[1]) Wohl anguli statt basi zu lesen.

dicto duodecedron troncato referendo ognuna ale suoi cioe le trigone ale pyramidi triangule ele pentagonali ale pyramidi pentagone. E cascando in piano questo sempre si ferma in 6 ponti ouer coni pyramidali: Deli quali coni vno fia de pyramide pentagona eli altri 5 sonno dele pyramidi triangule. La qual cosa in aiere suspeso pare alochio absurda che simil ponte sienno a vn ponto. E questo tale excelso Duca e. de grandissima abstractione ede profonda scientia che chi intende so non me lasciara mentire. Eala sua dimensione se peruene con subtilissima pratica maxime de algebra e almucabala arari nota e da noi nella nostra opera ben demostra conuie facilime apoterla aprehendere. E similmente quella delo ycocedron tagliato nel qual exagoni e pentagoni se interpongano che tutte le mesure asapere fanno.

(Del corpo de 26 basi e suo origine piano solido ouer vacuo edelo eleuato solido o ver vacuo.)

Cap. LIII.

XXXV. XXXVI. Vnaltro corpo excelso Duca dali gia dicti asai dissimile se troua detto de 26 basi. Da principio e origine ligiadrissimo deriuate. Deli quali 18 sonno quadrate equilatere erectangule el 8 sonno triangule equilatere similmente e equiangule. E questo tale ha 48 lati o vero linee e ha 96 anguli superficiali deli quali 72 sonno tutti recti. E sonno quelli de le sue 8 basi quadrate e 24 sonno acuti. E sonno quelli deli suoi 8 trianguli equilateri. E questi 96 fraloro concorreno ala compositione in epso de 24 anguli solidi. Deli quali ciascuno consta de vno angulo superficiale del triangulo ede 3 anguli recti de 3 quadrati. E dele 48 sue linee 24 sonno comune ale trigoni e ali quadrati peroche de quelli 18 quadrati asiemi secondo la debita oportunita agionti de necessita neresultano quelli 8 trianguli formati sicommo che deglialtri abscisi de sopra se detto. E lorigine de questo fia dalo exacedron vniforme secondo ogni suoi parti tagliato commo similmente alochio la sua material forma ci de mostra. E fia la sua scientia in molte considerationi vtilissima achi ben la[1]) acomodare maxime in architectura e questo anotitia de suo solido piano euacuo.

[1]) Wohl sa lacomodare.

XXXVII. XXXVIII. El 26 basi solido o ver vacuo eleuato receue in se a sua formatione 144 linee le quali fraloro secondo la oportuna exigentia aplicate in epso causano 288 anguli superficiali. E 26 solidi eleuati pyramidali. Deli quali 18 sonno contenuti da 4 anguli acuti superficiali cioe cadaun di loro. E 8 sonno contenuti da 3 acuti. E fia composto dicto corpo de 26 pyramidi laterate. Dele quali 18 sonno quadrangule e 8 triangule quali tutte di fore in torno se possano. dalochio discernere. E del precedente 26 basi solido piano intrinseco per ymaginatione solamente comperheso. E le sue 26 basi sonno parimente basi dele predicte 26 pyramide cioe. Le 18 quadrangule dele 18 pyramidi laterate quadrangule ele 8 triangule dele 8 pyramidi triangulari. E inqualunche modo questo se getti inspatio piano sempre in su 3 ponte ouer coni pyramidali si ferma che la experientia del suo materiale ancora alochio satisfara.

(Dal corpo de 72 basi piano solido euacuo.)

Cap. LIV.

XXXIX. XL. Tra questi condecentemente Excelso Duca fia da collocare el corpo detto dele 72 basi. Del quale el nostro megarense philosopho nella 14. del suo 12 apieno descriue. Questo benche habia sue basi piane laterate angulari e diformi non e da dire che dalcuno deli regulari habia dependentia ne deriuatione masolo siforma e crea secondo che in dicto luogo el nostro phylosopho demostra mediante la figura duodecagona cioe de 12 lati equali. E dele sue basi predicte 48 sonno quadrangule inequilatere e inequiangule. E solo hanno li duoi lati oppositi protracti verso luno e laltro polo o vogliam dir cono e quelli fraloro.[1]) E le altre suoi 24 basi sonno triangulare in equilatere similmente. E di queste 12 ne stanno atorno. Luno diconi e 12 dalaltro. E cadauna depse ha doi lati equali cioe quelli che tendano al ponto del polo inferiore e superiore. De questo ancora se porra sempre formare el suo eleuato commo neglialtri se fecero ma per la diformita dele suoi basi sera difficile sua scientia quantunca alochio rendesse non mediocra vaghezza. E causariense in epso 72 pyramidi secondo el numero

---

[1]) scil. equali.

dele suoi 72 basi dele quali pyramidi le basi sirienno le medesime di quello. E lui dentro ymaginato la forma del quale eleuato non curai fra queste materialmente dedure per lasiare la parte sua ancora allectore del cui ingegno non me diffido. E questo 72 basi molto dali architetti fia frequentato in loro dispositioni de hedifitii per essere forma asai acomodata maxime doue occurrese fare tribune o altre volte o voliamo dire cieli. E auenga che non sempre aponto se prendino in detti hedifitii tante facce pure aquella similitudine seregano squartandolo sterzandolo in tutti modi secondo elluogo esito doue tal hedificio intendan porre. Alacui conuenientia asaissimi in diuerse parti setrouano disposti e fabricati. Commo delo inextimabile antico templo pantheon. E oggi dacristiani nel capo del mondo. Larotonda chiamatro fiamanifesto. El qual contanta solerta industria e de proportioni obseruantia fo disposto chel lume de vn solo ochietto nel suo fastigio aperto relicto tutto el rende splendido eluminoso. Lascio de molte altre famose e inclite cita commo fiorentia Vinegia padua neapoli e bologna. In le quali asai hedifitii si sacri commo profani o piccoli o grandi che sienno al spechio de questo sonno facti. Ancora qui nel suo Milano nel degno sacello de san scetro lornata capella fia vna parte de questo spaccata e con reseruatione de alquanto conuexo al muro aplicata e in ciascuna sua basa giontoui vn rosone che adorna larende. E in lo deuoto e sacratissimo vostro templo de le gratie la sua tribuna al primo altare e laterali gia non se non vna parte asimil de questo pur in suoi basi apiu vaghezza giontoui quelli. E benche molti fabrichino e tirino le forme alor arbitrio non hauendo piu de Victruuio che daltro architecto notitia non dimeno larte vsanno benche nol sapino si commo deli rozi rustizi dici aristotele che soligezant et nesciunt se solegizare. Cosi questi tali vtuntur arte et nesciunt se vti. Ancora el sarto e calzolaro vsano la geometria e non sanno che cosa sia. El si murari legnaoli fabri e ogni artefici vsano la mesura e la proportione e non sanno. Peroche commo altre volte e detto tutto consiste nel numero peso e mesura. Mache diremo deli moderni hedifitii in suo genere. Ordinati e disposti conuarii e diuersi modelli quali alochio perche alquanto rendino vaghezza per lor esser piccoli e poi nelle fabriche non regano el peso. E non che amillanni ariuano nanze al terzo ruinano. E per el lor malessere in tesi in refare piuche in formare fanno spendere. Chiamandose architetti e mai non videro le coperte in cio delo excellentissimo volume del nostro dignissimo architecto e gran mathematico victruuio quale compose de architetura consupremi documenti a ogni structura e chi da quel se diuia sappa in aqua e fonda in rena piupresto guasta larte che architecti nominati e non sanno la differentia dal ponto ala linea commo saperanno quella deglianguli senza la quale non e possibile bene hedeficare chel manifesta commo dici el prefato Victruuio el gran iubilo e summa letitia che haue Pictagora quando con certa scientia ebbe trouato lauera proportione dele doi linee recte che contengano langolo recto. dela squadra per la qual cosa ali dei facendo gran sacrificio efesta immolo cento boi equestangolo e de tanta excellentia che mai se po variare e per altro nomi li perfecti geometrici el chiamano Angulum iustitie peroche senza sua notitia non e possibile cognoscer ben da male in alcuna nostra operatione ne mai senza epso se po dar mesura certa per alcun modo. Onde li moderni ciabatieri in lor hedefitii non li par far nulla se for de la recta e debita antica norma non vinterpongano alcuna in conuenientia de lor sciochezze biasimando quelli (che pur alcuni senetrouaro) che la vano reducendo aluero e antico modo. E sonno quelli che se delectano dele nostre discipline mathematici immittando lauera guida de tutti edificii nellopere del predicto Victruuio dalqual deuiando seuede commo stanno nostri hedifitii si diuini commo profani chi e torto e chi e bistorto. E pero conuenientissimo fia el motto e suo effecto de vostra celsitudine dela cetta che tutto el torto in tappe e continuando el gia incepto el suo Milano non amenor vaghezza che sia Fiorenza iu breue redura dala sua abomineuile e inepta impressione remouendo loro auctori. Perche in vero meglio quella dormendo che lor con millochi veggiando quelli intende commo el simile demostra el suo stretto affine Jllustrissimo Duca de vrbino nelladmiranda fabrica del suo degno preallegato pallazzo. E questo consuportatione de quelli che amalhauessero quel che fin qua alor documento se detto e al dicto corpo fia al proposito sufficiente.

(Del modo asaperne oltra li dicti piu formare e commo lor forme in infinito procedano.)

Cap. LV.

Non me pare excelso Duca in dicti corpi piu extendermi conciosia chel lor processo tenda in infinito per la continua e successiua abscisione de mano in mano de li suoi anguli solidi e secondo quella lor varie forme se vengano multiplicare. E queste dase siandoli lauia per li gia dicti aperta porra sequili [1]) perche sempre fia dicto quod facile est inventis addere. Non e difficile larogere ale cose trouate epero piu o manco leuando egiognendo alepredette sira facile a ogni proposito. E questo solo habiamo finor sequito per monstrare commo da quelli 5 regulari lauirtu sempre neglialtri dependenti se distilla asimilitudine deli 5 semplici che ala formatione de ogni creato composto concorrano. Per la qual cosa (commo de sopra fo acenato) Platone fo constretto le prelibate 5 formi regulari ali 5 corpi semplici atribuire cioe ala terra aiere aqua fuoco e cielo commo difusamente apare nel suo Thimeo doue dela natura deluniuersa tratto. E alo elemento dela terra atribui la forma cubica cioe quella de lo exacedron conciosia che al moto niuna figura habia bisogno de magior violenza. E infra tutti li elementi che si troua piu fixa constante e ferma che latterra. Equella del tetracedron la dette alo elemento del fuoco pero che volando in su causa la forma pyramidale chel simile el nostro fuoco alochio cilfa aperto peroche noi vediamo quello al piano e in basso largo e uniforme sempre in su degradare in modo che

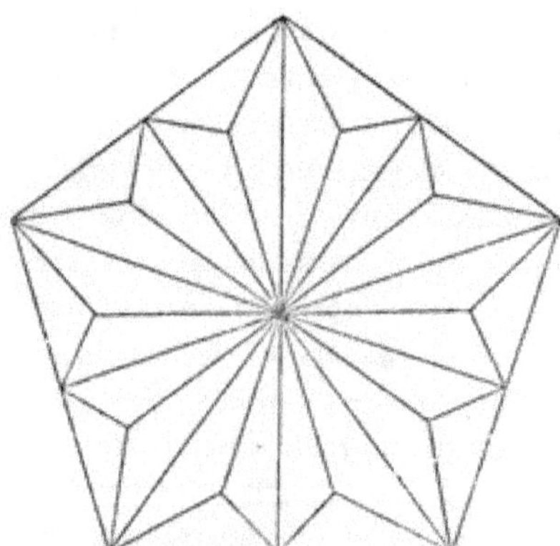

sua fiama la cima in vn ponto termina si commo su el cono de ogni pyramide la forma deloctocedron la tribui alaere. Peroche si commo laiere a vn piccol mouimento se quità. el fuoco cosi la forma pyramidale [1]) sequita per la habilita al moto la forma de la pyramide. Ela figura del 20 basi cioe delo ycocedron ladeputo alaqua. Peroche conciosia che lasia circundata de piu basi che alcuna de laltre: li parse che la conuenisse in la spera piu presto al moto dela cosa che spargendo scende: che de quella che ascende. Ela forma del 12 basi pentagone atribui al cielo si commo a quello che e receptaculo de tutte le cose. questo duodecedron el simile fia receptaculo e albergo de tutti glialtri 4 corpi regulari commo apare in le loro inscriptioni vno in laltro. E ancora commo dici Alcinouo sopra el Timeo de Platone. perche si commo nel cielo sonno 12 segni nel suo zodiaco e ognuno de quelli in 30 equali parti se diuide che tutta la sua annuale reuolutione fia 360. Cosi questo duodecedron ha in se 12 basi pentagone de lequali ognuna in 5 trianguli resoluta fermando el ponte in mezzo e ognuno de dicti triangoli in 6 scaleni: che in tutte basi son 30 triangulari per vna: che fra tutte sonno 360 commo dicto zodiaco.[2]) E queste tali forme da Calcidio celeberrimo philosopho exponendo el dicto Timeo molto sonno commendate. E cosi da Macrobio. Apuleio e moltissimi altri: perche in vero sonno de ogni commendatione degni. per le ragioni che in loro fabriche se aducano mostrando la sufficientia de dicte 5 forme si commo el numero de dicti simplici non si po in natura accrescere. cosi queste 5 regulari non e possibile asegnarne piu che de basi e de lati e de anguli sienno equali: e che in spera collocati toccando vnangolo tutti tocchino. Perche se in natura se potesse vn sexto corpo semplice asegnare el summo opefice verebbe a esser stato in le sue cose diminuto e senza prudenza da giudicarlo. non hauendo a principio tutto el bisogno oportuno a lei cognosciuto. E per questo certamente e non per altro mosso comprendo Platone queste tali commo e dicto a ciascuno deli dicti semplici altribuisse cosi argumentando: cioe commo buonissimo geometra e profondissimo mathematico. vedendo le 5 varie forme de questi non poter per alcun modo alcunaltra che al sperico tenda de lati basi e angoli commo e dicto equali ymaginarse ne formare commo in la penultima del 13. se mostra e per noi aloportuno

[1]) Wohl: de loctocedron zu ergänzen.

[2]) Hierauf ist die Figur S. 96 zu beziehen.

saduci non immeritamente argui le ditte aduenire ali 5 semplici. Eda quelli ognaltra forma dependere. E auenga che questi 5 sienno soli chiamati regulari non pero se exclude la spera che non sia sopra tutti regularissima: e ognaltro da quella deriuarse commo dala causa dele cause piu sublime; e in lei non e varieta alcuna ma vniformita per tutto e in ogni luogo ha suo principio e fine e dextro e sinistro. La cui forma onde se causi qui sequente ponendo fine a dicti dependenti lo diremo: e successiuamente de tutti glialtri corpi oblonghi: cioe che piu longhi che larghi sonno.

(Del corpo sperico la sua formatione.)

Cap. LVI.

XL. Per molti la spera e stata diffinita che cosa la sia. maxime da Dionysio degno mathematico. Pure el nostro authore con summa breuita in lo suo 11. la descriue: e quella tal descriptione da tutti posteriori se aduci: doue lui dici cosi: Spera fia quel che contene el vestigio delarco dela circumferentia del mezzo circhio ogni volta: e in qualunche modo se prenda el semicirculo fermando la linea del dyametro se volti atorno el dicto arco. fin tanto che retorni al luogo donde se comenzo a mouere. Cioe facto el semicirculo sopra qual voi linea fermando quella el dicto semicirculo se meni atorno con tutta sua reuolutione quel tal corpo che cosi fia descripto si chiama spera. Del quale el centro fia el centro del dicto semicirculo cosi circonducto.

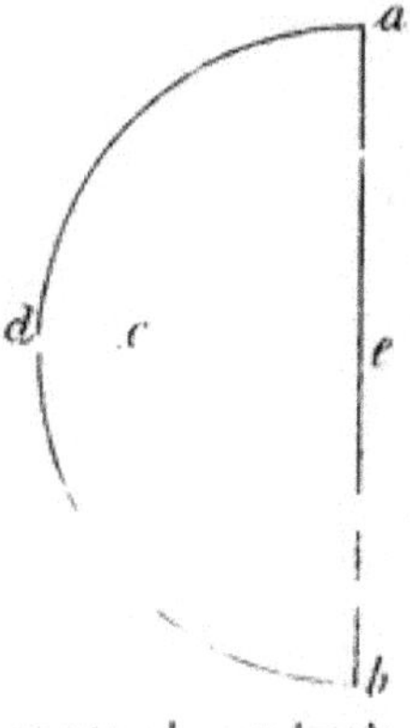

Commo fia el semicirculo c. facto sopra la linea ab. facto centro el ponto e. e tutto larco suo sia la parte dela circumferentia adb. Dico che fermando la dicta linea ab. qual fia dyametro de dicto semicirculo e quello sopra lei circumducendo. commenzando dal ponto d. andando verso la parte inferiore e tornando verso la superiore con suo arco el[1] dicto ponto d. onde prima se mosse. ouer per lopposito, andando verso la superiore e tornando verso la

[1] al.

superiore[1]) pur con larco al dicto ponto d. quel tal rotondo facto da dicto semicirculo in sua reuolutione fia dicto corpo sperico: e spera ymaginando commo se deue che dicto semicirculo gratia exempli fia vn mezzo taglieri materiale che aliter non formaria corpo. peroche solo larco circunducto non fa vestigio siando linea senza ampiezà e profondita e questo a sua notitia e causatione sia detto.

(Commo in la spera se collochino tutti li 5 corpi regulari.)

Cap. LVII.

E in questa spera excelso Duca se ymaginano tutti li 5 corpi regulari in questo modo. prima del tetracedron se sopra la sua superficie cioe la sua spoglia ouer veste se seguino ouer ymaginano 4 ponti equidistanti per ogni verso luno da laltro. e quelli per 6 linee recte se congionghino le quali de necessita passeranno dentro dala spera sira formato aponto el corpo predetto in epsa. E chi tirasse el taglio per ymaginatione con vna superficie piana per ogni verso secondo dicte linee recte protracte remarebe nudo aponto dicto tetracedron. Commo (acio per questo glialtri meglio se aprendino) sela dicta spera fosse vna pietra de bombarda e sopra lei fossero dicti 4 ponti con equidistantia segnati se vno lapicido ouer scarpellino con suoi ferri la stempiasse ouer sfaciasse lasciando li dicti 4 ponti a donto de tutta dicta pietra arebe facto el tetracedron. Similmente se in dicta superficie sperica se segni 8 ponti equidistanti fra loro lun dalaltro e laltro daluno. E quelli con 12 linee recte se congionghino sira per ymaginatione in dicta spera collocato el secondo corpo regulare detto exacedron ouero cubo. cioe la figura del diabolico instrumento dicto taxillo. Liquali ponti similmente segnati in vna preta de bombarda a modo dicto. E quelli continuati per vn lapicida amodo che disopra ara redutta dicta balotta a forma cubica. E se in dicta superficie se notino 6 ponti pur secondo ogni loro equidistantia commo se dicto chi quelli continuara ouoi dir congiognera con 12 linee recte sira aponto in dicta spera facto el terzo corpo regulare detto octocedron. Chel simile facto in su vna detta pietra el lapicida duna balotta ara facto el corpo de 8 basi triangulari

---

[1]) l. inferiore.

E cosi sel se segnino 12 ponti quelli continuati per 30 recte linee ara similiter in dicta spera el quarto corpo detto ycocedron. collocato. el simile el lapicida ara redocta la pietra al corpo de 20 basi triangulari. E se 20 ponti se notino a modo dicto continuandoli pure con 30 linee recte sira formato in dicta spera. El quinto e nobilissimo corpo regulare detto duodecedron cioe corpo de 12 basi pentagonali. E cosi el lapicida de dicta balotta arebe facto la medesima forma. Onde con simili ymaginatione tutti seranno in la spera collocati in modo che le lor ponti angulari siranno in la superficie sperica situati e toccando vno deli loro angoli in la spera subito tutti toccano. e non e possibile per alcun modo che vno tocchi senza laltro. quando dicto corpo in spera sia collocato. E per questa scientia infallibile porra V. celsitudine ale volte (commo noi habiamo vsato) con dicti lapicidi hauer solazzo in questo modo arguando loro ignoranza. Ordinandoli che de queste simil pietre ne facino qualche forma de lati facie e anguli equali. e che niuna sia simile ale 5 deli regulari. verbi gratia obligandoli a fare vn capitello o basa o cimasa a qualche colonna che sia de quatro o de sei facce equali amodo dicto e che quella [1]) dele 4non sienno triangule ouero quelle dele 6 non sienno quadrate. E cosi de 8 e 20 facce e niuna sia triangula ouer de 12 e niuna sia pentagona. lequali cose tutte sonno impossibile. Ma loro commo temerarii milantatori diranno de far Roma e toma maria e montes che molti sene trouano che non sano ne curan de imparare. contra el documento morale che dici. Ne pudeat qual nescieris te velle doceri. El simile quel carpentieri domandato che farebe non si trouando pialla. respose farne con vnaltra. E laltro marangone disse la sua squadra essere troppo grande per giustare vna piccola persuponendo gliangoli recti fraloro variarse. E quello che posto li doi verghette equali in forma de tau. cioe cosi. T. in nanze aii occhi suoi. ora vna ora laltra piu longa giudicaua. E altri assai simili capassonii. Commo de questi tali al tempo dela fabrica del palazzo dela bona memoria del conte Girolymo in Roma in sua presenza confabulando commo acade discorrendo la fabrica siandoui molti degni in sua comitiua de diuerse facolta fraglialtri a quel tempo nominato pictore Melozzo da Frulli per dar piacere ala speculatione ex-

[1]) l. quelle.

hortamo Melozzo e io el conte chel facesse fare vno certo capitello in vna de queste forme non chiarando noi al Conte la difficulta ma solo che seria degna cosa. E a questo asentando el Conto chiamo a se el maestro e disselile [1]) se lui lo sapesse fare. quel rispose questo esser piccola facenda e che nauia fatte piu volte. Diche el Conte dubito non fosse cosa degna commo li commendauamo. Noi pur affermando el medesimo giognendoui apertamente che non lo farebbe per la impossibilita sopra aducta. E rechiamando a se dicto lapicida (che a quel tempo anco eran denominati) lo redomando se lo facesse. Alora quasi sbeffando surise breuiter al si e al non sempre fia ponto lo impegnare. El Conte li disse se tu nol fai che votu perdere? E quello acorto respose non male Signore quel tanto piu cha V. illustrissima Signoria pare de quel chio posso guadagnare e rimasero contenti asegnatoli termene 20 di e lui chiedendo quatro. Acade che guasta molti marmi e feci vn o piu abaco. finaliter el Conte non lobligo se non al danno dele pietre e rimase scomato. Ma non cesso mai che volse sapere lorigine dela proposta. E seppe essere el frate in modo che non poco rancore dapoi me porto e trouandome me dixe meser meser io non vi perdono. dela iniuria facta se non me insegnate el muodo a farla e io meli offersi quanto valeuo e per piu giorni stando in Roma non li fui vilano. e aprieli de queste e daltre cose a lui pertinenti. E quel cortese volse che vna degna cappa a suo nome mene protasse. Cosi dico che ale volte simili a Vostra celsitudine sonno cagione fare acorti altri de loro errore e non con tante millantarie venirli alor conspecto quasi ognaltro spregiando. Cosi gia feci Hierone con Simonide poeta. commo recita Cicerone in quel de natura deorum. El qual Simonide temerariamente se obligo in termene de vno diale spacio saperli dire aponto che cosa era dio e diceua non esser quella difficulta chaltri dici asaperlo. Al quale Hierone finito el dicto termene domando se lauesse trouato quel disse ancora non e che li concedesse alquanto piu spacio. Doppo el quale similmente li aduienne e breuiter piu termini interposti. quel confesso manco intenderne che prima e rimase confuso con sua temerita. E questo quanto in la spera a loro locatione.

[1]) l. disseli.

(De li corpi oblonghi cioe piu longhi ouer alti che larghi.)

Cap. LVIII.

Sequita excelso Duca apiena notitia di questo nostro tractato douerse alcuna cosa dire alor notitia deli corpi oblonghi cioe de quelli che sonno piu longhi ouero alti che larghi. Si commo sonno colonne e lor pyramidi. Dele quali piu sorte delune elaltre se trouano. E pero prima diremo dele colonne e suoi origine. poscia dele loro pyramidi. Le colonne sonno de doi facte[1]) cioe rotonde e laterate. si commo le figure piane altre sonno curuilinee. e sonno quelle che da linee curue ouer torte sonno contenute. E altre sonno dette rectilinee. e sonno quelle che da linee recte sonno contente. La colonna rotonda e vn corpo contenuto fra doi basi circulari equali e sonno fra loro equidistanti la quale dal nostro philosopho nel vndecimo cosi fia diffinita cioe la figura rotonda corporea. delaqual le basi sonno doi cerchi piani in la extremita e crassitudine cioe altezza equali fia el uestigio del parallelogrammo rectangolo fermato el lato che contene langol recto. Ela dicta superficie circunducta fin tanto che la torni al luogo suo. E chiamase questa figura colonna rotonda. Onde dela colonna rotonda e de la spera edel cerchio fia vn medesimo centro. Verbi gratia. Sia el parallelogrammo abcd. cioe superficie quadrangola de lati equidistanti ede angoli recti.[2]) E fermise el lato ab. el quale cosi fermato tutto el paralelogrammo se meni atorno fin tanto che retorni al suo luogo onde comenzo amouerse la figura adonca corporea dal moto de questo paralelogrammo descripta se chiama colonna rotonda. dela quale le basi sonno doi cerchi elo centro fia el ponto b. e laltro e quella che fa la linea da. nel suo moto ouer girare. e lo suo centro fia el ponto a. e laxe de questa colonna e dicta la linea ab. laqual sta ferma nel mouimento del paralelogrammo. E se noi ymaginaremmo el paralelogrammo abcd. quando el prouenza col suo girare al sito abef. cosi congionga al sito donde comenzo a mouerse secondo la continuatione de la superficie piana: cioe che tutto sia vn paralelogramo. dcef. e che habiamo menato in epso el dyametro. de.

[1]) l. sorte.

[2]) Vgl. hierzu die Figuren auf S. 106.

el qual dyametro ancora de. sira dyametro dela colonna. Quello che si dici dela colonna e dela spera e del cerchio essere vn medesimo centro: se deue intendere quando de questi sia vno medesimo diametro: verbi gratia: hauemo dicto che de. fia dyametro de questa colonna. Adonca la spera e lo cerchio deli quali el dyametro e la linea de. fia necessario che habino vn medesimo centro con lo centro dela proposta colonna. Sia adonca che la linea de. diuida la linea ab. nel ponto g. e sira g. centro dela colonna. Pero chel diuide laxe dela colonna per equali e ancora el diametro dela colonna per equali che se proua per la 26. del primo. per che li angoli che sonno al g. sonno equali per la 15. del primo. Eli angoli che sonno al a. e al b. sonno recti perla ypothesi. Ela linea ad. fia ancora equale ala linea bc. Onde dg. fia equale al eg. E cosi ag equali al gb. Ę conciosia che li angoli e. e f. sonno recti se sopra al ponto g. secondo el spacio dge. ancora sopra la linea de. se facia vn cerchio epso passara per la conuersa dela prima parte dela trigesima del terzo per li ponti e. e f. Onde el ponto g. fia centro del cerchio del quale el dyametro e dyametro dela colonna. E pero ancora e dela spera. E per questo se manifesto che a ogni paralelogrammo rectangolo el cerchio: e a ogni colonna la spera se po circumscriuere. E cosi fia chiaro quello che ha voluto proponere a noi questo theorema del nostro philosopho in dicta diffinitione dela colonna rotonda Dela quale fin qua sia sufficiente e sequendo diremo dele laterate commo fo promesso.

(Dele colonne laterate e prima dele trilatere.)

Cap. LIX.

XLVI. XLVII. Vnaltra specie ouer sorte de colonne sonno dette laterate dele quali la prima e triangula dela quale le sue basi cioe suprema e inferiore: sonno doi trianguli equidistanti fra loro secondo laltezza dela colonna commo la qui figurata. Dela quale la basa suprema fia el triangulo abc. ela inferiore el triangulo def. E questa simil figura dici el nostro auctore esser dicta corpo seratile e fia simile al colmo de vn tecto de vna casa che habia 4 facce ouer pareti che solo da doi canti el suo tecto pioua: commo lochio demonstra e possano essere le basi equilatere e non equilatere. E de simil colonne le 3 face sonno sempre paralelogramme cioe de 4 lati e rectangole: si che dicto corpo seratile fia contenuto da 5 superficie dele quali 3 sonno quadrangule ele doi sonno triangule.

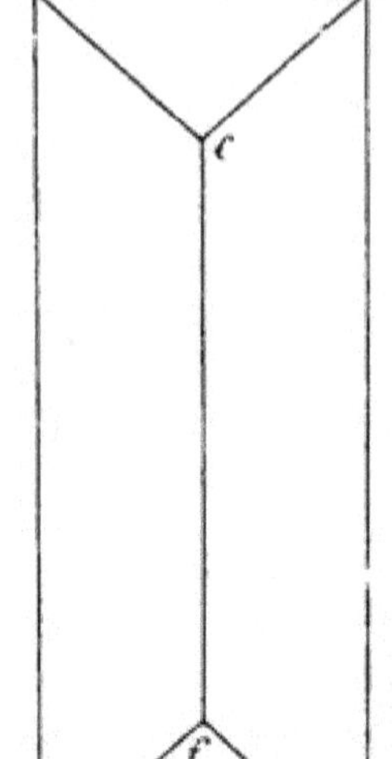

(Dele colonne laterate quadrilatere.)

Cap. LX.

XLIII. XLVI. Dele laterate la seconda sorte sonno quadrilatere e sonno quelle che hano le doi basi amodo dicto quadrangule e quatro altre superficie che la circundano sonno pur quadrilatere equidistanti fra loro secondo loro oppositione. e queste similmente sonno ale volte equilatere aleuolte inequilatere secondo la dispositione dele lor basi. peroche dele figure piane quadrilatere rectilinee sasegnano 4 sorti: luna detta quadrato. e fia quella che li lati tutti ha equali. e li angoli recti commo qui dacanto la figura. A.[1]) Laltra detta tetragon longo e fia quella che ha li lati oppositi equali e li angoli simelmente recti: ma e piu longa che larga. commo qui dacanto la figura B. La terza sorte fia detta elmuaym. la quale e figura equilatera ma non rectangola e per altro nome fia detto rombo commo qui la figura c. La quarta sorte fia della simile al elumaym ouer romboide per altro nome. dela quale li lati solo oppositi sonno equali e fra lore equidistanti e non ha angoli recti. commo apare la figura D. Tutte laltre figure da queste infore che sienno de 4 lati sonno dette elmuariffe. cioe irregulari. commo son le figure segnate E. Or secondo tutte queste diuersita de basi possano variarse dicte colonne quadrilatere. Ma commo se voglia sempre la equidistantia fra le lor basi per altezza se deue intendere. E questi tali possiamo chiamar regulari a similitudine di lor basi. Elaltre regulari[2]) ouer elmuariffe.

[1]) Vgl. die Figuren pag. 107 und die fünf ersten S. 108.
[2]) l. irregulari.

(Dele colonne laterate pentagone.)

Cap. LXI.

XLIX. L. Nel terzo luogo sonno le colonne laterate pentagone cioe quelle de 5 facce commo qui la figura A. B. che ciascuna fia tetragona ouer quadrilatera.[1]) E le basi di queste simili colonne sempre sonno doi pentagoni cioe doi figure rectilinee de 5 lati ouer anguli. Peroche in tutte le figure rectilinee el numero deli angoli se aguaglia al numero deli suoi lati. e altramente non possano stare. E queste ancora hano a essere equilatere e inequilatere secondo che le lor basi permetteranno: si commo poco inanze dele laterate quadrilatere se dicto. Conciosia che alcuni pentagoni sienno equilateri e equianguli. e altri inequilateri e per consequente inequianguli. Ma ogni pentagono che habia 3 anguli fra loro equali sel sira equilatero de necessita sira ancora equiangulo. commo demostra la septima del 13. Questo se dici perche poteria el pentagono hauere lati equali con doi angoli fra loro equali. non pero serebe tutto equiangulo. E questi doi pentagoni cioe superiore e inferiore pur similmente con la equidistantia de loro altezza in dicta colonna se hano a intendere. O sienno le colonne equilatere o inequilatere commo se voglino. E perche excelso Duca le specie dele colonne laterate possano in infinito acrescere secondo la varieta dele figure rectilinee de piu e manco lati. Peroche de ogni colonna laterata conuengano le suoi doi basi. cioe suprema e inferiore de necessita essere doi figure rectilinee simili. cioe che conuenghino nel numero de lati non fosse vna triangola e laltra tetragona. e ancora equilatere e equiangole fra loro ala vniformita dele colonne quantunca diuersamente facino varieta in epse fermandole aleuolte equilatere e aleuolte inequilatere. Per la qual cosa non me pare in dicte piu oltra extenderme ma solo indure a memoria che la loro denominatione sempre deriua dele basi. cioe secondo seranno le basi cosi sonno dette. verbi gratia. se le basi sonno triangule commo fo disopra nel corpo seratile se diranno triangule. E se siranno tetragone ouer quadrilatere siranno dicte quadrangole. E se pentagone pentagone. E se de 6 lati seranno chiamate exagone et sic de singulis. Ma sienno

[1]) Vgl. hierzu die letzte Figur S. 108.

le basi di che qualita si voglino sempre le facce da ciascuna siranno tetragone rectangole. E de luna e de laltra fin qua le lor forme materiali alochio demostrano quello se dicto al numero per loro taula posto. E anco in questo disotto in figura piana in prospectiua al medesimo numero comme porra vostro celsitudine vedere.[1])

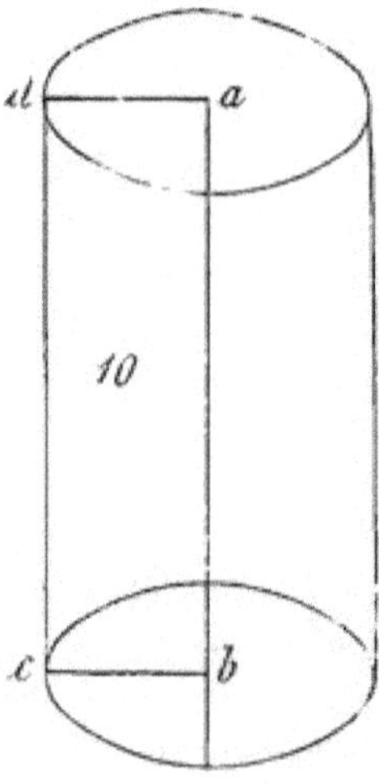

(Del modo a mesurare tutte sorte colonne e prima dele rotonde.)

Cap. LXII.

Conuenientemente ormai el modo asapere mesurare tutte sorte colonne me par se ponga. auenga che apieno de cio nelopera nostra grande nabiam tractato. pur succincte qui per vn cenno a vostra celsitudine lo induro e prima de tutte le tonde per le quali questa sie regola generale. Prima se mesuri vna dele suoi basi recandola a quadrato secondo el modo proximano dal nobile Geometra Archimede trouato posto nel suo volume sub rubrica de quadratura circuli. ein lopera nostra grande aducto con sua demostratione cioe cosi. Trouise el dyametro dela basa. e quello se multiplichi in se. del producto se prenda li $^{11}/_{14}$ cioe li vndici quatordicesimi ouer quatordecimi. e quelli multiplicati per lalteza dela colonna questultimo producto fia la massa corporea de tutto la colonna. verbi gratia acio meglio saprenda. Sia la colonna rotonda abcd.[2]) lacui altezza ac. ouer bd. sia 10. Eli dyametri dele basi luno ab. e laltro cd. ognuno 7. Dico che a quadrare questa e ognaltra simile se prenda vno de dicti dya-

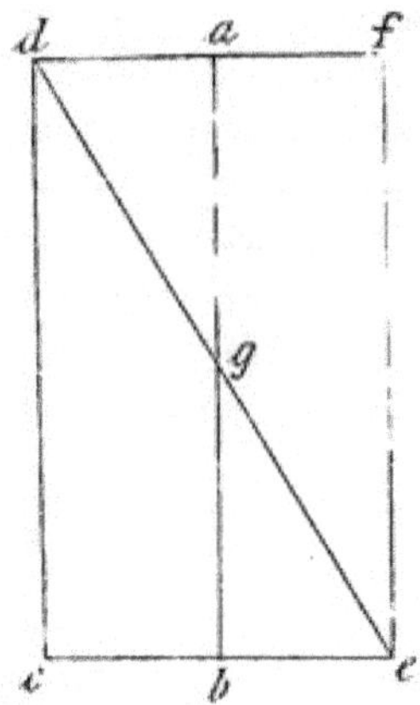

[1]) Bezieht sich auf die nicht aufgenommene Figur I.

[2]) Vgl. Figur S. 109.

metri quale se sia ab. ouer cd. che non fa caso siando equali. cioe 7. e questo 7. se deue multiplicare in se medesimo fara 49. e de questo dico se prenda li $^{11}/_{14}$ che sonno $38^1/_2$. E questi dico se multiplichi contra laltezza ouer longhezza de tutta la colonna. cioe contra bd. ouer ac. conponemo 10. fara 385. e tanto diremo tutta la cepacita ouer aria corporale de tutta dicta colonna. E vol dire questo caso excelso Duca che se quelli numeri importano braccia di che sorta se voglia in epso siranno 385 quadretini cubici. cioe commo dadi per ogni verso vn braccio: cioe longhi vn braccio larghi vn braccio. e alti vn braccio: commo la figura qui lateral demostra.[1]) E cosi se dicti numeri importino piedi tanti quanti deli braccia se detto. e se passa passa e palmi palmi et sic de singulis. E resoluendo dicta colonna in cubi sene farebe 385. E questa basti alo intento presente. Non dimeno ala quadratura e dimensione de dicte basi circulari molti altri modi se danno. che tutti in vn ritornano. quali per ordine in dicta nostra habiamo aducti. El perche se prenda li $^{11}/_{14}$ cioe dele 14 parti dela multiplicatione del dyametro in se in ogni cerchio si fa. perche glie trouato con molta aproximatione per Archimede chel cerchio in comparatione del quadrato del suo dyametro fia commo da 11 a 14. Cioe sel quadrato del dyametro fosse 14 el cerchio sarebe 11. benche non ancora per alcun sauio con precisione ma poco varia: commo qui alochio in la figura apare[2]) chel cerchio fia manco che dicto qua-

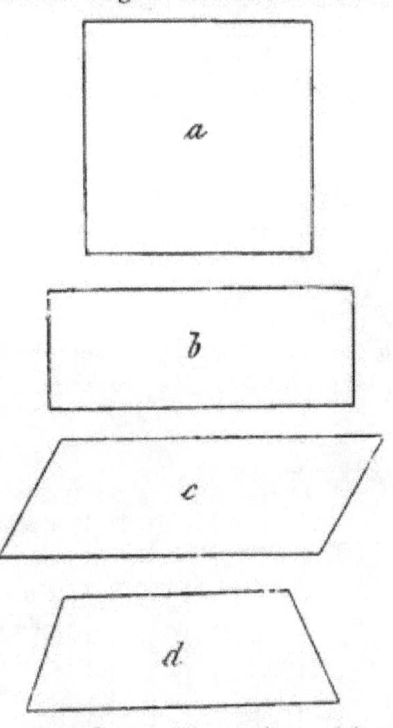

[1]) Vgl. die erste Figur S. 110.

[2]) Vgl. die zweite Figur S. 110.

drato quanto sonno li anguli de dicto quadrato chel cerchio del suo spacio prende li quali anguli de tutto el quadrato son li $^{3}/_{14}$ cioe dele 14 parti le 3. Ele 11. vegnano a essere comprese dal spacio circulare. commo apare nel quadrato abcd. che li suoi lati saguagliano al dyametro del cerchio cioe ala linea ef. che per mezzo lo diuide passando per lo ponto g. detto centro del dicto cerchio commo nel principio del suo primo si narra el philosopho nostro. E questo dele rotonde.

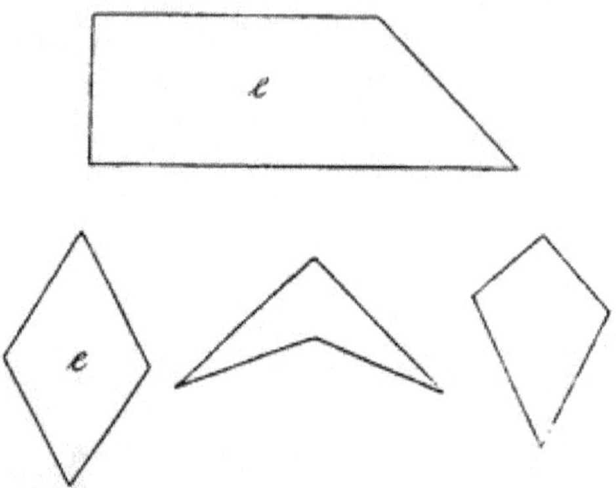

(Del modo a saper mesurare tutte le colonne laterate.)

Cap. LXIII.

XLV. XLVI. Mostrato el modo ala dimensione dele rotonde seque quello dele laterate. Per lequali similmente questa sia regola generale e con precisione. cioe che sempre se quadri vna dele suoi basi qual se voglia e quel che fa poi se multiplichi nellaltezza ouer longhezza de dicta colonna. E questo vltimo producto aponto fia sua corporal massa ouer capacita. E sienno de quante se voglino facce e mai falla. Commo verbi gratia. sia la colonna laterato tetragona ab. laqual sia alta 10. ele suoi basi cadauna fia 6 per ogni verso. Dico che se quadri prima vna de dicte basi. che per esser equilatere se multiplicara vn di lati in se cioe 6 in 6 fa 36. e questo aponto fia el spacio dela basa. Ora dico che questo se multiplichi nellaltezza ouer longhezza de tutta dicta colonna cioe in 10 fara 360. E tanti

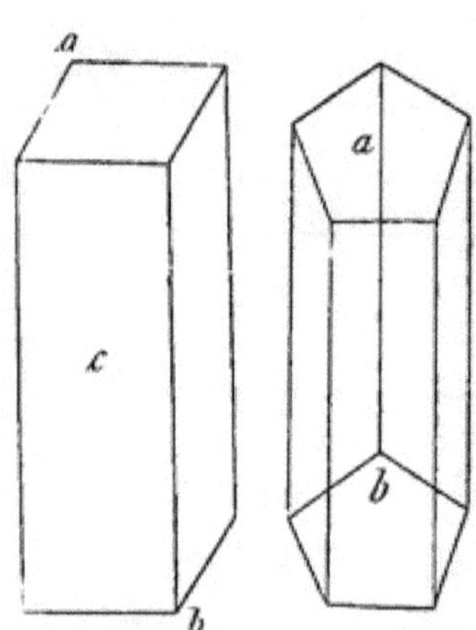

braccia ouer piedi aponto sira quadra dicta colonna. a modo che disopra dela rotonda se dicto. E cosi se le suoi basi fossero inequilatere o altramente irregulari pure secondo le norme date per noi nela dicta opera sempre se quadrino e in lor altezza el producto se multiplichi. E arasse el quesito infallibilmente in ciascuna. E per expeditione de tutte laltre questa medesima regola se deue seruare o sienno trigone. o pentagone o exagone ouero eptagone. et sic de singulis. cioe che secondo la exigentia dele lor basi quelle se debino prima mesurare. Se sonno triangole per la regola deli triangoli. e se pentagone per le regole de pentagoni. e se exagone similmente Dele quali forme e figure le regole diffuse in dicta nostra opera sonno assignate. ala quale per esser facile lo accesso per la lor copiosa multitudine stampato e per luniuerso ormai diuulgata qui non curo altramente adurle e cosi a dicte colonne porremo fine e sequendo diremo de lor pyramidi.

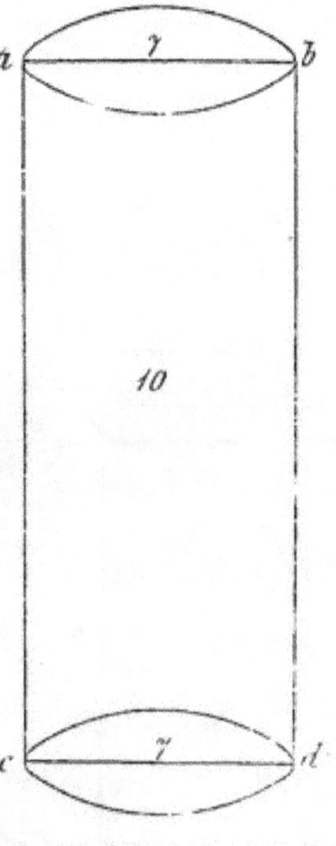

(Dele pyramidi e tutte lor differentie.)

Cap. LXIV.

Sequita in ordine excelso Duca douer dire dele pyramidi elor diuersita. E prima de quelle che sonno dette pyramidi rotonde e poi successiue de laltre tutte. Ea piena notitia diremo col nostro philosopho nel suo 11. la pyramide tonda essere vna figura solida e fia el vestigio de vn triangolo rectangolo fermato vno deli suoi lati che contengano langol recto circonducto fin tanto che torni al luogo Donde se comenzo a mouerse e sel lato fermo sira equale al lato circonducto sira la figura rectangola. E sel sira piu longo sira acutiangola. e sel sira piu corto sira obtusiangola. E lo axe de dicta figura e illato fixo ouer fermo. ela sua basa sira vn cerchio. E chiamase questa. pyramide dela colonna rotonda.

Verbi gratia acio el dicto meglio saprenda. Sia el triangulo abc.[1] del qual langol b. sia recto e sia el lato che si ferma ab. el qual fermato voltise atorno dicto triangolo fin tanto che torni al luogo onde comenzo a mouerse. Quella tal figura adonca corporea laqual fia descripta ouer formata dal mouimento de questo triangolo e dicta piramide rotonda. Delaquale sonno 3 differentie ouer specie. Peroche altra e rectangola. altra acutiangola. la terza obtusiangola. Ela prima se forma quando el lato ab. fosse equale al lato bc. E sia che la linea bc. quando con lo girare del triangolo prouenga al sito dela linea bd. in modo chel ponto c. cagia sopra el ponto d. e douenti vna medesima linea. E questo se intende che lei allora se congionga al sito dal quale la comenzo a mouerse secondo la rectitudine. E sira questa linea quasi la linea bcd. E perche per la 32. del primo e per la 5. del dicto langolo cab. fia mita de recto. sira langolo cad. recto e pero questa tal piramide sira detta piramide rectangola. ma sel lato ab. sia piu longo del lato bc. sira acutiangola. perche alora per la 32. del primo e per la 19. del dicto sira langol cad. menore dela mita del recto. E pero tutto langol cad. fia menore de recto e acuto. Onde dicta piramide fia acutiangola e sel lato ab. fia menore del lato bc. sira langol cab. magior dela mita de recto per la 32 del primo e per la 19 del dicto. e tutto cad. qual fia dopio a epso cab. magiore

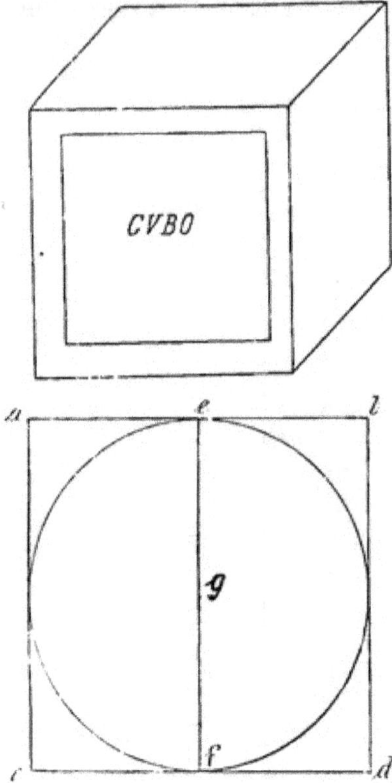

1) Die fehlende Figur des Manuscripts ist nach dem Wortlaut des Textes leicht zu ergänzen.

de recto e obtuso. Adonca la piramide alora conuenientemente fia detta obtusiangola. E laxe de questa piramide fia detta linea ab. elasua basa el cerchio descripto dala linea bc. cosi circonducta sopra el centro b. E fia detta questa piramide dela colonna rotonda. cioe de quella che faria el paralelogrammo che nascesse dele doi linee ab. e bc. staendo fixo el lato commo ab. desopra dela colonna rotonda fo dicto. e questo del piramide rotonda e sue differentie al proposito satisfacia. E de laltre se dica.

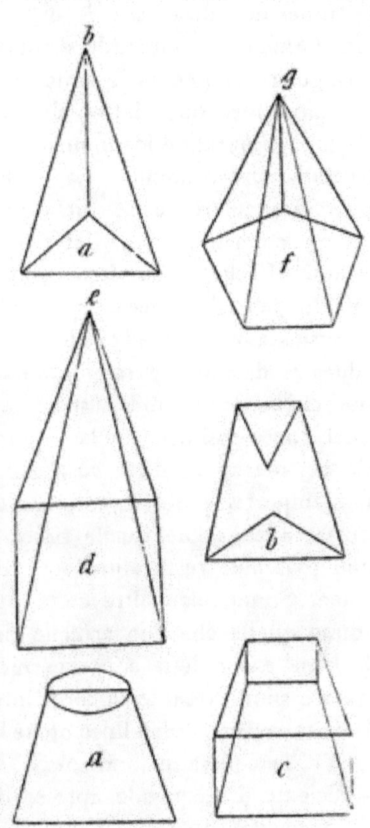

(Dele piramidi laterate e sue diuersita.)

Cap. LXV.

XLIII. XLIV. Le piramidi laterate excelso Duca sonno de infinite sorti si commo le varieta dele lor colonne donde hano origine commo apresso concluderemo. Ma prima del nostro philosopho poniamo sua dechiaratione nel suo 11. posta. Doue dici la pyramide laterata esser vna figura corporea contenuta dale superficie lequale da vna in fore sonno eleuati in su a vn ponto opposito. El perch e e da notare che in ogni piramide laterata tutte le superficie che la circundano excepta la sua basa se su leuano a vn ponto el quale fia dicto cono del piramide. e tutte queste tali superficie laterali sonno triangole. e al piu dele volte la lor basa non e triangola. commo qui in linea apare. la piramide A. triangola delaquale el cono B cia piramide. D quadrilatero el suo cono E. ela piramide pentagona. F. el suo cono G. e cosi sequendo in tutte e meglio in sua propria forma materiale ali numeri L!.

LII. LIII. LIV. LV. de solide e vacue e disopra in questo in piano per prospectina ali medesimi numeri ela deriuatione de queste tali e dele colonne laterate, delequali sopra dicemmo e nascono in questo modo. cioe fermando vn ponto actualmente in vna dele basi dela colonna laterata ouero imaginandolo. e quello congiognendo per linee recte con cadauno deli angoli rectilinei de laltra basa de dicta colonna opposita. alora aponto sira formato la piramide de dicta colonna de tante superficie triangulari contenuta quante che in la basa de dicta colonna siranno linee ouer lati e siranno la colonna e la sua piramide da medesimi numeridenominate. cioe se tal colonna laterata sira trilatera ouer triangula. La piramide ancora sira dicta trigona ouer triangulare. e se dicta colonna sia quadrilatera ela sua piramide sira dicta quadrilatera. e sepentagona pentagona et sic de reliquis. El che se manifesta commo dinanze de dicte colonne laterate fo detto lor specie in infinito poterse multiplicare dopo la diuersita e variatione dele loro basi rectilinee cosi diciamo douer aduenire dele loro pyramidi laterate. conciosia che a ogni colonna ouer chylindro responda la sua piramideo sia rotonda o sia laterata. E quel ponto cosi nela sua basa fermato non necessita che de ponto sia nel mezzo de dicta basa situato pur che di quella non esca non importa. peroche condicte linee protracte pur piramide si causa. auenga che quelle tirate aponto al ponto medio se chiami pyramide recta aliuello. e laltre se chiamino declinanti ouer chine. Sonno alcunaltre dette pyramidi curbe ouer troncate. e sonno quelle che non ariuano de ponto al cono. ma li manca la cima e son dette scapezze ouer tagliate e de tanti sorti sonno queste simili quante le loro integre e cosi de nomi o tonde o laterate. commo qui in linea apare la tonda tronca. A. la corta triangola B. la tagliata quadrangola C.[1]) E questo mi pare sia alor notitia sufficiente. E sequendo apresso diremo de loro ligiadra mesura.

(Del modo e via a saper mesurare ogni pyramide.)

Cap. LXVI.

La quantita e mesura giusta e precisa. Excelso Duca. de cadauna pyramide integra o sia tonda o laterata se hauera dela

[1]) Vgl. S. 111.

quantita dele loro colonne in questo modo. Prima trouaremo larea ouer spacio dela basa dela pyramide quale intendemo mesurare per via dele regole date disopra nel trouare la massa corporale de tutte le colonne e tonde e laterate. E quella trouata multiplicaremo nel axe cioe altezza de dicta pyramide. E quello che fara sira la capacita de tutta la sua colonna. E de questa vltima multiplicatione sempre prenderemo el $^1/_3$ cioe la sua terza parte. e quel tanto aponto fia la quantita corporale dela detta pyramide e mai falla. verbi gratia. sia la pyramide rotonda abc. dela quale la basa fia el cerchio bc. el cui dyametro e 7 el suo axe ad. qual sia 10. dico che prima se quadri la basa commo disopra in la colonna rotonda fo facto. peroche commo se dicto dele colonne e dele pyramidi sienno le medesime basi ele medesime altezze. Aremo per la superficie dela basa $38^1/_2$ qual multiplicato per laxe ad. cioe per 10. fara 385 per la capacita de tutta la sua colonna. Ora de questo dico che se prenda el $^1/_3$ ne uen $128^1/_3$. E questo fia la quantita de dicta pyramide. El perche e da notare per la precisione aducta che nelle rotonde a numero conuengano respondere secondo la proportione finora trouata fara [1]) el dyametro e la circumferentia. E per quella de sopra detta fra 11 e 14. Le quali commo in quel luogo se disse non sonno con precisione ma poco varia per Archimede trouata.[2]) Ma non resta quello che dicto habiamo che la pyramide rotonda in quantita non sia aponto el $^1/_3$ dela sua colonna rotonda. Benche aponto ancora per la ignorantia dela quadratura del cerchio per numero non se possa con precisione exprimere. ma el suo $^1/_3$ e. E dicta colonna fia el suo triplo. cioe 3 tanto dela sua pyramide. commo se proua per la 9. del 12. Ma le altre tutte laterate per numero aponto se possano asegnare per esser le lor basi rectilinee. E cosi commo dela

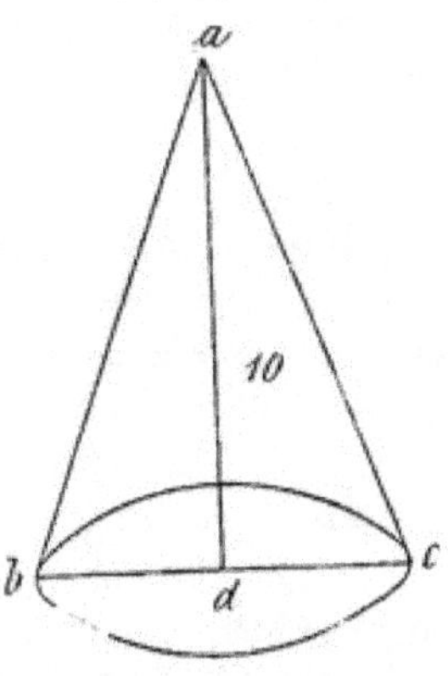

[1]) l. fra.

[2]) l. trouate.

rotonda se facto el simile de tutte laterate se debia obseruare dopo che cosi de queste in la 8. del 12. se proua che le sonno triple cioe 3 tanto dela loro pyramide. E questo a lor sufficiente dimensione sia dicto.

(Commo dele laterate aperto se mostra ciascuna essere subtripla ala sua colonna.)

Cap. LXVII.

Nella 6. del 12. excelso Duca el nostro philosopho conclude el corpo seratile el quale e la prima specie dele colonne laterate. commo desopra fo detto quello essere diuisibile in tre pyramidi equali dele quali le basi cadauna fia triangola. E per consequente el dicto corpo fia triplo a cadauna de quelle. E con questa euidentia se mostra ogni pyramide esser subtripla al suo chelindro ouer colonna. E de qua nasci la regola sopra data che dela quantita de tutta la colonna se prenda el $^1/_3$ la qual cosa nelle colonne rectilinee chiaro appare. peroche tutte quelle sonno resolubili in tanti corpi seratili in quanti trianguli se possino le lor basi distinguere. e de tanti sempre quelle tali sonno dicte esser composte commo in la 8 del 12 fia prouato. Onde la colonna quadrilatera. dela quale la basa per esser quadrilatera. se resolue indoi triangoli protrahendo in quella la linea dyagonale. cioeda vnangolo opposito alaltro. E sopra questi tali triangoli se ymaginano e anco actualmente se fa doi corpi seratili. E perche ognuno fia triplo ala sua pyramide sequita ambedoi quelli esser tripli ad ambedue le suoi pyramidi. Ma ambedoi li seratili sonno tutta la colonna quadrilatera. adonca le doi pyramidi deli doi seratili sonno el $^1/_3$ de tutta dicta colonna. E queste doi pyramidi sonno vna totale aponto de tutta la colonna. per esser quelli le doi parti equali e integrali de dicta colonna. Si che la regola data non po fallire per tutte le ragioni adducte.

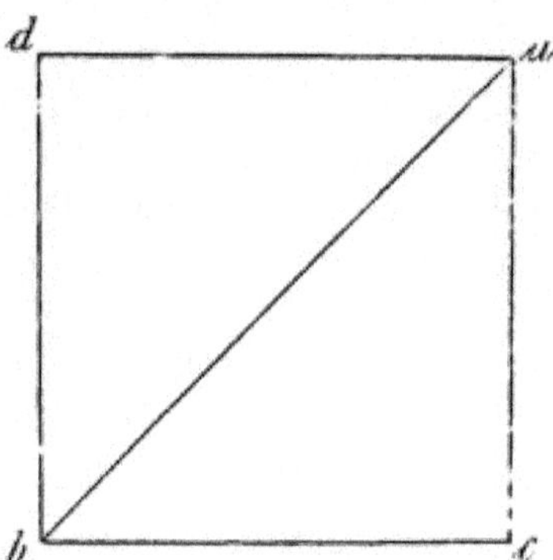

E similmente el medesimo effecto se manifesta in cadaunaltra colonna laterata commo anco dela 3. lor specie detta pentagona de laquale la basa fia resolubile in 3. triangoli. e per quello se dicto tutta la colonna in 3 corpi seratili. deli quali ognuno e triplo ala sua pyramidi. e per questo tutti 3 son tripli a tutte 3. lor pyramidi. e queste insiemi voglian dire vna de tutta la colonna. si commo li lor 3 seratili refanno tutta la colonna. E cosi el medesimo in tutte laltre discorrendo. E la dicta resolutione de basi in triangoli in la 32. del primo se demostra. Doue se conclude ogni figura poligonia cioe de piu angoli e lati essere sempre resolubile in tanti triangoli quanti sonno li suoi angoli ouer lati men doi. verbi gratia. la quadrilatera ha 4 angoli e per consequente 4 lati. epsa fia resolubile in doi triangoli almanco cioe ala menore sua resolutione che apare se in quella se tiri vna linea recta da vno deli suoi angoli oppositi a laltro. commo qui in la figura se vede del tetragono abcd.[1]) el qual fia diuiso in li doi triangoli abd. e bcd. dala linea bd. laquale in larte fia detta dyagonale e anco dyametro. E cosi la pentagona se resolue almanco in 3 triangoli. cioe per regola generale in doi triangoli meno che non sonno li suoi angoli ouer lati laqual cosa aparera se da vno (qual sia) deli suoi angoli ali doi altri oppositi se menino doi linee recte. Commo qui in la figura abcde. pentagona descripta fia facto. Nella quale del suo angolo a ali doi oppositi c. e d protracte le linee fia resoluta in li 3 triangoli abç. acd. e ade. E ognuna de dicte linee nellarte se chiama corda de langolo pentagonico. E cosi le exagone se resoluano in 4 triangoli et sic in reliquis. Si che molto excelso Duca siamo obligati agli antichi che con lor vigilie le menti nostre hanno dilucidate maxime al nostro Megarense Euclide che insiemi ordinatamente recolse deli passati

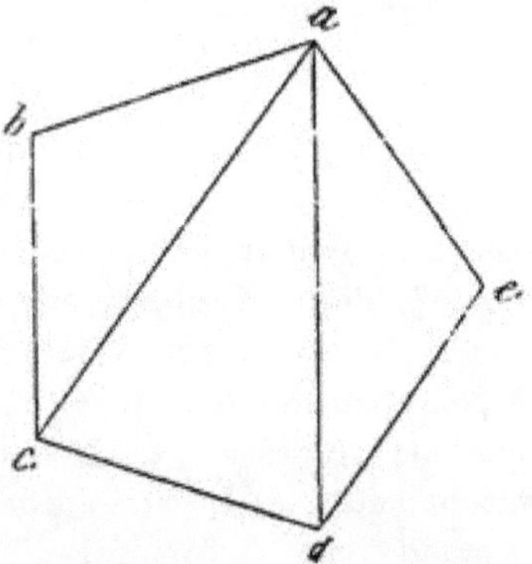

[1]) Vgl. Figur S. 114.

e dele suoi agionse in queste excellentissime discipline e scientie mathematici con tante diligenti suoi demostrationi. commo apare in tutto suo sublime volume. El cui ingegno non humano ma diuino se dimostra. Maxime nel suo decimo nel quale veramente tantolo extolse quanto alo humano fia permesso e non so comprendere che piu altamente hauesse possuto dire de quelle linee abstractissime irrationali la cui scientia e profondissima sopra ognaltra al iudicio di chi piu ne sa. E dele pyramidi integre quanto al proposito aspecti qui sia fine.

(Commo se mesurino le pyramidi corte.)

Cap. LXVIII.

Per le pyramidi corte ouer scapezze la lor mesura se troua mediante le lor integre. ale quali commo lo imperfecto al suo perfecto se reducano in questo modo. Prima la dicta corta la reduremo alintera fin al suo cono col muodo dato in la nostra opera publica. E quella tale intera mesuraremo per li modi denanze detti. e aremo chiaro tutta sua capacita qual saluaremo. Dapoi prenderemo la mesura de quella pyramidella che fo agionta ala scapezza per farla intera pur con li modi dati. ela quantita de questa pyramidella cauarema dela quantita de tutta la grande che serbammo. El rimanente de necessita viene a essere la quantita apontο dela dicta pyramide tronca e de laltre vie questa fia la breuissima e piu secura. e sieno rotonde ouer laterate el medesimo se obserua etc.

(Dela mesura de tutti li altri corpi regulari e dependenti.)

Cap. LXIX.

Seque a douerse dire dela dimensione deli corpi regulari e de loro dependenti. Onde de dicti regulari non mi curo altramente qui extenderme per hauerne gia composto particular tractato alo illustrissimo affine de vostra Ducale celsitudine Guido vbaldo Duca de Vrbino nella nostra opera a Sua Signoria dicata. e al lectore facile a quella fia el recorso per essere ala comune vtilita peruenuta commo dinanze fo detto. Ein questa vostra inclita cita asai sene trouano. La cui mesura tanto e piu speculatiua quanto piu deglialtri corpi sonno quelli piu excellenti e perfecti. Materia certamente da coturno e non da sciocco. E in quel luogo a sufficientia ne fo detto. Ma el modo deli altri da quelli dependenti fia simile a quello che dele pyramidi corte se dato. cioe che bisogna redurli ali suoi totali perfecti. e quelli per le regole nostre date al luogo detto con diligentia mesurarli. e quella quantita serbare e poi el suplemento facto al suo intero da parte per le regole dele piramidi ancora mesurare. E quel che fa cauare dela quantita de tutto el suo regulare el rimanente fia aponto la quantita de dicto dependente. quando dicto dependente fosse del numero de abscisi. Commo el tetracedron absciso al qual manca[1]) le ponti respecto al suo integro. lequali vengano a essere tutte pyramidelle equali e vniforme. E pero vna mesurata subito per quella laltre tutte fieno note secondo el numero che alor lati ouer basi o altri se posto dopo elquale bisogna in la pratica sempre regerse. E quelle auute del suo intero commo e detto cauarai. Ma sel dicto dependente fosse del numero deli eleuati alora per hauer sua mesura al suo perfecto agiognerasse la quantita de tutte quelle suoi pyramidelle. lequali vengano de necessita a esser tante quante sonno le basi del suo perfecto. E cosi breuemente piu e meno in dicti bisogna guidarse dopo el lume de lor perfecti a quelli giognendo e minuendo dopo le occurrentie dette. Altramente volendose regere se peruiria in chaos inextricabile. E pero di loro questo sia el documento oportuno non diffidandome deli peregrini ingegni e speculatiui intellecti a queste e aqualoncaltra faculta pronti quali sempre in tutto nostro processo habiamo presuposti. maxime per excellentia e anthonomosia fra tutti glialtri supremo de quello de vostra Ducale celsitudine. Ala quale nel nostro discorso non intendo hauer parlato commo a ignaro ne de simili ne de altri in niun modo. Conciosia che quella indifferentemente de ognuna sia prodita e ornata. nelequali volendome extendere non che la charta ma la vita non seria bastante. Sed quod patet expresse non est probare necesse. Quoniam col suo sol guardo sana e alegra ogni vista turbata e veramente fia qual sole che scalda e lumina luno e laltro

[1]) l. mancano.

polo. E che piu di lei dir si po oggi fra mortali? se non che la sia sola quiete e refrigerio. non che de Italia ma de tutto el cristianismo. Quella splendida ampla magnifica e magnanima a cadaun se mostra. In quella e misericordia in quella e pietade. in quella magnificentia in quella saduna quantunche in creatura de bontade ceda Demostene con Cicerone e Quintiliano ala sua bocca ponte che spande de parlar si largo fiume nectar ai buoni e ai rei seuero coltello. Quella de ogni religione obseruantissima. e de lor templi non solo restauratrice. ma assidua auctrice. Quella sempre al diurno e nocturno diuino officio al tutto dedita non con manco reuerentia che in quello professi alor si faccino con sacratissimi prelati che la dignissima sua deuota capella al diuin culto deputata e de dignissimi cantori ornata con laltre sue peculiari deuotioni el rendan manifesto. Quella a ogni supplicante maxime pio senza indutio le sue pietose orechie sbarra. e la sua benignita a chi domanda non pur sucorre ma piu dele volte liberamente al dimandar percorre. Per le quali cose non immeritamente colui che mai vide cosa noua singularmente ai nostri tempi fra glialtri in tutto luniuerso dele suoi gratie la facta participe. Pero non con manco conuenientia che Octauiano el suo tempio in Roma dela pace vniuersal si fesse quella el suo sacratissimo de gratie a memoria de tante in sua inclita cita de Milano ha constructo. E quello ala giornata in tutti modi adornarlo non se rende satia e a ogni sua oportuna indigentia suuenirlo. E questo sucinto discorso prego lectore che aladulatione non latribuesca. dala quale si per natura commo per la professione so[1]) altutto alieno. Peroche saltro fessi non manco tu de inuidia e liuore a suo celsitudine che io de adulatione conuincto seresti non prendendo admiratione de tante sue excellentie e celesti doni. sed quod oculis vidimus testamur. e non solo a questo ma con tutta la mia sacratissima seraphica religione col suo precipuo e singular capo e pastore reuerendissimo nostro padre M. Francesco sansone da Brescia di quella dignissimo generale nel nostro general capitolo de lanno presente qui in sua inclita cita de Milano celebrato al quale grandissimo numero de famosissimi e celeberrimi in sacra theologia e altre scientie doctori e bacelieri de

[1]) l. son.

tutto luniuerso e de ogni natione que sub celo est. Nel qual assidue ogni de cathedrali e publiche disputationi foron facte con la presentia sempre dela imensa humanita e deuota ali suoi serui condescensione de sua Ducale celsitudine insiemi con la reuerendissima Signoria de monsignore suo cognato Hipolyto tituli sancte Lucie in Salice dyacono Cardinale Estense e moltaltra de suo ornatissimo magistrato comitiua. Lascio la vberta e laffluente habundantia in ogni cosa dale mane de Sua Ducale celsitudine ala sustentatione de tanta multitudine emanata laqual non che ali alora presenti ma ancora ali posteri per molti mesi fo bastante. Per la cui salute e felice stato tutta la turba minore alaltissimo sue preci congionte mani expande. E particularmente Jo indegno e miser peccatore che di continuo a vostra Ducal celsitudine se recommanda.

(Commo se habino aretrouare tutti li corpi ordinatamente commo sonno posti in questo facti in prospectiua e ancora le lor forme materiali secondo la lor taula particulare posta patente in publico.)

Cap. LXX.

Perche doue non e ordine sempre fia confusione pero per piena intelligentia de questo nostro compendio per saper retrouare tutte le proprie figure in prospectiuo aspecto in questo proposte e anco le materiali dopo lor publica taula la vostro celsitudine obseruara questo modo. cioe quando legiarete disopra in lor capitoli de lor creationi e formationi guardarete in quale luogo del libro il numero segnato per abaco. antico. cioe cosi comenzando dal 1. al 48. capitolo dicendo. I. II. III. IV. V. e sequendo fine alor termine. E quel medesimo numero aponto farete de trouare denanze doue in questo dicti corpi sonno per ordine tutti figurati. El qual numero similmente in quel luogo sira posto. referendo I. a I e II. a II. e III. a III. e cosi in tutti. E quella tal figura sira del dicto corpo facto in piano con tutta perfectione de prospectiua commo sa el nostro Lionardo vinci. E questi medesimi numeri ancora recercarete fra le forme materiali de dicti corpi pendenti con lor nome in greco e in latino posti in vn breue sopra ciascuno afixo nel suo cordiglio fra doi ambre negre. pur referendo ognuno commo e dicto al numero li posto doue di quel tal se tracta. e Vostra celsitudine aluno e alaltro modo hara lor dispositioni. Lequali non de vil materia (commo per inopia a me e stato forza) ma de pretioso metallo e fine gemme meritarieno essere ornati. Ma la vostra celsitudine considerara lo effecto e lanimo nel suo perpetuo seruo.

(De quello se intenda per questi vocabuli fra le mathematici vsitati cioe ypothesi ypothumissa corausto cono pyramidale corda pentagonica perpendiculare catheto dyametro paralelogrammo dyagonale centro saetta.)

Cap. LXXI.

Sonno alcuni vocabuli excelso Duca inducti dali sapienti fra le mathematici discipline per intelligentia de lor parti acio in niuna se habia equiuocare li quali achi in epso non fosse molto experto darebono noia. e sopra in questo nostro compendio spesso inserti commo hauerete legendo trouato. E per non deuiare dali antichi li auemo obseruati. Deli quali non senza vtilita mi par qui sucinte al lectore dar notitia. E prima dela ypothesi.

Per la ypothesi se deue intendere el presuposito amesso e concesso fra le parti auctore e aduersario mediante el quale se intende concludere. e negato non sequita conclusione. E pero non se costuma a meterlo sel non e possibile.

Per la ypothumissa in tutte le figure rectilinee maxime se intende la linea che al magior angulo de quelle fia opposita. Ma propriamente se costumato intendere. El lato opposito alangulo recto neli triangoli rectangoli ouer ortogonii che cosi se chiamano in larte. Quali de necessita sempre sonno la mita dela figura quadrata ouero del tetragon longo cioe figura rectangola de 4 lati piu longa che larga.

Corausto se intende vna linea recta quale congiogni le extremita dele doi in alto eleuate. E possano li corausti esser piu e meno secondo el numero dele linee eleuate.

Cono dela pyramide vol dir el ponto supremo dela cima oue le linee che partano dala basa sua concorano.

Corda pentagonica ouer pentagonale o vogliamo dire delangolo pentagonico tutto se intende vna linea tirata deritta nela figura pentagona de vno deli suoi qual si voglia angulo a laltro a quello opposito commo piu volte se facto.

La perpendiculare vol dir vna linea recta eleuata ouer situata sopra vnaltra a squadro cioe che facia vno o piu angoli recti intorno a se. E cosi ancora quando ella stesse al modo dicto situata in su vna pian superficie. E comunamente se costuma trouarla neli triangoli per lor mesura commo in dicta nostra opera a suo luogo dicemmo.

Catheto inporta el medesimo che la perpendiculare e per li vulgari grossamente neli trianguli fia dicto comuniter saetta del triangulo e vene dal greco vocabulo.

Dyametro propriamente se intende nel cerchio vna linea recta che passa pel suo centro e con le sue extremita tocca la circumferentia de ogni parte e diuide el cerchio in doi parti equali. Ma se costuma ancora neli quadrati dir el dyametro. E pero per non equiuocare se dici dyametro de cerchio e dyametro del quadrato a differentia deluno e delaltro.

Parallelogrammo se intende vna superficie de lati equidistanti. le quali propriamente sonno quadrilatere cioe quelle 4 specie che disopra aueste nel capitolo 59. dicte quadrato tetragono longo rombo e romboide e per altro nome elmuaym e simile al elmuaym. E benche ogni figura de lati pari habia lati oppositi equidistanti commo lo exagono octagono. decagono. duodecagono e altre simili. non dimeno quelle 4 se hano particularmente a intendere.

Dyagonale principalmente se intende vna linea recta tirata da vnangulo alaltro opposito nel tetragono longo che lo diuida in doi parti equali ad rationem del quadrato. E ancora nel rombo e romboide se vsitano cosi chiamarla.

Centro propriamente fia dicto nel cerchio quel ponto medio nel qual fermando el pede imobile del sexto laltro girando el cerchio se descriue con la linea dicta circunferentia ouero periferia. E da quel ponto tutte le linee ala dicta circunferentia menate fra loro sonno equali. Ma se vsa ancora in laltre figure rectilinee dir centro el ponto medio di lor superficie. commo neli triangoli quadrati pentagoni exagoni e altre equilatere e anco equiangole che da cadauno de li loro angoli al dicto ponto le recte protracte tutte similmente fra loro siranno equali.

Saetta fia dicta quella linea recta che dal ponto medio delarco dalcuna partione del cerchio si moue e cade a squadro nel mezzo dela sua corda. e dicise saetta respecto ala parte dela circumferentia che si chiama arco a similitudine delarco materiale che anche vsa dicti 3 nomi cioe corda arco e saetta.

E benche asaissimi altri vocabuli sienno vsitati deli quali apieno nela grandopera nostra habiamo tractato. non mi curo qui adurli ma solo questi necessarii ala intelligentia del presente compendio a vostra celsitudine me parso adure el quale se con tanto numero de carti non fia concluso. ma non de menore substantia e altissime speculationi in epso se tractato. E veramente Excelso Duca non mentendo a vostra celsitudine dico la speculatione deli mathematici non poterse piu alto virtualmente extenderse. auenga che aleuolte magiori e menori acagino le quantita. E in questi el nostro philosopho Megarense concluse e termino tutto el suo volume de Arithmetica Geometria proportioni e proportionalita in XV. libri partiali distincto commo ala intelligente fia chiaro. E pero non poca gratia e dignita acrescera ala vostra prefata dignissima bibliotheca commo dinanze in la nostra epistola dicemmo. per esser lui vnico e solo di tale ordine a[1]) me composto. e a niun finqua (saluo a vostra celsitudine) in tutto lo vniuerso noto. E qui nela inclita vostra magna cita de Milano non con mediocri affani e longhe vigilie sotto lombra de quella e del suo quanto figliuolo mio immeritamente peculiare e singulare patrone San Galeazzo Sforza Seuerino de Aragonia aniuno nele militari posponendo. E dele nostre discipline summo amatore. maxime ala giornata dela assidua sua lectione de quelle gustando sutilissimo e suaue fructo. E sia per conclusione del nostro processo la humil venia e debita reuerentia del perpetuo seruo de vostra celsitudine ala quale infinitamente in tutti modi se recomanda. Que iterum atque iterum ad vota felicissime valeat.

Finis a di 14. decembre in Milano nel nostro almo conuento MCCCCXCVII. Sedente summo pontifice Alexandro VI. del suo pontificato anno VII.

---

[1]) l. da.

Ali suoi carissimi discipuli e alieui Cesaro dal saxo. Cera del cera. Rainer Francesco de pippo. Bernardino e Marsilio da monte e Hieronymo del jecciarino e compagni de Borgo San Sepulchro degni lapicidi de scultura. e architectonica faculta solertissimi sectatori. Frate Luca paciuolo suo conteraneo ordinis Minorum et sacrae theologie professor. Si Placet Deo.

Essendo da voi piu volte pregato che oltra la prathica de Arithmetica e Geometria datoui insiemi ancora con quelle dàr viuolesse alcuna norma e modo a poter consequire el vostro disiato effecto delarchitectura non posso (quantunque occupatissimo per la commune vtilita deli presenti e futuri in la expeditione dele nostre opere e discipline Mathematici quali so[1]) con ogni solicitudine in procincto de loro impressione) che se non in tutto ma in parte non satisfacio ala vostra humana preghiera: maxime quanto cognoscero al proposito vostro necessario. Onde comprendo senza dubio (comme nel laltre commendabili parte sempre ve sete con ogni studio exercitandoue delectati) cosi in questa con piu ardente desiderio siati disposti. Pero recusando ogni altra impresa mison messo tutto prontissimo volerue (commo e dicto) almanco in parte satisfarui. Non con intento al presente de simile arte: immo scientia a pieno tractare reseruandomi con laiuto delo altissimo a piu commodi tempi e ocio che a tali discipline saspectano per esser materia da coturno e non da scioco. Si che vi prego che interim con questo operando non ve fia tedio laspectare del qual (se pegio non aduiene) spero in breue sirete a pieno da me satisfacti. e anco con quella prometto darue piena notitia de prospectiua medianti li documenti del nostro conterraneo e contemporale di tal facolta ali tempi nostri Monarca Maestro Petro de franceschi dela qual gia feci dignissimo compendio. e per noi ben apreso. E del suo caro quanto fratello Maestro Lorenzo canozo da Lendenara: qual medesimamente in dicta faculta fo ali tempi suoi supremo chel dimostrano per tutto le sue famose opere si intarsia nel degno coro del Sancto a Padua e sua sacrestia. e in Vinezia ala Ca grande comme in la picture neli medemi luoghi e altroue asai. E ancora al presente del suo figliuolo

---

[1]) l. son.

Giovanmarco mio caro conpare. el quale summamente patriza comme lopere sue in Roico el degno coro in nostro conuento Venegia e in la Mirandola de architectura la degna fortezza con tutta oportunita bene intesa e de continuo operando nel degno hedificio auite nel cauar canali in Vinegia se manifesta. Si che ciascuno di voi ne sira in tutto satisfacto: benche al presente ne sciate[1] a sufficientia ben moniti etc. Bene valete e a voi tutti me recomando. Ex Venitiis kal. Maii MDIX.

Per ordine del nostro desiderio tiro lo infra scripto modo videlicet. Prima diuideremo larchitectura in tre parti principali de li luophi publici che luna fia deli templi sacri. laltra de quelli deputati ala salute e defensione dele piccole e grandi republiche e deli luoghi ancora priuati e particulari la terza de quelli ala propria oportunita necessarii deli proprii domicilii quali ci hanno dale cose contrarie e ali corpi nostri nociue sempre a defendere. Peroche in queste e circa queste dicta faculta sue forze extende etc. In lequali dilectissimi mei al presente volendo intrare troppo longo serebbe el processo reseruandomi comme e dicto. Conciosia che deli templi non sene potria dir tanto che piu non meritassero per loro sacratissimo culto. Commo a pieno el nostro Vitruuio ne parla. Del altra parte ala defensione deputata non menore sarebe el dire. conciosia che infinite quodammodo sieno le machine e dispositioni militari. Maxime per li noui modi de artegliarie e bellici instrumenti quali dali antiqui mai foron excogitati. Deli quali li nostri strenui Borghesi a pede e a cauallo al tutto prontissimi (non che a Italia tutta) ma fin che dela terra el suonovsci. Comme de Antonello quale con lo bracio de Venetiani; insiemi con lo Duca durbino Federico e conte Carlo da montone in romagna se ritroua a remettere in Faenza el San Galeotto. e doppo limpresa de graue febre opresso tornando a casa in Vrbino fini sua vita. apresso lui standoli el Reuerendo Padre M. Zinipero e frate Ambrogio miei carnali fratelli del medesimo ordine seraphico. Costui nel reame al tempo del re Ferando nelimpresa danzoini e Ragonesi portandose virilmente da lu fu facto Signor de castelli con suoi descendenti. Poscia nelli porti de Lombardia conducto dal Duca Francesco de

[1] l. siate.

Milano doue magnanimamente portandase da lu ne fu ben remunerato. Da questo naque Alexandro degno condoctieri con lo Re e Fiorentini e altri potentati. Questo Antonello lascio perpetuis temporibus al conuento nostro fabrica de degna capella de San Francesco con dignissima dote qual suoi successori de continuo hano ampliata. De Benedetto detto Baiardo mio stretto affine alieuo de Baldacio danghiari famosissimo piu volte Generale capitano de fanti. prima delo re Alfonso in lo reame. poi de sancta chiesa al tempo de Nicola. poi de Fiorentini alimpresa de volterra a expugnarla poi de Venetiani doi fiade e lultima Capitano de tutta Leuante. E andando alimpresa de Scutari preuenuto dal fluso con suo e mio nepote Francesco paciuolo. In ragusa lultimo di lor vita lasciaro. Costui feci de dicti nostri Borgesi molti valenti contestabili cioe Gnagni dela pietra che ala defensione de Scutari contra Turchi ferito nel bracio de veretona tosicato in breue mori. Questo fo quello che con sua roncha a vn colpo getto la testa de Taripauer in terra con molti suoi sequaci qual venne contradimento a Spalato per amazare el conte gentilhomo Venetiano e tor la terra ala Signoria de Venegia. Di costui non bastaria la carta a dirne con tanta strenuita sempre se adopero. Costui nel tempo del conte Jacomo in romagna piu volte de se feci experienza correre a pede per vn grosso miglio a paro de barbari e veloci gianetti solo con vn deto toccando la staffa. Di lui rimase ben puttino. el degno oggi contestabile Franceschino suo primo genito qual sempre la Signoria de Vinegia con diligente cura e prousione ha eleuato. e al presente la roccha de Triesti li ha data in libera guardia. E altri suoi famosi eleuati similmente lascio. cioe meser Franco dal borgo. Todaro degni stipendiari de Venetiani. e Martinello da Luca al presente ala guardia de Cipro. Non manco serebe da dire del suo carnal fratello Andrea. qual manco de febre al servigio deli nostri Signori Fiorentini. e prima Capitano dela fanteria deli Signori Venetiani contro li Todeschi alimpresa de Trento donde a torto acagionato la Illustrissima Signoria senzaltre pene doppo vn anno e cinque de conosciuta sua innocentia e che era tutto per inuidia li fo facto lo libero crescendoli amore e conditione grandissime. e al figliuolo Matheo superste debitamente sempre proueduto e al presente ala guardia de Asolo in

Bresciana con degna compania deputato. El simile alaltro suo figliuol Giouanni ala guardia de Gorizza in frioule lascio del degno altro conciue nostro strenuo armigero da tutti amato. Vicodolzi per cognomento apellato. e altri asai nellarmi virilmente sempre exercitatosi e di questa presente vita con debito honore alaltra translatati. Tornando al nostro Benedetto Baiardo similmente da lui foron facti li degni contestabili nostri Borghesi Cincio de scucola contre suoi fratelli Buciuolo de lapegio e Chiapino suo fratello che a Lepanto ali stipendii Venetiani manco. Mancino e longo de fedeli digni contestabili. e Bartolino ederrata fratello de Bartolino e altri asai da lui facti. e non manco de altre nationi amoreuile asaissimi strenui e magni ne feci. comme Melo da Cortona che sotto Bagnacauallo ali stipendii Venetiani fo morto e sepulto a Rauenna. Lalbanosetto. Giouan greco dala guancia al presente ala guardia de Arimino per li Signori Venetiani deputato con degna condocta de caualli legieri e fanti e capitano in quel luogo. Di questo Benedetto ne viue vn figliuolo detto Baldarzonio dato al viuer ciuile con la sua degna madre Helisabetta. De viui al presente pur nostri egregii militari in tutti modi da diuersi potentati operati e conducti. El magnifico cavalieri sperondoro meser Criaco palamides. e Signor doctato dal mio magnanimo Duca de Vrbino Guido Vbaldo qual con linsegne militare li dono el castello e fortezza detta Lametula pro suis benemeritis. Costui per li nostri Signori Fiorentimi sempre summamente e in reame e in terra de chiesa e torno Pisa e in Pistoia per le factioni de panciatichi e cancelieri con tutta strenuita portandose dal dicto dominio ne fo de continuo benissimo honorato. Auenga che suoi primi exordii fossero sotto lo illustrissimo Signore darimino Magnifico Ruberto de malatesti. Qual siando capitano deli Signori Venetiani mandato da loro ala defensione de sancta chiesa contra el Duca de calabria e liberatola in breue mori sepulto honoratamente in Sancto Pietro de Roma con li doi stendari publici. cioe de san Marco e de sancta Chiesa. del qual meser Criaco non poco la terra nostra del borgo San Sepulchro ne fia honorata. laltro Marco armigero e caualieri sperondoro meser Mastino catani a cauallo sequendo el mistiere honore asai e ala sua degna casa dela qual piu caualieri sperondoro sonno stati. cioe padre Zeo e Auolo. El magnifico caualieri. Ancora e Signor meser Martino de citadini medesimamente dala excelsa casa Feltrescha. honorato. e dal prelibato mio magnanimo Duca per suoi benmeriti facto caualieri e Signor de castello detto la massetta. homo de tutto ingegno aiuto e gagliardia sempre da nostri. Signori Fiorentini benissimo tractato. El magnifico meser Gnagni rigi altro caualieri sperondoro sempre nelarmi a pede ea cauallo exercitandose con honore asai a se e suoi e tutta la terra inuicto patronato. Or con dicto duca ora con nostri Signori fiorenteni or con lo illustre Signor da Pesaro e al presente con li Signori Venetiani ala guardia de Cattaro con degna condocta capitano deputato del nostro meser Mario de Seruardi con suoi 4 degni figliuoli. Cristofano Piero Francesco e Troilo. Tutti degni homini darmi el padre sempre degno conductieri con diuersi potentati feltreschi e nostri Signori Fiorentini lonore in senectute a casa e ala terra ne ha reportato el simile el suo caro e vnito consocio Marco dagnilo. Trouase ancora al presente de se e suoi e tutta la patria Gnagni cognomentato picone con suoi doi cari figliuoli Andrea e Bartolomeo qui ali stipendii Venitiani con degna condocta homo de grande reputatione apresso loro per hauer dise facta egregia experienta nela impresa contro Todeschi apresso lo Illustre Duca e Signore Bartolomeo daluiano e Magnifici proueditore de compo meser Giorgio cornaro e meser Andrea gritti quali reputando in senato la sua bona conditione ne fo con argumento de condocta ben remunerato. e ala guardia de Fiume capitano deputato con dicti suoi figliuoli e Giulian carnal nepote Paulo medesimamente deputato capitano con li nostri Signori Fiorentini insiemi con li altri rende la casa e suoi e tutta la terra illustre per li suoi egregi e celebri facti a Liuorno e altri luoghi oportuni de dicto dominio. Lascio el strenuo contestabile pur nostro conterraneo Bronchino che alimpresa de citerna per li Vitelli fo morto. e Goro suo ale factioni de Pistoia e cosi el suo Vitello lascio demano che per li nostri Signori Fiorentini egregiamente portandose a Pisa sotto ronche e lanze lascio sua vita. Paulo dapici ancora in Scutari per li Venetiani con lo prefacto Gnagni dal Borgo. e in la Castellina per li nostri Signori Fiorentini ala guerra del Duca de Calabria sempre con dignissimi repari saluose el luogo homo per repari e a difesa a tempi suoi fra fanteria non si trouaua vnaltro simile. Lascio ancora che prima douiua dire Papia e Papo de Pandolpho suo nepote quali fra pedoni el padre degno contestabil e lui capo de bandiera mai dopo bisogno fusser con li pigri e paurosi conpulsi. Or breuiter dilectissimi miei dela parte prelibata darchitectura a defensione publica comme de muri e antimuri merli mantelletti torri reuellini bastioni e altri repari turrioni casematte etc. Con tutti li gia viui e morti discorsi ale volte comme confabulando acade. misso o con luno or con laltro molto con la experientia oculata e palpabile affatigato. Arguendo ora a vno modo e ora a laltro vedendo loro e sue ragione aprendendo e non manco. Con la Illustre Signoria miser Giouaniacomo traulzi con lo degno oratore del Dominio Fiorentino alora Pier vetori con presentia del Pontano nel palazzo del conte de Sarno in Napoli. E non manco con lo Magnifico e degno condoctiero Signor Camillo vitelli dela cita de castello legendoli Jo per anni tre el sublime volume del nostra Euclide. E in milano con lo mio a quel tempo peculiar patrone meser Galeazo Sanseuerino e piu volte con lo excellentissimo Duca Ludovico Maria Sforza. Finaliter trouamo questa parte dela defensione esser molto profonda ali tempi nostri per le noue machine de artegliarie: quali al tempo del nostro Victruuio non se trouauano: e pero questo al presente lasciaremo e con piu amplo dire lo reseruaremo etc.

Questa terza parte de dicta Architectura ala oportunita e necessita comme de palazzi e altri casamenti dentro e de fora con tutti suoi membri: cioe camere anticamere sale portichi studii cucine e stalle theatri e amphitheatri bagni laterini pozze fontane condocti forni chiostre scale finestre balestriere vie strade piaze da mercato e altre deambulatorii coperti e scoperti con loro debiti symmetrie de proportioni e proportionalita al corpo tutto delo hedificio e suoi parti e membri interiori e exteriori. di quali a pieno parla el nostra Victruuio e ancora frontino al proposito de aque ductibus comme apere neli antiqui archi Romani verso marini. a terme de Diocletiano directi e altri bagni de Pozuolo e Viterbo etc. Circa liquali non poco symmetria de proportioni e proportionalita se ricerca medesimamente ala impresa futura lasaeremo e per ora solo vnaltra a tutte le tre sopradette molto necessaria discoriremo che senza dubio mi rendo certo asai ve sira proficua. nela quale al presente comprendo voi al tutto esser ben accomodati imitando de scultura fidia e praxitello. di quali in monte cauallo a Roma lopere rendano chiari e perpetuo celebrati. Peroche nulla parte de dicta Architectura non e possibile al tutto bene essere adorna se de conzi ligiadri marmorei porfirii serpentini o altre sorti differenti prete non sieno adorni comme de colonne cornici e frontespici. e altri ornamenti si ala parte defensiua e publica oportuna comme ala parte dele sacre. E perche questa parte tanto piu rende li hedificii ornati quanto ella con piu debita diligentia de proportioni proportionalita ella sia disposta lequali cose a voi e cadauno in tale exercitandose summamente sonno necessarie. Dela quale benche a pieno explicite non ne parli el nostro Victruuio comme el tutto presupponendola pero qui distinctamente me sforzero con lui debitamente renderuela chiara e aperta quanto al buon lapicido aspecti presuposto in epso alquanto de disegno e notitia delibella e circino ouer sexto. senza li cui instrumenti non si polo effecto consequire. E del nostro discorso faremo tre succinte parti secondo el numero deli tre exempli posti in principio de quest opera detto dela diuina proportione. Cioe primo diremo dela humana proportione respecto al suo corpo e membri pero che dal corpo humano ogni mesura con sue denominationi deriua e in epso tutte sorti de proportioni e proportionalita se ritroua con lo deto de laltissimo mediante li intrinseci secreti dela natura. E per questo tutte nostre mesure e instrumenti a dimensioni deputati perli publici e priuati comme e dicto sonno denominate dal corpo humano luna detto bracio laltro passo . laltro pede . palma . cubito . digito . testa . etc. E cosi comme dici el nostro Victruuio a sua similitudine dobiam proportionare ogni hedificio con tutto el corpo ben a suoi membri proportionato. E per questo prima diremo de epsa mesura humana con suoi proportioni a suoi membri secondo la quale ve arete aregere in vostre opere lapicide maxime de frontespicii e altre degne faciate de templi posti epallazzi quali sempre se costumo adornarli de colonne cornici e architraui comme apieno ne dici el nostro Victruuio. Ma perche li suoi dicti ali tempi nostri male da noi sonno intesi per essere in vero alquanto stranii commo epso proprio lodice che constrecti dalo effecto deli artifitii foron posti per la qual cosa nel suo libro dici cosi. Id autem in architecture conscriptionibus non potest fieri quod vocabula ex artis propria necessitate concepta in consueto sermone adiiciunt sensibus obscuritatem: Cum ea ergo per se non sint aperta: nec pateant in eorum consuetudine nomina etc. Questo nel prohemio de suo 5. libro de larchitectura. Doue inferesci che se li storiografi narrano lor storia hano li lor vocabuli acomodati eli poeti loro piedi emesure con loro acenti terminati etc. Manon interuen cosi ali architecti quali bisogna che sforzatamente vsino vocabuli stranii che alintellecto generano alquanto de oscurita etc. E pero mi sforzaro lor senso aprire in modo quanto alointento[1]) aspecti fia bastante. E prima diremo dele colonne tonde comme in li edifitii le habiate con nostri scarpeli debitamente[2]) disponere si per la forteza a substentatione delo hedifitio comme per lor ornamento. E poi diremo delo epistilio o vero architraue e sua compositione. Deli quali habiando detto poi li situaremo in lopera de vna porta qual fia asimilitudine di quella del tempio de Salamone in Hierusalem[3]) prenunciata per lo propheta ezechiel con laltre dispositioni. E voi poi per vostro ingegno potreti piu o manco farne.

(Dela mesura e proportioni del corpo humano. della testa e altri suoi membri simulacro delarchitectura.)

Cap. I.

Dobiam considerare comme dici platone nel suo thimeo tractando dela natura de luniuerso. Idio plasmando lhomo li pose la testa in lasumita asimilitudine dele roche e forteze nele cita acio la fosse guardia de tutto lo hedifitio corporale cioe de tutti li altri membri inferiori. E quella armo e muni de tutte le oportunita necessarie comme apare con 7. balestriere cioe 7. basi per li quali lo intellecto hauesse a imprendere le cose exte-

[1]) che zu ergänzen.

[2]) a zu ergänzen.

[3]) Vgl. die betreffende Zeichnung am Ende des Tractats.

riori equeste sonno le doi orechie li doi ochi li doi basi al naso. El septimo la bocca. Peroche commo la maxima phylosophyca canta nihil est in intellectu quin prius sit in sensu. Onde li sentimenti humani sonno 5 cioe vedere odire sentire toccare e gustare. E di qua nasci el prouerbio literale qual dici. Quando Caput dolet cetera membra languent asimilitudine de dicte forteze nele cita quando sonno vexate emolestate da linimici con machine militari dartegliarie briccole trabochi catapucie baliste bombarde passauolanti schiopeti archibusi cartaldi basalischi. E altri nociui. Tuta lacita nesente pena con gran dubitanza de salute. Cosi aduene alomo quando el sia molestato e impedito nella testa tutti li altri membri neuengano apatire. E pero la natura ministra dela diuinita formando lomo dispose el suo capo con tutte debite proportioni. correspondenti a tutte laltre parti del suo corpo. E per questo li antichi considerata la debita dispositione del corpo humano tutte le loro opere maxime li templi sacri ala sua proportione le disponiuano. Peroche in quello trouauano le doi principalissime figure senza le quali non e possibile alcuna cosa operare cioe la circular perfectissima edi tutte laltre ysoperimetrarum capacissima comme dici Dionisio in quel de speris. Laltra laquadrata equilatera. E queste sonno quelle che sonno causate dale doi linee principali cioe. Curua e recta. Dela circulare se manifesta stendendose vno homo supino e aprendo ben quanto sia possibile le gambe e li braccia aponto el bellico fia centro de tutto suo sito in modo che habiando vn filo longo abastanza edi quello fermando vn capo in dicto belico. Elaltro atorno circinando trouarasse aponto che equalmente toccara la summita del capo ele ponti deli deti medii dele mani e quelle deli deti grossi deli piedi che sonno condictioni requisite ala vera diffinitione del cerchio posta dal nostro Euclide nel principio del suo primo libro. La quadrata ancora se hauera spansi similmente le braccia ele gambe e dale extremita deli deti grossi de piedi ale ponti deli deti medii deli mani tirando le linee recte in modo che tanto fia dala ponta del deto grosso deluno de piedi alaltra ponta delaltro pede quanto dalacima dele deti medii dele mani a dicte ponti deli deti grossi deli piedi. e tanto ancora aponto dala cima deli dicti deti medii dele mani da luno a laltro tirando la linea quando adrito ben sieno le braccia spansi e tanto aponto fia laltezza ouer longhezze de tutto lhomo siando ben formato e non monstruoso che cosi sempre se presupone comme dici el nostro Victruuio el suo nobilissimo membro exteriore cioe testa se ben se guarda se trouera formata in su la forma dela prima figura in le recte linee cioe triangula equilatera dicta ysopleuros posta per fondamento e principio de tutti li altri sequenti libri dal nostro Euclide nel primo luogo del suo primo libro. Quando dixe triangulum equilaterum supra datam lineam rectam collocare. La qual cosa qui lochio nella presente figura chiaro vel dimostra. Se ben li contorni de tutta dicta testa se considera. Comme vedete el triangulo amk. delati equali formato.[1]) E sopra ellato suo mk. fatto el tetragono longo kmsb. largo quanto el catheto a ala basa mk. qual per non ofuscare el naso conlettara lasciai. Equesto lato mk. qual fia tutto el frontespitio de dicta testa fia diuiso in tre parti nel ponto l termino dele nare del naso. In modo che tanto fia ml. quanto dal l. a dicte nare. E da dicte nare al k. piano del mento che cadauna fia la terza parte del mk. Onde da linfimo dela fronte cauo del naso l. al ceglio fin ale radici de capelli. m. cioe fin alacima dela fronte fia el terzo de dicto lato mk. siche lasua fronte fia aponto alta la terza parte de tutta la testa el naso similmente ne fia laltro terzo. E da dicte nare fin al pian del mento houer k. ne fia vnaltro terzo. E questo vltimo terzo ancora se diuide in tre altre parti equali che luna ne fia dale nare ala bocca laltra dala bocca al cauo del mento la terza da dicto cauo al pian del mento k. In modo che cadauna fia el nono de tutta mk. cioe el terzo de vn terzo benchel mento alquanto deuii del profilo dela facia mk. comme vedi desegnato in dicta figura la cui quantita a noi non e nota precise ma solo quella li egregii pictori lano dala natura reseruata ala gratia e albitrio de lochio. E questa fia vna specie dele proportioni irrationali qual per numero non e possibile anominare. El simile se dici dela distantia dala radici deli capelli ala fine de langalo m. quale ancora al quanto da quello se discosta comme vedi che altramente

---

1) Vgl. die betr. Figur am Ende des Tractats.

non hauerebe gratia alochio. Ela perpendiculare a. ouer catheto aponto fia directa ala tomba del naso e taglia el profilo mk. nel mezzo precise neli ben proportionati edebitamente disposti e non monstruosi. E queste parti narrate finora al suo profilo tutte vengano a essere rationali e a noi note. Ma doue interuene la irrationalita dele proportioni cioe che per alcun modo non se possono nominare per numero restano al degno arbitrio del prospectiuo qual con sua gratia le ha aterminare. Peroche larte imita la natura quanto li sia possibile. E se aponto larteficio facesse quello che la natura ha facto non se chiamaria arte ma vnaltra natura totaliter ala prima simile che verebe a essere lamedesima. Questo dico acio non vi dobiàte marauegliare se tutte cose aponto non respondano ale mani delopefice peroche non e possibile. E di qua nasci che li sauii dicano le scientie e disciplinе mathematici essere abstracte e mai actualiter non e possibile ponerle in esse visibili. Onde el ponto linea superficie e ognaltra figura mai la mano la po formare. E benche noi chiamamo ponto quel tal segno che con la ponta dela penna o altro stilo se facia non e quello pero ponto mathematico da lui diffinito comme nelle prime parolle deli suoi elementi el nostro Euclide diffinisci quando dice: Punctus est cujus pars non est. E cosi diciamo de tutti li altri principii mathematici e figure douerse intenderle abstracte dala materia. E benche noi li diciamo punto linea etc. Lo faciamo perche non habiamo vocabuli piu proprii a exprimer lor concepti et cetera. E questo basti quanto ala proportionale diuisione del profilo dela testa humana debitamente formata lasciando el superfluo ala gratia delopefice commo la tomba del ceglio e ponta del naso benche dale nare a dicta ponta comunamente li se dia el nono del profilo pur aponto non sepo terminare con proportione a noi nota comme de sopra del mento fo detto. Ideo etc.

(Dela distantia del profilo al cotozzo de dicta testa cioe al ponto a. qual chiamano cotozzo edele parti che in quella se interponguno ochio e oregia.)

Cap. II.

Detto del profilo dela testa humana e sue diuisioni in maiesta requisite. Ora sequente diremo dele proportioni delochio de loregia. Onde acio se intenda nostro dire prima diuidaremo la larghezza del proposto tetragono sk. similmente in tre parti equali comne de sua longhezza fo facto. E diuiso ms. in tre equali luna fia mo laltra oq. la terza qs. E poi a piu chiara vostra notitia cadauna de queste terze diuidaremo in doi parti equali neli ponti n. p. r. E ciascuna depse fia la sexta parte de tutta dicta larghezza ms. E queste ancora porremo subdiuidere in altra mita e serebono duodecime del tutto e queste tali ancora in altre doi equali parti e ognuna seria la vigesimaquarta del tutto. E cosi potremmo andar quanto cipiaci diuidendolo in parti note a noi secondo magiore e minor larghezza. E quante piu parti se fa note tanto fia piu comodo al prospectiuo peroche meglio vene con lochio aprenhendere la quantita dela cosa che vol porre o sia testa o sia che altra cosa sevolia comme animali albori hedifitii etc. E per questo li pictori se hano formato certo quadro o vero tetragono longo commolti sotili fili tirati. de citera o seta o nerui grandi e picoli comme alor pare in lopere che hano adisponere in tela taula o muro. Doue sopra la propria forma ponendo detto tetragono e quello ben fermata che non si possa per alcun modo crollare fralui ela cosa che intende retrare la qual cosà medesimamente bisogna che la sia ben fermata secondo el sito che la vol fare. E lui poi se asetta a sedere ritto in genochioni comme meglio li pare stare acomodato e col suo diligente ochio guardando or qua or la quella cosa considera li termini de quelli fili comme respondeno per longo e largo sopra dicta cosa. E cosi loro con suo stilo lauanno segnando in foglio o altroue proportionando li quadreti de dicto tetragono per numero equantita magiore o menore a quello e sbozando formano lor figure quali poi vestano dela gratia visuale. E questo tale instrumento fia dicto da loro rete. Comme vedete qui in la testa del quale instrumento qui non curo poner altra forma. peroche facil sia per le cose dette sua aprehensione. Ora tornando al nostro proposito dela testa trouarete lochio col desotto e sopra cilio dele palpebre comunamente essere alto el sexto de tutto el profilo mk. quale non ho curato con linee ofuscarlo ma voi con lo vostro sexto facilmente lo trouarete e altre tanto largo. Lorecchio se ben quandate esser alta quanto la longhezza del naso cioe el terzo de dicto profilo. E largo vn sexto dela larghezza de detto tetragono ms. ela magior sua ampiezza fia diametraliter fral cotozzo e gobba del naso aponto super lo catheto a. terminata de sotto ala ponta del naso e principio dela guancia. El collo fia li doi terzi de la dicta larghezza ms. cioe quanto os. e cosi responde la ponta del petto enodo de la gola. Lo occiputto cioe amodo nostro la cicotola excede dicta largheza adrieto per doi terzi del suo sexto cioe per vn nono de tutta ms. el uertice cioe la cima del capo excede la radice di capelli per lo sexto de dicta ms. in altezza cioe fin al ponto p. qual fia el suo mezzo. Laltre parti poi vanno degradando proportionalmente alor contorno dal p. al onm. angolo del tetragono dinanze e cosi drieto dal dicto p. al qrs. con quella gratia e arbitrio che del mento e radise de cappelli fo detto secondo loro. Irrationali proportioni cioe innominabili per alcun numero e suoi parti integrali. E questo volio basti quanto a tutta testa o ver capo e sequendo diremo de dicta testa a tutto el corpo e suoi altri membri exteriori la sua debita proportione acio dopo quella possiate meglio formare vostri lauori.

(Dela proportione de tutto el corpo humano che sia ben disposto ala sua testa e altri membri secondo sua longhezza e larghezza.)

Cap. III.

Discorso a sufficientia la proportione dela testa ale sue parti essentiali dela sua larghezza e profilo ora diremo depsa testa sua habitudine respecto a tutto suo corpo e altri membri exteriori acio piu facilmente si possa proportionare li vostri lauori maxime dele colonne a sustentamento de lor pesi e venusta delor siti nelli hedifitii poste comme desotto de loro se dira abastanza delo intento auoi. E pero diciamo conli antichi maxime nostro Victruuio la larghezza tutta del homo cioe dale piante de piedi base depsa corporal massa. Esser comunamente dieci tanto che dalmento ala sumita dela fronte. cioe dala radici de capelli si che dicto teschio cioe losso depsa altezza fia la decima parte de sua altezza fine ala sumita de dicta fronte. E questa altezza comunamente dali pictori e statuari antichi se prende per vna testa in loro opere comme per statue e altre figure in roma la experienza sempre cia dimostrato ede continuo li nostri contutta diligentia el medesimo demostrano. Ele dicte mesure acio non se equiuochi sempre se intendino del puro osso netto dale carni cosi del capo commo delaltre parti. altramente le comune regole serebono false peroche deli homini alcuni sonno corpulenti e ben pieni de carni altri macri emaciullenti comme si vede. E per questo li antiqui se sonno tutti alosso comme acosa piu ferma e manco varyabile. Si che per testa comunamente nel nostro processo se habia a intendere aponto tutto el profilo mk. dinanze aducto. Altretanto aponto fia la palma dala mano dela giontura cioe fin del cubito ala extremita del detto medio qual fia vna testa e parte decima de tutta la statura amodo dicto. Laltezza de tutto el capo dal pian del mento fine alacima dela testa cioe alponto p. fia loctaua parte de tutta sua altezza conputatoci la quantita dela radici di capelli fin al suo vertice supremo. Dala sumita del petto fine ala radici de suoi capelli cioe dal g. al ms. fia la sexta parte del tutto e dicta sumita de petto fin al vertice cioe al p. fia la quarta parte de tutta sua altezza. La sua bocca comme desopra fo dicto fia alta la terza dalmento alenare del naso. El naso altretanto. El spacio tutto dala fine del naso ala radici di capelli fia dicto fronte che fia alta el terzo de tutto suo profilo. E tutta la longhezza del pede cioe dal calcagno ala ponta del deto grosso fia la sexta parte de tutto el corpo cioe quanto dala sumita del petto al vertice del capo. E tutto el petto fia la quarta parte. E questo tutto afferma el nostro Victruuio doue dice de sacrarum edium compositione quando dici in questa guisa videlicet: Corpus enim hominis ita natura composuit uti os capitis amento ad frontem summam et radices imas capilli esset decime partis. Item manus palma ab articulo ad extremum medium digitum tantundem. Caput amento ad summum verticem octaue cum ceruicibus imis. A summo pectore ad imas radices capillorum sexte ad summum verticem quarte ipsius autem oris altitudinis tertia est pars ab imo mento ad imas nares. Nasus ab imis naribus ad finem medium superciliorum tantundem. Ab ea fine ad imas radices capilli frons efficit. Item tertie partis. Pes vero altitudinis corporis sexte. Cubitusque quarte. Pectus item quarte. Reliqua quoque membra suos habent commensus proportionis quibus etiam antiqui pictores et statuarii nobiles vsi magnas et infinitas laudes sunt assecuti. Similiter vero sacrorum edifitiorum membra ad vniuersam totius etiam magnitudinis summam ex partibus singulis conuenientissimum debent habere commensum responsum. Item coporis centrum medium naturaliter est vmbelicus etc. comme desopra dicemmo asegnando comme lui ancora in questa fa circulo equadrato in dicto corpo humano. etc. Quelli che in dieci parti diuidano dicta altezza lachiamauano esser diuisa secondo el numero perfecto dicendo perfecto el numero denario per le ragioni in lopera nostra grande aducte in la distinctione prima tractato secondo quoniam numero denario omnes philosophi sunt contenti cioe del numero deli X. predicamenti in li quali tutti conuengano al qual li greci dicano. Theleon peroche videro che la natura in le mani e in li piedi ha facto X deta e per questo comme dici Victruuio nostro ancora piaque. Al diuin phylosopho Platone nato dale cosi singulari quali apresso li greci sonno dicte. Monades cioe amuodo nostro vnita. E questo secondo li naturali. Mali mathematici chiamano numero perfecto. el senario primo. el 18 el econdo etc. Comme in dicta nostra opera dicemmo e per le conditioni che nellultima propositione del 9. libro el nostro Euclide dici in questo modo. Cum coaptati fuerint numeri ab vnitate continue dupli qui iniuncti faciant numerum primum extremus eorum in agregatum ex eis ductus producit numerum perfectum. Onde per questa consideratione gionseno in siemi el X. el 6. che fanno 16. cioe el perfecto philosophico el perfecto mathematico 6. di tal coniunctione ne resulta un terzo numero cioe 16. e questo comme dici Victruuio lochiamano perfectissimo per chel sia composto e facto deli doi predicti perfecti. La qual denominatione Jo non ardesco biasimare ma bene secondo noi vnaltra causa mathematice procedendo li aduco cioe se po dire perfectissimo ratione quadrature perche epso fia el quadrato del primo quadrato qual e 4 che fia censo primo seclusa la regina de tutti li numeri vnita. E lo 16. fia suo quadrato cioe censo de censo che apresso le loro non fia absurda etc.

E acio meglio dicte parti ne sieno amente qui dalato in margine me parso non inutile ponere linea per tutta la debita statura humana diuisa in tutti quelli modi che dali antichi e moderni se prosupone. La qual diciamo sia la linea ab. Duisa in 10 equali parti in li ponti c. d. e. f. g. h. k. l. m. E. in quelle quali da voi piu aponto li porretenon siando. Da questa subito a vnaprir de sexto Potrete proportionar quello vi parra prosuponendo comme dicto habiamo in tutti modi li ossi scussi. E dequi arete el pede peroche la prima altezza comme dici Victruuio fo secondo eluestigio del pede humano la testa e cubito etc. Secondo legia dette proportioni. porrete in lopere vostre proporne vnaltra magior e menore la qual ben diuisa in suoi gradi respondera ala sua altezza siando gigante e ancor nanino e chiamaranse debitamente degradate. E asimil maniera se reggano li cosmographi in lor mappamondi e altre carti nauiganti ponendo lor gradi da parte con li quali proportionano tutto el mondo et cetera.

Seria circa cio da dir molte altre parti nell homo poste conciosia che dali sapienti lui sia chiamato mondo piccolo non dimeno per che qui non intendo de dicta architectura comme disopra dicemmo apieno tractare reseruandoci apiu ocio legia dette voglio al proposito vostro della scultura sieno bastanti. Esequendo viremo alo intento proposto cioe ala dispositione dele colonne rotonde e suoi pilastri basi e capitelli comme vo promesso proportionandole ala statura humana donde prima deriuamo comme intenderete dal nostro Victruuio e noi in quella parte lo adurremo ponendo le sue parolle formaliter si che starete atenti e condiligentia le notarete.

(Sequita dele colonne rotonde con sue basi e capitelli epilastrelli o vero stilobate.)

Cap. IV.

Volendoue combreuita darue el bisogno dele colonne tonde questa parte diuidero in doi principali in la primu diro dela colonna e sua basa e capitello in laseconda del suo stilobata o vero pilastrello o ver basamento dopo alcuni. Dico comme disopra douerse proportionare ogni membro de cadauno hedifitio a tutto dicto hedifitio comme cadaun membro de lhomo a tutto lhomo fu facto el qual la natura negliochi per exemplo ciaposto. E acio li vocabuli stranii comme denanze per Victruuio e dicto non vi generi nella mente obscurita aleuolte chiamando le Joniche aleuolte le Doriche e Corinthe. Sapiate che questi nomi li foron dati dali antichi secondo le patrie doue prima foron trouate. Jonica dali ionaci. Corinta da corinti. Dorica similmente. E aleuolte se deriua el vocabulo dal nome del primo inuentore. Or queste non ve dieno noia. Perche Victruuio apieno lo dechiara pero qui troppo non curo stenderme. Douete considerare si comme nella nostra religione christiana noi habiamo diuersi sancti e sancte: e acadauno li damo e atribuimo suoi segni e instrumenti secondo liquali loro hano militato per la fede. Commo a san Giorgio larmi lancia coraza elmo spada e cauallo con tutta armadura. El simile a san Mauritio e a sancto Eustachio e ali Machabei et cetera. E asancta Catherina li se da la rota per che conquella fo per la fede incoronata. A sancta Barbara latore doue fo incarcerata. E cosi in tutti sancti e sancte discorrendo lachiesia permette alor memoria che negliochi nostri a inflamatione dela sancta fede el simile dobiam fare non curando de tiranni cosa alcuna quoniam verbera carnificum non timerunt sancti dei. Cosi aponto secondo loro erranti riti a loro. Idoli e dii li faciuano ora a vn modo ora alaltro qualche ornamento secondo la forma del suo effecto introfei Templi e colonne chiamandole e baptizandole dalor nomi ouer patrie doue prima ebero origine. (Comme se dici nelli gesti deromani che Fabius fo detto afabi e altri dici che fabe foron dette da fabo. E cosi se leggi de apio che fosse dicto ab apiis. poi che si mangiano e altri vogliano che apie cioe dicte pome fosser dicte da apio che primo le portasse in quelle parti et cetera. E cosi acade in questi tali.) e faciuano tale opere vna piu adorna de laltra secondo la probita di quel tale o quella tale in la qual strenuamente sera operato. Comme a Hercole a Marte a Gioue et cetera. A diana a Minerua a Cerare et cetera. Comme de tutte apieno dici el nostro Vitruuio. Onde tornando alo intento nostro li antichi costumauano diuidere laltezza dela colonna tonda con tutta laltezza che intendinano fare con suo capitello in octo parti equali. E dapoi dicta medesima altezza ancora la diuidiuano in dieci parti equali. E luna de queste cauauano dela octaua che li restaua aponto el quarantesimo de tutta dicta altezza cioe dele quaranta parti luna e questa teniuano per abaco del suo capitello comme auete in la figura posta in principio de tutto questo libro notata dicta alteza dabaco ln. ouero mo. quale alcuolte fia dicto damoderni cimacio.[1]) E del altezza de tutto el decimo faciuano la campana ouer tamburo e vogliamo dir Caulicolo chel medesimo in porta fin ala gola ouer contractura dela colonna superiore. Comme lg. ouero mh. che tutto quello fia dicto capitello con lo suo abaco ala sumita de dicta campana, li se dici voluto qual responde in 4 anguli de dicto capitello comme vedete la ponta l. e la ponta m. Dalun corno ouer angulo de labaco ouer cimatio alaltro fia dicto tetrante cioe quello spatio che e fra luno angulo e laltro cioe no. che in cadauno abaco sonno 4 tetranti. Nel cui mezzo per ornamento se costuma farli vn fiorone orosa o altra foglia cioe vna per tetrante e chiamase ochio del capitello. Questi tetranti se formano in questo modo videlicet. seprende el diametro dela contractura desotto cioe de quella gola che posa in sula basa desotto equello se dopia e fasse diagonale de vn quadrato situato nel cerchio aponto. E quel tal quadrato aponto fia labaco de dicto capitello. El suo tetrante se fa cauo verso el centro de dicto quadro o ver tondo curuandolo el nono dela costa del dicto quadro. cioe curuato fin al sito de lochio suo in fronte. E questo sa adorna or piu or manco secondo chi fa e chi ordina la spesa con vno e doi abachi sopraposti comme meglio li agrada alibito seruando le debite proportioni de lor gradamenti quali sempre se prosupongano seruati in ogni dispositione degradandoli cioe a menori reducendoli e augmentandoli cioe crescendoli amagiori si comme in le dispositioni de tutti li modelli cheprima se fanno secondo li quali de necessita bisogna che larchitecto el tutto in quelli contenuto sapia ala vera fabrica aplicare et cetera. E questo basti quanto a suo capitello qual fia dela corinta.

[1]) Vgl. die betr. Zeichnung am Ende des Tractats.

(Sequita dir dela longhezza e grosseza de dicta colonna.)

Cap. V.

Fanse dicte colonne rutonde alte alibito lacui altezza se diuidi in 6 equali parti e aleuolte in 8 e 7. comme de sotto intenderete [1]) eluna fia diametro dela sua contractura inferiore cioe ef. la qual contractura inferiore deuesser tanto piu dela superiore quanto el sporto del trochilo in la superiore. Cio che la contractura de sotto senza suo trochilo deuesser quanto la disopra cum dicto trochilo acio venga aresistere al peso. Dala qual contractura fin al terzo de sua alteza seua crescendo asimilitudine del corpo humano. E per vnaltro $^1/_3$ simantene dicta grossezza. E poi per laltro terzo fin ala sumita sempre se va degradando terminandola in la contractura superiore kp. Quel grado vltimo desopra immedietate ala contractura li antichi li dicano scapo e alevolte trochilo e quel disopra fra lui el capitello sechiama toro superiore dela colonna la sua basa deuesser alta la mita del diametro del suo trochilo inferiore cioe del ef. laqual basa fia composta de piu gradi chel primo ab. si chiama dali antichi plinto e dali nostri latastro qual deuessere vna grossezza e mezza dela colonna longo con tutto el sportafore o ver proiectura e deuesser alto el sexto dela grossezza. Quello che immediate sopra li sepone cioe cd. se chiama toro inferiore dela basa o ver bastone secondo alcuni. Lalto stretto li sedici quadra. E alaltro concaue frale doi quadri li se dici. Scoticha. Dalinostri orbicoli ouero astragli e sopra la sua quadra fin el toro superiore dela basa cioe ef. in modo che dicta basa fia facta de vn plinto doi tori doi quadre e vna scothica ouero Orbicolo ouero astragli etc. E tutti dicti gradi in siemi sonnodicti basa dela colonna dela quale exceptuato el plinto el resto fia el terzo dela grossezza de dicta colonna dela quale dicto plinto ne fia el sexto comme prima dicemmo le quali parti ouer membri li potrete sempre proportionare a tutte laltre con sua symmetria comme del corpo de lhomo sopra so detto quali ve siranno tutte note per via de numeri e ancora ve siranno dele irrationali che per numeri elor parti non si possano ne dir ne dare comme quella del diametro

[1]) Vgl. die betreffende Zeichnung am Ende des Tractats.

del quadrato ala sua costa. E Vitruuio nostro a tal composto li dici spira e noi basa. Di questa basa o vero spira leuatone el plinto overo latastro tutto el superiore se diuide in 4. parti equali de luna se fa el toro superiore e le altre tre se diuidano in doi parti equali che luna fia el toro inferiore cd. laltra la scotica. f. Con le sue quadre da greci dicta trochilo. Auenga che trochilo ancora aleuolte sia chiamato quellultima dele doi contracture inferiore e superiore dela colonna cioe kp. E qui poniamo fine auostra bastanza de dicta colonna rotonda e sequendo diremo del suo pilastro ouero Stilobata comme se debia fare.

(Sequita lordine del stilobata ouer pilastro ouero basamento dela colonna comme si facia.)

Cap. VI.

Lo stilobata fia sustentamento dela colonna qual noichiamamo pilastrello ouer basamento dela colonna comme vedete in la figura cdef.[1]) quadrilatera quale ha similmente sua basa abcd. e suo capitello ouer cimasa efmn. facte e adornate de lor gradi plinto tori scotiche quadre alibito. Ma epso elimitato in larghezza precise quanto la longhezza del plinto dela basa dela colonna alui sopra posta comme vedete el plinto dela troncata hg. equale epero ala larghezza del stilobata ef. e cd. aliuello che altramente non sustirebe el peso sopra postoli stando obliquo. E uedete comme tutta la basa dela colonna hgkl. sopra epso se posa. E quanto ben responde sua vnghezza alochio. Onde lordine de dicti gradi osieno quadre ouer scotiche fia che sempre le loro proiecture ouer sportafore da luna parte e laltratanto eschino fore quanto sonno larghe ouero alte acio sempre dicte proiecture dextre e sinistre respondino quadrate si fossero bene 10.000 in sua basa e capitello. Il che ancora comme sotto intenderete se deue obseruare nelarchitraue e sua cornitione. E se nel dicto stibolato vorrete fare piu vno ornamento che laltro comme se costuma de fogliami o animali fateli dentro sua superficie in modo che non samortino le sue equidistanti cdef. e ancora ce. e df. E deue essere dicto stilobata alto doi sue

[1]) Vgl. die bezügliche Zeichnung am Ende des Tractats.

larghezze o volete dire quanto doi longhezze del plinto colunnare aponto acio debitamente sia proportionata aluno e alaltro modo cioe ala fortezza del peso e venusta de lochio conrespondente alaltre parti delo hedificio comme vedete in lo exemplo dela figura dela porta detta. Speciosa[1]) posta in principio del libro composta dela colonna stilobata epistilio e cornitione acio ve sia nota lor coniunctione. Questo pilastro conuen sia ben fermato de fondamento sotto per epso e per tutto el soprapostoli che almanco sia aponto sotto terra fondato fin aluiuo piano aliuello de bon muraro altramente le vostre opere ruinarebono contutto el difitio. Edeuese almanco fare sua larghezza quanto aponto prende la basa delo stilobata se non piu. Enotate bene che tanto vogliano sportate in fore daluno lato ede laltro le proiecture dela sua basa abcd. quanto quelle del suo capitello efmn. o vero quelle dela basa aleuolte potrete far piu longhe de quelle del suo capitello ma non mai piu corte comme vedete in la dicta figura per exemplo et cetera. El suo fondamento dali antichi fia detto steriobata e intendese quanto aponto ne ocupa la basa del stilobata ab. Si che tutto recateue amente.

Per-la qual cosa ancora arete anotare per li gradi e dela basa e del capitello de dicto stilobata quali aleuolte secondo li lochi doue sonno situati hano diuersi nomi peroche porrete vnconcio a vna porta e vnaltro simile ne porrete ala finestra e camino quali medesimamente seruano suo nome cioe stipiti cardinale fregio et cetera. Cosi qui nel stilobata in basa e capitello interuene. Impero chel supremo grado del suo capitello se chiama dali antichi acrotherio. El sequente cimatio edali nostri intaulato. El terzo fastigio el quarto Echino ed ali nostri vouolo el quinto Baltheo o vero trochilo li nostri li dicano regolo al septimo Thenia li antichi li nostri a quello che in mediate e sopra lostilobata li dicano intaulatura. E voi per vostro ingegno son certo che meglio aprehendarete che io non dico. Costumase per molti in dicto pilastro ponere lettere per diuersi ordinate che dicano e narrano loro intento belle Antiche con tutta proportione e cosi in altri frontespicii e fregi e monumenti loro epytaphii quali senza dubio molto rendano venusto

---

[1]) Vgl. die bezügliche Zeichnung am Ende des Tractats.

lo artefìcio. E pero a questo fine ho posto ancora in questo nostro volume detto dela diuina proportione el modo e forma con tutte sue proportioni vno degno alphabeto Anticho mediante el quale potrete scriuere in vostri lavori quello ve acadera e sirano senza dubio da tutti commendati. Auisandoue che per questo solo mi mossi adisponerlo in dicta forma acio li scriptori eminiatori che tanto se rendano scarsi ademostrarle li fosse chiaro che senza lor penna e pennello. Le doi linee mathematici curua e recta o volino o non aperfectione le conducano comme ancora tutte laltre cose fanno conciosia che senza epse non sia possibile alcuna cosa ben formare. Comme apien in le dispositioni de tutti li corpi regulari edependenti di sopra in questo vedete [1]) quali sonno stati facti dal degnissimo pictore prospectiuo architecto musico. E de tutte virtu doctato. Lionardo dauinci fiorentino nella cita de Milano quando ali stipendii dello Excellentissimo Duca di quello Ludouico Maria Sforza Anglo ciretrouauamo nelli anni de nostra Salute 1496. fin al 99. donde poi da siemi per diuersi sucessi in quelle parti ci partemmo e a firenze pur insiemi. Trahemmo domicilio et cetera. E cosi sonno dicti nomi ancora in la basa de dicto stilobata giontoui sima; bastone intauolato etc. Ele forme de dicti corpi materiali bellissime con tutta ligiadria quiui in Milano demie proprie mani disposi colorite e adorno e formo numero 60. fra regulari e lor dependenti. El simile altre tanti nedisposi per lo mio patrone San Galeazzo Sanseuerino in quel luogo. E poi altre tante in firenze ala exempla del nostro Signore Gonfalonieri perpetuo Petro Soderino quali al presente in suo palazo seritrouano.

(In quello sienno differenti le tre spetie de dicte colonne fra loro.)

Cap. VII.

Ancora douete notare che dicte sorti de colonne cioe Jonica Dorica e corinta. tutte quanto olor basi. e stilobata se fanno a vn medesimo modo. Ma li lor capitelli sonno diuersi. Quello dela Jonica o voi dir puluinata fia malenconico. peroche

---

[1]) Es sind die bereits erwähnten, in vorliegender Ausgabe als zum Verständniss nicht erforderlich, weggelassenen Zeichnungen.

non leua in su ardito che representa cosa malenconica e flebile vidouile. leua dicto capitello solo mezza testa. cioe mezza grossezza dela colonna senzaltro abaco e altra cimasa. Ma solo ha li voluti circuncirca reuolti in giu verso la longheza de la colonna a similitudine dele donne afflicte scapegliate. Ma la corinta ha el suo capitello eleuato e adorno de fogliami e uoluti con suo abaco e cimasa comme se dicto a similitudine dele giouine polite alegre e adorne con loro balzi. a cui instantia foron dicate. e a queste tali per piu legiadria se costumato dali antichi loro altezze diuidere in 8 parti equali e luna far grossezza. cioe dyametro de sua inferiore contractura. che vengano nel aspecto dare piu vaghezza. Ma queste tali non se vsato ponere in difficii troppo graui. Ma a luochi ligiadri. comme logge giardini baladori e altri lochi deambulatorii. Le doriche hano lor capitelli alti ala gia dicta mesura e proportione. ma non con tanto ornamento ma puro e semplici tamburo ouero timpano ala similitudine virile. comme Marte Hercule etc. aliquali per honore foron dicate. E queste sorte (benche oggi poco fasi) per esser schiete e semplici sonno piu gagliarde che le corinte a sustenere el peso. La cui altezza li antichi hano costumato diuidere in 6 equali parti. Peroche li Jonici non hauendo lor symmetria ma a caso factone nel tempio trouando la forma e traccia auer vestigio del pede humano. qual proportionando a sua statura trouaro che gliera la sexta parte daltezza del corpo humano. E atal proportione prima costumaro for laltezza e grosseza de dicte colonne rotonde. Commo dici el nostro Victruuio in lo 5. libro al primo capitulo e ancora in 7. secondo li lochi doue. lauiano a deputare. E cosi ancor le Joniche sonno aptissime al peso diuise ala similitudine dele doriche. Benche comme e dicto dele doriche per non rendere alochio venusta. pero al presente se ne vsano. lacui memoria asai vi giouera a fare le cose vtile piu che pompose. hauendo voi a libito a disponerle. Altramente obedite al pagatore e piu non sia.

Comme se sia succedendo dainde in qua diuersi ingegni e nationi se costumato far a libito dicte colonne e quelle nominare diuersamente e lor capitelli e basi e stilobate. e cosi ogni lor parte e anche in li altri hedificii. Comme dici Victruuio nel vltimo del primo capitulo del suo 4. libro. videlicet. Sunt autem quae hisdem columnis imponuntur capitulorum genera variis vocabulis nominata. Quorum nec proprietates symmetriarum nec columnarum genus aliud nominare possumus sed ipsorum vocabula traducta et commutata ex corinthiis et puluinatis et doricis videmus. Quorum symmetriae sunt in nouarum etc. in modo che ora de tutto se facto vn ciabaldone chiamendole alor modo. Ma pur li capitelli le fano diuerse per lor varieta. E a vostra consolatione e nostra confirmatione del sucinto discorso facto qui la dignissima auctorita del nostro Victruuio aponto vi pongo tracta del suo preallegato quinto libro. videlicet. Hae ciuitates cum Caras et lelegas eiecissent: eam terrae regionem a duce suo Jone appellauerunt Joniam. Ibique templa deorum immortalium constituentes ceperunt phana aedificare. et primum Apollini pandioni aedem vti viderunt in Achaia constituerunt: et eam Doricum appellauerunt. quod in doricon ciuitatibus primum factum eo genere viderint: In ea aede cum voluissent columnas collocare non habentes symmetrias earum: et querentes quibus rationibus efficere possent: vti et ad onus ferendum essent idoneae et in aspectu probatam haberent venustatem: dimensi sunt virilis pedis vestigium: et id in altitudine rettulerunt. Cum inuenissent pedem sextam partem esse altitudinis in homine: item in columnam transtulerunt: et qua crassitudine fecerunt basim scapi tantam sex cum capitulo in altitudinem extulerunt. Ita Dorica columna virilis corporis proportionem et firmitatem et venustatem in aedificiis praestare coepit. Item postea Dianae constituere aedem quaerentes: noui generis speciem iisdem vestigiis ad muliebrem transtulerunt gracilitatem et fecerunt primo columnae crassitudinem octaua parte: vt haberent speciem excelsiorem: basi spiram apposuerunt pro calceo: capitulo volutas vti capillamento concrispatos circinos praependentes dextra ac siuistra collocauerunt. et cimatiis et encarpis pro crinibis dispositis frontes ornauerunt. truncoque toto strias vti stolarum rugas matronali more demiserunt: ita duobus discriminibus columnarum inuentionem: vnam virili sine ornatu nudam speciem: alteram muliebri subtilitate et ornatu symmetriaque sunt uisitati. Posteri vero elegantia subtilitateque iudiciorum progressi gracilioribus modulis delectati septem crasisitudinis dyametros in altitudinem columnae doricae: ionicae nouem constituerunt. Id autem quod iones fecerunt primo ionicum est nominatum. Tertium vero: quod Corinthion dicitur virginalis habet gracilitatis imitationem: quod virgines propter aetatis teneritatem gracilioribus membris figuratae effectus recipiunt in ornatu venustiores. Eius autem capituli prima inuentio sic memoratur esse facta: Virgo ciuis corinthia iam matura nuptiis implicata morbo decessit: post sepulturam eius quibus ea virgo poculis delectabatur nutrix collecta et composita in Calatho pertulit ad monumentum: et in summo collocauit: et vti ea permanerent diutius sub diuo tegula texit. Is calathus fortuito supra achanti radicem fuerat collocatus: interim pondere pressa radix achanti media folia et cauliculos circa vernum tempus profudit: cuius cauliculi secundum calathi latera crescentes: et ab angulis tegulae ponderis necessitate expressi: flexuras in extremas partes volutarum facere sunt coacti. tunc Callimachus qui propter elegantium et subtilitatem artis marmoreae ab Atheniensibus cathatecnos fuerat nominatus: praeteriens hoc monumentum animaduertit eum calathum: et circa foliorum nascentem temeritatem: delectatusque genere et formae nouitate ad id exemplar columnas apud corinthios fecit: symmetriasque constituit: ex eo quod in operum perfectionibus corinthii generis distribuit rationes eius autem capituli symmetria sic est facienda: vti quanto fuerit crassitudo imae columnae etc.

(Doue ora se trouino colonne piu debitamente facte per Italia dali antichi e ancor moderni.)

Cap. VIII.

Non so pensare carissimi miei che el nostro compatriota Leonbatista deli alberti Fiorentino. con lo quale piu e piu mesi nel alma Roma altempo del pontifici Paulo Barbo da vinegia in proprio domicilio con lui a sue spesi sempre ben tractato. homo certamente de grandissima perspicacita e doctrina in humanita e rhetorica. comme apare pel suo alto dire nela sua opera de architectura. In la quale tanto amplamente parlando non habia obseruato in epsa el morale documento: qual rende licito a cadauno douere per la patria combattere. E lui non che de facti sua de qualche parolla in dicta opera commendarla. Anzi piu presto lonore che da altri li fia atribuito li la in gran parte spento in questo architectonica faculta. Peroche Victruuio in molti luochi del suo libro la magnifica si per le colonne. comme ancora de laltre parti dicendo aleuolte depse colonne ornate Toscanico more con sua maxima commendatione. e aleuolte dicendo. vt in tuscanicis apparet. le qual cose non dice senon in laude e commendatione. El nostro Leonbatista in quelli tali luoghi dici Italico more chiamandole Italiche. e per verummodo li dici Tuscane: che certo non fia senza grandissima admiratione. conciosia che sempre da quella lui e suoi semprene sono stati honorati. Pero diro con lapostolo. Laudo vos: sed in hoc non laudo etc. E pero me par conueniente qui dirue e di lei con lo nostro Victruuio e anche de laltre con verita. doue se trouino oggi in Italia colonne maxime rotonde che senon in tutto ma in gran parti seruano li antichi documenti: Maxime del nostro Victruuio. Ilche ancora costuma Victruuio. obseruare quando in Roma non trouaua quelle parti de larchitectura che tractaua apertamente diceua. Sed Romae tale genus non habetur sed Athenis vel alibi. co͞mme a lui era noto. Cosi diro a voi. In Firenze trouo dicta Architectura molto magnificata. maxime poi chel Magnifico Lorenze medici sene comenzo a delectare: qual de modelli molto in epsa era prontissimo che a me fo noto per vno che con sue mani dispose al suo grandissimo domestico Giuliano da magliano del degno palazzo detto dogliuolo ala cita de Napoli doue in quel tempo me trouauo con lo nostro Catano catani dal borgo e molti altri nostri mercadanti borghesi. In modo che chi oggi vol fabricare in Italia e fore subito recorreno a Firenze per Architecti. Si dico el vero lo effecto nol nasconde andate in firenze e per lor ville non si troua in Italia si bene con tutta diligentia hedificii formati. Doue de colonne nostre parlando trouarete in sancta croci conuento nostro al capitolode parechii dignissimamente disposte a symmetria de tutte laltre parti de dicto capitolo qual e dele degne fabriche ditalia. Ancora in sancto Spirito fabricha moderna asai aconze e ben disposte colonne e molto piu senza comparation nel degno e ornatissimo patronata dela Magnifica casa di Medici Sancta Lorenzo qual fra glialtri ali di nostri in Italia fabricati non ha pare. ceteris dico paribus. In epso sonno con tutto ordine de symmetrie e lor proportioni situate asai colonne. Ancora nel domo de Pisa: auenga che sieno de piu sorti agolupate equiui facto ne vn canneto che si comprende che de diuerse parti quiui sonno translatate. Quelle similmente secondo alcuni poste deuanze pantheon a Roma. benche sieno de grandissima mola non dimeno non hano la lor debita conuenientia daltezza alor basi e capitelli. comme si conuerebbe a iudicio de chi ben in larte sia experto. Cosi medesimamente se dici de quelle de sancto Pietro e sancto Paulo extra muros. Ma quelle che sonno nanze a laltare de sancto Pietro facte auite forono postate da Hyerusalem tracte del tempio de Salamone. delequali luna ha la immensa virtu contra li spiriti mali: comme piu volte ho veduto per lo suo sanctissimo tacto che feci el nostro saluatore Jesu Christo. De queste non si da norma se non quanto aloro altezza e basa e capitello. ma non de tal viticcio: pero che po essere piu stretto e piu largo alibito de lochio. el medesimo dico de quelle che in Vinegia sonno in su la piaza de san Marco. Quali benche sien grande e grosse non obseruano la debita symmetria. pero che se ben si guarda tendano fortemente in acuzzo e pontito. Ma ben apertamente ve dico che in niuna parte de Italia mai ho veduto. ne credo ogi sia la piu proportionata colonna rotonda con suo capitello e altezza e grossezza. Saluo che la non e situata in su la sua propria basa. ma in su vno capitello rouerso e alochio responde con tutta venusta. quale ancora non fo facta comme credo per stare in quel luogo. Questa carissimi miei e qui nela cita de Viregia nel capitolo deli fratri menori conuento nostro detta la Ca grande doue se costuma legere dali sacri doctori nel secondo chiostro. Si che quando qui capitaste so non ve sira tedio landare a vederla e con vostro filo e instrumento comme a questi di con alcuni miei discipuli el simile ho facto etc.

(Dele colonne laterate.)

Cap. IX.

Con succinto discorso a vostra bastanza hauendo dicto dele colonne rotonde me parso condecente ancora dele laterate alcuna cosa dire acio paia la loro fabrica fra laltre non essere inutile. conciosia che grandissima venusta oltra el sustegno del peso neli hedificii rendino nellaspecto. Dele quali in vero non diro altro senon quello che dele tonde finora habiam detto confidandome nelli vostri peregrini ingegni. e con quella parte. maxime a ogni operante necessaria qual da me hauete con diligentia intesa. cioe de numeri e misure con la pratica de loro proportioni: con lequali mi rendo certissimo che sempre le saperete proportionare con li vostri acomodati strumenti circino e libella cioe mediante la linea recta e curua. con le quali comme sopra fo detto ogni operatione a degno fine se conduce. Comme in le letere antiche in questo nostro volume preposte aperto se vede; qual sempre con tondi e quadri sonno facte quando mai non fosse penna ne penello. E benche se dica esser difficile el tondo al quadro proportionare: con scientia de quadratura circuli secondo tutti li philosophi sit scibilis et dabilis. quamuis nonduum sit scita neque data. Forse in questo di e nato chi la dara. comme a me a ogni vno che la negasse me offero palpabiliter mostrarla. Adonca altro non pico se non quello che circa loro denanze in questo fra li corpi regulari e dependenti ho detto. Pero a quel luogo ve remeto e aperto trouarete.

(Dele pyramidi tonde e laterate.)

Cap. X.

Le pyramidi ancora per le lor colonne si tonde commo laterate ve siranno facile a imprendere. conciosia che cadauna sempre aponto sia el terzo dela sua colonna: comme proua el nostro Euclide. e pero di loro similmente lascero loro dispositione quali non e possibile a preterirle siando loro comme e dicto e al peso e ala mesura in tutti li modi sempre el terzo del suo chelindro e loro ordine e figura harete sopra in questo insiemi con tutti li altri corpi pur per mano del prelibato nostro compatriota Leonardo da vinci Fiorentino. Ali cui disegni e figure mai con verita fo homo li potesse oponere ideo etc.

(De lorigine dele letere de ogni natione.)

Cap. XI.

Comme desopra me ricordo hauerue dicto. In questo asuo principio me parso ponere lalphabeto antico. Solo per demostrare a cadauno che senza altri instrumenti con la linea recta e curua[1]) non che quello ma tutto apresso cadauna natione: o sia ebrea greca caldea o latina comme piu volte me fo retrouato a dire e con effecto a prouarne benche a me loro Idiomi non sieno noti. Peroche in ognuno potria esser venduto e datomi a bere del mercato che nol sapria comme qui in Vinegia acerto barbaresco vn di in su la piaza de San marco presenti forsi 50 degni gentilomini. Ma non mutando el greco le figure geometriche. cioe che non facesse el quadro con 5 cantoni me oseriei in tutto e per tutto li lor passi in Euclide nostro chiaritome da loro. quid nominis et quid rei promisi darlile Jo. e piu non so. e romase el frate comme sempre in questa inclita cita cadauno mi chiama e atesia stampar miei libri al cui fine qui capitai con licentia e apogie del mio Reverendissimo Cardinale San Piero in vincula vice canceliero de Sancta madre chiesa e nepote dela Sanctita de nostro signore Papa Julio II. qual me manco troppo presto. e men dico de quello che mera chiesto e de tutto Idio laudato etc. Dico a voi dicto alphabeto molto douer esser proficuo per lopere in scultura nele quali molto se costuma porne. O per epitaphy o altri dicti secondo che vi fosse ordinato. E certamente rendano grandissima venusta in ogni opera come neli archi triumphali e altri excelsi hedificii in Roma e altronde apare. delequali lettere e cosi de cadaunaltra dico loro inuentione esser stata alibito comme nelli obilischi in Roma e altre machine apare a San marco e in la sepultura porfiria nanze ala rotonda guardata dali doi Lioni. Doue penne coltelli animali sola de scarpe vcelli boccali per lor letere a quel tempo e cifre se vsauano. Onde poi piu oltra speculando li homini se sonno fermati in queste che al presente vsiamo. Peroche li hano trouato el debito modo con lo circino in curua e libella recta debitamente saperle fare. E se forse qualcuna con la mano non responda debitamente alo scripto e regola de lor forma-

[1]) Zu ergänzen sia composto.

tione non dimeno voi sequendo dicti canoni sempre le farete con gratia summa e piaceri deli meniatori e altri scriptori sequendo la regola de lor dati a vna per vna etc.

(De lordini dele colonne rotonde comme se debino nelli hedifitii fermare con lor basi.)

Cap. XII.

Veduto ediscorso asufficienza vostra comme se habino per scultura disponere le colonne tonde ale vostre mani conuostri instrumenti. Ora per quelli che le haranno amettere in opera qui sequente diremo lantico e moderno modo vsitato. hano li antichi costumato derizarle aliuello distanti vna da laltra per vna sola sua grossezza ede queste in athene e alexandria de egipto per quelli che visonno stati se sonno trouate. Ancora vsitauano ponerle equidistanti per vna loro grossezza emeza che asai sene troua in roma. Altre sonno state leuate per doi sue grossezze. Altre per doi e mezza. Or tutte queste dal nostro Victruuio sonno state alor forteza commendate. E auaghezza piu commenda de doi grossezze e molto piu le doi e mezza auenga che la ragione ditta quanto piu fia lor distantia piu sieno debili. Ma el degno Architecto deue prima nanze che le derizzi sempre considerare. El peso che hano atenere con lo loro epistilio e corona. Ethigrafi electo. Onde non siando el peso in normi asai commenda quelle ilcui tetrante sia doi grossezze e mezza a venusta. El peroche notate ala intelligentia de questo volabulo thetrante che per lui sempre se intende ogni spatio che tenda aquadrato pur che sia facto dale linee equidistanti. Questo dico peroche disopra chiamamo thetrante quello spatio o vero interuallo che e fra vno angulo elaltro del capitello. E ancore thetranti sono dicti li spatii o vero interualli che sonno fra le colonne dritte quale Victruuio costuma dirli intercolumnium etc. E medesimamente questo se intende deli spatii e interualli fra luno tigrafo elaltro quali comme in mediate de sotto dicendo delo epistilio intenderete. Ora al proposito nostro dico Victruuio tali interuali. commendare quando comme e dicto dali Architecti ben sia el peso considerato del qual non si po apieno con penna darne notitia se non chi in sul facto se troua conuiene che labia per sua industria a proportionare che tutto el rende aperto Victruuio in la sequente auctorita. Peroche comme dici Victruuio bisogna molto alarchitecto esser sueghiato in sul facto in considerare luoghi distantie epesi deli edefitii conciosia che non in ognuno luogo sempre se po seruare le symmetrie e proportioni per langustia deli luoghi e altri impedimenti. Onde molti sonno constrecti formarli altramente che suo volere. E per questo fia misteri quanto piu si po tenerse al quadro o ver tondo e lor parti qualche modo note se possibil fia per numero al manco per linea non manchi. Ilche tutto lui el conchiude in questa aurea auctorita nel quinto libro posta formaliter videlicet: Nec tamen in omnibus theatris symmetrie ad omnes rationes et effectus possunt: sed oportet architectum animaduertere quibus rationibus necesse sit sequi symmetriam: et quibus proportionibus ad loci naturam aut magnitudinem operis temperari. sunt enim res quas et in pusillo et in magno theatro necesse est eadem magnitudine fieri propter vsum vti gradus ediazeumata: pluteos: itinera: ascensus: pulpita: tribunalia: et si qua alia intercurunt: ex quibus necessitas cogit discedere a symmetria ne impediatur vsus. Non minus si qua exiguitas copiarum Idest marmoris materie reliquarumque rerum que parantur in opere defuerint Paulum demere: aut adicere dum id ne nimium improbe fiat. Sed consensu non erit alienum. Hoc autem erit si architectus erit vsu peritus preterea ingenio nobili solertiaque non fuerit viduatus etc. Conchiude breuiter che oltra larte el buono architecto bisogna habia ingegno asuplire el dimenuto e smenuire el superfluo secondo la oportunita e dispositione deli luochi acio non parino loro edifitii monstruosi. E a questo effecto avoi a qualunchaltro mi son messo atrouare con grandissimi afanni e longhe vigilie le forme de tutti li 5 corpi regulari. con altri loro dependenti e quelli posti in questa nostra opera con suoi canoni afarne piu con debita lor proportione acio in epso spechiandoue mirendo certo che voi ali vostri propositi li saprete acomodare. E li altri mecanici esientificine consequirano vtilita non poca e sieno dati ache arte misteri e sientie si vogliano comme nel suo Thymeo el diuin philosopho Platone el rende manifesto.

(De linterualli fra lun tigrafo e laltro.)

Cap. XIII.

Quello che del sito dele colonne habiamo dicto el medesimo dico deli tigraphi se debia obseruare. Auenga che loro habino a essere situati in la sumita deli hedifitii sopra le corone ouer cornitioni non dimeno vaghezza in tal modo hanno arendere. Peroche sempre deuano conrespondere a lor colonne sopra le quali sonno posti. Cioe sel thetrante dele colonne fia 2 ouero doi grosezze emezza o vna cosi ancora se debia farne quelli deli tigrafi 2. e $2^1/_2$ etc. E per niun modo commenda lo spacio de 3 grossezze comme de sotto delo epistilio intendarete etc.

(Delo epistilio ouero architraue secondo li moderni e suo zophoro. E corona ouero cornicione per li moderni.)

Cap. XIV.

Leuate che siranno le colonne aliuello in su li loro stilobati o vero pilastri dopo li nostri con loro basi e capitelli ben piombati comme se rechiede con loro ferri ben saldi. Sopra li lor capitelli se pone lo epistilio dopo el nostro Victruuio e dali moderni detto Architraue per fermeza e incathenatura de tutte le colonne. E questo epistilio deuesser disposto in questo modo cioe: Prima se fa longo quanto thenga lafila dele colonne situate a vn ponto in recta linea in suli suoi pilastri. E steriobati che per niente non eschino de linea recta. Eprima li se pone vn fastigio o vero fascia dela quale sua larghezza sitroua in questo modo fermarete laltezza de tutto el vostro Epistilio comme a voi parera al peso bastante proportionandolo alor colonne dopo li lochi che larete aponere atempli o altri hedifitii comme qui ah.[1]) E questa larghezza o ver altezza diuidarete in 7. parti equali de luna si fa latenia o vogliamo dire cimatio delo epistilio h. sopra la quale se ferma el zophoro o ver fregio. V. dopo li nostri. Poi li altri $^6/_7$ se diuidano in 12 parti equali che cadauno sira el quartodecimo de dicti $^6/_7$ e la fascia soprana neuolesser 5. cioe $^5/_{12}$ de dicti $^6/_7$ cioe el spacio e la-

[1]) Vgl. die bezügliche Figur am Ende des Tractats.

media c. neuolesser 4. ela infima a. 3. E queste tali fasce ancora se costuma a chiamar le fastigii deli quali al piu deleuolte acadauno epistilio se vsa darline 3. cioe infima media e soprana. E sopra dicte fasce se vsa ponere diuersi ornamenti alibito cioe in lo spatio b. comme timpani fusaroli pater nostri fogliami etc. Cioe che fra vna fascia elaltra si fanno dicti ornamenti e questo fia el primo fra lun fastigio elaltro. El secondo fra lo terzo fastigio elo medio cioe d. li se dici in taulato. E quello che fia sopra lultima fascia sedici dali antichi Echino e dali nostri huouolo cioe lo spacio f. E aquello che e fra latenia h. elo echino f. cioe g. li antichi li dicano Scotica eli nostri Gola delo epistilio o vero Architraue. Onde el b. volesser largo el $^1/_3$ del a. elo f. aponto quanto a. elo g. quanto lo d. E cadauno deuessere la $^1/_2$ delo e. acio nellaspecto responda venusto. E tutto questo composto defastigii fusaroli. In taulato Echino Scothica e Tinia li antichi chiamano Epistilio e li nostri li dicano Architraue qual comme e dicto va dalun capo alaltro incatenando le colonne equesta dispositione comme nel 3. libro Victruuio parlando delo interuallo o ver thetrante del tempio de Apollo e de quello de diana dici che per troppo interuallo lo epistilio se rompea le cui parolle formali sonno queste videlicet. Cum trium columnarum crassitudinem intercolumnio interponere possumus tanquam est Apollinis et Diane edes. Hec dispositio hanc habet difficultatem quod epistylia propter Interuallorum magnitudinem franguntur etc. E al quanto piu de sotto in dicto capitolo. Nam que facienda sunt interuallis spatia duarum columnarum: et quarte partis columne crassitudinis medium quoque intercolumnium: vnum quod erit in fronte. Alterum quod in postico trium columnarum crassitudine. sic enim habebit: et figurationis aspectum venustum et aditus vsum sine impeditionibus etc. Siche vole che dicti interualli non sianno troppo enormi. E pero atali lui dici che si debia fare li lor fastigii Tuscanico more doue aquel tempo vsauano farli da remo[1]) inuolupato torno a vna forte traue de legno e quello indorauano e trouaualo piu fermo estabile al peso e non cosi frangibile per lo grande interuallo comme le preti o altri marmi etc.

[1]) Wohl rame.

— —

(Del zophoro nel epistilio.)

Cap. XV.

Il suo zophoro V. quale dali nostri fia dicto fregio deuesser largo el quarto del suo epistilio facendosi schietto senza ornamenti. E facendosi con adornamenti se fa el 1/4 piu largo del suo epistilio acio ben responda sua venusta e che li dicti ornamenti se possino vedere comodamente dalontano e dapresso. cioe se dicto epistilio sia alto o ver largo 4. el zophoro volesser-largo 5. conli ornamenti o sieno fogliami viticci o altri animali. comme fusari.

(Dela compositione del cornicione.)

Cap. XVI.

Sopra dicto zophoro se compone vnaltro concio dali antichi dicto Cornice eda moderni Cornitione e aleuolte li antichi chiamauano tutto dicto composto dal zophoro fin a lultimo dicto cimatio dela cornice edali antichi Acrotherio eda nostri regolo soprano al zophoro. E la dispositione di questo composto deuesser in questo modo cioe prima imediate sopra dicto zophoro si pone vn regolo o ver grado altramente dicto gradetto per la sua paruita. e fia quadra oblongo asquadro con piethra in fore da ogni parte dopo sua larghezza cioe che esca fore del zophoro aponto quanto fia largo e chiamanse ancora Tenie per li antichi Deli quali comunamente li sene pone 5. de medesima larghezza comme per diuisioni asimilitudine dele fasce in lo epistilio a suo ornamento piu presto che afortezza comme in quello posto in principio del libro [1]) vedi vacanti senza alcun segno comme el cimatio h. delo epistilio aponto sopra de questo si pone vna quadra comme fascia delo epistilio da Victruuio Denticoli dali moderni Denticelli aleuolte Rastro per similitudine del rastrello facto adenti comme vedete in quella segnato. l. e fra lui el cimatico del fragio detto k. si pone vnatenia. Sopra di questo si pone vnaltro comme bastone detto paternostri o vero fusaroli e sopra questo laltra quadra o ver tenia. Poi immediate li

[1]) Am Ende des Tractats.

se mette la corona m. dali antichi cosi dicta e dali moderni Gociolatoio. Poi laltra tenia. Poi laltro grado de pater nostri efusaroli. Oltra questo laltra quadretta epenultimo la sua Sima laquale li moderni la chiamo Gola dela cornice comme vedete el grado o. in lultimo comme fo dicto se pone el suo acrotherio cioe vnaltra quadretta o ver Tenia e cosi fia finito tutto dicto Cornicione inteso comme altreuolte se detto in lo stilobata e Architraue per tutti dicti gradi cadauno sporti in fore daluna elàltra parte dextra e sinistra quanto fia la loro larghezza acio nellaspecto tutto lo hedifitio responda venusto. E demano in mano ben incatenato facendo mistiero con ferri. e piombi etc.

(Del sito deli tigraphi.)

Cap. XVII.

Poi sopra tutta questa compositione depistilio ecornice in lultimo apresso el tutto se pongano li tigraphi cioe certi pilastrelli con tre coste facti e doi canellati comme certe colonnette quadre distanti vno dalaltro doi loro larghezze aleuolte 3 etc. Aponto comme le colonne sopra le quali siranno situati aponto ma senza interuallo vacuo ma masiccio comme parapetti facti de boni lastroni e in quelli se costuma far ornamenti comme teste de capi de buoi de caualli grilande bacili rosoni derelieuo etc. Seria asai da dire circa questo ma el tempo non me per ora concesso. Peroche de continuo di e nocte me conuiene in suli torcoli elor calcographi agouernar lopere nostre contutta diligentia comme se rechiede. Ma questo poco a vostra compiacenza ho voluto ponere qui comme per cenno a quello che speramo con piu dilatatione de dicta architectura tractare. Ehauendoui posto la colonna elo epistilio con la sua corona e zophoro me parso congiognere tutto insiemi e farli mostrare suoi effecti e pero li ho acomodati qui in quella porta comme vedete dicta Speciosa[1]) doue tutte lor parti descorse oculata fide potete vedere. Giontoui sopra el frontespicio triangolare qual in simili compositioni de maiesta se costuma per tutti antichi e moderni.

---

[1]) Siehe Zeichnung am Ende des Tractats.

(Comme lapicidi e altri scultori in dicti corpi sieno commendati.)

Cap. XVIII.

Hauendo discorso abastanza el bisogno vostro oltra quello che in tutto dicto habiamo vericordo che non siranno da biasimare le vostre opere se aleuolte comme meglio vi paresse vi poneste o per basa o capitelli qualcuno de quelli nostri corpi mathematici quali piu volte materiali in propria forma ve ho mostrati auenga che di loro particularmente non ne facia mentione alcuna el nostro Victruuio. Anze siranno de dignissima commendatione del vostro opifitio perche non solo lo rendaranno adorno ma ancora ali docti e sapienti daranno da speculare conciosia che sempre sieno fabricati con quella scientia e diuina proportione hauente medium duoque extrema etc. Onde mericordo aroma in casa del mio miser Mario melini baron romano. Hauer lecto in certi annali romani comme Fidias scultore supremo feci in cercio contrado de roma nel tempio de cerere vn certo lauoro nel quale vi pose el corpo dicto Icosaedro figura delacqua il che molti phylosophi sumamente commendauano e in quello piu se fermauano acontemplare che anullaltra parte delopera qual medesimamente era tutta excellentissima le cui forme de mia propria mano nauete in cancelaria aroma e infirenze e Vinegia asai. Cosi de noi in commendatione sira sempre dicto se qualche vno veneporrete facendoli al modo che Jo vi mostrai e ancora sequendo quel che disopra in questo de loro fia dicto.

(Comme nelli luoghi angusti lo architetto se habia aregere in sua dispositione.)

Cap. XIX.

Bisogna multo alarchitecto essere a corto in consegliare altri in hedifitii e in la puntatione de lor modelli acio non in dachino adispendio invtile el patrone. Peroche el nostro Victruuio quando ben ha insegnato li debiti modi deli hedifitii con loro symmetrie de loro proportioni dice. Interuira aleuolte langustie stretezza del luogo non permettara fabricare con tutte quelle solennita che alauera. Architectura se aspectano per lo impedimento del luogo che non lo permettara. E per queste vesida tal recordo che non possendo exequere lopere vostre totaliter comme se douerebbe. dobiare sempre tenerue al quadro e al tondo comme ale doi principali forme deli doi linee recta e curua. E se non potrete in tutto farle a tutto quadrato ouer circolo prendarete di loro sempre qualche parte ouer parti nota o ver note comme adire la $^1/_2$ el $^1/_3$ li $^3/_4$ li $^2/_3$ et cetera o aloro circuito ouero diametri e quelli proportionando sempre quanto piu potrete in parti note che per numero se possano mostrare. Se non constretti dala irrationalita comme fra el diametro del quadro e sua costa. Aloro segnarete con vostra squadra e sexto lor termini in linee con vostro desegno. Peroche auenga che non sempre per numero se possino nominare ma mai fia impedito che per linea superficie non se possino asegnare. Conciosia che la proportione sia molto piu ampla in la quantita continua che in la discreta. Peroche larithmetico non considera se non della rationalita el Geometra della rationalita e irrationalita comme apieno ne dixe el nostro Euclide nel suo quinto libro deli elementi e noi secondo lui in Theorica e pratica anostro amaestramento in lopera nostra grande dicta summa de Arithmetica. Geometria. proportioni e proportionalita in la 6. distinctione al primo tractato e primo articulo. Impressa in Venetia nel 1494. e al Magnanimo Duca de vrbino dicata doue al tutto per vostre occurenze verimetto.

Auete ancora in questo comme vedici Lalphabeto dignissimo Antico secondo el quale potrete le vostre opere adornare e scriuere le volunta deli patroni o sieno sepolchri o altri lauori. Quali certamente oltra el bisogno rendano venustissima lopera comme in molti luoghi per roma apare quelli gia soliuano farle de metalli diuersi e quelle fermare in lor ponti che in capitolio e al palazo de nerone leuestigie el manifestano. E non si lagnino li scriptori e li miniatori se tal necessita habia messa in publico lo facto solo per mostrare che ledoi linee essentiali recta ecurua sempre sano[1] tucte cose che in ogibilibus[2] se possano machinare e per questo negliochi loro senza lor

[1]) Wohl fanno.

[2]) Wahrscheinlich: „agibilibus" zu lesen.

penna epennello li ho posto el quadro etondo acio vechino molto bene che dale discipline mathematici tutto procede. Auenga che lor forme sieno aplaco e qui al nostro dire porremo fine pregandoue instantemente che fra voi luno con laltro auso debon fratelli voliate conferirue apiu dilucidatione de tutto peroche facile fia lo arogere ale cose trouate comme son certo li vostri peregrini ingegni faranno si per loro honore comme de laterra nostra dela quale sempre in ogni faculta comme dali vostri antenati potete hauere inteso sonno vsciti degni homini benche il luogo sia angusto pur e populoso. E buoni ingeni. Si in militaribus comme disopra sucinte scorremo comme in altre discipline e scientie. Che dele mathematici lorende chiaro el monarcha ali di nostri della pictura e architectura. Maestro Pietro deli franceschi con suo penello mentre pote comme apare in vrbino bologna ferrara a rimino ancona e in laterra nostra in muro etaula aoglio e quazzo maxime in la cita darezzo la magna capella dela tribuna delaltar grande vna dele dignissime opere de italia e da tutti commendata. E poi lo libro deprospectiua compose qual si troua in la dignissima bibliotheca delo Illustrissimo Duca de vrbino nostro. Si che ancora voi ingegniatiue el simile fare.

(Dele colonne situate sopra altre colone nelli hedifitii.)

Cap. XX.

Perche finqua non fo dicto dele colonne rotonde che aleuolte se costumano ponere sopra laltre nelli hedificii comme in lo nostro conuento de sacra croci in firenze nel suo degno chiostro e altri luochi per italia comme debano esser disposte acio e alpeso e alauenusta debitamente sieno situate. El che el nostro Victruuio cirende chiaro per la sequente auctorita nel suo 5. libro doue dici in questa forma videlicet. Columne superiora quarta parte minores quam inferiores sunt constituende. propterea quod oneri ferendo quae sunt inferiora firmiora debent esse quam superiora: non minus quam et nascentium oportet imitari naturam: vt in arboribus teretibus. abiecte: cupresso: pinu: e quibus nulla enim crassior est ab radicibus. Deinde crescendo progreditur in altitudinem naturali contractura per equata nascens ad cacumen. Ergo si natura nascentium ita postulat recte est constitutum et altitudinibus et crassitudinibus superiora inferiorum fieri contractiora. Basilicarum loca adiuncta. foris quam calidissimis partibus oportet constitui vt pro hyeme sine molestia tempestatum se conferre in eas negociatores possint. Earumque latitudines ne minus quam ex tertia parte ne plus ex dimidia longitudinis constituantur: nisi loci natura impedierit: et aliter coegerit symmetriam commutari. Sin autem locus erit amplior in longitudine etc. E vnpoco sotto replica cosi. Columne superiores minores quam inferiores vti supra scriptum est minores constituantur Pluteum quod inter superiores et inferiores columnas item quarta parte minus quam superiores columne fuerunt oportere fieri videtur: vti supra basilice conglutinationem ambulantes abnegociatoribus ne conspiciantur. Epistilia zophora Corone: ex symmetriis columnarum vti in tertio libro scripsimus explicentur: non minus summam dignitatem et venustatem possunt habere compactiones basilicarum quo genere columne iulie fenestris collocaui curauique faciendas cuius proportiones ex symmetria sic sunt constitute. Mediana testudo etc.

Questa dignissima auctorita dilectissimi miei acerti propositi nel domo de Milano nel 1498. siando nella sua inexpugnabile arce nella camera detta demoroni ala presentia delo excellentissimo Duca de quello Lodouico Maria Sforza con lo Reuerendissimo Cardinale Hipolyto da este suo cognato Illustre Signore Galeazzo San. Seuerino mio peculiar patrone e molti altri famosissimi comme acade in conspecto de simili. Fragli altri lo eximio V. J.[1]) doctore e conte ecaualiere Meser Onofrio de Paganini da Brescia detto de Ceueli. Il qualiui coram egregiamente exponendola tutti li ostanti a grandissima affectione del nostro Victruuio in dusse nelle cui opere parla che acunabulis fosse instructo.

Vole breuiter epso phylosopho senza troppo medistenda oltra quello che dele colonne apian sito eleuate sopra le qual comme e dicto seferma lo epistilio con tutte sue partide zophoro corona e cornicione etc. Che facendose ne altre sopra quelle comme se costuma fare apalchi e logge quali medesimamente

[1]) Vtriusque Juris.

hano a reger peso ma non tanto quanto le de sotto. E in pero lui dicendo el vero aduci la debita ecerta proportione che quelle di sopra debano esser per la quarta parte menori che le inferiori conciosia che quelle inferiori debino sempre esser piu ferme per la dicta cagione e a sua corroboratione in duce lo exemplo dela maestra de tutte le cose cioe la natura la quale commo se vede negli albori e altre piante abeti cipressi pini etc. Nelle quali apare sempre le cime o ver vette esser asai piu debeli che le lor radici e fondamento adonca comme lui decise la natura cimostra questo noi non potemo errare in cio imitarla. Pigliando lui per questo exemplo le colonne de sotto essere nelli hedifitii pedale radice e fondamento atutto alor sopra posto cioche se sia comme el pedale de lalboro sustentamento a tutti li altri rami che di sopra li stanuo quali sempre sonno piu debili de pedale. Ma el quanto aponto a noi per certa proportione fia incognito. Ma per che ars imitandi naturam in quantum potest lui non prese aponto la debita proportione e habitudine deli rami e cime in quelli ali suoi tronchi over stipiti e gambi peroche quella a noi mai po esser nota se non quanto dalaltissimo cifosse concesso comme nel suo Timeo dici Platone acerto secreto proposito videlicet. Hec enim soli deo nota sunt atque ei qui dei sit amicus etc. E pero acio lartifitio non vada atastoni ma sempre con quanta certezza piu se possa lui li da proportione a noi nota e certa qual fia rationale e sempre per numero se po explicare dicendo quelle disopra douerse fare per la quarta parte menori dele inferiori per non esser deputato a tanto peso comme aperto si comprende comme in quel luogo epso medisimo dici a certe fenestre hauer collocate e cosi ordino che si douesse fare con quelle symmetrie e proportioni. Saluo che in questo eanche in altre parti delopere la natura del luogo non impedisse cio poterse obseruare e che altramente non ci Sforzasse dicta symmetria elor proportioni commutare etc. Peroche commo vedemo oggi di douerse fabricare dopo la forma del sito fondamentale e non bisogua alora far ragione de exequere in tutti modi le debite symmetrie dele proportioni ma a forza siamo constretti de fabricare quanto el sito ci permette. E per questo non e maraueglia se ali tempi nostri se vedano molte fabriche qual paiano monstruose in anguli e facce perche non hano potuto seruare a pieno el bisogno e pero el documento sopra datoue in vostre dispositioni e si de fabriche commo de scultura sforzatiue sempre de piu acostarue al quadro e al tondo. E a lor parti quanto sia possibile che impediti da langustia deli lochi sempre nescireti[1]) commendati e per verun modo le vostre opere biasimate. E questo vesia per salutifero documento etc.

Ele dicte colonne superiori se debano situare aponto sopra aliuello dele inferiori correspondenti lor basette ali capitelli basi estirobatti dele inferiori peroche altramente diuiando dal suo steriobata cioe fondamento subteraneo dela colonna inferiore lo hedifitio verebe aruinare per essere le superiori fora dela perpendiculare dele inferiori. E questo voglio al presente ve sia bastante fin alaltro con laiuto de dio premessoui. Bene valete e pregate. Idio per me.

FINIS.

Venetiis impressum per probum virum Paganinum de paganinis de Briscia. Decreto tamen publico vt nullus ibidem totique dominio annorum XV. curriculo Imprimat aut imprimere faciat et alibi impressum sub quouis colore in publicum ducat sub penis in dicto privilegio contentis. Anno Redemptionis nostre M. DIX. kalendis Junii Leonardo Lauretano. Venetianam Rem Publicam Guvernante Pontificatus Julii II. Anno VI.

---

[1]) ne serete.

Divina Proportio

ein für alle klaren und wissbegierigen Geister nothwendiges Werk; wo jeder Studirende der Philosophie, Perspective, Malerei, Sculptur, Architektur, Musik und anderer mathematischer Fächer eine angenehme subtile und bewundernswerthe Gelehrsamkeit antreffen und sich mit verschiedenen Fragen der heiligsten Wissenschaft erfreuen wird.

Unter des gelehrten M. Ant. Capella, Recension
zu Venedig, gedruckt durch den rechtschaffenen Mann
Paganinum de Paganinis aus Brescia 1509.

Sonett des Autors.

Fünf Körper hat die mächtige Natur erzeugt.
Die treffend man als einfache bezeichnet
Denn in jedweder Mischung finden sie vereint sich
Und fügen ordnungsmässig sich zusammen.
Rein, unvermischt und makellos erschaffen
Als Feuer, Wasser, Himmel, Luft und Erde
Zahllosen Keimen gaben sie den Ursprung
Nach Plato's Meinung, und die erste Form.
Doch weil vom Leeren die Natur erschreckt
Nach Aristoteles in Erd' und Himmel
Nicht können sie für sich allein besteh'n.
Und keiner Art begegnet unser Auge
Doch Plato's Geist und dem Euklid's gelang es
Fünf kugelart'ge Körper zu entdecken
Von regelrechter Form und schönem Anblick
Von gleichen Flächen und von gleichen Kanten.
Und noch ein sechster kann niemals erstehen.

FINIS.

Die Körper an den Leser.

Die süsse, herrliche und so geliebte Frucht
Zwang einst die Philosophen nachzuforschen
Nach unserm Ursprung, der die Einsicht nährt.

Distichon an denselben.

Nach uns zu suchen trieb die Philosophen
Süsser Gewinn, woran der Geist sich freut.

Die Körper sprechen.

Ihr, die die mancherlei Gründe der Dinge strebt zu erforschen,
Lernt, studiret von uns. Allen steht frei dieser Weg.

FINIS.

Benennungen und Anzahl der Körper.

Tetraeder = reguläre dreiseitige Pyramide.

1. Ebene volle
2. „ hohle
3. Abgeschnittene volle
4. „ hohle
5. Erhöhte volle
6. „ hohle

Haxaeder oder Kubus = Würfel.

7. Ebener fester
8. „ hohler
9. Abgeschnittener voller
10. „ hohler
11. Erhöhter voller
12. Erhöhter hohler
13. Abgeschn. erhöhter voller
14. „ „ hohler

Octaeder = Achtflächner.

15. Ebener voller
16. „ hohler
17. Abgeschnittener voller
18. „ hohler
19. Erhöhter voller
20. „ hohler

Ikosaeder = regulärer 20-Flächner.

21. Ebener voller
22. „ hohler

23. Abgeschnittener voller
24. „ hohler
25. Erhöhter voller
26. „ hohler

Dodekaeder = regulärer 12-Flächner.

27. Ebener voller
28. „ hohler
29. Abgeschnittener voller
30. „ hohler
31. Erhöhter voller
32. „ hohler
33. Abgeschn. erhöhter voller
34. „ hohler

26-Flächner (gleichkantiger).

35. Ebener voller
36. „ hohler
37. Abgeschn. erhöhter voller
38. „ „ hohler
39. 72-Flächner voller
40. 72- „ hohler
41. Dreieckige volle Säule oder Körper
42. „ hohle Säule (Prisma)
43. „ volle Pyramide
44. „ hohle „
45. Vierseitige volle Säule
46. „ hohle „
47. „ volle Pyramide
48. „ hohle „
49. Fünfseitige volle Säule
50. „ hohle „
51. „ volle Pyramide
52. „ hohle „
53. Sechsseitige volle Säule
54. „ hohle „
55. Ungleichseitige dreiseitige volle Pyramide
56. Ungleichseitige dreiseitige hohle Pyramide
57. Runde volle Säule (Cylinder)
58. „ „ Pyramide (Kegel)
59. Volle Kugel
60. Sechsseitige volle Pyramide
61. „ hohle „

„Leser, die folgenden Worte setze im Capitel L am Ende der Columne hinzu, wo ich sagte „abgeschnitten" wurde nicht gesagt und folgen diese: „Möglich, dass sie einen körperlichen Winkel erzeugen und er bildet sich aus dem im dritten Theile Vorhergegangenen aus jeder seiner gleichförmig abgeschnittenen Seiten" u. s. w. XIX, XX. Ferner:

„Das erhabene volle Octaeder" etc. Dann folgt der Anfang der folgenden Columne, wobei: „voll oder leer" irrthümlicherweise fortgelassen. Ferner die folgenden:

Nämlich: Oberfläche ist $24 + \sqrt{6912}$, und der Inhalt ist $\sqrt{8192}$". Setze am Ende vom vierten Fall des dritten Tractats auf Blatt 22, wo ich sagte: „Und dieser ganze Körper ist $\frac{1}{40}$, und die" etc., hinzu: „Die Oberfläche ist 24" u. s. w. und am Ende des Falles 4 folgt der Anfang der folgenden Columne: „Leser" u. s. w.

Inhalt

des vorliegenden Werkes und sehr nützlichen Compendiums betititelt, „Von der divina proportione auserwählt aus den mathematischen Disciplinen. Verfasst vom Ehrwürdigen Pater Professor der heiligen Theologie M. Luca paciolo aus der Stadt San Sepolchro, vom Orden der Minoriten und dem vorzüglichsten und mächtigsten Fürsten Ludwig Ma. Sfor. Anglo, Herzog von Mailand, des göttlichen Himmels Schmuck, und grössten Gönners aller gelehrten und tugendhaften Männer gewidmet.

Um leichter dasjenige zu finden, was in diesem Buche enthalten, wird der Leser das nachstehende Verzeichniss beachten, worin zuerst der gewünschte Gegenstand und nachher die Capitelzahl steht, wozu er gehört.

Anregung und Ursache, die ihn zu dieser Arbeit veranlasst, und warum.

Empfehlung und Eintheilung des vorliegenden Compendiums und sein Inhalt.

Wie ohne die Kenntniss der mathematischen Disciplinen keine gute Operation möglich. Ermahnung Sr. Hoheit und seiner theuren Vertrauten und verehrenden Untergebenen zur Aneignung dieses. Wie die falschen Dinge manchmal nützlich sind.

Cap. II. Vorwort zum vorliegenden Tractat oder Compendium, benannt „von der göttlichen Proportion".

Wie vom Sehen das Wissen begann. Erwähnung der mathematischen Körper, und warum der Autor sie eigenhändig anfertigte und mit dem vorliegenden Compendium Sr. Hoheit dargebracht.

Wie die mathematischen Disciplinen Fundament und Leiter sind, zur Kenntniss jeder anderen Wissenschaft zu gelangen.

Wie Se. Hoheit die Veranlassung sein wird, zu seiner Zeit mit jenen das Jahrhundert neu zu beleben. Wie unter seiner erhabenen Herrschaft die Rechtschaffenheit in seinen Untergebenen wachsen wird, welche zu ihrer Vertheidigung stets bereit. Archimedes von Syracus vertheidigte das Vaterland gegen den Angriff der Römer mit Maschinen und Instrumenten mittelst der Mathematik.

Erinnerung an Ihren seligen Vater, Herzog Franz Sforza.

Wie die Vertheidigung der Staaten, noch die Vollkommenheit in irgendwelcher Kriegsübung ohne die Kenntniss der Arithmetik, Geometrie und Proportion unmöglich ist.

Wie alle Artillerien, Instrumente und Kriegsmaschinen auf Grund mathematischer Disciplinen gemacht sind. Wie alle Wälle, Mauern und Festungen, Felsen, Brücken und Bastionen in ähnlicher Weise mittelst genannter Disciplinen gebildet worden.

Wie die alten Römer in Folge der eifrigen Pflege der Ingenieure siegreich waren.

Robert Valturri, ein sehr erfahrener Ariminenser. Julius Cäsar schlug die kunstvolle Brücke über die Rhone.

Erinnerung an Ihren seligen Vater, Herzog Franz Sforza. Sehr starke Taue von der industriösen Tiberbrücke.

Friedrich von Feltre, sein naher Verwandter, Erlauchtester Herzog von Urbino, umgab mit allen Kriegsmaschinen und Instrumenten, alten und neuen, seinen würdigen Palast aus massiven Stein.

Johann Scotus, der schärfste Theologe und verdienstvollste Mathematiker.

Die Werke der Kunst sind alle schwer wegen Unkenntniss der Mathematik.

Bartolo von Sassoferrato, ein ausgezeichneter Rechtsgelehrter, entwarf mittelst der Mathematik die „Tiberina". [1])

Mangel an guten Astrologen, aus Mangel an den genannten mathematischen Kenntnissen.

Grund der Seltenheit guter Mathematiker.

Vornehmliches toscanisches Sprichwort der Mathematiker.

Plato wollte die nicht, welche keine Geometer waren.

Brevet Platos über der Thür seines Gymnasiums gegen die Nichtkenner der Mathematik.

Pythagoras opferte vor Freude über die Entdeckung des rechten Winkels den Göttern hundert fette Ochsen.

In Mailand wächst, dank Sr. Hoheit, täglich die Zahl guter Mathematiker in Folge ihres fleissigen Unterrichts, welcher neuerdings von Sr. Hoheit eingeführt.

Der Autor liest an allen Wochentagen in Mailand die besagten mathematischen Disciplinen, zu grösster Gunst und zu würdigem Gewinn der ausgezeichneten Hörer den vorliegenden Tractat verfassend.

Cap. III. Ueber die Bezeichnung und Bedeutung des Namens: „Mathematik."

Welche und wieviel Wissenschaften und mathematische Fächer es gibt.

Wie die Perspective aus ebensoviel Gründen wie die Musik eine der mathematischen Disciplinen sei.

Wie der mathematischen Fächer drei, oder genau fünf sind.

Empfehlung der Perspective.

Die höchst verdienstvollen Maler Zeuxis und Parosasius.

---

[1]) Ein Werk über die Tiberüberschwemmung.

Wie die Malerei beiderlei Geschöpfe täuscht, die vernünftigen wie die unvernünftigen.

Von den Dingen, welche der Leser zum Verständniss dieses Buches zu beobachten hat.

Cap. IV. Was darunter zu verstehen, wenn von der ersten oder zweiten, von Fall 1 oder 3 oder anderen die Rede.

Von den mathematischen Abkürzungen und Charakteren.

Von den Synonymen, d. h. verschiedenen Bezeichnungen desselben Gegenstandes in der Mathematik. Was man unter Potenz und Quadrat einer Zahl versteht.

Cap. V. Ueber den passenden Titel dieses Tractats von der Divine Proportione.

Ueber die fünf wesentlichen Uebereinstimmungen der genannten Proportion mit den göttlichen Beiwörtern.

Wie die fünfte Substanz den vier einfachen Körpern, und mittelst dieser allen andern das Dasein gibt, so auch diese Proportion den fünf regelmässigen Körpern und durch sie unzähligen andern.

Wie die Formen der genannten fünf regelmässigen Körper den fünf einfachen Körpern zugeschrieben worden.

Cap. VI. Von der würdigsten Empfehlung dieser heiligen und göttlichen Proportion.

Wie ohne die Kenntniss genannter Proportion viele der Bewunderung höchst werthe Dinge weder in der Philosophie noch in irgend einer andern Wissenschaft erlangt werden können.

Cap. VII. Von der ersten Wirkung einer nach der genannten göttlichen Proportion getheilten Linie.

Wie man das genannte Verhältniss unter den Grössen zu verstehen und auszulegen habe.

Wie die Weisesten genannte Proportion in ihren Büchern zu nennen pflegten.

Was man unter Theilung einer Grösse nach der genannten Proportion versteht.

Wie unter drei Ausdrücken derselben Art sich nothwendig zwei unter sich ähnliche oder unähnliche Verhältnisse oder Proportionen vorfinden.

Wie diese Proportion zwischen drei Ausdrücken auf eine bestimmte Art stets unveränderlich gefunden wird.

Wie die anderen Proportionen, stetige oder unstetige auf unendlich vielerlei Art unter drei gleichartigen Grössen variiren können.

Wie diese Proportion alle übrigen nicht herabsetzt, vielmehr noch bedeutungsvoller macht, nebst ihren Definitionen.

Dass diese Proportion in ihrem kleinsten äusseren und mittleren Theile nie rational sein und nie durch eine rationale Zahl ausgedrückt werden kann.

Cap. VIII. Was man darunter versteht, eine Grösse nach der Proportion zu theilen, die eine mittlere und zwei Endstrecken hat.

Wie für gewöhnlich die Reste entstehen und was man darunter versteht.

Cap. IX. Was die Wurzel einer Zahl oder irgend einer beliebigen anderen Grösse sei. Was rationale und irrationale Grössen seien.

Cap. X. Folge der ersten Wirkung.

Wie im ganzen Verlauf dieses Buches immer Euklid vorausgesetzt wird.

Cap. XI. Von der zweiten wesentlichen Wirkung dieser Proportion.

Cap. XII. Von ihrer dritten besonderen Wirkung.

Cap. XIII. Von ihrer vierten unaussprechlichen Wirkung.

Cap. XIV. Von ihrer fünften wunderbaren Wirkung.

Cap. XV. Von ihrer sechsten unnennbaren Wirkung.

Wie keine rationale Grösse nach dieser Proportion derart getheilt werden kann, dass die Theile rational seien.

Cap. XVI. Von ihrer siebenten unglaublichen Wirkung.

Wie das Hexagon und Dekagon miteinander eine Grösse bilden, die nach dieser Proportion getheilt ist.

Cap. XVII. Von der achten umgekehrten Wirkung der vorigen.

Cap. XVIII. Von ihrer, die andern übertreffenden neunten Wirkung.

Was man unter Sehnen des Fünfseitwinkels versteht. Warum die zwei benachbarten Sehnen im Fünfheit sich untereinander stets nach dieser Proportion schneiden. Warum nothwendig stets der eine Abschnitt der genannten Sehnen gleich der Seite desselben Fünfecks sei.

Cap. XIX. Ueber ihre zehnte höchste Wirkung.

Wie alle die Wirkungen und Bedingungen einer Grösse, die nach dieser Proportion getheilt, allen Wirkungen und Bedingungen jeder andern so getheilten Grösse entsprechen.

Cap. XX. Von ihrer elften ausgezeichneten Wirkung.

Wie aus der Theilung der Sechseckseite nach dieser Proportion die Seite des gleichseitigen Zehnecks sich ergibt.

Cap. XXI. Von ihrer zwölften fast unbegreiflichen Wirkung.

Was allgemeine und verbundene Wurzeln seien.

Cap. XXII. Von ihrer dreizehnten höchst wichtigen Wirkung.

Wie ohne die Kenntniss dieser Proportion die Bildung eines regulären Fünfecks unmöglich.

Wie Euklid und seine Beweise stets nur die vorhergehenden und nicht die folgenden anwenden.

Cap. XXIII. Wie aus Ehrfurcht vor unserem Heilande die genannten Effecte hier abschliessen, wovon noch viel mehr sich vorfinden.

Besondere Frömmigkeit Sr. Hoheit. Offenere Empfehlung des Bildes der brennenden Sehnsucht unseres Heilandes. Leonardo Vinci aus Florenz.

Cap. XXIV. Wie die genannten Wirkungen zur Zusammensetzung aller regelmässigen und von ihnen abhängigen Körper beitragen. Warum diese fünf Körper reguläre genannt werden.

Cap. XXV. Dass es unmöglich sei, dass es in der Natur mehr als fünf regelmässige Körper gibt, und warum?

Dass es unmöglich, aus dem Sechs-, Sieben-, Acht-, Neun-, Zehneck und andern ähnlichen, einen regelmässigen Körper zu bilden.

Cap. XXVI. Von der Herstellung der fünf regelmässigen Körper und vom Verhältniss jedes zum Kugeldurchmessers: und zwar zuerst vom Tetraeder oder regelmässigen dreiseitigen Vierflächner, der Form des Feuers nach den Platonikern.

Cap. XXVII. Von der Bildung des Hexaeder oder Kubus genannten Körpers und seinem Verhältniss zur Kugel, Figur der Erde nach den Platonikern.

Cap. XXVIII. Wie man das in eine Kugel genau einzupassende Octaeder herstellt, Figur der Luft, nach den Platonikern, und über sein Verhältniss zur Kugel.

Cap. XXIX. Von dem Bau und der Herstellung des Ikosaeder genannten Körpers, Gestalt des Wassers nach den Platonikern und Benennung seiner Seiten.

Beweis, dass die Kugel es genau umgibt.

Cap. XXX. Von der Art des Verfahrens, den edelsten regelmässigen, Dodekaeder auch Körper von 12 Pentagonen genannten Körper herzustellen, nach den Platonikern die Form der fünften Substanz und von der Benennung seiner Seiten. Beweis, warum die Kugel ihn genau umgibt.

Cap. XXXI. Regel und Methode, mittelst des uns bekannten Kugeldurchmessers alle Seiten der genannten fünf regelmässigen Körper zu finden. Ordnung und Art, wie die genannten Körper unter sich in Seiten und Bau abweichen.

Cap. XXXII. Von dem Verhältniss der genannten regelmässigen und der von ihnen abhängigen Körper untereinander.

Dass ihre Verhältnisse unter einander theils rationale, theils irrationale sind.

Cap. XXXIII. Vom Verhältniss aller ihrer Oberflächen zu einander.

Cap. XXXIV. Von den Einbeschreibungen der fünf regelmässigen Körper ineinander und wie viele Arten davon im Ganzen möglich sind, und warum.

Cap. XXXV. Wie das Tetraeder aus dem Kubus gebildet wird, und sich darin so einstellen lässt, dass die Ecken genau auf einander fallen.

Cap. XXXVI. Von der genauen Umschliessung des Oktaeders durch den Kubus.

Cap. XXXVII. Wie das Hexaeder ins Oktaeder eingeführt wird.

Cap. XXXVIII. Von der Einschreibung des Tetraeders ins Octaeder.

Cap. XXXIX. Wie ins Ikosaeder genau der Dodekaeder genannte Körper gestellt wird.

Cap. XL. Von der Einstellung des Ikosaeders ins Dodekaeder.

Cap. XLI. Von der Stellung des Kubus ins Dodekaeder.

Cap. XLII. Wie das Octaeder ins Dodekaeder einzupassen.

Cap. XLIII. Vom Einschluss des Tetraeders im Dodekaeder.

Cap. XLIV. Einstellung des Kubus ins Ikosaeder.

Cap. XLV. Art, das Tetraeder im Ikosaeder zu bilden.

Cap. XLVI. Grund, warum der genannten Einbeschreibungen nicht mehr sein können.

Cap. XLVII. Verfahren, um in jedem der fünf genannten regelmässigen Körper den regelmässigsten Körper, nämlich die Kugel herstellen zu können.

Cap. XLVIII. Von der Form und Anordnung des ebenen vollen oder hohlen, und des abgeschnittenen ebenen vollen oder hohlen, und des erhabenen vollen oder hohlen Tetraeders.

Cap. XLIX. Von der Beschaffenheit des ebenen vollen und hohlen, des abgeschnittenen ebenen vollen oder hohlen, und des erhabenen vollen oder hohlen Hexaeders.

Cap. L. Von der Anordnung des ebenen vollen oder hohlen, des abgeschnittenen vollen oder hohlen und des erhabenen vollen oder hohlen Octaeders.

Cap. LI. Beschreibung des ebenen, abgeschnittenen und erhabenen vollen oder leeren Ikosaeders.

Cap. LII. Eigenschaften und Form des ebenen, abgeschnittenen und erhöhten vollen oder leeren Dodekaeders, sein Ursprung und die von ihm abhängigen Körper.

Cap. LIII. Form und Ursprung des ebenen, abgeschnittenen und erhöhten vollen oder leeren 26-Flächners.

Cap. LIV. Wie der 72-Flächner entsteht. Wie sich der Form dieses die Architekten häufig bei ihren Bauten bedienen.

Dass viele Moderne missbräuchlich Architekten genannt werden, die in Folge ihrer Unwissenheit von den alten Autoren, besonders Vitruv abweichen.

Herzogliches Motiv Sr. Hoheit zur Beschämung der Unwissenden.

Grosse Freude des Pythagoras, als er das Verhältniss der beiden Seiten fand, welche den rechten Winkel einschliessen.

Cap. LV. Ueber die Art, ausser den vorgenannnten mehrere materielle Körper bilden zu können, und wie ihre Formen ins Unendliche sich fortsetzen.

Aus welchem Grunde Plato die Formen der fünf regelmässigen Körper den fünf einfachen Stoffen, nämlich Erde,

Wasser, Luft, Feuer, Himmel zuschrieb. Calcidius, Apulejus, Alcinous und Macrobius

Dass die Kugel von der Regelmässigkeit nicht auszuschliessen, obschon in ihr keine Seiten und Winkel sind.

Cap. LVI. Vom sphärischen Körper, seiner Bildung.

Cap. LVII. Wie in die Kugel sich alle fünf regelmässigen Körper einbeschreiben lassen.

Wie der Steinmetz aus Stein oder anderem Stoffe die genannten regelmässigen Körper zu machen hätte.

Ehrbarer und wissenschaftlicher Trost und Argument gegen falsche Renommisten.

Verschiedene Erscheinung zweier gleicher vor Augen gestellter grader Linien, in ihrer Länge.

Fall des Autors in Rom, dem durchlauchtigsten Grafen Hieronymus seligen Andenkens zu Gefallen im Beisein des Magister Melozzó, des Malers beim Bau seines Palastes.

Exemplarischer Beleg gegen genannte falsche Aufschneider; von Hiero und dem Dichter Simonides.

Cap. LVIII. Von den oblongen Körpern, d. i. die länger oder höher sind als breit, wie Säulen und ihre Pyramiden.

Von den zwei Hauptsäulenarten im Allgemeinen.

Was eckige und runde Säulen sind.

Cap. LIX. Von den Säulen mit dreiseitiger Basis.

Was ein riegelförmiger Körper sei.

Cap. LX. Von den Säulen mit vierseitiger Basis.

Der Verschiedenheit ihrer gleichen Grundflächen entsprechen die hauptsächlichsten regelmässigen vierseitigen Figuren. nämlich Quadrat, verlängertes Rechteck, Elmuhaym und andere Elmuariffe[1]) oder unregelmässige gleich- oder ungleichseitige Figuren.

Cap. LXI. Von den fünfseitigen Säulen, d. h. von fünf Seitenflächen, seien sie gleich- oder ungleichseitig.

Wie die Arten von Säulen, wie die gradlinigen Figuren ihrer Grundflächen bis ins Unendliche sich vermehren können.

Cap. LXII. Von der Art, alle Säulen zu messen, und zuerst von den runden, mit Beispielen.

Warum man zur Quadratur des Kreises $^{11}/_{14}$, d. h. elf Vierzehntel des Quadrates seines Durchmessers nimmt.

1) Rhombus und Rhomboide.

Cap. LXIII. Von der Art, alle Arten eckiger Säulen auszumessen und Beispiele dazu.

Cap. LXIV. Von den Pyramiden und allen ihren Unterschieden. Was eine runde Pyramide sei.

Cap. LXV. Von den eckigen Pyramiden[1]) und ihren Verschiedenheiten.

Wie sich die Arten der eckigen Pyramiden bis ins Unendliche fortsetzen können, ebenso wie ihre Säulen. Was abgekürzte oder abgeschnittene Pyramiden seien.

Cap. LXVI. Von der Art und Verfahren, jede Pyramide ausmessen zu können. Wie jede Pyramide $^1/_3$ ihres Cylinders oder ihrer Säule sei.

Cap. LXVII. Wie sich aus den eckigen offenbar ergibt, dass jede $^1/_3$ ihrer Säule sei.

Wie alle eckigen Säulen sich in so viel riegelförmige Körper auflösen lassen, inwieviel Dreiecke sich ihre Grundflächen zerlegen.

Cap. LXVIII. Von der Art, alle Arten abgekürzter, runder und allerart eckigen Pyramiden zu berechnen.

Cap. LXIX. Von der Ausmessung aller andern regelmässigen Körper und der von ihnen abhängigen.

Vertrauen auf die bewanderten Genies, aber insbesondere auf das Sr. herzoglichen Hoheit. Mit würdiger Empfehlung und wahrem Lobe der ausgezeichneten ernsten und frommen Gesinnungen Sr. herzoglichen Hoheit.

Wie Se. herzogliche Hoheit in nicht minder passender Weise den Tempel der Gnaden in Mailand, wie Octavian in Rom den Tempel des Friedens erbaut.

Wie der nicht weniger des Neides und der Missgunst gegen Se. herzogliche Hoheit überführt sein würde, wer die gesagten Lobpreisungen für Schmeichelei ausgäbe, als der Urheber dieser Schmeichelei selber.

Wie seine ganze seraphische Religionsgenossenschaft von Sanct Franciscus und ihr Oberhaupt, General Ma. Franz Sansone von Brescia in der ganzen Welt gutes Zeugniss gibt von seiner unendlichen Freigebigkeit, Freundlichkeit, Liebenswürdigkeit und Heiligkeit, durch ihr diesjähriges in Mailand in ausgezeichneter Weise gefeiertes Generalcapitel.

---

[1]) Im Gegensatz zum Kegel so genannt.

Die hochehrwürdige Herrlichkeit seines lieben Verwandten Monsignor Hipolyto, Cardinal von Este.

Cap. LXX. Wie man alle die genannten Körper nach der Reihe wie sie hier vorgeführt, aufzufinden habe und ferner ihre materiellen Gestalten nach ihrem speciellen Verzeichniss, das öffentlich ausgestellt.

Cap. LXXI. Was man unter den bei den Mathematikern gebräuchlichen Ausdrücken versteht, nämlich: Hypothese, Hypotumisse, Corausto, pyramidaler Kegel, Pentagonseite, Senkrechte, Kathete, Durchmesser, Parallelogramm, Diagonale, Centrum, Bogen.

Inhaltsverzeichniss des Tractats von der Architektur, der unmittelbar nach dem ganzen Compendium von der göttlichen Proportion folgt und nach Capiteln geordnet ist, indem gesagt wird: Cap. 1, Cap. 2, Cap. 3 u. s. w. Eintheilung der Architektur in drei Hauptttheile der öffentlichen Orte. — Erster Theil.

Cap. I. Von der Ausmessung und den Verhältnissen des menschlichen Körpers. Vom Kopfe und andern seiner Glieder als Sinnbild der Architektur.

Cap. II. Vom Abstand des Profils[1]) bis zum Hinterhauptbein des genannten Kopfes, d. h. zum Punkte *a*, den man Hinterhauptbein nennt und von den Punkten, welche sich dazwischen einfügen; Ohr und Auge.

Cap. III. Von der Proportion des ganzen menschlichen Körpers, so dass er hinsichtlich seines Kopfes und der andern Glieder seiner Länge und Breite nach wohl geordnet sei.

Cap. IV. Von den runden Säulen mit ihren Grundflächen, Capitälen und kleinen Pilastern oder Stylobaten.

Cap. V. Von der Länge und Dicke runder Säulen.

Cap. VI. Von der Anordnung des Stylobaten oder Pilasters oder Basaments der Säule wie diese geschieht.

Cap. VII. Worin sich die drei Gattungen genannter Säulen voneinander unterscheiden.

Cap. VIII. Wo sich heutzutage noch mustergiltiger gemachte Säulen von Alten oder auch Modernen in Italien befinden.

---

[1]) d. i. der vorderen Profillinie.

Cap. IX. Von den eckigen Säulen.

Cap. X. Von den runden und eckigen Pyramiden.

Cap. XI. Vom Ursprung der Buchstaben bei allen Nationen.

Cap. XII. Von der Anordnung der runden Säulen, wie man sie bei den Gebäuden auf ihrer Basis befestigen muss.

Cap. XIII. Von den Interwallen zwischen einem und dem andern Tygraphen.

Cap. XIV. Vom Epistyl oder Architrav, wie ihn die Modernen nennen, und seinem Zophoros und Krönung, oder nach modernem Ausdrucke: Hauptgesims.

Cap. XV. Vom Zophoros am Epistyl.

Cap. XVI. Von der Compostion des Hauptgesimses.

Cap. XVII. Von der Lage der Tygraphen.

Cap. XVIII. Wie Steinmetzen und andern Bildhauern die genannten Körper zu empfehlen.

Cap. XIX. Wie an engen Orten der Architekt sich mit seinen Anordnungen zu verhalten habe.

Cap. XX. Von den Säulen, die an Gebäuden über andern Säulen stehen.

Der Tractat einer eitrigen Untersuchung der Körper, der dem Herrn Petrus Soderinus, beständigem Fürsten des Florentiner Volkes gewidmet, folgt unmittelbar nach der Architektur.

Leser, zu Deiner Bequemlichkeit habe ich in diesem Buche am Rande einen breiten Raum stehen lassen wollen, in Betracht, dass ähnliche Disciplinen immer mit der Feder in der Hand studirt werden und niemals liegt dem Mathematiker bekanntes Feld vor. Du magst es glauben.

Unter diesen Charakteren mögest Du verstehen wie hier folgt, nämlich: ▭ = Ding, Dinge □ = Census (Plur.) R. = Wurzel, Wurzeln. R. R. = Wurzel von Wurzel. R. cu. = Kubikwurzel und ebenso R. q.; Cu = Kubus, Kuben u. s. w.

ENDE.

Brief von der göttlichen Proportion an Se. Excellenz Fürst Ludwig Maria Sforza Anglo, Herzog von Mailand, Zierde des Friedens wie des Krieges, von Bruder Luca Pacioti aus Borgo San Sepolchro, vom Orden der Minoriten, Professor der heiligen Theologie.

Im Jahre unseres Heils 1498, erhabener Herzog, am neunten Tage des Februar als ich in der uneinnehmbaren Burg Eurer berühmten Stadt Mailand, würdigstem Orte Ihrer gewohnten Residenz, in den lobenswerthen wissenschaftlichen Wettkampf eingeführt worden, im Beisein von Ihnen, begleitet von vielen sehr berühmten und weisen Männern, Geistlichen wie Weltlichen, woran Ihr glänzender Hof stets Ueberfluss hat. Unter deren Zahl befanden sich ausser den hochehrwürdigen Herrschaften von Bischöfen, Protonotarien und Aebten von unserem heiligen seraphischen Orden, der ehrwürdige Pater und berühmte Theolog Magister Gometius, der hochwürdige Prediger der heil. Schrift, Frater Domenico, mit dem Beinamen Ponzone: der ehrwürdigste Frater, Magister Francesco Busti, gegenwärtig abgeordneter Oberaufseher in unserem würdigen Kloster von Mailand. Und von Weltlichen zuerst mein specieller Beschützer, der berühmte S. Galeazzo Sforza VI., S. Severino der sehr tapfere und Generalcapitän Euer herzoglichen Hoheit, der in den Waffen heutzutage Niemand nachsteht, und emsiger Nachahmer unserer Lehren. Sodann von ausserordentlichen Rednern vorzüglichster Facultäten und von Höchsten der Medicin und Astronomie der berühmte und sehr scharfsinnige de Serapione und Avicenna und der Erforscher der höheren Körper und Dolmetscher der Zukunft Ambrogio Rosa, der sehr gelehrte Heiler aller Krankheiten, Aluisi Marliano, und Gabriel Pirovano, der sehr sorgsame Beobachter der Medicin nach jeder Richtung. Und der von den Vorgenannten[1])

[1]) Die vielfachen sich häufig wiederholenden grammatischen Fehler des Originaltextes sind nur da berichtigt, wo über den Sinn des Satzes Zweifel entstehen könnten.

a

in allen vorerwähnten Fächern viel bewunderte und verehrte Nicolo Cusano, mit dem in denselben Wissenschaften sehr bewanderten Andrea von Novara. Und andere ausgezeichnete sehr erfahrene Doctoren beider Rechte und Räthe, Secretäre und Kanzler Eures wohllöblichen Magistrats im Verein mit den scharfsinnigsten Architekten und Ingenieuren und emsigen Erfindern neuer Dinge, Leonardo da Vinci, unser Florentiner Landsmann, welcher in Sculptur, Gyps und Malerei Jedem gegenüber seinen Beinamen rechtfertigt, wie in der bewunderns- und staunenswerthen Reiterstatue, deren Höhe vom Scheitel bis zur Erde 12 Ellen, d. h. $37^1/_5$ mal so viel beträgt, wie die Länge der Linie *ab*; und deren ganze eherne Masse sich auf circa 200.000 Pfund beläuft, wobei von jeder die gewöhnliche Unze $^1/_{12}$ ausmacht, welche der Erinnerung an Euren seligen unbesiegten Vater geweiht, weit entfernt von Eifersucht gegen die des Phidias und Praxiteles auf Monte Cavallo ist, zugleich mit dem hübschen Bilde der brennenden Sehnsucht unseres Heils in dem würdigen, andachtsvollen Orte körperlicher und geistiger Erholung des heiligen Tempels der Gnaden, dem, von seiner Hand gemalt. Dass ihm heutzutage Apelles, Myron, Polyklet und den andern weichen müssen, machen diese klar. Und nicht genug mit diesen sucht er, an der unschätzbaren Arbeit über Ortsbewegung, Stoss und Gewicht, wie aller Kräfte, d. h. zufälliger Gewichte (indem bereits mit allem Fleiss das Buch über Malerei und menschliche Bewegungen beendigt), dieselbe mit allem Eifer zum gebührenden Abschluss zu bringen. Sodann Jacob Andreas von Ferrara, ihm wie ein Bruder [1]) scharfsinnigstem Ergründer der Werke Vitruv's, der trotzdem in seinem speciellen militärischen Fache in keiner Sache weniger bewandert. Mit Ihren goldenen und honigfliessenden Worten sagten Sie, es sei von der grössten Empfehlung vor Gott und der Welt, Derjenige, welcher mit irgend einer Fähigkeit begabt, sie gern den Andern mittheile. Woraus zuerst Liebe, und Lob und Ehre für ihn hervorgeht,

[1]) Text l. quanto statt quarto.

b

indem er dem heiligen Ausspruch folgt: „Was ich ohne Verstellung[1]) gelernt, theile ich ohne Neid gern mit."

Von jenen lieblichen Worten habe ich den Sinn so fest im Geist aufgenommen, als er dauernder nie in Marmor geschrieben worden. Und obwohl mir anfangs fast von Natur das Gleiche wie Jedem angeboren war, besonders jene Fähigkeiten anzuwenden, womit es dem Höchsten in seiner unendlichen Güte gefiel, mich vor den Andern zu begaben, nämlich mit denen für die nothwendigsten Wissenschaften und würdigsten mathematischen Lehren, so ermatte ich nichtsdestoweniger schon in Folge der mühseligen täglichen, wie nächtlichen körperlichen und geistigen Anstrengungen, was Jedem, der mit Sorgfalt unser grosses Werk über ähnliche Disciplinen und Gegenstände, verfasst, und dem grossherzigen Verwandten von Euer Hoheit, Herzog von Urbino Guido Ubaldo gewidmet, wie die übrigen Werke, welche im fünften Abschnitt dieses angeführt werden (kennt), klar wird. Ich hatte mir schon vorgenommen, mit den Andern in freier Luft die Jahre zu verbringen, aber von jenen (Wissenschaften) mächtig angeregt, schöpfte ich am einsamen Strande, von Neuem Athen zur Würze aller andern, von uns über ähnliche Gegenstände componirten Werke sowohl zum höchsten und ergötzlichen Geschmack an allen vorgenannten Wissenschaften und mathematischen Disciplinen Euer herzoglichen Hoheit, als auch zum Nutzen Ihrer Sie verehrenden Untergebenen, zum Schmuck auch und vollkommenen Zier ihrer würdigsten, mit einer zahllosen Menge von Bänden aus jeder Wissenschaft und Doctrin geschmückten Bibliothek, diesen kurzen und sehr nützlichen Tractat von der göttlichen Proportion genannt, zu entwerfen. Derselbe wird zugleich mit allen ihren materiellen Gestalten der Körper, welche im Besagten enthalten sind, dem, welcher sie betrachtet, nicht geringere Bewunderung gewähren, als alle die anderen Bände mit ihren sonstigen sehr würdigen Dingen thun, welche dort niedergelegt sind, weil besagte Formen den Lebenden bis jetzt verborgen gewesen.

Wir werden in demselben von hohen und erhabenen Dingen reden, welche in der That die Probe und das Mass für alle vorerwähnten Wissenschaften und Disciplinen sind, und von ihnen rührt jede andere speculative, wissenschaftliche, prak-

[1]) Das ne des Textes scheint überflüssig.

tische und mechanische Operation her. Ohne ihre Kenntniss und Voraussetzung ist es nicht möglich, von menschlichen Dingen irgend eines gut ausführen zu können wie sich zeigt. Daher wird Euer herzogliche Hoheit mit kluger Einsicht Ihre Vertrauten und andere Sie verehrenden Untergebenen ermahnen, jenes zur Freude wie zum höchsten Wohlgefallen, zum nützlichsten Gewinn zu besprechen, sofern dies kein Altweibermärchen, noch andere lächerliche und falsche Possen, noch auch lügnerische und unglaubhafte dichterische Erfindungen sind, welche nur mit einem Dunst die Ohren weiden. Abgesehen davon, dass die falschen Dinge, nach dem Philosophen, durch die Erkenntniss der wahren nützlich sind, welche aus ihnen folgen, wie die Umkehrung des Rechts ein Gegensatz jenes ist. Und sodann werden die wahren Dinge uns um so mehr nützlich und vortheilhaft sein, weil aus ihnen nur Wahres hervorgeht. Unter den wahren aber, wie Aristoteles und Auerrois versichert, sind unsere mathematischen am wahrsten und vom ersten Grade der Gewissheit, und ihnen folgen alle andern auf die Natur bezüglichen. Daher sei zur Einleitung und Begründung der hier folgenden dies genug: und darum, erhabener Herzog, erhellt, dass alle übrigen Wissenschaften nur Meinungen seien und nur diese Gewissheiten genannt werden können. Wie es sich unter den Aerzten Avicenna, Gallienus, Hippokrates und den Andern ereignet, dass der Eine behauptet, das Leben des Menschen stecke im Herzen, und Andere, es sei im Hirn, Andere, im Blut, indem sie Gründe und Argumente genug zu ihrer Bekräftigung beibrachten, so dass es nie gut ist, wahre Dinge für zweifelhafte zu verlassen, sofern diese von den Weisen eitel genannt werden. Daher der Vers: Man muss das Wahre nicht um des Eitlen willen im Stich lassen.

Immer in Demuth und schuldiger Hochachtung Euer herzoglichen Hoheit, der ich mich angelegentlichst von neuem empfehle. Leben Sie wohl, nach Wunsche.

(Vorrede des Ehrwürdigen Pater Magister Luca Pacioli aus Borgo San Sepolchro vom Orden der Minoriten, und Professor der heiligen Theologie zum Compendium über die göttliche Proportion aus den mathematischen Wissenschaften.)

Cap. II.

„Aus Verwunderung fing man an zu philosophiren", das besagt, Erlauchter Herzog, das vorgelegte Citat des Meiters derer, welche wissen, dass aus dem Sehen das Wissen seinen Anfang nimmt, so wie er dasselbe an einem andern Orte versichert, indem es sagt: dass nichts im Geiste existirt, ehe es vorher in der Empfindung vorhanden. Das heisst, dass kein Ding zum Verständniss gelange, ehe es sich nicht vorher in irgend einer Weise den Sinnen offenbart habe. Und von unsern Sinnen, so wird von den Weisen geschlossen, ist das Sehen das vornehmste. Daher wird nicht ohne Grund gemeinhin gesagt, dass das Auge die erste Pforte sei, durch welche der Verstand wahrnimmt und kostet, wie es an jener Stelle enthalten ist, dass als die ägyptischen Priester beim Anblick der Mondfinsterniss sehr erstaunt dastanden, und nach dem Grund suchten, dieselben durch wirkliche Wissenschaft fanden, dass dieses natürlich zugehe, durch den Dazwischentritt der Erde zwischen Sonne und Mond, womit sie befriedigt waren. Und von da nach und nach mit dem Lichte der fünf Geistesfenster schärfer forschend, füllten ihre Nachfolger zu unserem Nutzen mit ihren tiefen Kenntnissen eine zahllose Menge von Büchern. Denn wie ein Gedanke aus dem andern entspringt, so gingen aus jenem nachher viele andere hervor. Indem ich hierüber mit mir selbst zu Rathe ging, beschloss ich zu diesem sehr nützlichen, aus den mathematischen Wissenschaften auserlesenen Compendium die Feder zu ergreifen, und zugleich damit eigenhändig materiell zum allgemeinen Nutzen in der ihnen eigenen Gestalt ihre Körper genau herzustellen, und sie mit dem vorliegenden Compendium Euer herzoglichen Hoheit zu überreichen. Bei ihrem ungewohnten Anblicke, wie Etwas, was unseren Zeiten vom Himmel überkommen, zweifle ich nicht, dass Ihre leichte und scharfsinnige Einsicht daran sehr grosses Wohlgefallen habe, besonders wenn Sie mittelst des vorerwähnten Lichtes, bei nicht geringerem Forschungseifer, als die alten ägyptischen Priester gelegentlich der genannten Mondfinsterniss, Ursachen und innigste Harmonie jener Formen mit Hilfe und Anweisung des vorgelegten Tractats finden werden. Daher bin ich gewiss, dass, wenn sich schon in der Vergangenheit dem, der nur in einem Theil jener vorherbesagten Wissenschaften und

Disciplinen vorraussagte, derselbe reich und ergiebig sich dargeboten, in Zukunft jene sich sehr viel grossartiger und reicher gestalten werden, und dass umsomehr mit aller emsigen Sorge Ihre lieben Vertrauten und verehrenden Untergebenen und andere Wohlgesinnte zur Aneignung derselben zu ermahnen seien, insofern die genannten mathematischen Wissenschaften Fundament und Leiter sind, zur Erkenntniss jeder anderen Wissenschaft zu gelangen, insoferne sie vom ersten Grade der Gewissheit sind, wie es der Philosoph versichert, indem er Folgendes sagt:

„Die als mathematisch bezeichneten Wissenschaften sind ersten Grades der Gewissheit, und die Naturwissenschaften folgen ihnen." Es sind, wie gesagt, die mathematischen Wissenschaften und Disciplinen vom ersten Grade der Gewissheit, und ihnen folgen alle Naturwissenschaften. Und ohne ihre Kenntniss ist es unmöglich, irgend eine andere Wissenschaft wohl zu verstehen und in der Weisheit steht noch geschrieben: „Weil Alles aus Zahl, Gewicht und Mass besteht," d. h. dass Alles, was im höheren oder niederen Universum als Viertes sich abtheilt, nothwendigerweise der Zahl, Gewicht und Mass untergeordnet sein muss. Und hinsichtlich dieser drei Dinge sagte Aurelius Augustus in seinem Buche: Vom Staate Gottes. Der grösste Künstler werde insofern aufs Höchste gelobt, als er in ihnen „Etwas entstehen liess, was vorher nicht vorhanden gewesen". In Folge Ihrer liebenswürdigen Ermahnung begreife ich, dass Viele mit dem Nutzen solch herrlichen Gewinnes unbekannt, aus dem Schlaf und geistigen Traum aufwachen und mit allem Eifer und Sorgfalt suchen müssen, sich ganz jene anzueignen, und es wird Anlass, dass in ihnen das Jahrhundert seiner Zeit neu erstehen und dass sie reeller und rascher in allen ihren Studien irgend welcher Wissenschaft zur Vollendung gelangen müssen. Und ausser dem guten Rufe und würdigen Empfehlung Euer herzoglichen Hoheit, wird unter Ihrer erhabenen Herrschaft die Rechtschaffenheit nicht wenig unter Ihren lieben Vertrauten und geliebten Untergebenen zunehmen, welche stets zur Vertheidigung derselben völlig bereit, nicht weniger wie der berühmte und erfindungsreiche Geometer und verdienstvolle Architekt Archimedes für seine Vaterstadt gethan, welcher (wie berichtet) mit seinen neuen und mannigfachen Erfindungen von Maschinen eine lange Zeit hindurch die

Stadt Syracus gegen die Herrschaft und kriegerischen Erfolg der Römer so lange, bis dieselben sie durch Marcus Marcellus offen zu erstürmen suchten, unversehrt erhielt. Und aus alltäglicher Erfahrung ist Euer herzoglichen Hoheit nicht verborgen (dieweil schon seit vielen Jahren Ihres berühmten Vaters Andenken, ganz Italien und beiden Gallien, dem transalpinischen und cisalpinischen, Autor, Lehrer und Richtschnur darin gewesen), dass die Vertheidigung der grossen und kleinen Staaten, mit anderem Namen Kriegskunst genannt, unmöglich ohne die Kenntniss der Geometrie, Arithmetik und Proportion insbesondere, ehrenvoll und nützlich ausgeübt werden könne. Und nie kann schliesslich ein gutes Heer, welches zum Angriff oder zur Vertheidigung ausgesandt, sich mit Allem wohl versehen nennen, wenn sich dabei nicht Ingenieure und ein specieller Constructeur neuer Maschinen beigeordnet findet, wie wir kurz zuvor vom grossen Geometer Archimedes von Syracus erwähnt haben. Wenn man allgemein alle seine Artilleriegeräthe wohl betrachtet, nehme man was man will, wie Bastione und andere Wälle, Bombarden, Wurfmaschinen, Schleuderapparate, Steinschleudern, Rohonfe,[1]) Ballisten, Kastapulte, Widder, Schildkröten, Mauerbrecher, Katzen, mit allen andern zahllosen Maschinen, Apparaten und Instrumenten, so werden sie sich stets nach Zahlen, Mass und ihren Verhältnissen gebaut und eingerichtet finden. Was anders sind Felsen, Thürme, Raveline, Mauern, Gegenmauern, Gräben, grosse Thürme, Zinnen, Mäntelchen und andere Festungswerke auf dem Lande, in Städten und Schlössern, als ganz Geometrie und Proportionen, mit den dazu nöthigen Wasserwagen und Lothen gewogen und gerichtet? Durch nichts Anderes waren die alten Römer so siegreich, wie Vegetius, Frontinus und andere ausgezeichnete Schriftsteller schreiben, als durch die grosse Sorge und fleissige Vorbereitung von Ingenieuren und sonst noch Admiralen zu Lande und zu Wasser, welche ohne die mathematischen Disciplinen, d. h. Arithmetik, Geometrie und Proportionen, unmöglich genügen, was die alten Historien von Livius, Dyonysius, Plinius und anderer klar und deutlich machen. Unter ihnen ist Roberto Valtorri, der sehr erfahrene Ariminenser, der, welcher

[1]) Fehlt entsprechende Bezeichnung.

in seinem werthvollen Werke, von den Kriegsinstrumenten betitelt und dem Erlauchten Herrn Sigismund Pandolfo gewidmet sämmtliche behandelte. Und von genannten Maschinen und Instrumenten gibt der genannte Riminenser z. B. in seinem Buche Zeichungen und von noch viel mehr anderen.

Euer Hoheit eng verbundener Verwandter Friedrich von Feltre seligen Angedenkens, erlauchtester Herzog von Urbino, liess ringsum vom Fusse an das ganze staunenswerthe Gebäude seines edlen und bewunderungswürdigen Palastes in Urbino mit einer Einfassung massiven und schönen Steins durch die Hand würdigster Steinmetzen und Sculptoren regelrecht umgeben. So wie man auch unter Andern bei Julius Cäsar in seinen Commentarien über die kunstvolle Brücke liest. Wie ferner bis auf den heutigen Tag in der würdigen Tudertiner Stadt in Umbrien in der Kirche des heiligen Fortunatus unserm heiligen Kloster von Eures seligen Vaters Andenken noch eine grosse Menge von sehr dicken Tauen offen herabhängen,[1]) welche er zu einer Brücke über den Tiber bei seinem berühmten erlangten Siege regelrecht anordnete. Auch kam durch keine andern Mittel unser sehr scharfsinniger Scotus zu den grossen Speculationen der heiligen Theologie, als durch die Kenntniss der mathematischen Disciplinen, wie aus allen seinen heiligen Werken erhellt. Besonders wenn man wohl beachtet die Untersuchung seines zweiten Buches über die Meinungen, als er forschend fragt, ob der Engel seinen eigenen und bestimmten Aufenthaltsort für seine Existenz habe, worin er wohl zeigt, dass er das ganze herrliche Buch unseres scharfsinnigsten Megarenser Philosophen Euklid[2]) verstanden habe. Durch nichts Anderes zeigen sich gleichfalls alle Texte des Fürsten deren, welche Physik, höhere Metaphysik verstehen und auch die übrigen schwer, als durch die Unkenntniss der schon genannten Disciplinen. Durch nichts Anderes ist Mangel an guten Astronomen als in Folge des Mangels an Arithmetik, Geometrie, Proportionen und Proportionalität. Und von zehn richten sich neun in ihren Urtheilen nach Tafeln, Taschen-

[1]) Verbum zu erzeugen.

[2]) Durchgehends fälschlich anstatt des in Aegypten lebenden Mathemathikers gleichen Namens angegeben.

büchern und anderen Dingen, die von Ptolomäus, Albumansar, Ali al Fragano, Gebe, Alfonso, Biancho, Prodocino und Anderen berechnet sind, die in Folge der wenigen Umsicht ihrer Schreiber mangelhaft oder verschlechtert sein können. Und wenn sie sich in Folge dessen auf jene verlassen, verfallen sie in die grössten und evidentesten Irrthümer, zu nicht geringem Schaden und Vorurtheil derer, welche sich auf sie verlassen. Die äusserste Schärfe aller Municipalgesetze besteht, gemäss den mir mehrfach von Sachverstänständigen gemachten Auseinandersetzungen, in der Beurtheilung der Wasseranschwemmungen und Umspülungen der Gewässer in Folge ihrer excessiven Ueberschwemmung, wie über sie ihr bedeutendster Vorsteher, Bartolo von Sassoferrato, einen besonderen Tractat verfasst und Tiberina betitelt, in seiner Vorrede viel Geometrie und Arithmetik entwickelt hat, indem er versichert, sie gleicherweise von einem unserer Fratres Namens Guido, und Professor der heiligen Theologie aus jenem Tractate vom Geben und Nehmen erlernt zu haben, was der Tiber durch seine Ueberschwemmungen mitunter thut; besonders in jenen, gegen Perugia hin gelegenen Gegenden ist die Wasserfluth enthalten. Dabei hat er sich stets mit geometrischen gradlinigen und krummlinigen Figuren, Schritt für Schritt unserm sehr scharfsinnigen Philosophen Euklid sich anschliessend, gerichtet und dasselbe mit grosser Sorgfalt zum Abschluss geführt. Ich spreche nicht von der süssen, musikalischen Harmonie, noch von der höchsten Zier und Geisteserhebung der Perspective, und von der sorgsamen Anordnung der Architektur, der Beschreibung des See- und Landuniversums, und der Lehre von den Körpern und Himmelserscheinungen, sofern darüber das, was bis jetzt gesagt worden, klar erscheint. Ich lasse zu geringerem Ueberdruss des Lesers andere sehr praktische und speculative Wissenschaften mit allen anderen für die menschlichen Verhältnisse nothwendigeren mechanischen Künsten beiseite, bezüglich welcher ohne ein Urtheil über diese ihre Erlangung und die Beobachtung der angemessenen Ordnung in denselben unmöglich ist. Und es ist deswegen nicht zu verwundern, wenn es zu unsern Zeiten wenig gute Mathematiker gibt, weil die Seltenheit guter Lehrer schuld daran ist, zugleich mit dem Schlunde Schlaf, und müssigen Federn, und zum Theil der Schwäche der modernen Geister.

Daher ist es unter den Gelehrten nach gemeinem Sprichwort gebräuchlich geworden zu sagen: „Das Gold wird durchs Feuer erprobt, und der Geist durch die Mathematik", das heisst, die Echtheit des Goldes zeigt das Feuer und die Bewandertheit des Geistes die mathematischen Disciplinen, was dem Inhalt nach sagen will, dass die gute Einsicht in den mathematischen Fächern sehr geeignet zu jedweder anderen macht, dass sie von grosser Abstraction und Subtilität seien, weil es immer ohne greifbaren Stoff zu betrachten gilt. Und sie sind es in der That, welche, wie man nach einem Tuskischen Sprichwort zu sagen pflegt, das Haar in der Luft spalten. Deshalb verweigerte der alte göttliche Philosoph Plato nicht mit Unrecht den Zutritt zu seinem berühmten Gymnasium den in der Geometrie nicht Erfahrenen, indem er an die Spitze seines Hauptportals ein Schild mit grosser deutlicher Schrift anbringen liess von folgendem Wortlaut: „Hier möge kein der Geometrie Unkundiger eintreten," d. h. wer nicht ein guter Geometer wäre, solle nicht dort eintreten. Das that er, weil in ihr verborgen jede andere Wissenschaft sich wiederfindet. Von ihrer angenehmen Süssigkeit, war vor ihm, der sorgsamste Naturforscher, Pythagoras, durch die Entdeckung des rechten Winkels, von grosser Freude und Jubel erfüllt wie man von ihm liest, und Vitruv erzählt, der den Göttern hundert Stiere zum Opfer brachte, wie unten noch erwähnt werden wird. Und dies diene vorerst den mathematischen Wissenschaften zur Empfehlung, deren Anzahl in dieser Eurer berühmtem Stadt tagtäglich Dank Eurer herzoglichen Hoheit Gunst, nicht wenig zu wachsen beginnt in Folge der fleissigen neuerdings durch Sie eingeführten öffentlichen Vorlesungen zum Nutzen für die ausgezeichneten Hörer, denen ich, daselbst der Gnade gemäss die mir vom Höchsten in diesen gewährt, klar und mit aller Sorgfalt (nach ihrem Urtheil) den erhabenen Band des vorgedachten Euklid in den Wissenschaften der Arithmetik, Geometrie, Proportionen und Proportionalitäten auseinandersetze. Und bereits bin ich mit zehn seiner Bücher zum würdigsten Abschluss gekommen, indem ich stets zu seiner Theorie noch unsere Praxis zu grösserem Nutzen und vollem Verständniss jener, und zu vorliegender Ausführung dieses Werks den Rest der Zeit verwende.

(Nachdem die Vorrede beendet, wird zunächst erklärt, was man unter diesem Worte „Mathematik" zu verstehen habe.)

Cap. III.

Dieses Wort, erhabener Herzog, stammt aus dem Griechischen von: was in unserer Sprache etwa wie: „lehrbar" zu sagen klingt, und in unserem Falle versteht man unter mathematischen Wissenschaften und Disciplinen: Arithmetik, Geometrie, Astrologie, Musik, Perspective, Architektur, Kosmographie und einige andere davon abhängige Fächer. Nichtsdestoweniger werden von den Gelehrten gewöhnlich nur die vier ersten angenommen, nämlich Arithmetik, Geometrie, Astronomie und Musik, und die andern werden untergeordnete, d. h. von jenen vieren abhängige genannt. So wollen es Plato, Aristoteles und Isidoros in ihren Etymologien, und Severinus Boethius in seiner Arithmetik. Aber unser Urtheil, obwohl schwach und niedrig, zwingt, dass es deren entweder drei oder fünf gäbe, nämlich Arithmetik, Geometrie und Astronomie, indem es die Musik von den genannten ausschliesst, aus ebensoviel Gründen, wie sie von den fünf die Perspective[1]) und aus ebensoviel Gründen zu den genannten jene hinzufügt, aus welchen jene zu den drei von uns genannten die Musik hinzufügen. Wenn diese sagen, die Musik befriedige das Gehör, einen der natürlichen Sinne, so befriedigt jene das Sehen, welches um so würdiger, insofern es erste Pforte des Geistes ist. Wenn sie sagen, jene beachte die Klängezahl und das in der Zeit auferlegte Mass ihrer Hervorbringung; so diese die natürliche Zahl nach jeder Definition derselben, und das Mass der Gesichtslinien. Wenn jene die Seele erquickt durch die Harmonie, so erfreut diese sehr durch angemessene Distanz und Mannigfaltigkeit der Farben. Wenn jene ihre harmonischen Verhältnisse in Betracht zieht, so diese die arithmetischen und geometrischen. Und kurz, erhabener Herzog, bis jetzt — und schon sind es viele Jahre — dass mir dieses im Kopfe herumstreitet, ist mir von Niemand klar gemacht, warum eher vier als drei oder fünf anzunehmen. Gleichwohl glaube ich, dass so viel Gelehrte nicht irren. Und doch wird durch ihre Worte meine Unwissenheit nicht aufgedeckt. Weh' mir! Wer möchte

[1]) scil. ausschliessen.

nicht beim Anblick einer schönen Gestalt mit ihren regelrechten wohlgeordneten Liniamenten, welcher nur der Athem zu fehlen scheint, dieselbe eher fast für etwas Göttliches als für etwas Menschliches halten. Und ebenso viel Dinge ahmt die Malerei der Natur nach, wie man nennen kann, was sich unsern Augen evident offenbart im vorerwähnten Bilde der brennenden Sehnsucht unseres Heilandes, wobei es nicht möglich, mit noch mehr die Apostel lebendig sich vorzustellen beim Klang der Stimme der untrüglichen Wahrheit, als er sprach: „Einer von Euch wird mich verrathen": wo in Haltung und Gesticulationen der Eine zum Andern, und Dieser zu Jenem mit lebhaftem und traurigem Erstaunen zu reden scheint, so würdig ordnete mit seiner gewandten Hand unser Leonardo es an. Wie man vom Zeuxis und Parosasius bei Plinius de picturis liest, dass jener, da er mit Parosasius in derselben Kunst wetteiferte, indem sie sich mit dem Pinsel herausgefordert, eine Kiste mit Trauben malte, von ihrem Weinlaub umschlossen, und öffentlich ausgestellt: die Vögel kamen wie zu einer wirklichen, sich darüber herzumachen; und der Andere machte einen Schleier: Darauf sagte Zeuxis zu Parosasius, nachdem auch er ihn ausgestellt, in dem Glauben, es wäre ein Schleier, der sein zum Wettkampf angefertigtes Werk bedeckte: „Nimm den Schleier weg, und lass dein Bild Jedermann schauen, wie ich mit dem meinigen es thue", und so war er besiegt. Denn wenn er die Vögel, die unvernünftigen Thiere, so täuschte Jener einen Vernünftigen und Meister, wenn mich nicht etwa das grosse Vergnügen und die höchste Liebe zu jener (obgleich ihrer unkundig) täuscht. Und im Allgemeinen ist der kein feinfühlender Geist, den die Malerei nicht erfreut, wenn sie sogar das eine oder das andere vernünftige oder unvernünftige Thier zu sich lockt.

Daher bleibe ich dabei stehen, wenn nichts Anderes dazwischen tritt, dass es drei Hauptwissenschaften gebe, und die anderen untergeordnet sind, oder aber fünf, wenn Jene die Musik hinzuzählen, und durch nichts scheint mir die Perspective zurückzustehen, sofern sie nicht geringeren Lobes werth ist. Und ich bin gewiss, da es kein Glaubensartikel ist, dass man es mir nachsehen wird. Und das ist's, was sich auf die genannte Benennung bezieht.

—

(Von den Dingen, welche der Leser zum Verständniss dieses Werkes zu beobachten habe.)

Cap. IV.

Nachdem ist zu weniger Ungelegenheit im Folgenden zu bemerken, dass, wenn mitunter citirt werden wird: die erste des ersten, die vierte des zweiten, die zehnte des fünften, die zwanzigste des sechsten und so fortlaufend bis zum fünfzehnten, man unter der ersten Zahl stets die Zahl der Schlussfolgerungen zu verstehen habe. Und unter der zweiten Zahlenangabe die Anzahl der Bücher unseres Philosophen Euklid, dem wir überhaupt als Archimandriten dieser Fächer nachahmen. Nämlich, wenn man sagt: nach der fünften des ersten, so will das sagen: „nach der fünften Schlussfolgerung seines ersten Buches" und ebenso bezüglich der anderen einzelnen Bücher seines gesammten Werkes über die Elemente und ersten Principien der Arithmetik und Geometrie. Wenn jedoch die von uns angeführte Autorität einem anderen seiner Werke, oder einem anderen Schriftsteller zugehört, so werden wir jenes, oder jenen namhaft machen. Ferner bezüglich vieler verschiedener Charaktere und Abkürzungen, die in ähnlichen Fächern gebraucht zu werden pflegen. So braucht die Medicin die ihrigen für Scrupel, Unze, Drachme und Gran, die Silberarbeiter und Juweliere für Gran, Denar und Karat, die Astrologen ihre für Jupiter, Mercur, Saturn, Sonne, Mond, und die Anderen ebenso die ihrigen, und die Kaufleute für Lire, Soldi, Groschen und Pfennige ebenso verschiedene der Abkürzung wegen, und dies allein um die Weitschweifigkeit des Schreibens wie auch des Lesens zu vermeiden, weil sie bei anderem Verfahren viel Papier mit Tinte anfüllen würden. In ähnlicher Art gebrauchen auch wir in der Mathematik bezüglich der Algebra nämlich in der praktisch-speculativen andere, welche bezeichnen: Ding, Census[1]) und Kubus, und die übrigen Ausdrücke wie sie in unserem vorgenannten Werke enthalten sind. Von ihrer Zahl werden wir auch in diesem Tractat einige benützen, und zwar sind es die, welche wir in der Tabelle vorher zusammengestellt haben. In ähnlicher Art bedeuten die folgenden

[1]) Quadrat.

Namen: Multiplication, rechtwinkliges Product[1], eine und dieselbe Sache. Und ebenso sind diese: nämlich Quadrat einer Grösse und Potenz einer Grösse ein und dasselbe, denn die Potenz der Linie bezieht sich auf ihr Quadrat nach der letzten des ersten. Und weiter, was „die Linie kann", ist ihr Quadrat. Und diese Dinge müssen mitunter in unserem Fortgang beobachtet werden, um sich im Sinne der Worte nicht zu irren.

(Vom passenden Titel des vorliegenden Tractats.)

Cap. V.

Es scheint mir hinsichtlich unseres Tractats, erhabener Herzog, der ihm entsprechende Titel müsse lauten: „Ueber die göttliche Proportion". Und das aus vielen ähnlichen Eigenschaften, welche ich in unserer Proportion finde, auf welche wir in diesem höchstnützlichen Discurse hinzielen, die Gott selbst zukommen, von denen wir unter andern vier hervorheben werden, um unserm Ausspruch zu genügen: Die erste ist, dass sie nur allein da sei und nicht mehr; und es ist nicht möglich, andere Species noch Abweichungen von ihr anzugeben, welche Einheit der theologischen wie auch der philosophischen Lehre gemäss das höchste Beiwort Gottes selber ist. Die zweite Eigenschaft ist die der heil. Dreieinigkeit, d. h. wie in den Göttlichen ein und dieselbe Substanz zwischen drei Personen, Vater, Sohn und heil. Geist besteht, ebenso muss ein und dieselbe Proportion dieser Art stets zwischen drei Ausdrücken stattfinden, und kann sich nie weder bei mehr noch bei weniger (Ausdrücken) wiederfinden, was besprochen werden wird. Die dritte Eigenschaft ist, dass, wie Gott eigentlich nicht definirt noch durch Worte uns verständlich gemacht werden kann, ebensowenig diese unsere Proportion durch eine verständliche Zahl je bestimmt noch durch irgend eine rationale Grösse sich ausdrücken lässt, sondern stets verborgen und geheim bleibt, und daher von den Mathematikern irrational genannt wird. Die vierte Eigenschaft ist, dass ebenso

[1]) D. i. Rechteck im Gegensatze zu den mit dem cos. des Neigungswinkels zu multiplicirenden Producte, welches dem Inhalt eines schiefwinkeligen Parallelogramms entspricht.

wie Gott sich niemals ändern kann, und Alles in Allem, und Alles in jedem seiner Theile ist, so unsere vorliegende Proportion stets in jeder continuirlichen und discreten Grösse; mögen dieselben (Theile) gross oder klein sein, ein und dieselbe und stets unveränderlich bleibt, und auf keine Art sich verändern, noch auch mit dem Verstande auf andere Art aufgefasst werden kann, wie unser Fortgang zeigen wird. Die fünfte Eigenschaft kann nicht mit Unrecht zu den vorgenannten hinzugefügt werden, nämlich: wie Gott das Dasein auf die himmlische Tugend, mit anderen Namen fünfte Substanz genannt, und mittelst dieser auf die anderen vier einfachen Körper überträgt, nämlich auf die vier Elemente Erde, Wasser, Luft und Feuer, und mittelst dieser das Dasein auf jedes andere Ding in der Natur, so gibt diese unsere heilige Proportion (nach dem alten Plato in seinem Timäus) dem Himmel selbst das formale Dasein, indem sie ihm die Gestalt des Dodekaeder genannten Körpers, sonst Körper von 12 Pentagonen genannt, beilegt, der, wie sich weiter unten zeigen wird, ohne unsere Proportion unmöglich gebildet werden kann. Und ähnlicherweise weist sie jedem der anderen Elemente seine eigenthümliche Form an, welche unter sich auf keine Art zusammenfallen: nämlich dem Feuer die pyramidalische Form, Tetraeder genannt. der Erde die kubische Form Hexaeder genannt, der Luft die Octaeder genannte Figur, dem Wasser die Ikosaeder genannte. Und diese Formen und Figuren sind von allen Gelehrten regelmässige Körper genannt, wie weiter unten bei jedem einzeln besprochen werden wird. Und sodann mittelst dieser unendlich vielen anderen abhängige genannten Körpern. Diese 5 regelmässigen Körper können unter einander unmöglich proportionirt, noch verstanden werden, dass sie von der Kugel umschreibbar seien ohne unsere besagte Proportion. Was weiter unten Alles erhellen wird. Diese Eigenschaften, obwohl deren viele andere noch angeführt werden könnten, mögen zur Genüge bezüglich der angemessenen Benennung des vorliegenden Compendiums angeführt sein.

(Von seiner würdigen Empfehlung.)

Cap. VI.

Diese unsere Proportion, erhabener Herzog, ist solchen Vorzugs und Auszeichnung werth, wie man es in Anbetracht ihrer unendlichen Macht nur irgend sagen kann, sofern als ohne ihre Kenntniss sehr viele der Bewunderung höchst würdige Dinge weder in der Philosophie noch in irgend einer anderen Wissenschaft jemals ans Licht gelangen könnten, welche Gabe ihr sicherlich von der unveränderlichen Natur der höheren Grundelemente gewährt worden ist, wie unser grosse Philosoph Campanus, der hochberühmte Mathematiker über die zehnte des vierzehnten sagt. Besonders wenn man sieht, dass sie diejenige ist, welche so viele Verschiedenheiten der festen Körper, sowohl der Grösse als der Menge ihrer Flächen, wie auch der Figuren und Formen nach, mit einer gewissen irrationalen Symphonie unter sich in Einklang bringt: wie man in unserem Fortgang bei der Anführung der staunenswerthen Wirkungen verstehen wird, die (bei einer nach ihr getheilten Linie) nicht natürliche, sondern wahrhaft göttliche genannt werden müssen. Von diesen sei die erste bei ihrer Aufzählung diese:

(Von der ersten Wirkung einer nach unserer Proportion getheilten Linie.)

Cap. VII.

Wenn eine Linie nach der Proportion getheilt ist, die einen mittleren und zwei äussere Abschnitte hat (denn so ist mit anderer Bezeichnung unsere vorerwähnte Proportion von den Gelehrten genannt worden), und man ihrem grösseren Abschnitt die Hälfte der ganzen Linie hinzufügt, welche so proportional getheilt wurde, so wird mit Nothwendigkeit folgen, dass das Quadrat ihrer Summe stets das fünffache, d. h. fünfmal so viel als das Quadrat der genannten vollen Hälfte beträgt.

Bevor weiter gegangen wird, ist zu erklären, wie man die besagte Proportion unter den Grössen zu verstehen und einzufügen habe, und wie sie von den Weisesten in ihren Büchern genannt worden sei. Daher sage ich, dass sie genannt sei: Proportion die einen mittleren und zwei äussere Abschnitte hat, welche eine besondere Eigenschaft jeder Dreitheilung ist. Denn jede beliebig angegebene Dreitheilung wird immer einen mittleren mit seinen zwei äusseren Abschnitten haben, weil der mittlere nie ohne jene verstanden wird. Und auf diese Art wird in der 19. des sechsten gelehrt, eine Grösse so zu theilen, nachdem vorher in der dritten Definition des sechsten beschrieben, was man unter solcher Theilung zu verstehen habe. Obwohl er (Euklid) in seinem zweiten durch die eilfte zeigt, die Linie auf Grund derselben Tugend und Kraft zu theilen, wobei er die Proportion nicht früher anders benennt, als er das fünfte überschritten. Und vom Campanus wird sie unter den Zahlen in der 16. des neunten erwähnt. Dies ist es, was ihre Benennung betrifft.

(Wie man ihren mittleren und ihre äusseren Abschnitte zu verstehen habe.)

Nachdem verstanden, wie unsere Proportion mit ihrem speciellen Namen bezeichnet, bleibt zu erklären, wie der genannte mittlere und auch die äusseren Abschnitte bei jeder beliebigen Grösse zu verstehen seien und wie sie beschaffen sein müssen, um bei ihnen die genannte göttliche Proportion vorzufinden. Zu diesem Zwecke muss man wissen, wie im fünften Buche angegeben wird, dass stets zwischen drei Ausdrücken ein und derselben Art nothwendigerweise zwei Beziehungen, oder wir wollen sagen, Proportionen stattfinden, nämlich eine zwischen dem ersten und zweiten, die andere zwischen dem zweiten und dritten Ausdrucke. Zum Beispiel: Es seien drei Grössen derselben Art vorhanden (da man sonst nicht versteht, dass unter ihnen Proportion stattfinde); die erste a sei der Zahl nach = neun, die zweite b sei = sechs, die dritte c sei = vier. Ich behaupte dass unter ihnen zwei Verhältnisse stattfinden das eine von: a zu b, d. h. von neun zu sechs, das wir für gewöhnlich in unserem Werk sexquialtera nennen und statthat, wenn der grössere Ausdruck den kleineren eineinhalbmal enthält, denn die neun enthält sechs und noch drei, was die Hälfte von sechs macht, und darum wird sie sexquialtera genannt. Aber weil wir hier nicht von den Proportionen im Allgemeinen zu reden beabsichtigen, weil wir darüber weitläufig zur Genüge gehandelt und sie zugleich mit den Proportionalitäten in unserem vorerwähnten Werke erklärt haben, so kümmere ich mich hier nicht darum, mich sonst noch über sie zu verbreiten, aber stets hat man alles das, was im Allgemeinen über sie gesagt, mit ihren Definitionen und Eintheilungen vorauszusetzen. Und auf diese eine allein beziehe sich unsere jetzige Rede, indem sich nicht findet, dass darüber mit solchen und so nützlichem Vorgange von irgend Jemand vorher gehandelt. Doch um auf den angefangenen Satz mit den drei Grössen zurückzukommen, so findet noch von der zweiten *b* zur dritten *c*, d. h. von 6:4 ein anderes Verhältniss gleicherweise sexquialtera statt. Um diese, sein sie gleich oder ungleich, kümmern wir uns gegenwärtig nicht, sondern es ist nur die Absicht, zu erklären, wie unter drei Grössen derselben Art sich nothwendigerweise zwei Verhältnisse zu finden haben. Ebenso sage ich, dass unsere göttliche dieselben Bedingungen erfülle, d. h., dass sie unter ihren drei Gliedern, nämlich mittleren und zwei äusseren Abschnitte unabänderlich zwei Verhältnisse von stets derselben Benennung enthält, was auch bei den übrigen, seien sie stetig oder unstetig, und zwar auf unendlich viel verschiedene Arten stattfinden kann. Denn es wird unter ihren drei Gliedern manchmal doppelt, manchmal dreifach sein und so bei den übrigen, wenn man alle gewöhnlichen Arten durchläuft. Aber zwischen den mittleren und den zwei äusseren Abschnitten dieser unserer Proportion ist es nicht möglich, dass sie sich ändern könne, wie gezeigt werden wird. Daher war dies mit Recht die vierte mit dem höchsten Schöpfer gemeinsame Eigenschaft, und weil sie unter die anderen Proportionen mitgezählt wird, indem sie ohne Besonderheit oder anderen Unterschied die Bedingungen ihrer Definitionen bewahrt, so können wir sie hierin mit unserem Erlöser vergleichen, welcher kam, nicht um das Gesetz zu lösen, vielmehr es zu erfüllen, und mit den Menschen verkehrte, indem er sich zum Gehorsamen und Untergebenen von Maria und Josef machte. So gesellt sich diese unsere vom Himmel gesandte Proportion der Definition und den Bedingungen nach zu den übrigen, und würdigt sie nicht herab, vielmehr verherrlicht sie in viel weiterem Umfange, indem sie die Herrschaft der Einheit unter allen Grössen ohne Unterschied festhält, und sich nie ändert, wie unser heiliger Severinus vom grossen Gotte sagt, nämlich: „Und indem er fest stehen bleibt, gibt er Allem Bewegung." Deswegen muss man wissen, um sie unter den vorhandenen Grössen zu erkennen, dass sie sich unter ihren drei Gliedern stets unveränderlich nach stetiger Proportionalität geordnet wiederfindet, nämlich in der Art, dass das Product des kleineren Abschnittes mit der Summe aus dem kleineren und mittleren gleich dem Quadrate des mittleren sei. Und folglich wird nach der zehnten Definition des fünften die genannte Summe nothwendigerweise ihr grösserer äusserer Abschnitt sein. Und wenn sich auf diese Art drei beliebige Grössen (geordnet) finden, so werden sie genannt als nach der Proportion geordnet, die einen mittleren und zwei äussere Abschnitte hat, und ihr grösserer äusserer Abschnitt ist immer gleich der Summe des kleineren und mittleren, so dass wir sagen können, genannter grösserer Abschnitt sei die ganze jener Bedingung gemäss in jene beiden Theile nämlich kleineren, äusseren und mittlerem Abschnitt getheilte Grösse. Daher ist zu bemerken, dass genannte Proportion nicht rational sein könne, noch dass sich jemals der kleinere äussere durch den mittleren Abschnitt mittelst irgend einer Zahl[1]) bestimmen lässt, sofern der grössere Abschnitt rational ist. Denn sie werden stets irrational sein, wie nachher klar bewiesen werden wird. Und dieses stimmt bezüglich des dritten Modus mit Gott überein, wie vorhergesagt.

(Wie die nach der Proportion von einem mittleren und zwei äusseren Abschnitten getheilte Grösse zu verstehen sei.)

Cap. VIII.

Wir müssen wissen, dass diese wohlgemerkten Dinge, eine Grösse nach der Proportion zu theilen, die einen mittleren und zwei äussere Abschnitte hat, sagen will, aus ihr zwei ungleiche Theile derart machen, dass das Product des kleinern in die

[1]) scil rationalen.

ganze besagte ungetheilte Grösse ebensogross als das Quadrat des grösseren Abschnittes sei, wie es nach der dritten Definition des sechsten unser Philosoph erklärt. Und wenn er daher je einmal in dem Falle die Benennung: „die genannte Grösse nach der Proportion, die einen mittleren und zwei äussere Abschnitte hat, Theilen" gebrauchen, sondern nur sagen sollte, „der Fall, zwei Theile daraus zu bilden der Bedingung gemäss, dass das Product des einen in die ganze genannte Grösse gleich ist dem Quadrate des anderen Abschnittes so muss den, welcher es wohl versteht und in der Kunst erfahren, der vorgelegten Satz auf unsere genannte Proportion zurückführen, denn anders kann er nicht interpretirt werden, z. B. wenn Jemand sagte: „Mach mir aus zehn zwei Theile derart, dass der eine, mit 10 multiplicirt, ebensoviel ergebe, wie der andere mit sich selbst multiplicirte. Dieser Fall und andere ähnliche finden sich wenn man nach den Anweisungen verfährt, die von uns in der speculativen Praxis, Algebra und Almucantabala, mit anderem Namen die Regel vom Dinge bezeichnet, und in dem von uns veröffentlichten Werke niedergelegt worden, gelöst dass nämlich der eine Theil der kleineren $15-\sqrt{125}$ und der andere grössere $\sqrt{125}-5$ sei. Die so beschriebenen Theile sind irrational und nennen sich mit Kunstausdruck Reste. Von ihren Gattungen gibt unser Philosoph in der 79. des zehnten an, dass ihrer sechs seien. Und insgemein werden die genannten Theile folgendermassen hervorgebracht der kleinere wenn er sagt: $15-\sqrt{125}$, Das will nämlich sagen: Nachdem man $\sqrt{125}$ genommen, die wenig mehr als 11 ist, und von 15 subtrahirt, dass wenig mehr als drei bleibt, oder wir wollen sagen wenig weniger als 4. Und der grössere ergibt sich: $\sqrt{125}-5$. Und das will sagen, nachdem man die $\sqrt{125}$ genommen die, wie gesagt, wenig mehr als 11 ist und von dieser fünf subtrahirt, dass wenig mehr als sechs, oder wir wollen sagen, wenig weniger als sieben für den genannten grösseren Abschnitt bleibt. Aber ähnliche Acte des Multiplicirens, Addirens, Subtrahirens und Dividirens binomischer Reste und Wurzeln und aller anderen rationalen und irrationalen, ganzen und gebrochenen Grössen aller Art, kümmere ich mich in diesem Werke nicht zu wiederholen, da ich sie in unserm vorerwähnten Werke vollständig dargelegt habe, und es wird allein darauf Obacht genommen, neue Dinge zu sagen, und nicht die schon gesagten zu wiederholen. Und damit haben wir bei der Theilung jeder Grösse stets drei nach der stetigen Proportionalität geordnete Ausdrücke derart, dass der eine die ganze so getheilte Grösse, d. h. den grösseren Abschnitt darstellt, wie hier im vorgelegten Falle zehn, und der andere den grösseren Theil nämlich den mittleren Abschnitt bildet, wie es $\sqrt{125}-5$ ist, der dritte kleinste $15-\sqrt{125}$ beträgt. Unter diesen findet dieselbe Proportion statt nämlich vom ersten zum zweiten wie vom zweiten zum dritten und ebenso umgekehrt, d. h. vom dritten zum zweiten wie vom zweiten zum ersten. Und die Multiplication des kleineren d. h. $15-\sqrt{125}$ mit dem grösseren der zehn ist, macht ebensoviel wie die Multiplication des mittleren, nämlich $\sqrt{125}-5$ mit sich selbst, so dass das eine wie das andere Product $150-\sqrt{12500}$ beträgt, wie es unsere Proportion verlangt. Und von dieser zehn wird gesagt, sie sei nach der Proportion getheilt, die einen mittleren und zwei äussere Abschnitte habe und ihr grösserer Abschnitt ist $\sqrt{125}-5$, und der kleinere $5-\sqrt{125}$, so dass beide nothwendig irrational sind wie durch die sechste des 13. bewiesen wird, und auch in der 11. des zweiten und 16. des neunten. Und dieses zur Kenntniss der so getheilten Grösse.

(Was die Wurzel einer Zahl und sonstigen Grösse sei.)

Cap. IX.

Und da es sich im Fortgange unseres Werkes oft ereignen wird, Wurzeln zu nennen, so scheint es mir hier am Platz, kurz zu erklären, was es bedeutet, obschon in unserem Werke weitläufig auf alle Art darüber gesprochen worden ist. Nichtsdestoweniger sage ich, die Wurzel einer Grösse sei selbst eine Grösse, die mit sich selbst multiplicirt diejenige Grösse ergibt, als deren Wurzel sie selber bezeichnet wurde. Wie wir sagen die Wurzel von neun sei drei, und von 16 sei vier, und von 25 fünf und so bei den übrigen, und 9, 16, 25 werden Quadrate genannt. Und in Bezug hierauf ist zu wissen, dass es einige Grössen gibt, die keine Wurzeln derart haben, dass man sie durch eine Zahl bestimmt angeben könne. Wie für zehn keine Zahl existirt, die, mit sich selbst multiplicirt, genau zehn ergibt, und ebenso bezüglich 11, 12, 13, und anderer ähnlicher Zahlen. Und somit gibt es und entstehen Wurzeln von zweierlei Art, die eine discrete genannt, oder wir wollen rational sagen und ist diejenige, die durch eine bestimmte Zahl ausgedrückt werden kann, wie von neun die Wurzel drei ist. Und die andere wird taube genannt und ist die, welche durch eine Zahl nicht genau wiedergegeben werden kann, wie wir von der $\sqrt{10}$ und anderen gesagt haben. Und diese werden mit anderen Namen irrational genannt, insofern alle diejenigen Grössen, die sich durch eine bestimmte Zahl nicht ausdrücken lassen, in der Wissenschaft irrational genannt werden, und die, welche sich durch eine Zahl wiedergeben lassen, werden rationale genannt. Und dies sei zu unserem Satze bezüglich der Wurzel genug.

(Folgerung aus der ersten vorgeführten Wirkung.)

Cap. X.

Kehren wir nun, nachdem diese Dinge wohl gemerkt, zu ihrer zuerst angegebenen Wirkung zurück, und machen wir uns dieselbe mit deutlichen Beispielen klar und es werde zu seiner Beleuchtung denselben Fall von zehn wieder aufgenommen, der an jener Stelle vorgeführt, ohne sich mit anderen mühsamen Grössen weiter abzumühen, da bei jeder stets dasselbe eintritt, was in dem Vorliegenden gesagt wird. Und zu vollständigerer Einsicht Euer Hoheit werden wir mittelst der Arithmetik alle übrigen verfolgen, indem wir jedoch voraussetzen dass die wissenschaftlichen Beweise alles dessen was unser Fortgang enthalten wird, an den Stellen, welche wir aus unserem Philosophen Euklid anführen werden, mit aller Sorgfalt geometrisch dem nothwendigen Erforderniss der Schlüsse gemäss beigebracht seien. Ich sage also, dass, wenn man zehn nach unserer Proportion theilt, und der grössere Abschnitt $\sqrt{125}-5$ ist, wenn man zu diesem, der genannten Wirkung entsprechend, fünf, d. h. die Hälfte der ganzen Grösse zehn hinzufügt, dass dies genau $\sqrt{125}$ macht denn diese Zahl, weniger fünf ergänzt und vervollständigt sich mittelst plus fünf, der Hälfte von zehn. Diese Summe, d. h.

$\sqrt{125}$, mit sich selbst multiplicirt was 125 für ihr Quadrat macht, ist fünfmal so viel als das Quadrat der Hälfte von zehn welche fünf, und deren Quadrat 25 ist. Daher ist 125 genau das fünffache des genannten 25, Quadrat der genannten Hälfte von zehn, wie gesagt worden. Und diese Wirkung hat bei jeder Grösse statt, welcher Art sie auch sei, wie es offenkundig der erste des 13. unseres Führers zeigt.

(Von ihrer zweiten wesentlichen Wirkung.)

Cap. XI.

Wenn eine Grösse in zwei Theile getheilt und zu der einen eine Grösse hinzugefügt wird, so dass das Quadrat dieser Summe das Fünffache des Quadrats der hinzugefügten Grösse ist, so folgt mit Nothwendigkeit, dass die genannte zugefügte Grösse die Hälfte der in die beiden Theile zerlegten ersten Grösse sei, und dass die, zu welcher sie hinzugefügt, ihr grösserer Abschnitt, und dass sie die ganze in ihnen nach unserer Proportion getheilt sei. Z. B. man nehme $15 - \sqrt{125}$ und $\sqrt{125} - 5$ für die beiden vollständigen Abschnitte einer Grösse und füge zu dem einen von beiden nämlich $\sqrt{125} - 5$ die Zahl 5 als dritte Grösse hinzu, dann ist die Summe $= \sqrt{125}$ deren Quadrat 125 und das Quadrat der hinzugefügten Grösse ist 25. Daher ist 125 das Fünffache von 25, dem Quadrate der zugefügten Grösse. Ich sage, dass $\sqrt{25}$ nämlich 5 die Hälfte der in jene zwei Abschnitte getheilten ersten Grösse und jene der man sie hinzugefügt, der grössere Abschnitt von genannter ersten nach unserer Proportion, die einen mittlern und zwei äussere Abschnitte hat, getheilten Grösse nämlich von 10. sei. Und das ist die Umkehrung der vorhergegangenen Wirkung, wie die zweite des dreizehnten geometrisch schliesst.

(Ueber ihre dritte besondere Wirkung.)

Cap. XII.

Wenn eine Grösse nach unserer Proportion getheilt ist, und wenn man dem kleinern Abschnitte die Hälfte des grösseren hinzufügt, so wird alsdann stets das Quadrat der Summe das fünffache des Quadrats der Hälfte des genannten grösseren Abschnittes sein. Es sei Beispielsweise 10 die nach unserer göttlichen Proportion getheilte Grösse, so dass der eine Abschnitt, nämlich der grössere $\sqrt{125}-5$ und der kleinere $15-\sqrt{125}$ sein wird. Ich behaupte, wenn man zu $15-\sqrt{125}$, welches der kleinere ist, die Hälfte von $\sqrt{125}-5$ hinzufügt, welches der grössere ist, so wird ferner die Summe des kleineren und der genannten Hälfte mit sich selbst multiplicirt fünf mal so viel sein als das Quadrat der Hälfte des genannten grösseren, und das zeigt sich so: Da die Hälfte von $\sqrt{125}-5$ ist $\sqrt{31\frac{1}{4}}-2\frac{1}{2}$, und zu $15-\sqrt{125}$, welcher der kleinere Theil ist, addirt $12\frac{1}{2}-\sqrt{31\frac{1}{4}}$ macht, so ergibt sich durch Multiplication von $\left(12\frac{1}{2}-\sqrt{31\frac{1}{4}}\right)$ mal $\left(12\frac{1}{2}-\sqrt{31\frac{1}{4}}\right)$ das Product $187\frac{1}{2}-\sqrt{19531\frac{1}{4}}$. Und dieses wird das Quadrat der Summe genannt. Ferner quadrire man noch die Hälfte des genannten grössern, d. h. multiplicire $\left(\sqrt{31\frac{1}{4}}-2\frac{1}{2}\right)$ mal $\left(\sqrt{31\frac{1}{4}}-2\frac{1}{2}\right)$ das macht $37\frac{1}{2}-\sqrt{781\frac{1}{4}}$. Und dieses wird das Quadrat der Hälfte des grössern Abschnittes genannt, welches genau $^1/_5$ des Quadrats der Summe macht. Und folglich ist genanntes Quadrat der Summe gleich dem fünffachen des Quadrats der Hälfte genannten grössern Abschnittes der so getheilten Grösse 10. Diese Eigenschaft ist neben den übrigen sehr schätzenswerth, wie sie auch ganz geometrisch durch die dritte des dreizehnten unseres Autors bewiesen wird.

(Von ihrer vierten unsagbaren Wirkung.)

Cap. XIII.

Wenn eine Grösse nach unserer göttlichen Proportion getheilt wird und man zu der ganzen Grösse ihren grösseren Abschnitt hinzufügt, so werden genannte Summe und genannter grösserer Abschnitt Theile einer anderen ebenso getheilten Grösse sein.[4]) Und der grössere Abschnitt dieser zweiten so getheilten Grösse wird immer die ganze zuerst genannte Grösse sein. Es sei z. B. die nach unserer einzigen Proportion getheilte Grösse 10 so dass ihr grösserer Abschnitt $\sqrt{125}-5$, der kleinere $15-\sqrt{125}$ sein wird. Wenn man daher zu der ersten Grösse 10 den grösseren Abschnitt, $\sqrt{125}$ hinzufügt, so wird sich eine zweite ergeben, nämlich $\sqrt{125}+5$. Und von dieser zweiten Grösse $\sqrt{125}+5$ behaupte ich, dass sie gleicherweise in den beiden genannten Abschnitten nach unseren Proportion getheilt sei, nämlich in $\sqrt{125}-5$, den grösseren Theil der ersten, und in 10, welches die erste Grösse war, und der grössere Abschnitt dieser zweiten Grösse ist. Und dies erhellt so: weil das Product von $\sqrt{125}-5$ (welches der grössere Abschnitt der ersten, und jetzt der kleinere dieser zweiten ist) mit dieser ganzen zweiten nämlich mit $\sqrt{125}+5$ soviel wie das Quadrat des mittlern, oder wir wollen sagen grössern Abschnitts dieser zweiten, welcher 10 ist, ausmacht, so dass beide genau 100 machen wie es für genannte Proportion verlangt wird. Diese Eigenschaft weist uns auch geometrisch die vierte des 13. nach.

(Von ihrer fünften wunderbaren Wirkung.)

Cap. XIV.

Wenn eine Grösse nach unserer genannten Proportion getheilt ist, so ist stets die Summe des Quadrats des kleineren Abschnittes und des Quadrats der ganzen Grösse das dreifache des Quadrats des grösseren Abschnittes.[5]) Es sei z. B. zehn die getheilte Grösse wie wir gesagt haben, so dass der eine Abschnitt $15-\sqrt{125}$, d. h. der kleinere, und der andere $\sqrt{125}-5$ sei, d. h. der grössere. Ich sage, dass, wenn man das Quadrat von $15-\sqrt{125}$ zu dem Quadrate von zehn, der ganzen Grösse addirt, ihre Summe dreifach, d. h. dreimal so gross als das Quadrat des grösseren Abschnittes, d. h. $\sqrt{125}-5$ sein wird. Demgemäss ist das Quadrat von $15-\sqrt{125}=350-\sqrt{112500}$ und das Quadrat von zehn ist 100, welches zu $350-\sqrt{112500}$ addirt $450-\sqrt{112500}$ für die genannte Summe ergibt. Und das Quadrat von $\sqrt{125}-5$ ist $150-\sqrt{12500}$, welches $1/3$ der genannter Summe macht, wie erhellt. Denn wenn man $150 - \sqrt{112500}$ mit drei multiplicirt, macht es genau: $450 - \sqrt{112500}$. Also ist die genannte Summe das dreifache des genannten Quadrats, wie wir behaupteten. Diese Wirkung folgert die fünfte des 13. geometrisch.

(Von ihrer sechsten unnennbaren Wirkung.)

Cap. XV.

Keine rationale Grösse kann je nach unserer genannten Proportion so getheilt werden, ohne dass jeder ihrer Abschnitte irrational — Rest genannt — sei, z. B. es sei zehn die rationale Grösse, die man nach der einen mittleren und zwei äussere Abschnitte enthaltenden Proportion theilen soll. Ich sage, das jeder ihrer Theile nothwendigerweise ein Rest sein muss. Demgemäss wird der eine $15 - \sqrt{125}$, d. h. der kleinere, und der andere, grössere $\sqrt{125} - 5$ sein. Und deswegen erhellt, dass jede ein Rest sei, wie sie in der Kunstsprache genannt werden, der 79. des zehnten gemäss. Und diesen so beschaffenen Effect haben wir aus der sechsten des 13.

(Von ihrer siebenten unglaublichen Wirkung.)

Cap. XVI.

Wenn man die Seite des gleichseitigen Sechseckes zu der Seite des gleichseitigen Zehneckes addirt, welche beide als in ein und demselben Kreis beschrieben sich verstehen, so wird ihre Summe immer eine nach unserer genannten Proportion getheilte Grösse sein. [6]) Und ihr grösserer Abschnitt wird die Sechsecksseite sein, z. B. es sei die Seite eines gleichseitigen, in den Kreis beschriebenen Sechseckes $\sqrt{125} - 5$, und die Seite des gleichseitigen Zehneckes in demselben Kreise sei $15 - \sqrt{125}$ von welchem Kreise der Durchmesser $\sqrt{500} - 10$ sein wird. Ich sage, dass die Summe von $\sqrt{125} - 5$ plus $15 - \sqrt{125}$, welches zehn macht, nach unserer Proportion getheilt sei und ihr grösserer Abschnitt ist $\sqrt{125} - 5$, und der kleinere $15 - \sqrt{125}$ wie mehrfach die Zahl Zehn zu theilen angegeben worden ist. Und dies wird geometrisch bewiesen durch die neunte des 13.

(Von der umgekehrten Wirkung der vorhergehenden.)

Cap. XVII.

Wenn eine Linie nach der Proportion getheilt ist, die einen mittleren und zwei äussere Abschnitte hat, so ist immer in dem Kreise wofür der grössere Abschnitt die Seite des ihm einbeschriebenen Sechseckes ist, der kleinere die entsprechende Zehnecksseite. Wenn z. B. die getheilte Linie zehn wäre, so wird der grössere Abschnitt, welcher $\sqrt{125}-5$, immer die Seite des Sechseckes eines Kreises sein, dessen Durchmesser das Doppelte von $\sqrt{125}-5$, nämlich $\sqrt{500}-10$ sein wird. Ich behaupte, dass in demselben Kreise der kleinere Abschnitt $15-\sqrt{125}$ die Seite des demselben einbeschriebenen gleichseitigen Zehneckes sei. Und dieser Umkehrung bedient sich häufig Ptolomäus im neunten Capitel des ersten Lehrsatzes seines Almagest's, um die Grösse der Sehnen von Kreisbögen nachzuweisen. Wie gleichfalls in der vorgenannten neunten des 13 geometrisch klar bewiesen wird.

(Von ihrer neunten über die anderen hinausgehenden Wirkung.)

Cap. XVIII.

Wenn man im Kreise das gleichseitige Fünfeck bildet, und über seine zwei benachbarten Ecken, zwei gerade Linien von den Endpunkten seiner Seiten ausgehend spannt, so werden sich diese untereinander nothwendigerweise nach unserer Proportion theilen.[7]) Und jeder ihrer grössern Abschnitte wird stets die Seite des genannten Fünfeckes sein. Es sei z. B. das Pentagon *abcde* und von den Endpunkten *c* und *a* ziehe man die Sehne *ac*, die den Winkel *b* überspannt, und von den Endpunkten *b* und *e* ziehe man die andere Sehne *be*, die den Winkel *a* überspannt. Ich sage, dass diese zwei Linien *ac* und *be* sich untereinander im Punkte *f* nach der Proportion schneiden, die einen mittlern und zwei äussere Abschnitte hat und der grössere Abschnitt jeder ist genau die Seite des Fünfeckes. Demgemäss ist von der Linie *ac* der grössere Abschnitt *cf*, und der grössere der Linie *be* ist

ef. Und jeder derselben ist stets gleich cf, und der grössere Abschnitt der Linie be ist ef. Und jeder von diesen ist stets der Seite des genannten Fünfeckes gleich. Und von den Mathematikern werden genannte zwei Linien mit anderen Namen Sehnen des Fünfeckswinkels genannt. Wenn z. B. jede der genannten Sehnen 10 wäre, da sie einander gleich sein werden, indem ihr Fünfeck im Kreise gleichseitig ist, so würde $cf = \sqrt{125} - 5$, $af = 15 - \sqrt{125}$ sein, und ebenso würde der Abschnitt $ef = \sqrt{125} - 5$ und $bf = 15 - \sqrt{125}$ sein. Und die Fünfecksseite würde gleicherart $\sqrt{125} - 5$, und alles dies weist auf schöne Art die 11. des 13. geometrisch nach. Und mittelst dieser Wirkung können wir durch die Kenntniss der Seite zur Kenntniss aller seiner Sehnen und aller ihrer Abschnitte gelangen. Und ebenso können wir umgekehrt durch die Kenntniss der Sehnen zur Kenntniss der Seite und der Abschnitte genannter Sehnen gelangen, indem wir arithmetisch und geometrisch operiren, wie wir in unserm oben angeführten Werke mit aller Sorgsamkeit gelehrt haben, mit Binomen und andern irrationalen Linien zu verfahren, über welche unser Philosoph in seinem 10. handelt; und hinsichtlich der Linien beweist er es in der 11. des zweiten und in der 29. des sechsten, so dass man leicht in jedem Falle zur Kenntniss der einen und der andern gelangt, was eine Sache von grossem Nutzen in unsern wissenschaftlichen und speculativen Vorkommnissen ist.

(Ueber ihre 10. höchste Wirkung.)

Cap. XIX.

Wenn eine Grösse nach der genannten Proportion getheilt ist, so gehen alle Wirkungen, welche aus ihr und ihren Abschnitten entspringen können, ihrer Beschaffenheit, Anzahl, Species und Gattung nach selbst aus irgend einer anderen ebenso getheilten Grösse hervor. Es seien z. B. zwei so getheilte Linien vorhanden, die eine ab nämlich in c getheilt, und ihr grösserer Abschnitt sei ac und die andere dc, und ihr grösserer Abschnitt sei df. Und wie wir von diesen beiden sagen, so verstehen wir es von unendlich vielen andern, die sich leicht mittelst der Arithmetik bestimmen lassen. Wenn man $ab = 10$ setzt, so würde $ac = \sqrt{125} - 5$ und der andere Abschnitt $= 15 - \sqrt{125}$ sein. Und wenn man $de = 12$ setzt, so würde $df = \sqrt{180} - 6$ und der andere $= 18 - \sqrt{180}$ sein. Ich sage, dass alles das was jemals hervorgehen kann, bezüglich einer der zwei genannten Linien durch Gleichsetzen, Multiplication, Division und alle sonstigen Rechnungsarten (dasselbe) auch immer bezüglich der andern stattfindet, d. h. bei jeder findet dasselbe Verhältniss zu ihrem grössern Abschnitte und ebenso findet bei jeder dasselbe Verhältniss zu ihrem kleinern Abschnitte statt, und ebenso umgekehrt von jedem ihrer Abschnitte zu ihnen selbst und ebenso verhält sich das Product der einen mit ihren Theilen und umgekehrt zu genannten Theilen, und ebenso verhält es sich beim Subtrahiren und Dividiren. Daher ist das Verhältniss, welches von der Zahl 10 zu ihrem grössern Abschnitt $\sqrt{125} - 5$ stattfindet, dasselbe, wie das von 12 zu ihrem grösseren Abschnitte $\sqrt{180} - 6$, und das Verhältniss, welches von der Summe von 10 plus $\sqrt{125} - 5$ zu $\sqrt{125} - 5$ stattfindet, dasselbe wie das der Summe von 12 plus $\sqrt{180} - 6$ zu $\sqrt{180} - 6$. Und somit kurz gesagt, wird man bei auf alle mögliche Art ins Unendliche fortgesetzter Annahme, Umkehrung mittelst der veränderten, umgekehrten, verbundenen, entbundenen, umgewandten und gleichen Proportionalität, immer zu ein und derselben Bezeichnung und zu denselben intensiven Wirkungen gelangen, was unfehlbar eine sehr grosse Harmonie in allen so getheilten Grössen beweist, wie sich später bei den regelmässigen Körpern und den von ihnen abhängigen ergeben wird, und dies Alles folgert im Wesentlichen die 2. des 14. geometrisch.

(Von ihrer 11. ausgezeichnetsten Wirkung.)

Cap. XX.

Wenn man die Seite eines gleichseitigen Sechsecks nach unserer göttlichen Proportion theilen wird, so wird ihr grösserer Abschnitt stets nothwendig die Seite des von demselben Kreise wie das Sechseck umschriebenen Zehnecks sein. Wenn z. B. die auf die genannte Art getheilte Seite des Rechtecks = 10 wäre, so wird ihr grösserer Abschnitt $\sqrt{125}-5$ sein, was, behaupte ich, genau die Seite des von demselben Kreise umschriebenen Zehnecks ist, dessen Durchmesser 20 betragen würde. Und dieses wird aus der dritten des vierzehnten geschlossen. Daher wird augenscheinlich, nachdem man die Seite des einen erhalten, die Seite des andern leicht gefunden und ebenso kann man, nachdem der Durchmesser des Kreises oder sein Umfang oder sein Flächeninhalt oder der irgend eines Theiles von ihm erhalten, stets dadurch zur Kenntniss des einen oder des andern durch das eine gelangen, und ebenso auf alle Arten umgekehrt vom Kreise, Sechseck, Zehneck und auch Dreieck aus durch arithmetische und geometrische Operation — was eine sehr nützliche Sache ist, wie es oben beim neunten Effect bezüglich des Fünfecks gesagt worden. Daher etc.

(Von ihrer zwölften fast unbegreiflichen Wirkung.)

Cap. XXI.

Wenn eine Grösse nach unserer genannten Proportion getheilt wird, so verhält sich die Wurzel aus der Summe aus dem Quadrat der ganzen Grösse und dem Quadrat ihres grössern Abschnitts zur Wurzel der Summe aus dem Quadrat genannter Grösse und dem Quadrate ihres kleinern Abschnitts, wie die Seite des Kubus zur Seite des Dreiecks des zwanzigflächigen Körpers.[5]) Es sei beispielsweise 10 die nach der Proportion, welche einen mittleren und zwei äussere Abschnitte hat, getheilte Grösse, so dass der eine Theil, nämlich der grössere, wie mehrfach gesagt worden, $\sqrt{125}-5$ und der kleinere $15-\sqrt{125}$ ist. Nun quadrire man die genannte angegebene Grösse 10, d. h. multiplicire sie mit sich selbst, so ergibt das 100, und man quadrire ferner ihren grössern Abschnitt, nämlich $\sqrt{125}-5$, welcher mit sich selbst multiplicirt $150-\sqrt{12500}$ ergeben wird, und quadrire noch den kleinern Abschnitt, d. h. $15-\sqrt{125}$, welcher mit sich multiplicirt $350-\sqrt{112500}$ macht. Nun füge man zu dem Quadrat des grössern Abschnitts, nämlich zu $150-\sqrt{12500}$ das Quadrat der ganzen Grösse nämlich 10, welches 100 ist, so ergibt sich $250-\sqrt{12500}$. Dasselbe Quadrat der genannten Grösse,

d. h. 100, füge man zu dem Quadrate des kleinern Abschnitts, der, wie wir gefunden, $350-\sqrt{112500}$, zu dem 100 addirt, sich $450-\sqrt{112500}$ ergeben wird. Jetzt behaupte ich, dass das Verhältniss der Wurzel der einen Summe, d. h. $250-\sqrt{12500}$ die aus dem Quadrat der genannten Grösse und dem des grössern Abschnitts gebildet worden, zu der Wurzel der andern Summe, welche aus dem Quadrat der genannten Grösse und dem ihres kleinern Abschnittes, d. h. $450-\sqrt{112500}$ gebildet ist, genau dasselbe sei, wie das Verhältniss der Seite des Kubus zur Dreiecksseite des zwanzigflächigen Körpers; wenn beide Körper von ein und derselben Kugel umschrieben oder umgeben sind. Diese Wurzeln der Summen werden als Potenzlinien[1]) der genannten Summen bezeichnet, d. h. $\sqrt{250-\sqrt{12500}}$ bedeutet eine Grösse, deren Potenz oder Quadrat genau die genannte Summe ist. Und ebenso bedeutet $\sqrt{450-\sqrt{112500}}$ eine Grösse, deren Potenz, oder wir wollen sagen Quadrat, genau $450-\sqrt{112500}$ ist. welche Wurzeln mit anderm Namen von den Praktikern universale Wurzeln oder auch verbundene Wurzeln genannt werden, wie auch in unserm vorerwähnten Werke im dritten Tractat seiner achten Unterscheidung am Anfang von Blatt 120 des genannten Bandes erhellt. Die Untersuchung dieser Grössen ist höchst subtil und sie beziehen sich auf speculative Praxis, wie es in eingehender Art in dem genannten Bande sich offenbart. — Und diese alle, erhabener Fürst, ist es nicht möglich, mit niederern Merkmalen anzugeben. Und diese ganze speculative Wirkung wird mittelst der neunten des vierzehnten geometrisch nebst einigen andern an jener Stelle angeführten von Campanus bewiesen.

(Von ihrer dreizehnten werthesten Wirkung.)

Cap. XXII.

Bezüglich ihrer dreizehnten Wirkung ist es nicht wenig zu verwundern, dass ohne ihren Beistand nie das Pentagon, d. h. die Figur aus fünf gleichen Seiten gebildet werden kann, welches oben bei der neunten Wirkung erwähnt und noch später zu

[1]) Heute versteht man darunter etwas ganz Verschiedenes.

erwähnen sein wird, ohne welches Pentagon, wie behauptet werden wird, es nicht möglich, dass der edelste vor allen andern regelmässigen Körpern, Dodekaeder genannt, gebildet oder vorgestellt werden könne, d. h. Körper von zwölf gleichseitigen und gleichwinkligen Pentagonen, der mit anderm Namen Körper von zwölf pentagonalen Seitenflächen gebildet, genannt wird,[9]) dessen Form, wie gesagt werden wird, der göttliche Plato dem fünften Stoffe, d. h. dem Himmel, aus sehr angemessenen Gründen beilegte. Demgemäss lehrt uns unser Philosoph im vierten Buche durch die zehnte ein Dreieck von folgender Beschaffenheit bilden, nämlich so, dass jeder seiner beiden Winkel, welche über seiner Grundlinie stehen, doppelt so gross sei wie der andere, und dies that er, weil, wenn wir das gleichseitige und zugleich gleichwinklige Fünfeck zu bilden und dasselbe dem Kreise ein- und umzubeschreiben, d. h. es genau innerhalb und ausserhalb des Kreises zu bilden verstehen wollten, dies unmöglich war, wenn er uns nicht zuerst gelehrt hätte, dieses Dreieck herzustellen, wie es aus der elften und zwölften des genannten vierten erhellt. Und um das genannte Dreieck zu bilden, muss man nothwendigerweise eine Linie nach unserer göttlichen Proportion theilen, wie er uns durch die genannte zehnte des vierten beweist, obschon er an jener Stelle nicht sagt, dass die genannte Linie nach der erwähnten Proportion getheilt werde. Seine Umstände, warum er uns noch keine Kenntniss davon gegeben, was die Proportion sei, wovon er in seinem fünften handelt, reservirt er sich, da es nicht seine Gewohnheit ist, seinen Beweisen später folgende Dinge einzufügen, wovon man noch keine Kenntniss hat; sondern er benutzt nur die vorhergegangenen und diese Ordnung versteht sich für alle seine fünfzehn Bücher und deswegen sagte er bezüglich des genannten Dreiecks nicht, dass er die genannte Linie nach der Proportion theile, welche einen mittleren und zwei äussere Abschnitte hat, sondern er sagt, nach der elften des zweiten mache er aus ihr zwei Theile derart, dass das Quadrat des einen gleich sei dem Producte des andern mit der ganzen genannten Linie, was im Wesen nichts anderes sagen will, als sie nach genannter Proportion theilen, wie es aus der dritten Definition des sechsten und der neunundzwanzigsten des vorerwähnten hervorgeht, und wir ausserdem oben in diesem Werke sagten, als erklärt wurde, wie der mittlere und seine äusseren Abschnitte zu verstehen seien, bezüglich ihrer zuerst angeführten Wirkung.

(Wie aus Ehrfurcht vor unserem Heile die genannten Wirkungen endigen.)

Cap. XXIII.

Es scheint mir, erhabener Herzog, nicht angemessen, mich über noch mehr von ihren unendlichen Wirkungen für jetzt zu verbreiten, weil das Papier der Tinte nicht genügen würde, sie alle auszudrücken, sondern wir haben nur diese dreizehn unter den andern gewählt, aus Verehrung für die Schaar der Zwölf und ihres heiligsten Hauptes, unseres Erlösers Jesus Christus. Denn da wir ihr den göttlichen Namen auch der Zahl nach von 13 Artikeln mit Bezug auf unser Heil und zwar der zwölf Apostel mit unserm Erlöser beigelegt haben, so seien sie hiermit beendigt; vor welchem Collegium ich verstehe, dass Euer herzogliche Hoheit besondere Devotion haben, sofern Sie es in dem vorerwähnten Orte, dem heiligsten Tempel der Grazien von unserm vorerwähnten Leonardo mit seinem gewandten Pinsel haben entwerfen lassen. Nichtsdestoweniger wird im folgenden Fortgange nicht unterbleiben den gelegentlichen Bedürfnissen gemäss noch Anderes davon anzuführen, sofern es, wie erklärt werden wird, nicht möglich ist, die Harmonie und würdige Uebereinstimmung aller regelmässigen Körper und der von ihnen abhängigen unter sich herstellen und denken zu können. Zu diesem Zweck haben wir die schon genannten aufgestellt, damit die Folgerung aus ihnen sich klarer ergäbe.

(Wie die genannten Wirkungen zur Zusammensetzung aller regelmässigen Körper und der von ihnen abhängigen beitragen.)

Cap. XXIV.

Nunmehr, erhabener Herzog, offenbart sich die Tugend und Kraft unserer vorerwähnten Proportion mit ihren eigenthümlichen Wirkungen am meisten, wie wir oben gesagt haben in der Bildung und Zusammensetzung sowohl der regelmässigen Körper, wie der von ihnen abhängigen. Zum bessern Verständniss werden wir hier im Folgenden, von ihnen der Ordnung nach sprechen; und zwar zuerst von den fünf wesentlichen, die mit anderm Namen reguläre genannt werden, sodann nach und nach von einigen hinreichend hervorragenden von ihnen abhängigen. Zuerst aber ist zu erklären, warum die genannten Körper reguläre seien. Zweitens ist nachzuweisen, wie in der Natur die Bildung eines sechsten nicht möglich sei. Darum werden die genannten als reguläre bezeichnet, da sie von gleichen Seiten Winkeln und Flächen sind und der eine genau im andern enthalten ist,[1]) wie sich zeigen wird, und sie entsprechen den fünf einfachen Stoffen in der Natur, d. h. Erde, Wasser, Luft, Feuer und fünfter Stoff nämlich himmlische Tugend, die alle andern in ihrem Dasein stützt. Und wie diese fünf einfachen Stoffe in der Natur genügend und ausreichend sind, andernfalls würde Gott dem natürlichen Bedürfnisse überflüssig oder zu gering zu erachten sein was widersinnig ist, wie der Philosoph versichert, da Gott und die Natur nicht umsonst operiren, d. h. es am Nothwendigen nicht fehlen lassen, noch jenes überschreiten: ebenso sind auf gleiche Art der Formen dieser fünf Körper, von denen zu sagen ist, genau fünf zur Zierde des Universums, und es können deren nicht mehr sein nach dem was folgen wird. Und nicht mit Unrecht schrieb daher wie weiter unten erwähnt werden wird, der alte Plato in seinem Timäus die Figuren genannter regelmässiger Körper den fünf einfachen Stoffen zu, wie bei dem fünften Schicklichkeitsgrunde für den unserer Proportion beigelegten Namen: der göttlichen oben gesagt worden. Und soviel bezüglich ihrer Benennung.

(Warum es nicht mehr als fünf regelmässige Körper geben kann.)

Cap. XXV.

Es ziemt sich jetzt zu zeigen, warum nicht mehr als fünf Körper in der Natur existiren können derart, nämlich dass alle

---

[1]) scil. der eine lässt sich genau in den andern einbeschreiben.

ihre Grenzflächen unter sich gleich und von gleichen körperlichen und ebenen Winkeln und ebenso von gleichen Seiten, welche Sache daraus erhellt, weil zur Herstellung eines körperlichen Winkels (scil. Ecke) der Zusammenstoss von wenigstens drei Flächenwinkeln nothwendig ist, weil sich mit zwei Flächenwinkeln allein ein körperlicher Winkel nicht begrenzen lässt. Weil nun drei Winkel jedes gleichseitigen Sechsecks gleich vier rechten Winkeln sind, und ferner vom Heptagon, d. h. einer siebenseitigen Figur und allgemein von jeder gleichseitigen und auch gleichwinkligen Figur von mehr Seiten ihre drei Winkel immer grösser als vier Rechte sind, wie es aus der zweiunddreissigsten des ersten evident erhellt, und jeder körperliche Winkel kleiner als vier Rechte ist, wie die einundzwanzigste des elften bezeugt, deshalb ist es unmöglich, dass drei Winkel des Hexagons und Heptagons, und allgemein irgendwelcher gleichseitigen und gleichwinkligen Figur von mehr Seiten einen körperlichen Winkel bilden. Und hierdurch ist offenbar, dass keine körperliche gleichseitige und gleichwinklige Figur aus Oberflächen von sechs oder aus mehr Seiten sich bilden könne. Denn wenn die drei Winkel des gleichseitigen und gleichwinkligen Sechsecks grösser sind, als ein körperlicher Winkel, so folgt, dass vier und mehr weit stärker den genannten körperlichen Winkel übertreffen werden. Von den drei Winkeln des gleichseitigen und gleichwinkligen Pentagons aber ist klar, dass sie kleiner als vier rechte Winkel sind; und vier derselben sind grösser als vier Rechte. Daher kann man aus den drei Winkeln eines gleichseitigen und gleichwinkligen Fünfecks den körperlichen Winkel bilden, dagegen aus vier seiner Winkel oder mehr ist es nicht möglich einen körperlichen Winkel zu bilden. Und deswegen wird nur ein Körper aus gleichseitigen und gleichwinkligen Pentagonen gebildet, der Dodekaeder, mit anderm Namen Körper von zwölf Pentagonen, von den Philosophen genannt wird. Bei demselben bilden und enthalten die Winkel der Fünfecke je zu drei alle körperlichen Winkel des genannten Körpers. Dasselbe Raisonnement wie hinsichtlich der Pentagone gesagt, findet statt bezüglich der vierseitigen Figuren von gleichen Seiten und Winkeln. Denn jede vierseitige Figur, wenn sie gleichseitig und gleichwinklig sein soll, wird der Definition nach quadratisch sein, da alle ihre Winkel rechte sein werden, wie sich aus der zweiunddreissigsten des ersten zeigt. Daher ist es möglich, aus drei Winkeln einer solchen ebenen Figur einen körperlichen Winkel zu bilden, aber aus vier derselben oder mehreren ist es unmöglich. Daher kann aus solchen Flächenfiguren, sofern sie vierseitig gleichseitig und gleichwinklig sind, ein fester Körper gebildet werden, den wir Kubus nennen, der ein Körper ist, welcher von sechs quadratischen Flächen umfasst wird und zwölf Kanten[1]) und acht Ecken hat. Und bei gleichseitigen Dreiecken sind sechs Winkel gleich vier Rechten nach der genannten zweiunddreissigsten des ersten. Daher sind weniger als sechs kleiner als vier Rechte, und mehr als sechs sind grösser als vier Rechte. Daher kann man aus sechs Winkeln oder mehr von ebensolchen Dreiecken keinen körperlichen Winkel bilden, aber aus drei und vier und aus fünf kann man ihn bilden. Und sofern drei Winkel des gleichseitigen Dreiecks einen körperlichen Winkel enthalten, deshalb wird aus gleichseitigen Dreiecken der von vier gleichseitigen Dreiecksflächen begrenzte Körper gebildet, Tetraeder genannt. Und wenn ferner vier solche Dreiecke zusammenlaufen, entsteht der achtflächige Körper, Oktaeder genannt, und wenn fünf gleichseitige Dreiecke einen körperlichen Winkel enthalten, dann bildet sich der Ikosaeder genannte Körper zu zwanzig gleichseitigen und gleichwinkligen Dreiecksflächen. Es ist daher nach dem was wir gesagt, völlig klar, warum der regelmässigen Körper soviele und solche und nicht mehr existiren etc.

(Von der Anfertigung oder Bildung jener fünf regelmässigen Körper und dem Verhältnisse eines jeden zum Durchmesser der Kugel,[2]) und zwar zuerst vom Tetraeder.)

Cap. XXVI.

Nachdem gesehen und verstanden, was reguläre Körper und wie viele genau vorhanden seien, so folgt jetzt zu sagen, wie sie gebildet werden, damit sie genau von einer Kugel umgeben

---

[1]) Statt des Ausdrucks „Kante" kehrt haufig die dasselbe besagende Bezeichnung: „Seite" wieder.

[2]) scil. der umbeschriebenen.

seien und ferner, welches Verhältniss und Bestimmung von ihnen oder ihren Seiten zum Durchmesser der Kugel stattfinden müsse, damit sie jene genau umschliesse. Mittelst derselben gelangt man zur Kenntniss von ihnen allen. Demgemäss werden wir zuerst vom Tetraeder, d. h. vom Körper aus vier gleichseitigen Dreiecksflächen sprechen und sodann nach und nach von jedem andern der Reihenfolge nach. Ich sage also, genannter Körper müsse auf folgende Art gebildet werden: zuerst nehme man den Durchmesser der Kugel, in welche wir ihn einzufügen beabsichtigen, den wir als die Linie *ab* annehmen. Und diese werde im Punkt *c* derart getheilt, dass der Abschnitt *ac* doppelt so gross als *bc* sei.[10]) Und man schlage über ihr einen Halbkreis *adb* und ziehe die Linie *cd* senkrecht auf die Linie *ab*, und ziehe die Linie *bd* und *da*. Sodann beschreibe man den Kreis *fgh* über dem Centrum *e*, dessen Halbmesser gleich der Linie *cd* sei. In diesem Kreise beschreibe man sodann ein gleichseitiges Dreieck, wie es die zweite des vierten lehrt, und dies Dreieck sei *fgh*. Und vom Centrum nach seinen Winkelpunkten ziehe man die Linien *ef*, *eg*, *eh*. Sodann errichte man über dem Centrum die Linie *ek* senkrecht zur Fläche des Kreises *fgh*, wie es die zwölfte des elften lehrt, und diese Senkrechte mache man gleich der Linie *ac*; und vom Punkte *k* lasse man die Hypotomissen[1]) *kf*, *kg*, *kh* herab. Wenn man diese Dinge so genau beobachtet hat, so sage ich, dass die Pyramide von vier gleichseitigen Dreiecksflächen beendigt sei. Und diese wird genau von der Kugel eben jenes Durchmessers *ab* umschrieben sein. Und ich behaupte, gemäss dem Verhältniss des Durchmessers der Kugel zur Seite der construirten Pyramide, dass das Quadrat des genannten Durchmessers das Dreieinhalbfache des Quadrats der Seite genannter Pyramide sei, d. h. dass das Quadrat des Durchmessers das Quadrat der Seite der Pyramide anderthalbmal enthält, d. h. wie 3 : 2 und 6 : 4 sich verhält. Und das will sagen, dass wenn das Quadrat genannten Durchmessers 6 wäre, das Quadrat der Seite der Pyramide 4 sein würde. Und so findet es sich in der Geometrie bewiesen.

[1]) cfr. Cap. LXXI.

(Von der Anfertigung des Würfels und seinem Verhältniss zur Kugel.)

Cap. XXVII.

Es folgt zu zeigen, wie der Kubus gebildet wird, und welches das Verhältniss zwischen seiner Seite und dem Durchmesser der Kugel sein muss, damit sie ihn genau umschliesse. Deswegen sage ich, genannter Körper müsse auf folgende Art gebildet werden, nämlich: zuerst nehme man den Durchmesser der Kugel an, in welche wir ihn genau einzufügen beabsichtigen. Und dieser sei die Linie *ab*, über der ich den Halbkreis *adb* beschreiben werde. Und dann werde ich den Durchmesser im Punkte *c* theilen, so wie ich es bei der Bildung der vorhergehenden Pyramide gemacht, nämlich dass der Theil *ac* doppelt so gross als *bc* sei, und die Linie *cd* ziehe man senkrecht zu *ab*, und man ziehe ferner noch die Linien *db* und *da*. Sodann bilde man ein Quadrat, wovon alle Seiten gleich der Linie *bd* sind, und dies Quadrat sei *efgh*.[11]) Und über seinen vier Ecken errichte man vier Senkrechte zur Fläche des genannten Quadrats, wie es die zwölfte des elften lehrt. Und jede dieser Senkrechten sei auch gleich der Linie *bd* angenommen, und es seien die genannten vier Senkrechten *ek*, *fl*, *gm*, *hn*. Und alle diese vier Senkrechten werden nach der sechsten des besagten elften gleichweit von einander abstehen. Und die von jenen und den Seiten des Quadrats eingeschlossenen Winkel sind, gemäss der Definition der Senkrechten auf der Fläche, Rechte. Sodann verbinde man die Endpunkte dieser Senkrechten, indem man die Linien *kl*, *lm*, *mn*, *nk* zieht. Wenn man diese Dinge mit Sorgfalt genau beachtet, so wird der Kubus fertig sein, den wir zu bilden suchten, von sechs quadratischen Flächen umschlossen, was bewiesen wird durch die vierunddreissigste des ersten. Die vier Oberflächen, welche ihn umschliessen, und zwar diejenigen, deren gegenüberliegende Seiten die vier Senkrechten sind, sind sämmtlich quadratisch. Dass die Basis quadratisch sei, zeigt sich klar aus unserem Satze, und ebenso wird durch die genannte vierunddreissigste des ersten und die zehnte des elften bewiesen, dass die höchste Grenzfläche, nämlich *klmn* auch ihrerseits quadratisch sei. Und ebenso zeigt sich noch durch die vierte des genannten elften, dass alle Seiten des Kubus rechtwinklig auf ihren beiden gegenüberstehenden Flächen stehen. Und eben dieser[1]) wird genau von der Kugel vom angenommenen Durchmesser umschrieben sein. Daher wird der genannte Durchmesser in Potenz stets das Dreifache der Seite des genannten Kubus sein, d. h. das Quadrat des genannten Durchmessers wird dreimal so gross sein, als das Quadrat der Kubusseite. Wenn z. B. der Durchmesser $\sqrt{300}$ wäre, so müsste die Seite des Kubus genau 10 sein. Die Kenntniss davon ist für viele nothwendige Fälle angemessen.

(Wie das Oktaeder gebildet wird, welches genau in die Kugel sich beschreiben lässt, und sein Verhältniss zur Kugel.)

Cap. XXVIII.

Es ist drittens der aus acht Dreieckflächen bestehende Körper zu construiren, das sogenannte Oktaeder, der ebenfalls von einer angenommenen Kugel genau umschlossen sein soll, von welcher Kugel allein der Durchmesser uns bekannt sei. Und das geschieht auf folgende Art: Man nehme den Durchmesser der Kugel, welches die Linie *ab* sei, die man im Punkte *c* halbire, und über der ganzen Linie schlage man den Halbkreis *abd* und ziehe *cd* senkrecht zur Linie ab; und sodann verbinde man den Punkt *d* mit dem Endpunkte des genannten Durchmessers, nämlich mit *a* und mit *b*. Sodann bilde man ein Quadrat, dessen sämmtliche Seiten gleich der Linie *bd* sind, und dies Quadrat sei *efgh*. Und in diesem Quadrate ziehe man zwei Durchmesser, wovon der eine *eg*, der andere *fh* sei. Diese schneiden sich unter einander im Punkte *k*. Daher ist nach der vierten des ersten klar, dass jeder dieser Durchmesser gleich der Linie *ab* ist, die als Durchmesser der Kugel angenommen wurde, indem der Winkel *d* nach dem ersten Theile der dreissigsten des dritten ein rechter ist. Und weiter ist jeder der Winkel *e*, *f*, *g*, *h* ein rechter, nach der Definition des Quadrats. Und ferner ist klar, dass jene beiden Durchmesser *eg* und *fh* sich

---

[1]) scil. Kubus.

unter einander zu gleichen Theilen im Punkte k theilen. Und es erhellt leicht durch Ableitung aus der fünften und zweiunddreissigsten und sechsten des ersten. Nun errichte man über *k* die Linie *kl* senkrecht zur Ebene des Quadrats: welche Senkrechte man gleich der Hälfte des Durchmessers *eg* oder *fh* mache; und dann lasse man die Hypotomissen[1]) *le, lf, lg, lh* herab. Und alle diese Hypotomissen werden nach dem Vorerwähnten und Vorausgesetzten, mittelst der vorletzten des ersten, die so oft wie es nöthig wiederholt angegeben, unter sich und ebenso gleich den Seiten des Quadrats sein. Wir haben also bis hierher eine Pyramide von vier gleichseitigen Dreiecksflächen über dem genannten Quadrate erreicht, welche Pyramide die Hälfte des achtflächigen Körpers ist, den wir suchen. Machen wir sodann unterhalb des genannten Quadrats eine andere, dieser ähnliche Pyramide auf dieselbe Art, nämlich: Wir werden die genannte Linie *lk* ziehen, indem sie das genannte Quadrat durchbohrt und durchdringt bis zum Punkte *m*, in der Art, dass die Linie *km*, welche sich unterhalb des Quadrats befindet, gleich der Linie *lk* sei, die über dem genannten Quadrate steht. Und sodann werde ich den Punkt *m* mit allen Eckpunkten des Quadrats verbinden, indem ich vier andere hypotomissenartige Linien, nämlich *me, mf, mg, mh* ziehe. Und auch von diesem wird nach der vorletzten des ersten und den andern vorher angeführten bewiesen, dass sie unter sich und auch den Seiten des genannten Quadrats gleich seien, wie es von den andern Hypotomissen oberhalb des Quadrats bewiesen wurde. Und somit wird, wenn man stets mit Sorgfalt die oben genannten Dinge beachtet, der Körper von acht gleichseitigen Dreiecksflächen beendet sein, der genau von der Kugel umschrieben sein wird. Das Verhältniss zwischen der Kugel und dem genannten Körper ist, dass das Quadrat des Durchmessers der Kugel zum Quadrat der Seite des genannten Körpers genau doppelt ist, d. h. wenn der genannte Durchmesser 8 wäre, so würde die Seite des Oktaeders $=\sqrt{32}$ sein, denn deren Potenzen stehen unter einander im doppelten Verhältniss, nämlich das Quadrat

---

[1]) cfr. Cap. LXXI.

des Durchmessers ist das Doppelte vom Quadrat der Seite des genannten Körpers, und so haben wir die Construction und das Verhältniss hinsichtlich der Kugel etc.

(Von der Anfertigung und Bildung des Ikosaeder genannten Körpers.)

Cap. XXIX.

Den Körper aus 20 gleichseitigen Dreiecksflächen herzustellen, der genau von einer gegebenen Kugel, die einen rationalen Durchmesser habe, umgeben sei. Augenscheinlich wird die Seite des genannten Körpers eine irrationale Linie, d. h. jene sein, welche kleinere[1]) Linie genannt wird, z. B. es sei auch hier der Durchmesser der gegebenen Kugel *ab*, wovon man annimmt, dass er entweder in der blossen Länge oder nur in deren Potenz[2]) rational sei. Und er werde im Punkte *c* getheilt, so dass *ac* das Vierfache von *bc* sei.[12]) Und man schlage über ihr, scil. *ab* einen Halbkreis *abd* und ziehe *cd* senkrecht zu *ab*, und ziehe ferner die Linie *db*. Ferner schlage man mit der Länge der Linie *db* (als Radius) den Kreis *efghk* um *l* als Centrum, in welchen man ein gleichseitiges Fünfeck einschreibe, welches durch dieselben (Buchstaben) markirt wird. Zu den Ecken desselben ziehe man vom Centrum *l* aus die Linien *le*, *lf*, *lg*, *lh*, *lk*. Und ausserdem beschreibe man in demselben Kreis ein gleichseitiges Zehneck. Man halbire demgemäss alle Bögen, deren Sehnen die Seiten des Fünfecks sind, und ziehe von den Halbirungspunkten nach den Endpunkten aller Seiten des eingeschriebenen Pentagons gerade Linien. Und ferner richte man über allen Eckpunkten des genannten Pentagons die Kathete,[3]) wie es die zwölfte des elften lehrt, wovon jede ebenfalls gleich der Linie *db* sei. Und die Endpunkte dieser fünf Katheten verbinde man durch

---

[1]) Wenn die ganze Länge der stetig zu theilenden Linie rational ist, so werden die Abschnitte stets irrational sein, was zu obiger heute nicht mehr gebräuchlicher Benennung Veranlassung gegeben.

[2]) scil. dessen Länge selbst oder deren Quadrat rational sei.

[3]) scil. Senkrechten. Ueber die hier und im Folgenden vorkommenden Benennungen cfr. Cap. LXXI.

fünf Corausten,[1]) dann werden nach der sechsten des elften die so gerichteten Katheten gleichweit von einander abstehen. Und sofern sie einander gleich sind, so werden auch zufolge der dreiunddreissigsten die fünf Corausten, welche ihre Endpunkte verbinden, gleich den Pentagonseiten sein. Lasse sodann von jeder Spitze aller Katheten je zwei und zwei Hypotomissen nach den beiden benachbarten Ecken des eingeschriebenen Zehnecks herab und die Endpunkte dieser zehn Hypotumissen, die von den fünf Enden der Katheten zu den fünf Punkten herabgehen, deren jeder ein dazwischenliegender Mittelpunkt des einbeschriebenen Zehnecks ist, verbinde, indem du ein anderes Pentagon in dem genannten Kreise bildest.[2]) Dies wird ebenfalls zufolge der dreiundzwanzigsten des dritten gleichseitig sein. Und wenn du dies gemacht haben wirst, wirst du sehen, dass du zehn Dreiecke gebildet haben wirst, deren Seiten die zehn Hypotomissen, die fünf Corausten und die fünf Seiten dieses eingeschriebenen Pentagons sind. Und dass diese Dreiecke gleichseitig seien, wirst du folgendermassen erkennen: sofern sowohl der Halbmesser des beschriebenen Kreises, als jede der errichteten Katheten gleich der Linie *bd*, der Voraussetzung gemäss ist, wird nach der Folgerung der fünfzehnten des vierten jede der Katheten gleich der Seite des gleichseitigen Sechsecks sein, welches in dem Kreis beschrieben ist, dessen Durchmesser gleich der Linie *bd*. Und weil nach der vorletzten des ersten das Quadrat von jeder der zehn Hypotomissen das Quadrat der Kathete um dasjenige der Zehnecksseite übertrifft, und auch nach der zehnten des dreizehnten das Quadrat der Fünfecksseite um den Betrag des Quadrats der Zehnecksseite grösser ist als das der eben genannten, so wird nach gemeinem Wissen jede dieser Hypotomissen gleich der Seite des Pentagons sein. Und von den Corausten ist schon gezeigt worden, dass sie den Seiten des Pentagons gleich seien. Daher sind alle Seiten dieser zehn Dreiecke in der That entweder wirklich Seiten des zum zweitenmale in dem Kreis beschriebenen gleichseitigen Fünfecks, oder sie sind jenen wirklich gleich. Daher sind die genannten Dreiecke gleichseitig. Ferner errichte man noch über dem Cen-

[1]) cfr. Cap. LXXI.

[2]) Anmerkung des Textes zu streichen.

trum des Kreises, welches der Punkt *l* ist, eine andere, den ersten gleiche Kathete, welche *lm* sei. Und ihr oberes Ende, welches der Punkt *m* sei, verbinde man mit jedem Endpunkte der ersten mittelst fünf Corausten. Dann wird nach der sechsten des elften diese centrale Kathete, d. h. die im Centrum errichtete gleich weit von jeder in den Endpunkten errichteten Katheten sein. Daher werden nach der dreiunddreissigsten des ersten diese fünf Corausten dem Halbmesser des Kreises gleich sein, und nach der Folgerung der fünfzehnten des vierten wird jede so gross wie die Sechseckseite sein. Daher füge man zu der genannten centralen Kathete von beiden Seiten eine der Zehnecksseite gleiche Linie, d. h. oberhalb aufwärts zu füge man *mn* an, und nach unten unterhalb des Kreises setze man vom Centrum des Kreises *lp* hinzu. Sodann lasse man vom Punkte *n* aus fünf Hypotumissen auf die fünf obern Eckpunkte der zehn Dreiecke herab, welche im Umkreise herumstehen; und vom Punkte *p* aus andere fünf, zu den andern fünf untern Eckpunkten. Dann werden diese zehn Hypotumissen unter sich nach der vorletzten des ersten und der zehnten des dreizehnten gleich den Seiten des eingeschriebenen Fünfecks sein, wie es von den andern zehn vorher bewiesen worden. Du hast also den Körper von zwanzig gleichseitigen Dreiecksflächen, deren sämmtliche Seiten gleich der Seite des Fünfecks sind. Und sein Durchmesser ist die Linie *np*, und von diesen zwanzig Dreiecken stehen zehn im Umfange oberhalb des Kreises, und fünf erheben sich darüber, indem sie im Punkte *n* zusammentreffen, und die fünf andern treffen sich unterhalb des Kreises im Punkte *p*. Und dass dieser Ikosaeder genannte Körper so gebildet sei, dass die gegebene Kugel ihn genau umfasse, offenbart sich folgendermassen. Sofern die Linie *lm* der Sechsecksseite[1]), und die Linie *mn* der Zehnecksseite gleich, welche (Polygone) gleichseitig und beide von demselben Kreise *efg* umschrieben, so wird die ganze Linie *ln* nach der neunten des dreizehnten im Punkte *m* nach der Proportion getheilt sein, die einen mittleren und zwei äussere Abschnitte hat; und ihr grösserer Abschnitt wird die Linie *lm* sein. Man halbire daher *lm* im Punkte *q* und es wird nach gemeinem Wissen $pq = qn$ sein, weil *pl* ebenso wie *mn* gleich der Zehnecksseite genommen

[1]) scil. dem Radius *bd* des Kreises gleich.

worden. Daher ist $qn = \frac{1}{2}np$ ebenso wie $qm = \frac{1}{2}lm$. Da nun nach der dritten des dreizehnten $nq^2 = 5qm^2$, so wird auch nach der fünfzehnten des fünften $pn^2 = 5lm^2$ sein. Denn nach der vierten des zweiten ist $pn^2 = 4qn^2$ und ebenso nach derselben $lm^2 = 4qm^2$. Und das vierfache verhält sich zum vierfachen wie das einfache zum einfachen, wie es die fünfzehnte des fünften versichert. Und nach dem zweiten Theile des Corollars der achten des sechsten, und nach dem Corollar der siebzehnten desselben ist ferner $ab^2 = 5bd^2$. Denn es ist auch $ab = 5bc$, da ac das vierfache davon war. Weil nun nach Voraussetzung $lm = bd$ ist, so wird nach gemeinem Wissen $ab = np$ sein. Wenn man also über der Linie np einen Halbkreis beschriebe, der ringsum gedreht werde, bis er zu der ersten Stelle zurückkehrt, von wo er sich zu bewegen begann, so wird die Kugel, die durch seine Bewegung entstanden (nach der Definition der gleichen Kugeln) gleich der angenommenen Kugel sein. Und weil die Linie lm die mittlere Proportionale zwischen ln und nm, und daher auch zwischen ln und pl, so wird auch jeder Halbmesser des Kreises die mittlere Proportionale zwischen ln und lp sein. Und sofern lm gleich dem Halbmesser des Kreises ist, so wird der über pn beschriebene Halbkreis durch alle Punkte des Umfangs des Kreises efg, daher auch durch alle Ecken des festen Körpers gehen, welche sich auf jenem Halbkreise befinden. Und weil aus demselben Grunde alle Corausten (welche die Endpunkte der in den Ecken errichteten Katheten mit dem Endpunkte der Centrale verbinden) mittlere Proportionalen zwischen pm und mn sind, sofern jede von ihnen gleich lm ist, so folgt, dass derselbe Halbkreis auch durch die übrigen Ecken des so construirten Ikosaeders hindurchgehen wird. Es ist also eben dieser Körper in die Kugel einfügbar, deren Durchmesser pn und daher auch in die Kugel, deren Durchmesser ab ist. Und von der Seite dieser festen Figur behaupte ich, dass sie die kürzere Linie sei, denn es ist offenbar, dass die Linie bd rational sei bezüglich ihrer Potenz,[1] sofern ihr Quadrat der fünfte Theil des Quadrats der Linie ab die als rational entweder bezüglich ihrer unmittelbaren Länge oder ihrer Potenz vorausgesetzt worden. Daher sind auch ferner der Halb-

[1] d. h. ihrer zweiten Potenz.

messer und die Halbmesser des Kreises *efg* rational in der Potenz, da sein Halbmesser gleich *bd*. Daher ist nach der zwölften des dreizehnten die Seite des in unserm Kreis beschriebenen gleichseitigen Fünfecks die kleinere Linie. Und ferner wie im Verlauf dieses Beweises gezeigt worden, ist die Seite dieser Figur so gross wie die Seite des Fünfeckes. Daher ist die Seite dieser Figur von zwanzig gleichseitigen Dreiecken die kleinere Linie, wie vorher angegeben.

(Den Körper aus zwölf gleichseitigen und gleichwinkligen Fünfecken herstellen zu können, so dass die angenommene Kugel ihn genau einschliesse.)

Cap. XXX.

Die Seite des genannten Körpers wird offenbar irrational sein, was Rest genannt wird. Man zeichne einen Kubus auf die von uns gelehrte Art, so dass ihn die angenommene Kugel genau umgebe. Und es seien von diesem Kubus die beiden Oberflächen *ab* und *ac*, und stellen wir uns jetzt vor, dass *ab* die obere davon, und die Fläche *ac* eine der Seitenflächen sei. Und die Linie *ad* sei diesen beiden Flächen gemeinsam. Man halbire nun in der Fläche *ab* die zwei gegenüberliegenden Seiten, nämlich *bd* und die ihr gegenüberstehende Seite und verbinde die Theilpunkte mittelst der Linie *ef*. Und ebenso halbire man die Seite *ad* und die ihr gegenüberliegende in der Fläche *ac*, und die Theilpunkte verbinde man durch eine gerade Linie, deren Hälfte *gh* sei, und es sei der Punkt *h* der Mittelpunkt der Linie *ad*. Ebenso halbire man die Linie *ef* im Punkt *k* und ziehe *hk*. Sodann wirst du jede der drei Linien *ek*, *kf* und *hg* nach der Proportion, die einen mittlern und zwei äussere Abschnitte hat in den drei Punkten *l*, *m*, *q*, theilen und es seien ihre grössern Abschnitte *lk*, *km*, *gq*, die offenbar einander gleich sind, sofern alle getheilten Linien gleich, d. h. jede von ihnen gleich der halben Kubusseite war. Sodann errichte in den beiden Punkten *l* und *m* die Senkrechten auf der Fläche *ab* (wie es die zwölfte des eilften lehrt), deren jede du gleich der Linie *kl* setzen wirst,[13]) und zwar seien dies *ln* und *mp*. Ebenso errichte im Punkte *q* senkrecht zur Fläche *ac* die Linie *qr*, die du gleich *gq* machst. Ziehe sodann die Linien *al*, *an*, *am*, *ap*; *dm*, *dp*, *dl*, *dn*; *ar*, *aq*; *dr*, *dq*. Dann ist nach der fünften des dreizehnten offenbar, dass die Summe der Quadrate der beiden Linien *kl* und *el* dreimal so gross ist, wie das der Linie *kl*.[1]) und darum auch, wie das der Linie *ln*, sofern *kl* und *ln* einander gleich sind. Und es ist auch $ke = ea$. Also ist die Potenzsumme der zwei Linien *ae* und *el* gleich dem dreifachen der von *ln*. Daher ist nach der vorletzten des ersten $al^2 = 3\ ln^2$, und folglich ist nach derselben $an^2 = 4\ ln^2$. Und sofern das Quadrat jeder Linie das Vierfache des Quadrats ihrer Hälfte, so folgt nach gemeinem Wissen, dass *an* doppelt so lang als *ln*. Und weil *lm* das Doppelte von *lk* und ausserdem *lk* und *ln* einander gleich sind, so wird $an = lm$ sein, da ihre Hälften gleich sind. Und weil nach der dreiunddreissigsten des ersten $lm = np$, so wird auch $an = np$ sein. Und auf dieselbe Art wirst du beweisen, dass die drei Linien *pd*, *dr* und *ra* unter sich und den beiden vorgenannten gleich sind. Wir haben daher durch diese fünf Linien das gleichseitige Fünfeck, nämlich *a*, *n*, *p*, *d*, *r*. Aber vielleicht wirst du sagen, es sei kein Fünfeck, weil es vielleicht nicht ganz in ein und derselben Ebene liegt, was nothwendig ist, damit es ein Fünfeck sei. Und dass es ganz in ein und derselben Oberfläche liege, wirst du folgendermassen erkennen: Es möge vom Punkte *k* aus die Linie *ks* senkrecht zur Ebene *ab* ausgehen, welche gleich *lk* sei: dann wird sie deswegen gleich jeder der beiden *ln* und *mp* sein, und sofern sie von jeder der beiden der sechsten des elften gemäss, gleich weit absteht. Daher muss mit beiden in derselben Ebene, nach der Definition äquidistanter Linien nothwendig der Punkt *s* in der Linie *np* sich befinden, und dieselbe halbiren. Man ziehe nun die beiden Linien *rh* und *hs*. Dann sind die beiden Dreiecke *ksh* und *qrh* über einem Winkel (nämlich *khq*) gelegen. Und es findet die Proportion statt: $kh : qr = ks : qh$,[1]) da sich nach der siebenten des fünften $gh : qr = kh : qr$, und nach ebenderselben $rq : qh = ks : qh$ verhält. Aber es verhält sich: $gh : qr = qr : qh$, da $qr = qg$. Daher ist zufolge der dreissigsten des sechsten die Linie *rhs* eine

---

[1]) Es sei erlaubt, hier und im Folgenden einige mathematische Abkürzungen der bessern Uebersicht wegen gelegentlich anzubringen.

einzige[1]) Grade. Daher liegt nach der zweiten des elften das in Rede stehende Pentagon in ein und derselben Ebene. Ich behaupte noch, dass es gleichwinklig sei, was so erhellt. Denn sofern *ek* nach der stetigen Proportion getheilt, und *km* ihr grösserer Abschnitt, so wird auch nach der vierten des dreizehnten die ganze *em* stetig getheilt,[2]) und ihr grösserer Abschnitt die Linie *ek* sein, daher auch nach der fünften die zwei Linien *em* und *mk*, und deswegen die zwei: *em* und *mp*, da $mp = mk$ ist. Die Summe der Quadrate der beiden letzteren[3]) ist gleich dem dreifachen Quadrate von *ek*, und auch von *ae*, weil $ae = ek$ ist Daher ist die Summe der Quadrate der drei Linien *ae, em, mp* gleich dem vierfachen Quadrate der Linie *ae*. Es ist ausserdem nach der schon zweimal erwähnten vorletzten des elften klar, dass das Quadrat der Linie *ap* gleich der Summe der drei Quadrate der Linien *ae, em, mp* ist. Daher ist das Quadrat von *ap* gleich dem vierfachen Quadrat von *ae*. Und da die Kubusseite das Doppelte von *ae*, so ist nach der vierten des zweiten auch ihr Quadrat das Vierfache jener. Daher ist nach gemeinen Wissen *ap* gleich der Kubusseite. Und sofern *ad* eine der Kubusseiten ist, wird $ap = ad$ sein. Und darum wird nach der achten des ersten $\angle ard = \angle anp$ sein. Auf dieselbe Art wirst du beweisen, dass der $\angle dpn = \angle dra$ sei, da du zeigen wirst, dass das Quadrat von *dn* gleich dem Vierfachen der halben Kubusseite ist. Insofern nun dem hier Gesagten zufolge das Pentagon gleichseitig ist und drei gleiche Winkel hat, so wird es nach der siebenten des dreizehnten gleichwinklig sein. Wenn wir daher auf diesem Wege und mit ähnlichem Verfahren über jeder der andern Seiten des Kubus ein gleichseitiges und gleichwinkliges Pentagon errichten werden, so wird sich ein fester, von zwölf gleichseitigen und auch gleichwinkligen Pentagonen ent-

[1]) scil. wegen der aus obiger Proportion folgenden Aehnlichkeit der beiden Dreiecke *ksh* und *qrh*, da die Summe der beiden anstossenden Winkel plus dem durch die beiden Kubusflächen eingeschlossenen zusammen gleich 180° sind.

[2]) Der Kürze wegen ist hier und im Folgenden dieser Ausdruck für den gleichbedeutenden: „nach der Proportion, die einen mittlern und zwei äussere Abschnitte" hat, gesetzt worden.

[3]) scil. *em* und *mp*.

haltener Körper ergeben. Denn der Kubus hat zwölf Kanten. Es bleibt jetzt noch zu zeigen, dass ebendieser Körper genau von der gegebenen Kugel umgrenzt sei, was folgendermassen sich ergeben wird, nämlich: Man lege durch die Linie *sk* zwei Ebenen, welche den Kubus theilen, wovon die eine ihn in der Linie *hk*, die andere in der Linie *ef* schneiden möge. Und nach der vierzigsten des elften wird die gemeinsame Durchschnittslinie dieser beiden Ebenen den Durchmesser[1]) des Kubus halbiren und ebenso umgekehrt wird sie selbst vom genannten Durchmesser halbirt. Es sei danach ihre gemeinsame Schnittlinie bis zum Durchmesser des Kubus die Linie *ko*, so dass der Punkt *o* das Centrum des Kubus sei. Und man ziehe die Linien *oa*, *on*, *op*, *od*, *or*, dann ist klar, dass jede der beiden Linien *oa* und *od* der Halbmesser des Kubus sei, und daher sind sie gleich. Und von der Linie *ok* ist nach der vierzigsten des elften klar, dass sie gleich *ek*, d. h. gleich der Hälfte der Kubusseite sei. Und da *ks* gleich *km*, so wird *os* im Punkte *k* stetig getheilt, und ihr grösserer Abschnitt ist die Linie *ok*, die gleich *ek* ist. Daher wird nach der fünften des dreizehnten die Quadratsumme der zwei Linien *os* und *sk* oder auch, weil $sp = ks$ (auf welche dieser Beweis sich nicht erstreckt), von *os* und *sp* gleich dem dreifachen Quadrat der Linie *ok*, und deshalb auch der halben Kubusseite sein. Daher ist nach der vorletzten des ersten das Quadrat der Linie *op* gleich dem dreifachen Quadrate derselben Kubusseite. Und aus dem Corollar der vierzehnten des dreizehnten geht hervor, dass das Quadrat des Kugelhalbmessers gleich dem Dreifachen der Seite des Kubus ist, der von derselben Kugel umschlossen wird. Daher ist *op* dem Halbmesser der Kugel gleich, die genau den vorgelegten Kubus umschliesst. Aus demselben Grunde sind es alle Linien, welche vom Punkte *o* nach jeder Ecke aller Pentagone gezogen werden, die über den Kubuskanten gebildet werden, d. h. zu allen Eckpunkten, welche den Pentagonen angehören, und nicht zu denen, welche ihnen selbst und den Flächen des Kubus gemeinsam sind, d. h. ihnen ganz eigenthümlich, wie es die drei Winkelpunkte *n*, *p*, *r* im vorher gebildeten Fünfeck sind. Und bezüg-

[1]) cfr. Cap. LXXI.

lich der Linien, die vom Punkte *o* zu allen Ecken der Pentagone gelangen, die den Pentagonen und den Kubusflächen gemeinsam sind, wie es in dem vorgelegten Pentagon die beiden Ecken *a* und *d* sind, ist klar, dass sie gleich dem Halbmesser der Kugel sind, welche den Kubus genau umgibt; da sie zufolge der vierzigsten des elften Durchmesser des Kubus sind. Aber der Halbmesser des Kubus ist gleich dem Halbmesser der Kugel, die ihn genau umschliesst, wie es aus dem Raisonnement der vierzehnten des dreizehnten erhellt. Daher sind alle Linien, die vom Punkte *o* aus zu allen Ecken des Dodekaeders, d. h. desjenigen Körpers der von zwölf gleichseitigen und gleichwinkligen Pentagonen umschlossen ist, der im Griechischen so genannt wird, unter sich, und dem Halbmesser der Kugel gleich. Wenn daher der über dem ganzen Kugeldurchmesser, oder genau über dem Kubus beschriebene Halbkreis rings herum gedreht wird, so wird er durch alle seine Eckpunkte hindurch gehen. Daher wird nach der Definition derselbe genau von der bestimmten Kugel umschlossen. Ich behaupte noch, dass die Seite dieser Figur eine irrationale Linie sei, d. h. eine solche, die man Rest nennt, wenn der Durchmesser der Kugel, welche sie genau umschliesst, rational ist bezüglich seiner Länge oder deren Quadrat, was so erhellt: Sofern der vierzehnten des dreizehnten zufolge das Quadrat des Kugeldurchmessers gleich dem dreifachen Quadrate der Kubusseite ist, so wird das Quadrat der letzteren rational sein, wenn der Kugeldurchmesser selbst oder sein Quadrat rational ist. Und aus der elften des dreizehnten ist klar, dass die Linie *rp* die Linie *ad*, welche Kubusseite ist, stetig theilt, und dass ihr grösserer Abschnitt gleich der Pentagonseite ist. Und weil ihr grösserer Abschnitt der sechsten des dreizehnten zufolge Rest ist, so ist klar, dass die Seite der in Rede stehenden Dodekaeder genannten Figur Rest sei, was wir haben beweisen wollen.

(Die Seiten aller fünf regelmässigen Körper zu finden.)

Cap. XXXI.

Die Seiten der fünf vorgenannten Körper, die sämmtlich genau von ein und derselben Kugel umschrieben worden, von welcher Kugel der Durchmesser uns allein vorliegt, durch den genannten Durchmesser zu finden wissen. — Es sei z. B. der Durchmesser irgend einer Kugel uns gegeben, mittelst dessen wir die Seiten der fünf vorhergenannten Körper finden sollen, welche sämmtlich als derselben Kugel einbeschrieben zu verstehen, so dass, wenn einer ihrer Eckpunkte sie berührt, sie alle berühren, d. h. dass genannte Kugel sie alle genau umschliesst. Das werden wir folgendermassen machen: Wir theilen diesen Durchmesser im Punkte *c* derart, dass *ac* das Doppelte von *bc* sei, und halbiren ihn zugleich im Punkte *d*. Und wir schlagen über ihm den Halbkreis *afb*, nach dessen Umfange zwei Senkrechte zur Linie *ab* gezogen werden, welches *ce* und *df* sein mögen. Und wir verbinden *e* mit *a* und *b*. Dann ist nach dem Beweise der dreizehnten des dreizehnten klar, dass *ae* die Seite der Figur von vier dreieckigen und gleichseitigen Oberflächen ist, und zufolge des Beweises der vierzehnten des Genannten, dass *eb* die Seite des Kubus ist, und nach dem Beweise der fünfzehnten, dass *fb* die Seite der Figur von acht gleichseitigen Dreiecksflächen ist. Und es sei nun im Punkte *a* die Linie *ag* senkrecht zu *ab*, und auch gleich derselben *ab*. Sodann verbinde man *g* mit *d*, und sei *h* der Punkt, worin *gd* die Peripherie des Halbkreises theilt. Und man führe *hk* senkrecht auf *ab*. Und weil *ga* das Doppelte von *ad*, so wird nach der vierten des sechsten *hk* das Doppelte von *kd* sein. Denn es sind die beiden Dreiecke *gad* und *hkd* nach der zweiunddreissigsten des ersten gleichwinklig, sofern der Winkel *a* des grössern gleich dem Winkel *k* des kleinern ist, weil jeder ein rechter und der Winkel *d* beiden gemeinsam ist. Daher ist nach der vierten des zweiten *hk* in Potenz das Vierfache von *kd*. Somit ist nach der vorletzten des ersten *hd* in Potenz das Fünffache von *kd*. Und insofern $db = hd$ ist (weil *d* das Centrum des Halbkreises), so wird ebenfalls *db*

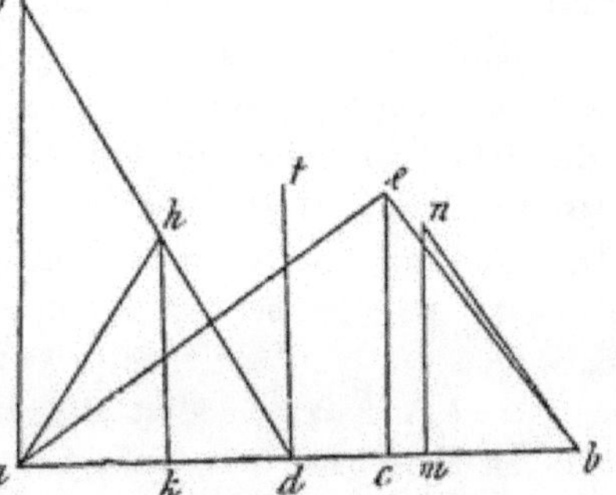

in Potenz das Fünffache von *kd* sein. Und sofern die ganze *ab* doppelt so gross wie die ganze *bd*, sowie die der ersten *ab* entnommenen Strecke *ac* das Doppelte von *cb* ist, die von der zweiten, *bd* fortgenommen, so wird nach der neunzehnten des fünften *bc*, der Rest von der ersten doppelt so gross sein, wie *cd*, der Rest von der zweiten. Daher ist die ganze *bd* das Dreifache von *cd*. Daher ist das Quadrat von *bd* das Neunfache, d. h. neunmal so gross als das Quadrat von *cd*. Und weil es selber[1]) nur das Fünffache von kd^2 war, so wird nach dem zweiten Theile der zehnten des fünften $dc^2 < kd^2$ und deshalb $dc < kd$ sein. Es sei daher $dm = kd$, und es gehe *mn*, welche senkrecht zu *ab* sei, bis zur Peripherie und man verbinde *n* mit *b*. Sofern nun *dk* und *dm* einander gleich sind, so werden zufolge der Definition davon, dass irgend eine Linie vom Centrum aus equidistant ist, die beiden Linien *hk* und *mn* gleichweit vom Centrum entfernt, und daher zufolge des zweiten Theils der dreizehnten des dritten und des zweiten Theils der dritten des genannten einander gleich sein. Daher ist $mn = mk$, weil *hk* ihm gleich war, und weil *ab* das Doppelte von *bd* und *km* das Doppelte von *dk*. Und da das Quadrat von *bd* das Fünffache des Quadrats von *dk*, so wird zufolge der fünfzehnten des fünften auf gleiche Art das Quadrat von *ab* das Fünffache des Quadrats von *km* sein, weil sich das Quadrat des Doppelten zum Quadrate des Doppelten verhält, wie das Quadrat des Einfachen zum Quadrate des Einfachen. Und zufolge des Beweises der sechzehnten zeigt es sich, dass der Kugeldurchmesser in Potenz gleich dem Fünffachen der Sechsecksseite des auf das reguläre Ikosaeder bezüglichen Kreises ist.[2]) Also ist *km* gleich der Sechsecksseite des der Figur von zwanzig Flächen[3]) zugehörigen Kreises. Denn der Durchmesser der Kugel, der *ab* ist, ist in Potenz gleich der Fünffachen sowohl der Sechsecksseite des Kreises jener Figur, als der von *mk*. Und ferner auch ist zufolge des Beweises der-

---

[1]) scil. bd^2.

[2]) D. h. sein Quadrat ist gleich dem fünffachen Quadrat des Radius desjenigen Kreises, in welchem die Pentagone beschrieben wurden (cfr. Cap. XXIX).

[3]) scil. Ikosaeder.

selben[1]) offenbar, dass der Durchmesser der Kugel zusammengesetzt ist aus der Sechsecks- und den beiden Zehnecksseiten des auf die Figur von zwanzig Flächen bezüglichen Kreises. Sofern nun *km* so gross ist, wie die Seite des Sechsecks, und auch $ak = mb$ ist, weil sie, Reste oder willst du sagen Ueberbleibsel der gleichen Stücke sind; so wird, nachdem man diese gleichen davon[2]) weggenommen, *mb* als Seite des Zehnecks übrig bleiben. Weil nun *mn* als Sechsecksseite sich ergibt, da sie gleich *km* ist, so wird nach der vorletzten des ersten und der zehnten des dreizehnten *nb* als Seite des Fünfecks des der Figur von zwanzig Flächen zugehörigen Kreises sich ergeben. Und weil aus dem Beweise der sechzehnten des genannten hervorgeht, dass die Seite des Pentagons des zur Figur von zwanzig Flächen gehörigen Kreises die Seite derselben Figur von zwanzig Flächen sei, so ist klar, dass die Linie *nb* die Seite dieser Figur sei. Man theile daher *eb* (welches die Seite des von der angenommenen Kugel genau umschlossenen Kubus ist), stetig im Punkte *p*, und sei ihr grösserer Abschnitt *pb*, so ist nach dem Beweise des Vorhergehenden klar, dass *pb* die Seite der Figur von zwölf Flächen sei. Es sind daher die Seiten der fünf vorher aufgestellten Körper mittelst des uns allein vorgelegten Durchmessers der Kugel gefunden, welche Seiten folgende sind, nämlich: *ae* der Pyramide von vier Flächen,[3]) *eb* Seite des Kubus, *fb* Seite des Achtflächners und *nb* Seite des Zwanzigflächners, und die Linie *pb* Seite des Zwölfflächners. Und welche von diesen Seiten die grössern untereinander sind, ergibt sich so: Es ist klar, dass . . . $ae > fb$
weil der Bogen $ae >$ Bogen *fb* und weiter . . . . $fb > eb$
und die Seite . . . . $eb > nb$
Und ich behaupte weiter, dass . . . . $nb > pb$
Denn sofern *ac* das Doppelte von *cb*, so wird nach der vierten des zweiten das Quadrat von *ac* das Vierfache vom Quadrat von *cb* sein. Und nach dem zweiten Theile des Corollariums der achten des sechsten, und das Corollar der siebenzehnten des

---

1) scil. Folgerung.
2) scil. vom Kugeldurchmesser.
3) scil. reguläre Tetraeder.

genannten ist klar, dass das Quadrat von *ab* das Dreifache des Quadrats von *bc* ist. Aber es verhält sich nach der einundzwanzigsten des sechsten:

$ab^2 : be^2 = be^2 : bc^2$ da die Proportion statthat, von:

$ab : be = be : bc$ nach dem zweiten Theil des Corollars der achten des sechsten. Daher ist nach der elften des fünften das Quadrat von *be* das Dreifache vom Quadrat von *bc*. Und weil das Quadrat von *ac* das Vierfache desselben Quadrats ist, wie nachgewiesen worden, so wird nach dem ersten Theile der zehnten des fünften $ac^2 > be^2$ sein, und darum wird die Linie $ac > be$, und darum umsomehr *am* grösser sein.[1] Und es ist schon aus der neunten des dreizehnten offenbar, dass wenn die Linie *am* stetig getheilt ist, ihr grösserer Abschnitt die Linie *km* sein wird, die gleich *mn* ist, und ferner wenn *be* nach derselben Proportion, d. h. stetig getheilt wird, ihr grösserer Abschnitt die Linie *pb* ist. Sofern nun die ganze *am* grösser als die ganze *be* ist, wird *mn*, welches gleich dem grössern Abschnitte *am*, grösser sein als *pb*, welches der grössere Abschnitt von *eb* ist. Und dies ist offenbar, nach der zweiten des vierzehnten Buchs, die ohne Hilfe irgend einer derer, welche folgen, mit festem Beweise festgestellt wird. Also ist nach der neunzehnten des ersten viel stärker $nb > pb$. Daraus erhellt, dass die Seiten der fünf vorgenannten Körper fast mit derselben Ordnung, wie sie unter einander folgen, sich gegenseitig überschreiten. Nur dieses hat den Einwurf, nämlich diese Ordnung wird nicht beim Kubus und dem Oktaeder, d. h. dem Achtflächner bemerkt, indem die Seite des Oktaeders die des Kubus übertrifft, unbeschadet, dass der Kubus dem Oktaeder hinsichtlich seiner Anfertigung und Bildung vorausgeht, wie aus dem dreizehnten erhellt, und das ist nicht ohne Geheimniss. Daher stellt sich hinsichtlich seiner Bildung der Kubus dem Oktaeder voran, weil sich durch dieselbe Theilung des Durchmessers der vorgelegten Kugel die Seite der Pyramide von vier dreiseitigen Grundflächen und die Seite des Kubus findet. Es ist also die Seite *ac* der Pyramide grösser, als die Seiten aller übrigen Körper, und ihr

[1] scil. als *be*.

zunächst folgt *bf*, die Seite des Oktaeders, grösser als die Seiten aller übrigen Körper, welche nach ihr folgen. Und drittens folgt der Grösse nach *eb*, die Seite des Kubus, und viertens kommt *nb*, Seite des Zwanzigflächners, d. h. Ikosaeders, und der kleinsten von allen ist *pb*, Seite des Dodekaeders, d. h. Körper von zwölf pentagonischen Grundflächen.

(Von dem Verhältnisse genannter Körper unter einander und zu den von ihnen abhängigen.)

Cap. XXXII.

Nachdem verstanden, dass die fünf genannten regelmässigen Körper hinreichen, und die Unmöglichkeit nachgewiesen, dass es deren mehr als fünf gebe, zugleich mit der Art und Weise, wie die von ihnen abhängigen ins Unendliche fortschreiten, so folgt die Art ihrer Verhältnisse unter einander geben zu müssen, sowohl sofern sie sich auf Ausdehnung und Inhalt, wie auf ihre Oberfläche beziehen; sodann vom Einschluss des einen im andern und umgekehrt, und zuerst von ihrem körperlichen Inhalte. Die Verhältnisse des einen zum andern werden, mit Rücksicht auf unsere oben angeführte Proposition, stets irrational sein, welche sich ihren Zusammensetzungen und Bildungen einfügt, wie angegeben, mit Ausnahme des Tetraeders, Kubus und Oktaeders, wo in Folge der Genauigkeit ihrer Verhältnisse zum Durchmesser der Kugel, in welche sie beschrieben werden können, dasselbe mitunter vielleicht rational sein kann; das, des Ikosaeders jedoch und das des Dodekaeders, mit irgend welchen andern verglichen, kann aus dem genannten Grunde niemals rational sein. Und somit, erhabener Herzog, glaube ich hier Anderes nicht mehr sagen zu dürfen, weil es den Band mit unendlich vielen Irrationalitäten vergrössern hiesse, worin sich viel mehr der Verstand verwirren, als daran Gefallen finden würde, nach welchem Ziel unser Studium stets gerichtet, und es scheint mir soviel für das zu genügen, was in unserm speciellen, von den genannten Körpern zusammengestellten Tractat in unserm Werke gesagt worden, worauf bei der aller Welt mitgetheilten Menge leicht zu recurriren ist. Und mittelst ihrer

Dimensionen, welche an jenem Orte aufgestellt, wird man je nach der Bewandertheit der Geister, zugleich mit dem Nutzen grosses Vergnügen haben können. Und ebenso sage ich gleichfalls von allen den von ihnen abhängigen, von welchen an jenem Orte einige aufgestellt sind. Wahr ist, dass man nach der zehnten des vierzehnten schliesst, dass das Verhältniss des Dodekaeders zum Ikosaeder, wenn beide in dieselbe Kugel beschrieben werden, genau dasselbe ist, wie das, aller seiner Flächen zur Summe aller Flächen jenes. Und die sechzehnte des genannten sagt, dass das Oktaeder in zwei Pyramiden von gleicher Höhe zerlegbar sei, die gleich dem Halbmesser der Kugel ist, wohinein es construirt worden, und deren Grundflächen Quadrate sind, welche quadratische Fläche halb so gross als das Quadrat des Durchmessers [1]) ist. Die Kenntniss davon kommt uns bezüglich seiner Ausmessung sehr zu statten, und mittelst ihrer kann man zu vielen andern gelangen.

(Von dem Verhältniss aller ihrer Oberflächen zu einander.)

Cap. XXXIII.

Ihre Oberflächen, erhabener Herzog, können wir als auf dieselbe Art unter sich proportional bezeichnen, wie hinsichtlich ihrer körperlichen Masse gesagt, d. h. als irrational wegen der Böswilligkeit der pentagonischen Figur, welche bei dem Dodekaeder dazwischen tritt. Aber bei den übrigen können sie mitunter rational sein, wie die des Tetraeders, Kubus, Oktaeders, da sie aus Dreiecken und Quadraten bestehen, und in ihrem Verhältniss zum Durchmesser ihrer Kugel bekannt, worin sie sich, wie vorher gesehen, bilden. Wahr ist, was die achte des vierzehnten schliesst, dass alle Flächen des zwölfflächigen pentagonischen Körpers zu allen Flächen des aus zwanzig Dreiecken bestehenden Körpers, d. h. die des Dodekaeders zu denen des Ikosaeders sich verhalten wie die Seite des Kubus zur Dreieckseite des Zwanzigflächners, [15]) wenn alle genannten Körper genau von

---

[1]) im Text zu lesen: sub duplo statt: sul duplo.

ein und derselben Kugel enthalten oder umschlossen seien. Daher scheint es mir nicht angemessen, die wunderbare Uebereinstimmung ihrer Flächen unter sich mit Stillschweigen zu übergehen, dass nämlich die Flächen des Dodekaeders und die des Ikosaeders jede genau von ein und demselben Kreise umschrieben, wie es die fünfte des genannten vierzehnten zeigt, welcher Umstand der Beachtung werth, und zwar wann sie in dieselbe Kugel beschrieben sein werden. Und hinsichtlich aller Oberflächen des Tetraeders zu allen Flächen des Oktaeders findet die nach der vierzehnten des genannten vierzehnten bekannte Proportion statt, nämlich dass eine der Tetraederflächen gleich $1\frac{1}{3}$ von einer der Oktaederflächen ist, d. h. im Verhältnisse sexquitertia steht,[1]) welches statthat wann der grössere den kleinern Theil einundeindrittelmal wie 8 : 6 und das von 12 : 9 enthält. Und das Verhältniss aller Oktaederflächen zusammen zu der Summe aller Tetraederflächen ist sexquialtera, d. h. gleich $1 : 1\frac{1}{2}$, wie z. B. wenn die des Oktaeders 6, und jene 4 wäre, welches stattfindet, wenn das grössere das kleinere einundeinhalbmal enthält, wenn sie ein und derselben Kugel angehören. Und alle die des Tetraeder ergeben in Verbindung mit denen des Oktaeders eine sogenannte mittlere Fläche, wie es die dreizehnte des genannten vierzehnten will. Und alle Flächen des Hexaeders oder Kubus ergeben zusammen das Doppelte des Quadrats des Durchmessers der ihn umschreibenden Kugel. Und zufolge der letzten des vierzehnten ist die Senkrechte, die man vom Centrum der Kugel auf jede der Flächen des genannten Kubus aus fällt, stets gleich der Hälfte der Seite des genannten Kubus. Wäre z. B. der genannte Durchmesser gleich 4, so würden alle jene Flächen zusammen gleich 32 sein, und wenn die genannte Senkrechte = 1 wäre, so wäre die Kubusseite = 2. Da wir über diese Proportionen und Oberflächen genügend in unserm Werke gehandelt haben, so mögen sie zu dem vorliegenden zugleich mit den auf die von jenen auf alle Arten abhängigen Körper bezüglichen eine Ergänzung sein, indem man sorgsam algebraisch operirt.

---

[1]) Der Ausdruck ist hier der Kürze wegen beibehalten = 4 : 3. Ebenso sesquialtera = 3 : 2 etc.

(Von der gegenseitigen Umschliessung der fünf regelmässigen Körper, und wie viele Fälle es im Ganzen gebe und warum?)

Cap. XXXIV.

Es folgt nunmehr zu erklären, wie der eine von diesen fünf wesentlichen, d. h. regulären Körpern vom andern enthalten, und bei welchen dies der Fall, und bei welchen nicht; und warum. Zuerst nun, vom Tetraeder zu reden, zeigt sich, dass es auf keine Art irgend einen andern Körper in sich aufnehmen könne, als das Oktaeder, d. h. den Körper von acht dreiseitigen Flächen und sechs Ecken; weil bei ihnen weder Seiten, noch Flächen, mit Winkeln vorhanden, in welche die Seiten des Kubus weder mit ihren Eckpunkten noch mit ihren Seitenflächen derart eingepasst werden könnten, dass sie gleichmässig berühren, wie es ihre wirkliche Einschreibung erfordert und wie es seine materielle Form uns dem Auge zeigt, und wie es durch wahre Wissenschaft in der ersten des fünfzehnten offenbar wird. Noch auch gilt dies für irgend einen der zwei andern, nämlich Ikosaeder und Dodekaeder. Wenn wir nun das genannte Oktaeder in den genannten Vierflächner oder Tetraeder einbeschreiben oder genau bilden wollten, werden wir es auf diese Art thun, nämlich: Zuerst werden wir das genannte Tetraeder, anfertigen wie wir vorher gelehrt haben. Und nachdem wir jenes so hergestellt, dann werden wir jede seiner Kanten halbiren, und die Mittelpunkte dieser sämmtlich untereinander durch gerade Linien verbinden. Wenn dies geschehen, so haben wir unzweifelhaft den genannten Körper genau in jenen eingepasst derart, dass seine sechs Ecken von den Kanten des genannten Tetraeders in gleicher Weise gestützt werden. Dies wird die materielle Erfahrung zeigen, und die zweite des fünfzehnten bekundet es.

(Wie das genannte Tetraeder gebildet und in den Kubus eingestellt werde.)

Cap. XXXV.

Das genannte Tetraeder wird auf folgende Art in den Kubus gestellt, nämlich: Zuerst werden wir den Kubus, den oben angegebenen Methoden gemäss bilden, sodann werden wir in jeder seiner sechs quadratischen Oberflächen die Diagonale oder den Durchmesser ziehen und es wird der verlangte Körper dadurch umschlossen, wie die erste des fünfzehnten beweist, weil genanntes Tetraeder, wie gesagt worden, sechs Kanten hat, welche der Anzahl der sechs Oberflächen des Kubus entsprechen, und als solche haben sich seine sechs Diagonalen ergeben, welche auf seinen Oberflächen gezogen. Und die vier Ecken der Pyramide haben sich in vier von den acht des genannten Kubus festgestellt, wie es ausserdem die Lehrerin aller Dinge, die heilige Erfahrung in ihren materiellen Formen offenbart.

(Vom Einschluss des Oktaeders in den Kubus.)

Cap. XXXVI.

Wenn man ferner den Achtflächner, d. h. Oktaeder im Hexaeder bilden will, so muss man zuerst im Kubus die gleichseitige dreiseitige Pyramide construirt haben, deren Seiten, wie gesagt worden, die sechs Diagonalen ihrer Oberflächen sind. Wenn wir daher jeder der genannten Diagonalen halbiren, und die Mittelpunkte durch gerade Linien untereinander verbinden werden, so wird ohne Zweifel im angenommenen Kubus genau das Oktaeder hergestellt sein, und jede seiner Ecken wird sich nach der dritten des fünfzehnten genau in den Basen des genannten Kubus befinden.

(Die Einstellung des Hexaeders ins Oktaeder.)

Cap. XXXVII.

Das Hexaeder oder der Kubus wird auf folgende Art ins Oktaeder einbeschrieben werden. Zuerst werden wir auf Grund der vorher in diesem Tractat gegebenen Lehren das genannte Oktaeder bilden. Nachdem dies so hergestellt, so finde von jeder seiner Dreiecksflächen nach der fünften des vierten ihr Centrum. Diese acht Mittelpunkte werden wir sodann mit einander durch zwölf gerade Linien verbinden, und erhalten so den beabsichtigten Umschlossenen. Und jede körperliche Ecke des Kubus wird auf der Basis des genannten Oktaeders stehen, wie es die vierte des fünfzehnten erklärt.

(Von der Einschreibung des Tetraeders ins Oktaeder.)

Cap. XXXVIII.

Du wirst in jenes den Kubus wie vorher, und in ihn das Tetraeder wie angegeben, beschreiben, und es ist ausgeführt.

(Von der Bildung des Dodekaeders im Ikosaeder.)

Cap. XXXIX.

Das Ikosaeder hat, wie gesagt, zwölf körperliche Ecken, jede in fünf ebenen Winkeln ihrer fünf Dreiecke enthalten. Wenn man daher das Dodekaeder in dasselbe beschreiben will, so muss man zuerst nach dem, was wir in diesem Tractat vorher gelehrt haben, das in Rede stehende Ikosaeder bilden, und nachdem es demgemäss ordnungsmässig hergestellt, so finde man nach der fünften des vierten von jeder seiner Dreiecksflächen den Mittelpunkt, und diese [1] verbinden wir sodann alle unter einander durch dreissig gerade Linien derart, dass sich nothwendigerweise zwölf Fünfecke bilden, deren jedes einer körperlichen Ecke des besagten Ikosaeders gegenüberliegt. Und jede der Seiten der genannten Pentagone steht über Kreuz, jeder der entsprechenden Seiten genannten Ikosaeders gegenüber. Und sowie im genannten Ikosaeder zwölf Ecken vorhanden, so gibt es im Dodekaeder zwölf Fünfecke. Und wie sich in jenen zwanzig Dreiecksflächen befinden, so sind im genannten Dodekaeder zwanzig körperliche Ecken vorhanden, die in besagten Flächen mittelst der genannten Linien erzeugt worden. Und wie in jenem dreissig Kanten vorhanden, so gibt es im Dodekaeder ebenfalls dreissig jenen über Kreuz gegenüberliegenden Kanten, wie gesagt, wie es ihre ganze Form offenbart, und wie es auch die sechste des fünfzehnten folgert.

[1]) scil. Mittelpunkte.

(Von der Einstellung des Ikosaeders ins Dodekaeder.)

Cap. XL.

Wenn man das Ikosaeder dem Dodekaeder einbeschreiben will, so werden wir vorher letzteres gemäss des vorher in diesem gegebenen Anweisung bilden. Und von seinen zwölf Pentagonen, die es umschliessen, werden wir das Centrum finden, demgemäss, wie es die vierzehnte des vierten lehrt. Und diese Centra werden wir unter einander mittelst dreissig Linien verbinden, so dass in demselben zwanzig Dreiecke und zwölf Ecken entstehen werden, deren jede von fünf ebenen Winkeln genannter Dreiecke enthalten ist. Die Ecken derselben liegen in den zwölf Mittelpunkten seiner zwölf Pentagone. Und in ähnlicher Art stehen diese seine dreissig Linien den dreissig des Dodekaeders über Kreuz gegenüber, wie es von jenen bezüglich dieser gesagt worden und ferner aus der siebenten des besagten fünfzehnten erhellt.

(Von der Einstellung des Kubus in's Dodekaeder.)

Cap. XLI.

Den Kubus ferner werden wir leicht im besagten Dodekaeder bilden, in Anbetracht dessen, dass dieses auf den zwölf Seiten des Kubus sich bildet, wie es in der siebzehnten des dreizehnten enthalten. Wenn man demnach in jedem seiner zwölf Pentagone dem Erforderniss des Besagten gemäss zwölf Sehnen zieht, so werden ohne Zweifel sechs viereckige gleichseitige Oberflächen gebildet und jeder derselben werden zwei Ecken des genannten Dodekaeders gegenüberstehen, und es werden von acht derselben acht Ecken des ihm einbeschriebenen Kubus gebildet, derart, dass über jeder der Kubusflächen beinah die Gestalt des riegelförmigen Körpers[1]) übrig bleibt, was alles durch die achte des fünfzehnten klar wird.

[1]) Unter dieser Bezeichnung ist im Folgenden stets das dreiseitige Prisma zu verstehen.

(Wie das Oktaeder im Dodekaeder gebildet werde.)

Cap. XLII.

Wenn in das Dodekaeder zuerst der Kubus beschrieben wird, wie in der Vorhergehenden gesagt worden, so wird im besagten Dodekaeder leicht das Oktaeder gebildet werden. Denn wir werden die sechs entgegengesetzten Seiten des Dodekaeders halbiren, welche den sechs Oberflächen des Kubus gegenüberliegen, d. h. diejenigen Seiten, welche gleichsam den Gipfel des riegelförmigen bilden, deren genau sechs sind, und jene ihre sechs Mittelpunkte verbinden wir sämmtlich unter einander durch zwölf gerade Linien derart, dass sie sechs körperliche Ecken erzeugen werden, deren jeder von vier ebenen Winkeln der vier Dreiecke des Oktaeders umschlossen wird. Und jede trifft eine der genannten sechs Kanten des Dodekaeders, und folglich zeigt sich, dass es der verlangte Umschlossene sei, wie in der neunten des fünfzehnten enthalten.

(Vom Einschluss des Tetraeders in besagtes Dodekaeder.)

Cap. XLIII.

Das Tetraeder ferner wird in dasselbe Dodekaeder eingestellt werden, wenn man zuerst darin den Kubus bildet, wie angegeben, und dann, wie ebenfalls gezeigt, in den besagten Kubus das Tetraeder stellt. Wenn diese Dinge geschehen sind, so erhellt klar, dass unser vorgenommener umschlossen sei, und zwar auf diese Art: Sofern die Ecken des Kubus in die Ecken des Dodekaeders sich stellen und die Ecken des Tetraeders in die des Kubus sich festsetzen, so folgt, das besagtes Tetraeder in das angenommene Dodekaeder, wie es sein muss, eingeschlossen ist, was unsere Erfahrung in den von uns entworfenen Modellen und Euer Hoheit Händen dargebracht, zugleich mit dem wissenschaftlichen Beweise der zehnten des besagten zwölften offenbart.

(Von der Einschreibung des Kubus in's Ikosaeder.)

Cap. XLIV.

Der Kubus wird im Ikosaeder gebildet, wenn man in letzteres zuerst das Dodekaeder beschreibt, wie wir vorher gesagt, und sodann in dies Dodekaeder den Kubus auf die angegebene Art beschreibt. Nachdem dies geschehen, wird erhellen, dass der Beabsichtigte gemäss dem vorher Gesagten vollendet. Denn sämmtliche Ecken des Dodekaeders fallen in das Centrum der Ikosaederflächen und die Ecken des Kubus in die besagten Ecken des Dodekaeders, und folglich ist der in Rede stehende Körper vollendet, was uns auch durch die elfte des fünfzehnten erklärt wird.

(Von der Art und Weise, das Tetraeder im Ikosaeder zu bilden.)

Cap. XLV.

Wenn man im besagten Ikosaeder den Kubus bildet, wie wir vorher gelehrt, und dann in eben diesem Kubus das Tetraeder bildet, so ist kein Zweifel, dass dann nothwendigerweise letzteres auch dem besagten Ikosaeder wird einbeschrieben sein. Denn da die körperlichen Ecken der dreiseitigen vierflächigen Pyramide die des Kubus, und die des Kubus die des Ikosaeders berühren, so folgt vom Ersten zum Letzten, dass die des Tetraeders die des Ikosaeders ebenfalls berühren.[1]) Und daher ist zufolge der zwölften des fünfzehnten unser vorgesetzter Körper beendigt. Und dies bezüglich dessen, was sich auf ihre gegenseitige Einschreibung bezieht.

(Warum der in Rede stehenden Einbeschreibungen nicht mehr sein können.)

Cap. XLVI.

Aus dem vorher Besprochenen, erhabener Herzog, zeigt sich daher, da der regelmässigen Körper fünf sind, dass, wenn

[1]) Die Ecken des Würfels müssen in die Mitte der Dreiecksfläche des Ikosaeders fallen (zuf. Cap. XLIV).

jeder in jedem gebührendermassen, wie vorausgesetzt, gebildet werden könnte, daraus folgen würde, dass jeder deren vier aufnehme, und folglich würden unter allen Körpern zwanzig, d. h. viermal fünf Einschreibungen stattfinden. Aber weil nicht jeder jeden aufnimmt, wie angeführt, so gibt es nur zwölf Einschreibungen; nämlich nur eine des Oktaeders ins Tetraeder, und zwei in den Kubus, nämlich des Tetraeders und des Oktaeders, und ferner zwei ins Oktaeder, nämlich eine des Kubus und eine des Tetraeders. Und drei sind |die im Ikosaeder, nämlich eine des Dodekaeders und eine des Kubus, und die andere des Tetraeders. Und vier sind die im Dodekaeder, nämlich eine des Ikosaeders, die andere des Kubus, die dritte des Oktaeders und die vierte des Tetraeders, welche in Allen zwölf der Zahl nach sind. Denn in der vierflächigen Pyramide gibt es weder Seiten noch Winkel, noch Flächen, auf welche sich die Ecken der drei andern regelmässigen Körper, ausser dem Oktaeder, stützen könnten. Der Kubus ferner kann in sich die Pyramide und das Oktaeder aufnehmen, und das Oktaeder allein den Kubus und die Pyramide, und in keinem derselben ist es möglich, irgend einen der beiden andern, nämlich Ikosaeder und Dodekaeder einzustellen. Und ungeachtet das Ikosaeder den dreien Aufnahme gewährt, hat es sie dem Oktaeder allein versagt, und dies geschah aus Achtung vor dem ruhmreichen Zeichen, welches alle Dämonen zittern macht, nämlich vor dem heiligen Kreuz, welches die drei Linien bilden, die sich unter einander rechtwinklig schneiden, welche von einem zum andern Endpunkt diametral gezogen. Es gibt darin kein Ort derart, dass sie sich genau der Anordnung desbesagten Oktaeders entsprechend hindurch ziehen lassen. Aber da das Dodekaeder unter den andern mit einem besondern Vorrechte ausgestattet, so hat es keinem die Wohnung versagt oder verboten, als Unterkunft von allen. Und deswegen schrieb es auch der alte Plato zugleich aus den andern angeführten Gründen dem Universum zu.[16])

(Wie in jedem der genannten regulären Körper die Kugel gebildet werde.)

Cap. XLVII.

Vorher, erhabener Herzog, haben wir, wie gesehen, von jedem der genannten fünf regelmässigen Körper nachgewiesen, dass er in die vorgelegte Kugel einbeschreibbar und von dieser umschreibbar sei; es bleibt jetzt angemessenerweise zu zeigen, wie auch die besagte Kugel jeden derselben sich einbeschreiben lasse. Daher werden wir hier im Folgenden mit evidenter Klarheit vorführen, dass auch umgekehrt die Kugel in jeden von ihnen eingeschrieben werden könne. Dies erhellt so: es mögen also vom Centrum der Kugel, welche jeden solchen Körper umschreibt, nach allen Grenzflächen derselben Senkrechte ausgehen oder gefällt werden. Diese werden nothwendigerweise in die Centra der Kreise fallen, welche wir genau den besagten Flächen umschreiben. Und sofern alle Kreise, welche die genannten Flächen genau umschliessen, gleich sind, werden diese Senkrechten gleich sein. Wenn wir daher, der Grösse eines von ihnen entsprechend, einen Kreis um den Mittelpunkt der Kugel beschreiben werden, welche sie umfasst, und seinen Halbkreis herumführen, bis er zu der Stelle zurückkehrt, von wo er sich zu bewegen begann, so werden wir uns, da er nothwendigerweise durch alle Endpunkte aller Senkrechten gehen muss, zufolge des Corollars der fünfzehnten des dritten überzeugen, dass die durch die Bewegung dieses Halbmessers beschriebene Kugel alle Flächen des bezeichneten Körpers im Zusammenstosse der Senkrechten streife oder genau berühre. Denn die Kugel kann nicht mehr von den Grundflächen des Körpers berühren, als der Halbkreis berührte, als er sich bewegte. Daher ist klar, dass wir dem bezeichneten Körper die Kugel einbeschrieben haben, wie es zu thun vorgeschlagen war.

(Von der Gestalt und Anordnung des ebenen, vollen und hohlen und des abgestumpften vollen, ebenen oder hohlen, und des erhöhten vollen oder hohlen Tetraeders.)

Cap. XLVIII.[17])

I. II. Das ebene volle oder hohle Tetraeder wird von sechs gleichen Linien gebildet, welche zwölf ebene Winkel und vier körperliche Ecken enthalten, und unter einander vier dreiseitige, gleichseitige und gleichwinklige Grundflächen bilden.

III. IV. Vom geköpften oder abgeschnittenen Tetraeder: Das geköpfte oder, wir wollen sagen abgeschnittene volle, ebene und hohle Tetraeder ist von 18 Linien enthalten, welche 36 ebene Winkel und zwölf Ecken erzeugen und acht Flächen umgeben es, wovon vier Hexagone und vier gleichseitige Dreiecke, d. h. von sechs Seiten,[1]) aber die materielle Form macht es unserm Auge klar und es entsteht aus dem vorhergehenden dadurch, dass seine Seiten sämmtlich auf ein Drittel abgeschnitten werden.

V. VI. Das erhöhte, oder wir wollen sagen zugespitzte volle und hohle Tetraeder hat gleicherart 18 Kanten, von denen sechs gemeinsam sind, und hat 36 ebene Winkel und acht Ecken, von denen vier die Spitzen[2]) der die Oberfläche bildenden Pyramiden, und vier den fünf Pyramiden gemeinsam sind, nämlich der innern, die das Auge nicht sehen kann, sondern nur der Verstand wahrnimmt, und den andern vier äussern, aus welchen fünf Pyramiden genannter Körper zusammengesetzt ist, sofern sie unter sich gleichseitig, dreieckig und gleichwinklig sind, wie es ihre vorgelegte materielle Form uns zeigt. Und seiner Oberflächen, welche ihn umkleiden, welche nicht eigentlich Basen genannt werden, sind im Ganzen der Zahl nach zwölf und alle dreieckig. Und von diesem kann man auf keine Art das erhöhte abgeschnittene bestimmen, aus Mangel der Hexagone, welche keine körperlichen Ecken bilden.[3])

---

[1]) Dieser Zusatz ist natürlich auf die Hexagone zu beziehen.

[2]) cfr. Cap. LXXI.

[3]) Es werden hier wie im Folgenden stets Körper von gleicher Kantenlange vorausgesetzt.

(Vom ebenen vollen und leeren, abgeschnittenen vollen und leeren, erhabenen ebenen und erhabenen abgeschnittenen Hexaeder.)

Cap. XLIX.

VII. VIII. Das ebene volle und hohle Hexaeder, oder wollen wir Kubus sagen, hat zwölf Linien oder Seiten oder Kanten und 24 ebene Winkel und acht Ecken und sechs Basen oder Flächen, die es enthalten, alle quadratisch, gleichseitig und gleichwinklig, ähnlich der Form des teuflischen Instruments, was sonst auch Würfel oder Knöchel genannt.

IX. X. Das abgestumpfte oder abgeschnittene ebene, ebenfalls volle oder hohle Hexaeder hat 24 Linien, welche um dasselbe herum 48 ebene Winkel ergeben, wovon 24 rechte, die andern spitze sind. Und es hat zwölf Ecken und ist von 14 Flächen oder Basen umgrenzt, nämlich von sechs Quadraten und acht Dreiecken. Und alle genannten Linien sind den Quadraten und Dreiecken gemeinsam, weil jene sechs Quadrate, wenn man sie eckenweise zusammenfasst, nothwendig acht Dreiecke ergeben, wie es die Sechsecke im abgeschnittenen Tetraeder thaten. Und es entsteht aus dem Kubus dadurch, dass derselbe gleichförmig in der Mitte jeder seiner Seiten durchschnitten wird, wie es dem Auge seine materiell vorgeführte Form zeigt.

XI. XII. Das erhöhte volle oder hohle Hexaeder: Zu seiner Construction dienen 36 Linien, die unter sich verbunden 72 ebene Winkel und sechs pyramidale Ecken ergeben, jede von vier ebenen Winkeln enthalten. Und es wird von 24 dreieckigen Oberflächen umkleidet, welche eigentlich nicht als Basen zu bezeichnen sind. Und von jenen Linien sind zwölf allen jenen dreiseitigen Oberflächen gemeinsam, die ihn umschliessen und berühren, und der genannte Körper ist aus sechseckigen vierseitigen äussern Pyramiden zusammengesetzt, welche sämmtlich der Lage des Körpers entsprechend vom Auge wahrgenommen werden. Und ferner aus dem inneren Kubus, über welchem die besagten Pyramiden stehen, und den nur der Verstand sich vorstellen kann, weil er sich dem Auge ganz verbirgt, in Folge der Stellung der besagten Pyramiden auf demselben, und die sechs quadratischen Oberflächen jenes Kubus sind die Grundflächen genannter sechs Pyramiden, die alle von gleicher Höhe sind, und sind dem Auge verborgen und umgeben ungesehen genannten Kubus.

XIII. XIV. Das abgeschnittene, erhabene volle oder hohle Hexaeder hat 72 Linien, oder Seiten oder Kanten, und diese bilden 144 ebene Winkel und von Ecken bilden sie 14, alle pyramidal. Von diesen sind sechs von eckigen vierseitigen, acht von dreiseitigen Pyramiden gebildet, und von den genannten Linien sind 24 den drei- und vierseitigen Pyramiden gemeinsam. Und es hat 48 Seitenflächen oder Oberflächen, die es umgeben, sämmtlich dreiseitig, und dieser so gebildete Körper ist zusammengesetzt aus dem abgeschnittenen vollen innern, nur durch den Verstand wahrnehmbaren Hexaeder, und aus 14 Pyramiden, wie gesagt worden, und in der Stellung auf die Ebene ruht er stets auf drei Pyramidenspitzen oder Punkten, wie die Gestalt zeigt.

(Vom ebenen vollen oder hohlen, und abgeschnittenen vollen oder hohlen, und erhabenen vollen oder hohlen Oktaeder.)

Cap. L.

XV. XVI. Das ebene volle oder hohle Oktaeder enthält in sich zwölf Linien und 24 ebene Winkel, und von körperlichen [1]) hat er sechs und ist von acht gleichseitigen, und auch gleichwinkligen dreieckigen Ebenen umgrenzt, wie es sich in seiner vorgelegten materiellen Form uns darstellt.

XVII. XVIII. Das abgeschnittene oder verschnittene ebene volle oder hohle Oktaeder hat 36 Linien, die 72 ebene Winkel bilden, nämlich 48 gehören den Sechsecken an, und 24 den Quadraten, und es enthält 24 Ecken und hat 14 Basen, wovon acht Sechsecke, d. h. mit sechs Seiten und sechs Vierseite, d. h. Quadrate sind. Aber von besagten Linien sind 24 gemeinsam nämlich den Quadraten und Sechsecken. Und jene Quadrate bilden sich aus den Sechsecken, sofern alle acht sich gleicher-

[1]) Statt „körperlicher Winkel" ist der gleichbedeutende: „Ecke" als der kürzere meist vorgezogen.

weise berühren, von welchem Allen klar aus seiner materiellen Form das Auge dem Verstande klar die Wahrheit bekannt macht. Und aus diesem ist es ferner nicht möglich, seinen Erhöhten zu bilden, was sich allgemein gleichfalls aus dem Mangel der Hexagone darstellt, welche, wie beim abgeschnittenen Tetraeder bemerkt, keine Ecken zu bilden gestatten. Und es bildet sich aus dem vorhergehenden durch gleichmässiges Abschneiden jeder seiner Seiten auf ein Drittel.

XIX. XX. Das ebene erhöhte volle oder hohle Oktaeder hat 36 Linien gleicher Länge und hat 72 ebene Winkel und acht pyramidale Ecken, und ist von 24 Ebenen, sämmtlich dreieckig, gleichseitig und gleichwinklig enthalten, die es genau umgeben. Aber von jenen Linien sind zwölf allen Dreiecken der Pyramiden gemeinsam. Und dieser Körper besteht aus acht eckigen, gleichseitigen und gleichwinkligen dreiseitigen Pyramiden von gleicher Höhe, welche alle von aussen erscheinen, und noch aus dem innern Oktaeder, was allein durch die Einbildungskraft des Verstandes wahrnehmbar, und die Basen dieses Oktaeders sind die Grundflächen besagter acht Pyramiden, wie es seine materielle Form uns bekundet.

(Vom ebenen vollen oder hohlen und vom abgeschnittenen vollen oder hohlen, und erhabenen vollen oder hohlen Ikosaeder.)

Cap. LI.

XXI. XXII. Das ebene volle oder hohle Ikosaeder enthält 30 sämmtlich unter sich gleiche Linien oder Seiten; und diese erzeugen in ihm 60 ebene Winkel und zwölf Ecken. Und ferner bilden sie in demselben 20 Grenzflächen, die sämmtlich dreieckig, gleichseitig und gleichwinklig, und jede der genannten Ecken besteht oder ist enthalten in fünf ebenen Winkeln genannter dreiseitiger Grenzflächen, wie es seine materielle Figur ebenfalls zeigt.

XXIII. XXIV. Das abgeschnittene ebene, volle oder hohle Ikosaeder hat 90 Seiten oder Linien, und es sind 136 ebene Winkel, wovon 120 den Dreiecken gehören, welche zu seiner

Zusammensetzung dienen, und 60 sind von den Pentagonen, welche ebenfalls dazu kommen, die sämmtlich gleichseitig sind. Und diese Linien bilden um den genannten Körper herum 32 Flächen, deren 20 Sechsecke, d. h. von sechs gleichen Seiten, und zwölf Pentagone, d. h. von fünf gleichen Seiten sind. Und alle sind ihrem Grade nach unter sich gleichseitig und auch gleichwinklig, d. h. dass alle Sechsecke unter sich von gleichen Winkeln sind, und ebenso alle Pentagone unter sich von gleichen Winkeln sind. Aber die Seiten alle, sowohl der Sechs- wie der Fünfecke, sind sämmtlich unter einander gleich. Nur in den Winkeln sind die Fünf- und Sechsecke verschieden. Und dieser so beschaffene Körper entsteht aus dem vorherigen regelmässigen, wenn man jede seiner Seiten gleichmässig in ihrem dritten Theile abschneidet. Und durch diese Schnitte entstehen, wie gesagt, 20 Sechs- und zwölf Fünfecke und 30 körperliche oder volle Ecken. Aber von besagten Linien sind 60 den Sechs- und Fünfecken gemeinsam, weil die 20 Sechsecke, in gleicher Weise mit einander verbunden, nothwendigerweise zwölf Pentagone erzeugen. Und auch von diesen kann sich kein erhöhtes ergeben, in Folge des Mangels besagten Sechsecks, wie wir beim abgeschnittenen Tetraeder und abgeschnittenen Oktaeder oben gesagt haben.

XXV. XXVI. Das erhöhte volle und hohle Ikosaeder hat in sich 90 Linien und 180 ebene Winkel und 20 pyramidale Ecken, und hat 60 Grenz- oder Oberflächen, die es umgeben, sämmtlich dreieckig, gleichseitig und auch gleichwinklig. Aber von den 90 Linien sind 30 jeder der Oberflächen seiner 20 Pyramiden gemeinsam. Und der genannte Körper besteht aus 20 kantigen dreiseitigen, gleichseitigen und gleichwinkligen Pyramiden von gleicher Höhe, und aus dem ganzen innern Ikosaeder, welcher nur durch die Einbildungskraft dem Verstande wahrnehmbar, und seine Grenzflächen sind gleicherart Grundflächen genannter 20 Pyramiden, welches Alles noch seine eigenthümliche materielle Form deutlich macht.

(Vom ebenen vollen oder hohlen, und vom abgeschnittenen vollen oder hohlen, und vom erhöhten vollen oder hohlen und abgeschnittenen erhöhten vollen oder hohlen Dodekaeder, und seiner Erzeugung oder Abhängigkeit.)

Cap. LII.

XXVII. XXVIII. Das ebene volle oder hohle Dodekaeder hat 30 gleiche Linien oder Seiten, die darin 60 ebene Winkel erzeugen, und hat 20 Ecken und zwölf Grund- oder Oberflächen, die es enthalten, und diese sind sämmtlich Pentagone von unter sich durchweg gleichen Seiten und Winkeln, wie erhellt.

XXIX. XXX. Das geköpfte oder abgeschnittene ebene volle oder hohle Dodekaeder hat 60 Linien; alle von gleicher Länge und hat 120 ebene Winkel und 30 Ecken. Aber von den 120 ebenen sind 60 Dreiecks- und 60 Fünfeckswinkel. Und jene Dreiecke werden mit Nothwendigkeit aus besagten Pentagonen veranlasst, wenn man diese eckenweise unter einander verbindet, wie es bei der Erzeugung der abgeschnittenen des Tetraeders und Oktaeders gesagt worden, welche aus Sechs-, Vier- und Dreiecken, und ebenso beim abgeschnittenen Ikosaeder aus Sechs- und Fünfecken gebildet wurden, wie es die materielle Figur zeigt. Und jede der besagten Ecken ist gebildet und enthalten von vier ebenen Winkeln, wovon zwei aus Dreiecken und zwei aus in ein und demselben Punkte zusammenlaufenden Pentagonen angehören. Und alle seine Linien oder Seiten sind den Dreiecken und Pentagonen gemeinsam, weil wenn das eine und die anderen in richtiger Art angebracht werden, das eine die Ursache des andern ist, d. h. die Dreiecke von den Pentagonen und die Pentagone von den Dreiecken. Und sowie die zwölf gleichseitigen Pentagone, eckenweise verbunden, im genannten Körper 20 Dreiecke ergeben, so können wir auch noch sagen, dass 20 Dreiecke eckenweise mit einander verbunden, zwölf ebenfalls gleichseitige Pentagone erzeugen. Und daraus erhellt, dass alle besagten Linien unter ihnen gemeinsam seien, wie gesagt worden. Und der sie umgebenden Flächen sind 32, wovon zwölf gleichseitige und gleichwinklige Pentagone und 20 ebenfalls gleichseitige Dreiecke sind, alle unter einander wechselweise erzeugt, wie wir angegeben haben, und wie seine materielle Form offenbart. — Und dieser geht aus dem Vorhergehenden hervor, indem er in der Mitte jeder seiner Seiten gleichmässig abgeschnitten.

XXXI. XXXII. Das erhöhte volle oder hohle Dodekaeder hat 90 Linien und 180 ebene Winkel und von körperlichen zwölf erhabene pyramidale fünfseitige, und hat ferner 20 körperliche sechsseitige Grundflächen. [1]) Und es hat 60 Oberflächen, alle dreieckig, gleichseitig und gleichwinklig. Aber von den genannten 90 Linien sind zwölf den zwölf Basen der fünfseitigen Pyramiden gemeinsam, deren Grundflächen gleichfalls pentagonisch sein müssen. Und diese sind die Grenzflächen des innern regelmässigen Dodekaeders, welches zu seiner Zusammensetzung dient, und das der Verstand allein mittelst der Einbildungskraft erfasst, und nur diese 30 gemeinsamen Linien treten zur Erzeugung der 20 eingedrückten Ecken zusammen, die, wie gesagt, sechseckig sind, d. h., dass zu ihrer Bildung sechs Linien beitragen. Und es wird besagter Körper vom innern vorgenannten regulären Dodekaeder und von zwölf kantigen fünfseitigen gleichseitigen und gleichwinkligen Pyramiden von gleicher Höhe gebildet. Und ihre Grundflächen sind dieselben Grundflächen des innern, wie vorher gesagt.

XXXIII. XXXIV. Das abgeschnittene erhabene volle oder hohle Dodekaeder hat Seiten oder Linien der Zahl nach 180, wovon 60 erhoben sind zur Erzeugung der fünfseitigen Pyramiden, 60 sind zur Constitution der dreiseitigen Pyramiden erhoben, die andern 60 sind niedere: sämmtliche Seiten von den genannten Pyramiden, d. h. der Pentagone und Dreiecke. Und dieser so gestaltete Körper setzt sich aus dem ebenen abgeschnittenen innern Dodekaeder zusammen, welches allein durch die Einbildungskraft dem Verstande sich bietet, und aus 32 Pyramiden, wovon zwölf fünfseitig sind und unter sich von gleicher Höhe. Und die andern 20 sind dreiseitig, ebenfalls von unter einander gleicher Höhe. Und die Grundflächen dieser Pyramiden sind die Oberflächen des genannten abgestumpften Dodekaeders, indem sich jede auf die zu ihr gehörigen, d. h. die dreieckigen auf die drei-

[1]) scil. Ecken.

seitigen Pyramiden, und die fünfeckigen auf die pentagonischen Pyramiden beziehen. Und in der Stellung auf die Ebene ruht es immer auf sechs Punkten oder pyramidalen Spitzen,[1]) von welchen Spitzen eine von der fünfseitigen und die andern fünf von den dreiseitigen Pyramiden herrühren. Dies in der Luft Schweben scheint dem Auge als etwas Widersinniges, dass es ähnliche Spitzen und eine (davon verschiedene) seien.[2]) Und es ist dies, erhabener Herzog, von grosser Abstraction und tiefer Wissenschaft, und ich weiss, wer es begreift, wird mich sicherlich nicht Lügen strafen. Und zu seiner Ausmessung gelangt man mittelst der subtilsten Praxis, besonders der Algebra und Almukabala, die nur Wenigen bekannt und von uns in unserm Werke gut nachgewiesen, mit Anweisungen, sie leicht erlernen zu können. Und ähnlicherart verhält es sich mit der Ausmessung des abgeschnittenen Ikosaeders, in welchem Sechs- und Fünfecke mit einander wechseln, welche alle die Messungen kennen lehren.

(Vom ebenen vollen oder hohlen und dem erhabenen vollen oder hohlen 26flächigen Körper und seinem Ursprung).

Cap. LIII.

XXXV. XXXVI. Ein anderer den vorerwähnten, diesen sehr unähnlicher Körper, erhabener Herzog, findet sich unter dem Namen Körper von 26 Flächen, die von höchst einfachem Princip und Ursprung abstammen. Von ihnen sind 18 gleichseitige und rechtwinkelige Quadrate und acht sind Dreiecke, ebenfalls gleichseitig und gleichwinklig. Und dieser Körper hat 48 Seiten oder Linien und 96 ebene Winkel, wovon 72, und zwar die seiner 18 quadratischen Flächen, sämmtlich rechte, und 24, nämlich die seiner acht gleichseitigen Dreiecke spitze sind. Und diese 96 tragen mit einander zur Herstellung von 24 Ecken in demselben bei, wovon jede aus einem Flächenwinkel des Dreiecks und drei rechten Winkeln dreier Quadrate besteht. Und von seinen 48 Linien sind 24 den Dreiecken und Quadraten

[1]) cfr. Cap. LXXI.

[2]) scil: welche in derselben Ebene liegen, was übrigens auch ohne die vom Autor vorausgesetzten „tiefen Kenntnisse" auf rein elementarem Wege nachweisbar.

gemeinsam, weil aus jenen je nach den passenden Umständen mit einander verbundenen 18 Quadraten nothwendig jene acht Dreiecke hervorgehen, die ebenso gebildet sind, wie es von den andern abgeschnittenen vorher bemerkt worden. Und der Ursprung dieses Körpers geht aus vom Hexaeder,[1]) indem dasselbe gleichmässig nach allen seinen Theilen abgeschnitten, wie es ähnlicherart seine materielle Form dem Auge hier zeigt. Und seine Kenntniss ist in vieler Beziehung für den, welcher sie wohl anzuwenden weiss sehr nützlich, besonders in der Architektur und dies diene zur Kenntniss seines Ebenen, Voller oder Hohlen.

XXXVII. XXXVIII. Der volle oder hohle erhöhte Sechsundzwanzigflächner enthält in sich zu seiner Bildung 144 Linien, welche unter sich, je nach dem gelegentlichen Erforderniss verbunden, in ihm 288 ebene Winkel und 26 erhabene pyramidale erhöhte Ecken erzeugen. Von diesen sind 18 von vier spitzen ebenen Winkeln enthalten, nämlich jeder von ihnen, und acht sind von drei spitzen Winkeln enthalten. Und besagter Körper besteht aus 26 kantigen Pyramiden, deren 18 vierseitig und acht dreiseitig sind, welche alle ringsum von aussen mit dem Auge unterschieden werden können und aus dem vorherigen innern, vollen ebenen Sechsundzwanzigflächner, der allein durch die Einbildungskraft wahrgenommen. Und seine 26 Grenzflächen sind ebenso Grundflächen der vorhergenannten 26 Pyramiden, nämlich die acht Vierseite, die der 18 kantigen vierseitigen und die acht Dreiecke die, der acht dreiseitigen Pyramiden. Und wie man auch diesen Körper auf die Ebene stellt, stets ruht er auf drei Punkten oder pyramidalen Spitzen, was ausserdem dem Auge die Probe seiner materiellen Form hinreichend genügend darlegen wird.

(Vom ebenen, vollen oder hohlen Zweiundsiebzigflächner.)

Cap. LIV.

XXXIX. XL. Unter diesen, erhabener Herzog, ist passenderweise der Körper zu stellen, der Zweiundsiebzigflächner

[1]) scil. aus dem abgeschnittenen Hexaeder. Die Operation des Abschneidens wiederholt sich also zweimal beim gewöhnlichen Kubus.

genannt wird, den unser Megaräer Philosoph in der vierzehnten seines zwölften genau beschreibt. Obwohl dieser seine Grenzflächen eben, eckig, von Winkeln begrenzt und ungleichförmig hat, so kann man nicht sagen, dass er von irgend einem der regulären Körper abhänge oder herzuleiten sei, sondern er bildet und erzeugt sich allein, wie es am genannten Orte unser Philosoph zeigt, mittelst des Dodekagons, d. h. des gleichseitigen Zwölfecks. Und von seinen vorgenannten Flächen sind 48 vierseitig ungleichseitig und ungleichwinklig, und sie haben nur die zwei entgegengesetzten Seiten nach den beiden Polen oder, wir wollen sagen, der Spitze zu verlängert und unter sich gleich. Und seine andern 24 Grenzflächen sind dreieckig und gleichermassen ungleichseitig. Und von diesen umgeben zwölf die eine dieser Spitzen und zwölf die andere. Und jede von ihnen hat zwei gleiche Seiten, nämlich die, welche nach dem Punkte des untern und obern Pols hingehen. Auch aus diesem wird man immer seinen erhöhten auf dieselbe Art, wie es bei den andern geschehen, bilden können;[1]) aber in Folge der Ungleichförmigkeit seiner Grenzflächen wird seine Kenntniss schwer sein, wenn sie auch dem Auge nicht wenig Schönheit darbieten möchte. Und es würden in demselben der Anzahl seiner 72 Grenzflächen entsprechend 72 Pyramiden entstehen, von welchen Pyramiden die Grundflächen dieselben wie bei jenem sein würden, und ausserdem jener innerhalb gedachte, dessen erhöhte Gestalt ich mich nicht bemüht habe, unter der vorhandenen materiell darzustellen, um auch dem Leser sein Theil zu überlassen, auf dessen Ingenium ich mich verlasse. Und dieser Zweiundsiebzigflächner wird von den Architekten in ihren Anordnungen der Gebäude viel benutzt, insofern er eine besonders geeignete Form ist, besonders, wo es nöthig ist, Tribünen oder sonstige Gewölbe, oder wir wollen sagen, Himmel herzustellen. Und ungeachtet bei den gesagten Gebäuden nicht immer genau soviel Seitenflächen genommen werden, so richten sie sich nach jenem Vorbild, indem man ihn auf alle Art viertheilt,

---

[1]) Dies scheint insofern wenigstens nicht zutreffend und einer Modification zu bedürfen, als die Längen der Seitenkanten ihrer Pyramiden nicht mehr den bisherigen Anforderungen entsprechen können, indem ihre Grundflächen selbst keine gleichseitigen Figuren sind.

drittheilt je nach dem Ort und Lage, wo man solches Gebäude zu errichten beabsichtigt. Je nach deren Geeignetheit finden sie sich sehr häufig an verschiedenen Stellen angeordnet und gebaut, wie es bei dem unschätzbaren antiken Pantheontempel und heutigen Tages von den Christen in der Capitale der Welt die Rotonda genannt sich bekundet, der mit so viel eifriger Industrie und Beobachtung der Proportionen ausgeführt wurde, dass das Licht durch ein einziges kleines Loch in seine offen gelassene Spitze den ganzen Bau glänzend und leuchtend macht. Ich unterlasse es, von vielen andern berühmten und gepriesenen Städten, wie Florenz, Venedig, Padua, Neapel und Bologna zu reden, in denen viele Gebäude, heilige wie profane, mögen es kleine oder grosse sein nach dem Spiegel dieses gemacht sind. Auch hier in Ihrem Mailand, im würdigen Heiligthum von San Scetro, bildet die schmuckvolle Kapelle einen von diesem[1]), abgetrennten und zugleich vorbehaltlich von etwas Convexem an die Mauer gelehnten Theil und in jeder ihrer Grundflächen ist eine grosse Rose damit verbunden, die sie schmuckvoll macht. Und in Ihrem geweihten und heiligsten Tempel der Gnaden sind seine Tribüne am ersten Altar und die an den Seiten schon nichts anderes als ein Theil nach Art Dieses,[1]) indem zu seinen Grundflächen jene zu grösserer Zierde noch hinzugefügt worden. Und obwohl viele bauen und die Formen nach ihrer Willkür herbeiziehen, da sie weder von Vitruv mehr Kenntniss haben, wie von andern Architekten, so bedienen sie sich gleichwohl der Kunst, obgleich sie es nicht wissen, wie von den rohen Bauern Aristoteles sagt, dass sie beunruhigen und wissen nicht, dass sie Furcht erregen. Ebenso bedienen sich diese der Kunst und wissen nicht, dass sie sie benutzen. Auch der Schneider und der Schuster benutzen die Geometrie und wissen nicht, was sie sei; wie auch Maurer, Tischler, Handwerker und alle Künstler, die Maasse und Proportionen anwenden, ohne es zu wissen. Denn wie früher gesagt, besteht alles aus Zahl, Gewicht und Maass. Aber was sollen wir von den modernen Gebäuden bezüglich ihrer Art sagen, nach mannigfachen und verschiedenen Mustern angelegt und geordnet, welche, da sie manchmal dem Auge Schönheit bieten, indem sie klein sind, nachher bei der Bauausführung das

[1]) scil. 72-Flächner.

Gewicht nicht ertragen. Und weit entfernt auf tausend Jahre zu kommen, brechen sie vielmehr schon im dritten zusammen. Und wegen ihres schlecht Verstandenseins machen sie mehr Reparatur, als Baukosten. Die sich Architekten nennen und nie die Deckel des hierin ausgezeichneten Bandes unseres höchst würdigen Architekten und grossen Mathematikers Vitruv gesehen haben, der über Architektur mit den wichtigsten Lehren für jeden Bau geschrieben und wer davon abweicht, gräbt im Wasser und baut auf Sand, ruinirt eher die Kunst; die, Architekten genannt und nicht den Unterschied des Punktes zur Linie kennen: wie sollten sie jenen der Winkel kennen, ohne welche es nicht möglich ist, gut zu bauen, wie es nach des vorerwähnten Vitruv's Aussage der grosse Jubel und höchste Freude bekundet, welche Pythagoras hatte, als er mit sicherer Wissenschaft das wahre Verhältniss von den zwei graden Linien gefunden, welche den rechten Winkel genau nach dem Loth enthalten, aus welchem Grunde er, indem er den Göttern dieserhalb ein grosses Opfer und Fest feierte, 100 Ochsen schlachtete, und dieser Winkel ist von solcher Vorzüglichkeit, dass er sich niemals ändern kann, und mit andern Namen nennen ihn die vollkommenen Geometer auch „Winkel der Gerechtigkeit", weil es ohne seine Kenntniss nicht möglich, bei irgend welcher unserer Handlungen Gutes vom Schlechten zu unterscheiden, noch kann man je ohne ihn gewisses Maass auf irgend eine Art liefern. Daher scheint es den modernen Stümpern, als sei bei ihren Gebäuden Nichts gethan, wenn sie anstatt der richtigen und nothwendigen antiken Norm nicht irgend eine Inconvenienz ihrer Thorheiten einschieben, indem sie diejenigen tadeln (auch solcher finden sich einige), welche sie auf das richtige und antike Maass zurückführen wollen. Und jene sind es, die sich an unsern mathematischen Disciplinen erfreuen, indem sie dem wahren Führer bei allen Bauten in den Werken Vitruv's folgen, von welchen abweichend man sieht, wie dann unsere Gebäude stehen, göttliche wie profane, bald krumm, bald doppelt gekrümmt. Und deswegen ist das Wort Euer Hoheit und seine Wirkung sehr angebracht, hinsichtlich der Stadt, dass alles Krumme auf den Schutthaufen (geworfen werden solle), und wenn Sie das bereits Begonnene fortsetzen, werden Sie Ihr Mailand aus seinem abscheulichen und unpassenden Eindruck in Kurzem zu nicht geringerer Schönheit als Florenz überführen, indem Sie die Urheber davon entfernen, denn in Wahrheit verstehten Sie mehr davon im Schlaf, als diese mit tausend Augen sehend, wie dasselbe Ihr naher Verwandter, der erlauchte Herzog von Urbino, bei dem bewundernswerthen Bau seines würdigen vorerwähnten Palastes beweist. Und dieses möge mit Verlaub derer, welche das übel nehmen könnten, was bisher zu ihrer Kenntlichmachung gesagt worden und auch bezüglich des genannten Körpers zum vorliegenden Zwecke genügen.

(Von dem Verfahren, um ausser den genannten Körpern deren mehr zu bilden und wie ihre Formen ins Unendliche fortschreiten.)

Cap. LV.

Es scheint mir, erhabener Herzog, nicht, mich weiter über die genannten Körper zu verbreiten, sofern ihr Fortgang sich bei fortgesetzter und successiver, allmählicher Beschneidung seiner Ecken bis ins Unendliche erstreckt, und jener gemäss ihre verschiedenen Formen sich vervielfältigen. Und dieselben werden sie, da der Weg nach dem vorher Gesagten dazu offen steht, aus sich schon als weiter verfolgbar annehmen, weil stets gesagt wird, dass es leicht ist, den Erfindungen zuzusetzen. Es ist nicht schwer, zu den gefundenen Dingen Etwas zuzulegen und deswegen wird das mehr oder weniger Fortnehmen oder Hinzufügen zu den vorher Genannten für jeden Zweck leicht sein. Und dies haben wir bis jetzt allein darum verfolgt, um zu zeigen, wie von jenen fünf regulären ihre Eigenthümlichkeit in den andern von ihnen abhängigen sich stets destillirt, nach Art der fünf einfachen Stoffe, welche zur Bildung jedes zusammengesetzten Erzeugnisses beitragen. Aus diesem Grunde ward (wie oben erwähnt) Plato gezwungen, die vorerwähnten fünf regelmässigen Körperformen den fünf einfachen Stoffen, nämlich Erde, Luft, Wasser, Feuer und Himmel zuzuschreiben, wie weitläufig aus seinem Timäus erhellt, wo er von der Natur des Universums handelt. Und dem Elemente der Erde schrieb er die kubische Form, d. h. die des Hexaeders zu, sofern bei der Bewegung keine andere Figur grösserer Stosskraft bedarf, und unter allen Elementen kein festeres, beharrlicheres und dauerhafteres sich findet als die Erde. Und die des Tetraeders theilte er dem Elemente des Feuers zu, weil es bei seinem Aufflackern die Pyramidenform erzeugt, wie es gleicherart unser Feuer dem Auge offenbart, weil wir es am Boden und in der Tiefe breit und gleichförmig stets nach oben abnehmen sehen, so dass die Spitze seiner Flamme in einem Punkte endet, wie es die Spitze jeder Pyramide thut. Die Form des Oktaeders schrieb er der Luft zu. Denn wie die Luft bezüglich einer kleinen Bewegung dem Feuer folgt, so folgt auch der pyramidalen Form mit Bezug auf ihre Bewegungsfähigkeit die Form des Oktaeders. Und die Figur des Zwanzigflächners, d. h. des Ikosaeders mass er dem Wasser bei. Denn sofern sie von mehr Grenzflächen umgeben, als irgend eine der andern, so schien es ihm, dass sie schneller in die Kugel überginge bei der Bewegung des Stoffs, der verstreut herabfällt, als bei der, jenes welcher aufsteigt. Und die Form des pentagonischen Zwölfflächners schrieb er dem Himmel zu, als dem, welcher der Aufnahmeort aller Dinge ist. Aehnlicherart ist dies Dodekaeder Aufnahmsort und Herberge aller andern vier regelmässigen Körper, wie aus ihrer gegenseitigen Einbeschreibung hervorgeht. Und ausserdem noch wie Alkinom über den Timäus Plato's sagt: Denn, wie am Himmel zwölf Zeichen in seinem Zodiacus sind und jedes von ihnen sich in 30 gleiche Theile theilt, so dass seine ganze jährliche Umdrehung 360 beträgt, ebenso hat dieses Dodekaeder in sich zwölf pentagonische Grundflächen, von denen jede in fünf Dreiecke aufgelöst wird, indem man den Mittelpunkt festhält, und jedes Dreieck in sechs Streifen zerlegt, was in jeder Grundfläche 30 Triangel für je eine ergibt, so dass deren bei allen 360, wie beim genannten Zodiacus vorhanden. Und eben diese Formen sind von dem hochberühmten Philosophen Calcidius, indem er den besagten Timäus auseinandersetzt, sehr empfohlen. Und ebenso von Macrobius, Aquilejus und sehr vielen andern, denn sie sind in der That aller Empfehlung werth, aus den Gründen, welche bei ihrer Herstellung angeführt werden; indem das Genügen der genannten fünf Formen dargethan wurde. Wie die Anzahl genannter einfacher Stoffe in der Natur sich nicht vermehren kann, ebenso ist es nicht möglich, von diesen fünf regulären Körpern mehr aufzustellen, die von gleichen Seiten, Winkeln und Grenzflächen sind, und von deren Ecken, wenn sie in die Kugel gestellt, dieselben, sobald eine sie berührt, sämmtlich diese berühren, denn könnte in der Natur ein sechster einfacher Stoff ermittelt werden, so würde der höchste Schöpfer in seinen Schöpfungen verkleinert worden sein, und ohne Klugheit darüber zu urtheilen, indem er nicht von Anfang an alles für sie Nothwendige, Angemessene erkannt hätte. Und ich verstehe, dass gewiss hierdurch und nicht durch etwas Anderes Plato veranlasst, diese, wie gesagt, jedem der genannten einfachen Stoffe zuzuschreiben, der als sehr guter Geometer und sehr tiefer Mathematiker so argumentirte. Indem er sah, dass bezüglich der fünf verschiedenen Formen derselben auf keine Art irgend eine andere sich denken oder bilden lasse, welche bei gleichen Seiten, Grundflächen und Winkeln dem kugelförmigen, wie gesagt, zustrebt, wie aus der vorletzten des Dreizehnten sich zeigt und von uns gelegentlich angeführt, schloss er nicht ohne Verdienst, dass die Genannten den fünf Einfachen zukämen, und dass von diesen jede andere Form abhinge. Und obwohl diese fünf allein als regelmässige bezeichnet werden, wird trotzdem die Kugel nicht ausgeschlossen, sofern sie vor allen andern am regelmässigsten ist; und jede andere ergibt sich aus ihr wie aus der höchsten Ursache der Ursachen: und in ihr ist keinerlei Verschiedenheit, sondern durchweg Gleichförmigkeit, und an jeder Stelle hat sie ihren Anfang und ihr Ende, ihre Rechte und Linke. Woher ihre Form entsteht, werden wir hier im Folgenden die genannten abhängigen abschliessend, sagen, und sodann der Reihe nach von allen andern oblongen, d. h. den Körpern, die mehr lang als breit sind.

(Vom sphärischen Körper und seiner Bildung.)

Cap. LVI.

XL. Von Vielen ist die Kugel definirt worden, was sie sei; besonders vom Dionysius, einem würdigen Mathematiker. Auch unser Autor beschreibt sie mit grösster Kürze in seinem elften und jene Beschreibung wird von allen Späteren herbeigezogen, wo er folgendermassen sagt: Kugel ist der Körper, der die Spur des Bogens der Peripherie des Halbkreises in jeder Drehung enthält und man nehme auf irgend welche Art den Halbkreis, indem man die Linie des Durchmessers festhält, drehe sich genannter Bogen so weit herum, bis er zu der Stelle zurückkehrt, von der er sich zu bewegen begann, d. h. nachdem man den Halbkreis über irgend einer beliebigen Linie gemacht, so führe man, indem man letztere festhält, besagten Halbkreis ringsherum mit seiner ganzen Umdrehung: der so beschriebene Körper wird Kugel genannt. Sein Centrum ist das des genannten so herumgeführten Halbkreises. Es sei z. B. der über der Linie *a b* beschriebene Halbkreis *e*, indem der Punkt *e* zum Centrum gemacht, und ihr ganzer Bogen sei der Theil der Peripherie *a d b*. Ich behaupte, dass, wenn man die Linie *a b* festhält, welche Durchmesser genannten Halbkreises ist, und jenen über ihr herumführt, indem man vom Punkte *d* beginnt, mit seinem Bogen nach der untern Seite zu gehen und nach dem obern hin zu dem genannten Punkte *d* zurückzukehren,[1]) von wo er sich zuerst bewegt; oder auch, wenn man entgegengesetzt nach der obern hingeht, und dann auch nach der obern mit dem genannten Bogen zum Punkte *d* zurückkehrt, jene vom besagten Halbkreise bei seiner Umdrehung beschrieben, Rundung besagter sphärischer Körper und Kugel ist, indem man sich vorstellt, wie es sein muss, dass besagter Halbkreis beispielsweise ein halber materieller Teller sei, weil er auf andere Weise keinen Körper bilden würde, weil der Bogen allein bei seiner Herumführung keine Spur hinterlässt, da er eine Linie ohne Ausdehnung und Tiefe. Und das sei zu seiner Kenntniss und über seinen Ursprung gesagt.

(Wie sich in die Kugel alle fünf regelmässigen Körper stellen lassen.)

Cap. LVII.

Und in diese Kugel, erhabener Herzog, lassen sich alle fünf regelmässigen Körper auf diese Art denken. Wenn man

[1]) Punkt *d*, welcher in der Zeichnung fehlt, muss in der Ebene gedacht werden, von wo die Drehung beginnt.

zuerst bezüglich des Tetraeders über seiner Oberfläche, d. h. seiner Hülle oder Umkleidung sich vier sämmtlich gleichviel von einem zum andern entfernten Punkte bezeichnet oder gedacht sind und jene durch sechs Linien verbunden werden, welche nothwendigerweise innerhalb der Kugel hindurchgehen werden, so wird in ihr genau der besagte Körper gebildet. Und wer in Gedanken den Schnitt mit einer ebenen Oberfläche nach jeder Richtung zöge den verlängerten graden Linien gemäss, dem würde ganz genau besagtes Tetraeder übrig bleiben. Wenn z. B. (damit hierdurch die andern besser verstanden werden) die genannte Kugel eine steinerne Bombarde wäre, und über ihr besagte vier Punkte, die mit gleichen Abständen bezeichnet wären, so würde ein Meissler oder Steinschneider, wenn er ihn mit seinem Stemmeisen bearbeitete oder die Flächen heraushaute, indem er die vier genannten Punkte stehen liesse, aus dem ganzen genannten Steine genau das Tetraeder gebildet haben. Wenn man gleicherweise in genannter sphärischer Oberfläche acht unter sich der eine vom andern und dieser von jenem gleich weit entfernte Punkte bezeichnet und jene durch zwölf gerade Linien verbunden werden, so wird in der Vorstellung in genannter Kugel der zweite regelmässige Körper, Hexaeder oder Kubus genannt, d. h. die Gestalt des teuflischen Würfel bezeichneten Instruments eingestellt sein. Wenn diese Punkte ebenso in einen Steinblock einer Bombarde auf besagte Art bezeichnet werden und jene durch einen Steinmetz auf die Art wie oben verbunden werden, so wird er die genannte Kugel auf kubische Form reducirt haben. Und wenn in besagter Oberfläche sechs Punkte notirt werden, so wird ebenfalls, wenn man sie jedem ihrer gleichen Abstände gemäss wie gesagt mittelst zwölf grader Linien an einander reiht, oder du willst sagen verbindet, in besagter Kugel genau der dritte regelmässige Körper, Oktaeder genannt, dargestellt sein. Wenn dasselbe der Steinmetz auf einem besagten Steine ausführt, so wird er aus einem Ball den Körper von acht dreiseitigen Flächen gemacht haben. Und ebenso, wenn zwölf Punkte bezeichnet werden, diese durch 30 grade Linien verbunden, so wird er gleicherweise in die besagte Kugel den vierten, Ikosaeder genannten Körper eingestellt haben. Ebenso wird der Steinmetz den Stein auf den Körper von 20 dreiseitigen Grenzflächen reducirt haben. Und wenn auf die genannte Weise 20 Punkte notirt werden, indem man sie ebenfalls mittelst 30 graden Linien verbindet, so wird in besagter Kugel der fünfte edelste regelmässige Körper Dodekaeder, d. h. Körper von zwölf pentagonischen Grenzflächen genannt, gebildet sein. Und ebenso würde der Steinmetz aus genanntem Balle dieselbe Form gemacht haben. Daher werden mit ähnlichen Vorstellungen alle in die Kugel gestellt sein, derart, dass ihre Eckpunkte in der sphärischen Oberfläche liegen werden und wenn eine ihrer Ecken sie berührt, berühren sie sofort alle, und auf keine Art ist es möglich, dass eine berühre, ohne dass die andere es thut, wenn der besagte Körper in die Kugel eingestellt ist. Und durch diese unfehlbare Kenntniss wird Eure Hoheit mitunter (wie wir gepflegt haben) mit genannten Steinmetzen Belustigung haben können, indem Sie auf diese Art ihre Unwissenheit beurtheilen, indem Sie ihnen befehlen, dass sie aus derartigen Steinen irgend eine Form von gleichen Seiten, Flächen und Winkeln machen, und dass keine den fünf der regelmässigen ähnlich sei, z. B. indem Sie dieselben nöthigen, ein Capitell oder Basis oder Gesimse für irgend welche Säule zu machen, welche aus vier oder sechs gleichen Flächen auf die besagte Art bestehe, und dass die der vier keine Dreiecke oder die der sechs keine Quadrate seien, und ebenso mit 8 oder 20 Flächen, und keine sei dreieckig, oder von 12, und keine sei pentagonisch, welche Dinge alle unmöglich sind. Aber sie, wie dreiste Renomisten werden sagen, Roma und Thoma Maria und Berge[1]) zu machen, da sich ihrer viele finden, welche nicht lernen können, noch sich darum kümmern, wider den moralischen Ausspruch, welcher sagt: Schäme dich nicht zu wollen, dass das, was du nicht weisst, dir gelehrt werde. Aehnlich verhält es sich mit jenem Zimmermann, der auf die Frage, was er thun würde, wenn sich kein Hobel fände, antwortete, einen solchen mit einem andern zu machen und dem andern Tischlergeselle, der sagte, sein Winkelmass sei zu gross, um ein kleines danach anzupassen, indem er annahm, dass sich die rechten Winkel untereinander änderten, und jenem, der, nachdem ihm die beiden gleichen Ruthen in Form des Tau, d. h. so **T**, vor seine Augen gestellt, bald das eine, bald das andere für

[1]) Das Wortspiel ist in der Uebers. nicht wiederzugeben.

länger hielt, und vielen andern ähnlichen Querköpfen. Wie als wir über solche zur Zeit des Baues des Palastes des Grafen Girolamo in Rom seligen Angedenkens sprachen den Bau discutirend, wie es sich trifft, während viele Würdige verschiedener Fächer in seinem Gefolge waren, unter Andern der zu jener Zeit genannte Maler Melozzo da Forli, Melozzo und ich, der Speculation zu Gefallen, den Grafen ermunterten, dass er ein gewisses Capitell in einer dieser Formen herstellen lasse, indem wir dem Grafen nicht die Schwierigkeiten erklärten, sondern nur, dass es ein würdiger Gegenstand sei. Und diesem beistimmend, rief der Graf den Meister zu sich und sagte ihm, ob er es machen könne. Dieser antwortete, es sei dies eine leichte Sache und dass er deren mehrmals gemacht habe. Deswegen zweifelte der Graf, ob es eine würdige Sache sei, wie wir sie ihm anempfehlen. Als wir jedoch dasselbe versicherten und offen hinzufügten, dass er es wegen der oben gesagten Unmöglichkeit nicht machen würde, so fragte er, den besagten Steinhauer zu sich zurückrufend (wie sie zu jener Zeit noch benannt wurden) abermals, ob er es machen möchte. Darauf lächelte er fast spöttisch beim ja, und wo nicht, sei es immer am Platze, ihn beim Wort zu halten. Der Graf sagte ihm: „Wenn du es nicht machst, was willst du verlieren?" Und jener antwortete klug: „Nicht übel, Herr, ebensoviel wie das was Euer erhabenen Herrlichkeit scheint, dass ich gewinnen kann." Und sie blieben einverstanden, nachdem ihm ein Termin von 20 Tagen gesetzt und er vier verlangte. Es ereignete sich, dass er viele Marmorblöcke verdarb und einen oder mehr Abacus machte. Schliesslich zwang ihn der Graf zu nichts weiter als zum Schadenersatz der Steine und er raufte sich die Haare aus. Aber er liess niemals ab, die Veranlassung der Aufgabe wissen zu wollen. Und er wusste, es sei der Frate, so dass er nicht wenig Groll gegen mich hegte; und als er mich fand, sagte er: Messer, Messer, ich vergebe euch nicht für den mir angethanen Schimpf, wenn ihr mich nicht das Verfahren, sie zu machen, lehrt, und ich erbot mich ihm, so weit ich vermochte und nachdem ich mich mehrere Tage länger in Rom aufgehalten, war ich ihm nicht mehr verhasst, und ich gab ihm Aufklärung über diese und über andere ihn angehende Dinge. Und dieser höfliche Mann wünschte mir dafür einen würdigen Mantel seinerseits überreichen zu dürfen. So sage ich, dass in ähnlichen Fällen auch für Euer Hoheit Gründe vorhanden, Andere auf ihren Irrthum aufmerksam zu machen, und dass sie nicht mit so viel Prahlerei vor Ihren Blick treten, indem sie fast alles Andere verachten.[18]) So that einst Hiero mit dem Dichter Simonides, wie Cicero in jenem Werke de natura deorum erzählt, welcher Simonides sich freventlich verpflichtete, innerhalb des Zeitraums von einem Tage ihm genau sagen zu können, was Gott sei, und er behauptete, es sei nicht so schwer es zu wissen, wie Andere sagten. Nachdem der genannte Termin geendet, fragte ihn Hiero, ob er es gefunden. Jener sagte, noch nicht und er möge ihm noch etwas mehr Zeit gestatten. Nach jener geschah es ihm gleicherweise, und kurz nachdem mehrere Fristen eingeschoben, bekannte Jener, dass er es weniger wie zuvor wisse, und blieb über seiner Vermessenheit verwirrt. Und dies soweit es sich auf ihre Einstellung in die Kugel bezieht.

(Von den oblongen Körpern, d. h. den mehr langen oder hohen als breiten.)

Cap. LVIII.

Es folgt, erhabener Herzog, zur vollständigen Kenntniss dieses unseres Tractats, dass zu ihrer Kenntniss etwas von den oblongen Körpern, d. h. von denjenigen gesagt werden müsse, die mehr lang oder hoch, als breit sind, so wie es Säulen und ihre Pyramiden sind, unter denen sich mehrere Sorten der einen und der andern finden. Daher werden wir zuerst von den Säulen und ihren Entstehungsarten, sodann von ihren Pyramiden reden. Die Säulen sind zweierlei Art: nämlich runde und kantige, wie von den ebenen Figuren einige krummlinig sind, und zwar die, welche von krummen oder gewundenen Linien enthalten sind, und andere gradlinig genannt werden, und zwar die, welche von graden Linien enthalten sind. Die runde Säule ist ein zwischen zwei kreisförmigen gleichen Grundflächen enthaltener Körper. Und sie sind unter sich von gleichem Abstand. Dieselbe wird von unserm Philosophen im elften so definirt, nämlich als die runde körperliche Figur, deren Grundflächen zwei ebene Kreise am äussersten Ende und dem Abstand ihrer Dicke, d. h. Höhe, und welche die Spur des rechtwinkligen Parallelogramms bildet, wenn man die Seite festhält, welche den rechten Winkel enthält, und die genannte Ebene so weit herumgedreht wird, bis sie in ihre ursprüngliche Lage zurückkehrt. Und diese Figur wird runde Säule genannt. Daher ergibt sich für die runde Säule und die Kugel und den Kreis ein und dasselbe Centrum.

Es sei z. B. das Parallelogramm *abcd*,[1]) d. h. vierseitige ebene Figur von equidistanten Seiten und rechten Winkeln. Und man halte die Seite *ab* fest; nachdem diese so festgehalten, führe man das ganze Parallelogramm so weit herum, bis es zu seiner Stelle zurückkehrt, von wo es sich zu bewegen begann. Die alsdann durch die Bewegung dieses Parallelogramms beschriebene körperliche Figur wird runde Säule genannt. Ihre Grundflächen sind zwei Kreise, das Centrum ist der Punkt *b*, und der andere ist der, den die Linie *da* bei ihrer Bewegung oder Drehung beschreibt, und ihr Centrum ist der Punkt *a* und die Axe dieser Säule wird die Linie *ab* genannt, welche bei der Bewegung des Parallelogramms fest stehen bleibt. Und wenn wir uns das Parallelogramm *abcd* vorstellen, wenn es bei seiner Drehung in die Lage *abef* gelangt, so verbinde man sie mit der Lage, von der es anfing sich zu bewegen der Verlängerung der ebenen Fläche gemäss, so nämlich, dass das Ganze ein einziges Parallelogramm *dcef* sei, und dass wir darin den Durchmesser *de* geführt haben, welcher Durchmesser *de* auch Durchmesser der Säule sein wird. Das was von der Säule und der Kugel und dem Kreise gesagt, dass sie ein und denselben Mittelpunkt haben, ist so zu verstehen, sofern von diesen ein und derselbe Durchmesser vorhanden, z. B. wir haben gesagt, dass *de* Durchmesser dieser Säule sei. Daher

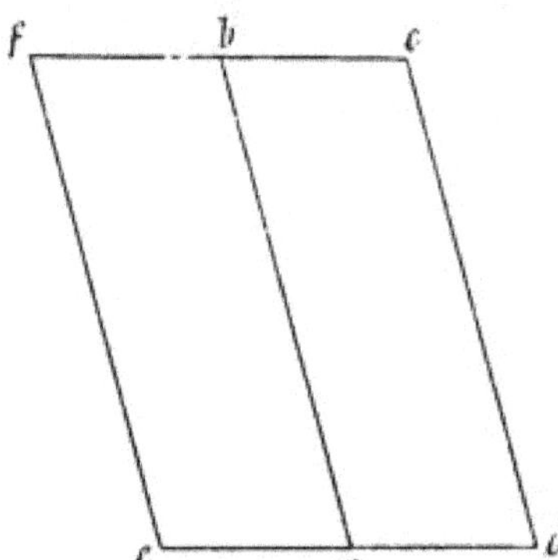

[1]) Nebenstehende Figur ist nur zur Erläuterung des Textes hinzugefügt.

müssen die Kugel und der Kreis, deren Durchmesser die Linie *de* ist, nothwendigerweise ein und dasselbe Centrum, wie das Centrum der vorliegenden Säule haben. Es möge also die Linie *de* die Linie *ab* im Punkte *g* theilen,[1]) und *g* wird Centrum der Säule sein. Denn er halbirt die Axe der Säule und auch den Durchmesser der Säule, wie durch die sechsundzwanzigste des ersten bewiesen wird, weil die Winkel, welche bei *g* liegen, nach der fünfzehnten des ersten gleich sind. Und die Winkel, die bei *a*, und bei *b* liegen, sind nach Voraussetzung Rechte. Und die Linie *ad* ist ferner gleich *bc*, daher ist $dg = eg$ und ebenso $ag = gb$. Und sofern die Winkel *e* und *f* Rechte sind, so wird, wenn man über dem Punkte *g*, mit dem Intervall *dg* (und auch) über der Linie *de* einen Kreis beschreibt, derselbe nach der Umkehrung des ersten Theils der dreissigsten des dritten durch die Punkte *c* und *f* gehen. Daher ist der Punkt *g* Mittelpunkt des Kreises, dessen Durchmesser Durchmesser der Säule ist, und darum ist er es auch von der Kugel. Und hieraus offenbart es sich, dass jedem rechtwinkligen Parallelogramme der Kreis, und jeder Säule die Kugel umschrieben werden kann. Und so ist klar, was uns jenes Theorem unseres Philosophen in der genannten Definition der runden Säule hat vorführen wollen; worüber bis hierher genug sei, und wir werden im Folgenden von den kantigen sprechen, wie versprochen ward.

(Von den eckigen, und zwar zuerst von den dreiseitigen Säulen.)

Cap. LIX.

XLVI. XLVII. Eine andere Art oder Sorte von Säulen sind besagte kantige, wovon die erste dreikantig ist, deren beide Grundflächen, d. h. obere und untere, zwei der Höhe der Säule entsprechend gleichweit von einander abstehende Dreiecke sind, wie die hier verzeichnete, deren oberste Basis das Dreieck *abc*, und die untere das Dreieck *def* ist. Und eine solche Figur, sagt unser Autor, sei riegelförmiger Körper genannt und er ist dem Giebel eines Daches von einem Hause ähnlich, das vier Seitenflächen

[1]) cfr. 2. Fig. pag. 106.

oder Wände hat, so dass nur von zwei Kanten her sein Dach regnet: wie es der Augenschein lehrt, und es können die Grundflächen gleichseitig und ungleichseitig sein. Und bei derartigen Säulen sind die drei Seitenflächen stets Parallelogramme, d. h. von vier Seiten und rechtwinklig, so dass besagter riegelförmiger Körper von fünf Oberflächen enthalten ist, wovon drei vierseitig und zwei dreiseitig sind.

(Von den vierseitigen kantigen Säulen.)

Cap. LX.

XLIII. XLVI. Von den kantigen ist die zweite Sorte vierseitige, und zwar sind es die, welche zwei auf besagte Art vierseitige Basen haben, und vier andere Oberflächen, die sie umgeben, sind ebenfalls vierseitig, gleich weit von einander entfernt, je nachdem sie sich gegenüberstehen, und diese sind ebenfalls bald gleich, bald ungleichseitig, der Beschaffenheit ihrer Grundflächen entsprechend. Denn von den ebenen vierseitigen gradlinigen Figuren bestimmen sich vier Arten: die eine Quadrat genannt, ist die, welche sämmtliche Seiten gleich, und als Winkel rechte hat, wie hier neben die Figur *A*.[1]) Die andere, verlängertes Tetragon genannt, ist die, welche gleiche Gegenseiten und gleicher Art rechte Winkel hat, aber länger als breit ist, wie die nebenstehende Figur *B*. Die dritte Sorte wird Elmuaym genannt, welches eine gleichseitige aber nicht rechtwinklige Figur ist, und wird mit anderm Namen Rhombus genannt, wie hier die Figur *C*. Die vierte Figur wird dem Elmuaym ähnliche oder Rhomboide mit anderm Namen genannt, wobei nur ihre Gegenseiten einander gleich und unter sich von gleichem Abstande, und es hat keine rechten Winkel, wie die Figur *D* offenbart. Alle andern Figuren ausser diesen, welche vierseitig sind, werden Elmuariffe, d. h. unregelmässige genannt, wie es die verzeichneten Figuren *E* sind. Nun können sich, allen diesen Verschiedenheiten, der Grundflächen gemäss, die besagten vierseitigen Säulen ändern. Aber wie man auch will, immer muss man den gleichen Abstand ihrer Grundflächen als Höhe dabei verstehen. Und eben diese können wir nach der Art

[1]) vgl. Fig. pag. 107.

ihrer Grundflächen regelmässige, und die übrigen unregelmässige oder Elmuariffe nennen.

(Von den kantigen fünfseitigen Säulen.)

Cap. LXI.

XLIX. L. Drittens hat man die fünfseitigen kantigen Säulen, d. h. die von fünf Seitenflächen, wie hier die Figur *A*, *B*, deren jede tetragonisch oder vierseitig ist. Und die Grundflächen derartiger Säulen sind stets zwei Pentagone, d. h. zwei gradlinige Figuren von fünf Seiten oder Winkeln. Denn in allen gradlinigen Figuren kommt die Anzahl der Winkel der Zahl ihrer Seiten gleich, und ohnedies können sie nicht bestehen. Und diese haben ferner gleich- oder ungleichseitig zu sein, je nachdem es ihre Grundflächen zulassen, wie es kurz vorher von den vierseitigen kantigen gesagt, sofern einige Pentagone gleichseitig und gleichwinklig, und andere ungleichseitig und in Folge dessen ungleichwinklig sind. Jedes Pentagon aber, was drei unter sich gleiche Winkel hat, wird, wenn es gleichseitig ist, auch gleichwinklig sein, wie die siebente des dreizehnten zeigt. Dieses wird erwähnt, weil das Pentagon gleiche Seiten mit zwei unter sich gleichen Winkeln haben könnte, und würde doch nicht ganz gleichwinklig sein. Und diese zwei Pentagone, d. h. oberes und unteres, hat man ebenfalls mit gleichem Abstande bezüglich ihrer Höhe in besagter Säule zu verstehen, mögen die Säulen nun gleichseitig oder ungleichseitig sein, wie man will. Und weil, erhabener Herzog, die Arten der kantigen Säulen ins Unendliche anwachsen können, der Verschiedenheit der gradlinigen Figuren von mehr oder weniger Seiten entsprechend: Da bei jeder kantigen Säule ihre beiden Grundflächen, d. h. höchste und tiefste, nothwendigerweise zwei gradlinige gleiche[1]) Figuren sein müssen, d. h. dass sie in der Seitenzahl übereinstimmen, so dass nicht etwa die eine Basis drei, die andere vierseitig ist, und auch von gleichen Seiten und Winkeln unter einander der Gleichartigkeit der Säulen ent-

---

[1]) simili = ähnlich, würde einen falschen Sinn geben.

sprechend, wie verschieden sie auch Varietäten unter sich machen mögen, indem sie dieselben bald gleichseitig und bald ungleichseitig bilden, deswegen scheint es mir nicht am Platze, mich in den genannten weiter zu verbreiten, sondern nur in Erinnerung zu bringen, dass ihre Benennung stets von den Grundflächen abgeleitet wird, d. h. je nachdem die Basen sind, werden sie benannt, z. B. wenn die Basen dreieckig sind, wie es vorher bei dem riegelförmigen Körper der Fall, so werden sie dreiseitig genannt. Und wenn dieselben tetragonisch oder vierseitig sind, werden sie vierseitige genannt, und wenn pentagonisch, fünfseitige, und wenn sie von sechs Seiten, werden sie sechsseitige genannt u. s. f. Aber mögen die Grundflächen sein, welcherart sie wollen, stets werden die Seitenflächen jeder vierseitig, rechtwinklig sein. Und von beiden der bis hierher erwähnten, zeigen ihre materiellen Formen dem Auge, was hinsichtlich der Zahl gesagt, in ihrer Tabelle dargestellt. Und auch bei diesem[1]) hier unten in der ebenen in Perspective gesetzten Figur hinsichtlich derselben Anzahl, wie Euer Hoheit wird ersehen können.[2])

(Von der Art, alle Sorten Säulen auszumessen, und zwar zuerst von den runden.)

Cap. LXII.

Es scheint mir nunmehr angemessen, das Verfahren, alle Arten von Säulen ausmessen zu können, darzustellen. Ungeachtet wir darüber vollständig in unserm grossen Werke gehandelt haben, werde ich dies doch kurz als einen Abriss Euer Hoheit vorführen, und zuerst bezüglich aller runden, hinsichtlich deren Dieses allgemein als Regel gilt. Zuerst messe man eine ihrer Grundflächen, indem man sie nach der Annäherungsmethode auf's Quadrat reducirt, die vom edlen Geometer Archimedes gefunden, in seinem Buche unter der Rubrik von der Quadratur des Kreises aufgestellt, und in unserm Werke mit ihrem Beweise angeführt, nämlich folgendermassen: Man finde den Durchmesser der Basis und dieser werde mit sich selbst multiplicirt: vom Producte nehme man $^{11}/_{14}$, d. h. elf

[1]) scil. Körper.

[2]) vgl. die Figuren pag. 104 und 108.

Vierzehntel oder Vierzehntheile, und wenn man diese mit der Höhe der Säule multiplicirt, so ergibt dies letzte Product die körperliche Masse der ganzen Säule, z. B. um dies besser zu verstehen: Es sei die runde Säule *abcd*, deren Höhe *ac* oder *bd* gleich 10 sei, und von den Durchmessern der Säule der eine *ab* und der andere *cd* jeder 7. Ich sage, um den Flächeninhalt dieser und jeder anderen ähnlichen zu bestimmen, nehme man einen der genannten Durchmesser, welcher es auch sei, *ab* oder *dc*, worauf nichts ankommt, da sie gleich sind, nämlich 7, und dieses 7 muss man mit sich selbst multipliciren, das macht 49 und von diesem sage ich, nehme man $^{11}/_{14}$, was $38^1/_2$ ergibt. Und diese sage ich, multiplicire man mit der Höhe oder Länge der ganzen Säule, d. h. mit *bd* oder *ac*. Nehmen wir 10 hierzu, so macht das 385, und so gross nennen wir die ganze Ausdehnung oder körperlichen Inhalt der ganzen besagten Säule. Und dieser Fall, erhabener Herzog, will sagen, dass wenn diese Zahlen Ellen irgend welcher Art bedeuten, in denselben 385 kubische Quadern sein werden, d. h. wie Würfel, nach jeder Richtung eine Elle, d. h. eine Elle lang, eine Elle breit und eine Elle hoch, wie die Figur hier zur Seite zeigt.[1]) Und ebenso wenn besagte Zahlen Fussmass bedeuten, ebensoviel Fuss wie hinsichtlich der Ellen gesagt, und wenn Schrittmass Schritte und bei Palmen Palme u. s. w. Und wenn man besagte Säule in Kuben auflöst, würden daraus 385 werden. Und dies genüge für den gegenwärtigen Zweck. Nichtsdestoweniger gibt es hinsichtlich der Quadratur und Ausmessung genannter kreisförmiger Grundflächen viele andere Methoden, welche alle auf eins zurückkommen, welche wir der Reihe nach in unserm angeführten Werke vorgeführt haben. Der Grund, warum man $^{11}/_{14}$, d. h. von den 14 Theilen des mit sich multiplicirten Durchmessers in jedem Kreise nimmt, ist der, weil von Archimedes mit grosser Annäherung gefunden ist, dass der Kreis im Vergleich mit dem Quadrate seines Durchmessers wie 11 : 14 sich verhält, d. h. wenn das Quadrat des Durchmessers 14 wäre, so würde der Kreis 11 sein, obwohl dies noch von keinem Gelehrten mit Genauigkeit, aber doch mit wenig Unterschied:[2])

---

[1]) vgl. 1. Fig. pag. 110.

[2]) Das im Text fehlende Verbum: „bewiesen" zu ergänzen.

wie hier in der Figur dem Auge erhellt, dass der Kreis um so viel kleiner ist, als besagtes Quadrat, wie die Ecken des Quadrats gross sind, welche der Kreis von seinem Raume wegnimmt, welche Winkel $^3/_{14}$ vom ganzen Quadrat, d. h. von den 14 Theilen 3 sind. Und die 11 werden vom kreisförmigen Raume umfasst, wie bei dem Quadrate *abcd* erhellt,[1]) dass seine Seiten dem Durchmesser des Kreises, d. h. der Linie *ef* gleichkommen, welche ihn halbirt, indem sie durch den Punkt *g* hindurchgeht, der Centrum des besagten Kreises genannt wird, wie im Anfang des ersten unser Philosoph erzählt. Und so viel hinsichtlich der runden.

(Von dem Verfahren, alle kantigen Säulen ausmessen zu können.)

Cap. LXIII.

XLV. XLVI. Nachdem die Methode zur Ausmessung der runden gezeigt, so folgt die der eckigen. Bezüglich dieser gilt gleicherweise diese als Regel und mit Genauigkeit, nämlich, dass man stets den Flächeninhalt einer ihrer Grundflächen bestimme, welche man will, und was es macht, multiplicire man sodann mit der Höhe oder Länge besagter Säule. Und dies letztere Product ist genau ihre körperliche Masse oder Ausdehnung. Und mögen sie von so viel Seitenflächen sein, wie man will, es trügt niemals. Angenommen z. B. die kantige tetragonische Säule *ab*, welche 10 hoch sei und jede ihrer Grundlinien sei 6 nach jeder Richtung. Ich sage, dass man zuerst den Flächeninhalt einer der besagten Grundflächen bestimme. Da diese gleichseitig, so wird man eine der Seiten, nämlich 6, mit sich selbst multipliciren, das macht 36, und dies macht genau den Inhalt der Grundfläche. Jetzt sage ich, dass man dies mit der Höhe oder Länge der ganzen genannten Säule multiplicire, d. h. mit zehn macht 360. Und so viel Ellen oder Fuss wird genau der Inhalt besagter Säule betragen, derart, wie es vorher von der runden gesagt. Und ebenso bestimme man, wenn die Grundflächen ungleichseitig oder ausserdem unregelmässig wären, nur nach den von uns im genannten Werke gegebenen Regeln stets ihren Flächen-

[1]) vgl. 2. Fig. pag. 110.

inhalt und multiplicire das Product[1]) mit ihrer Höhe, und man wird den gesuchten untrüglich bei jeder erhalten. Und zur Erledigung aller andern muss man diese selbe Regel beibehalten, seien sie drei-, oder fünf-, oder sechs- oder siebeneckig und so in Einzelnen, d. h. dass man je nach Erforderniss ihrer Grundflächen jene zuerst ausmessen müsse, wenn sie dreieckig sind, nach der Regel der Dreiecke, und wenn sie pentagonisch sind, nach der Regel der Pentagone, und wenn sie hexagonisch sind, auf ähnliche Art, über welche Formen und Figuren die Regeln weitläufig in unserm genannten Werke angegeben sind, und da in Folge ihrer zahlreichen gedruckten und nunmehr in aller Welt verbreiteten Menge der Zugang zu demselben leicht, so kümmere ich mich hier nicht darum sie anderweitig anzuführen, und somit werden wir mit besagten Säulen abschliessen und im Folgenden von ihren Pyramiden sprechen.

(Von den Pyramiden und allen ihren Verschiedenheiten.)

Cap. LXIV.

LVIII. Es folgt nunmehr ordnungsmässig, erhabener Herzog, von den Pyramiden und ihren Verschiedenheiten sprechen zu müssen, und zwar zuerst von denen, welche runde Pyramiden genannt werden und sodann successive von allen andern. Und zu voller Kenntniss werden wir mit unserm Philosophen nach seinem elften sagen, die runde Pyramide sei eine volle Figur und sei die Spur eines rechtwinkligen Dreiecks, nachdem man eine seiner Seiten festgehalten, die den rechten Winkel enthalten, und dasselbe soweit um jene gedreht, bis es zu dem Orte zurückkehrt, von dem es sich zu bewegen begann, und wenn die festgehaltene Seite gleich der herumgeführten ist, so wird die Figur rechtwinklig sein und wenn jene länger ist, wird sie spitzwinklig und wenn sie kürzer, stumpfwinklig sein. Und die Axe der besagten Figur ist die feste oder feststehende Seite, und ihre Grundfläche wird ein Kreis sein, und man nennt dieselbe Pyramide der runden Säule, z. B. damit das Gesagte besser

[1]) scil. den Flächeninhalt.

verstanden werde: Es sei das Dreieck *abc*[1]), dessen Winkel *b* ein rechter und es sei die Seite, welche man festhält *ab*, und nachdem diese festgehalten, drehe man besagtes Dreieck so weit herum, bis es zu der Stelle zurückkehrt, von wo es sich zu bewegen begann. Diese körperliche Figur nun, die bei der Bewegung dieses Dreiecks beschrieben oder gebildet, wird runde Pyramide genannt. Von ihr gibt es drei Unterschiede oder Species. Deswegen, weil die eine rechtwinklig, die andere spitzwinklig, die dritte stumpfwinklig ist. Und die erste wird gebildet, wenn die Seite *ab* gleich der Seite *bc* wäre. Und es sei der Fall, dass die Linie *bc* irgend einmal bei der Umdrehung des Dreiecks in die Lage der Linie *bd* gelangt, so dass der Punkt *c* auf den Punkt *d* fällt und sie ein und derselben Linie angehören, dies so verstanden, dass sie dann sich mit der Lage in gradliniger Richtung verbinde, von wo die Bewegung begonnen, so wird diese Linie wie die Linie *bcd* sein.[2]) Und weil nach der zweiunddreissigsten des ersten und nach der fünften des genannten der Winkel *cab* die Hälfte eines rechten ist, so wird < *cad* ein rechter sein, und darum wird eben diese Pyramide rechtwinklig genannt. Wenn aber die Seite *ab* länger als die Seite *bc* ist, so wird sie spitzwinklich sein, weil alsdann nach der zweiunddreissigten des ersten und der neunzehnten des genannten der Winkel *cad* kleiner, als die Hälfte des rechten sein wird. Und daher wird der ganze Winkel *cad* kleiner als ein rechter und spitz sein, daher ist besagte Pyramide spitzwinklig, und wenn die Seite *ab* kleiner als Seite *bc* ist, wird nach der zweiunddreissigsten des ersten und der neunzehnten des genannten der < *cab* grösser, als die Hälfte des rechten, und der ganze < *cad* der das Doppelte von eben diesem *cab* ist, grösser als ein rechter und ein stumpfer sein. Daher wird die Pyramide alsdann passend stumpfwinklig genannt. Und Axe dieser Pyramide wird die Linie *ab* genannt,

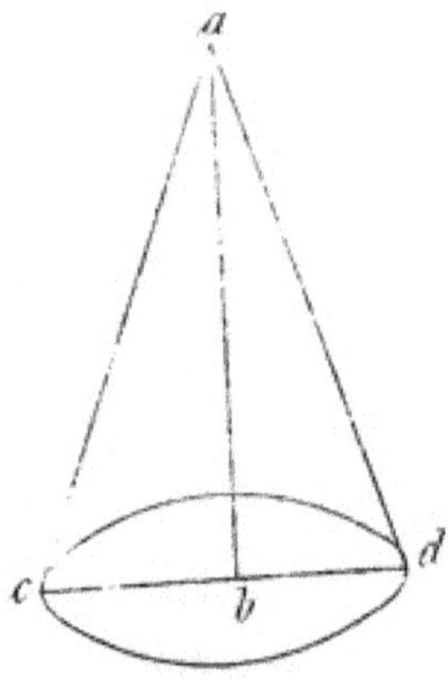

[1]) Des Verständnisses wegen ist die nebenstehende Figur hinzugefügt.

[2]) D. h. gerichtet sein.

und ihre Basis ist der von der Linie *bc* beschriebene Kreis, indem jene so um das Centrum *b* herumgeführt wird. Und diese wird Pyramide der runden Säule genannt, d. h. von der, welche das Parallelogramm erzeugen würde, welches aus den beiden Linien *ab* und *bc* entstände, indem die Seite *ab* fest bliebe, wie es vorher von der runden Säule gesagt. Und dies genüge von der runden Pyramide und ihren verschiedenen Arten zum genannten Zwecke, und es werde von den übrigen gesprochen.

(Von den kantigen Pyramiden und ihren Verschiedenheiten.)

Cap. LXV.

XLIII. XLIV. Die kantigen Pyramiden, erhabener Herzog, sind unendlich vielerlei Art, wie auch die Verschiedenheiten ihrer Säulen, denen sie entstammen, wie wir nachher schliessen werden. Aber wir stellen von unserm Philosophen seine in seinem elften aufgestellte Erklärung voran, wo er sagt, die kantige Pyramide sei eine körperliche Figur, die von den Oberflächen enthalten, welche sich mit Ausnahme einer zu einem dieser gegenüberliegenden Punkte erheben. Darum ist zu bemerken, dass in jeder kantigen Pyramide alle Oberflächen, welche sie umgeben, mit Ausnahme ihrer Grundfläche sich zu einem Punkte hin erheben, welcher Spitze der Pyramide genannt wird. Und alle solche Seitenflächen sind dreiseitig, und in den meisten Fällen ist ihre Basis nicht dreiseitig, wie z. B. hier die Pyramide *A* im Grundriss dreiseitig erscheint, deren Spitze *B* ist, und die Pyramide *D* vierseitig, und ihre Spitze *E* und die Pyramide *F* pentagonisch, und ihre Spitze *G* und so fort, indem man bei allen, und besser noch bei ihren materiellen Formen den Zahlen: LI, LII, LIII, LIV, LV der vollen und hohlen folgt, und ausserdem in diesem[1]) in der Ebene nach ihrer perspectivischen Ansicht denselben Zahlen, und die Herleitung derselben geschieht von den eckigen Säulen, von denen wir vorher gesprochen, und zwar entstehen sie auf folgende Art: wenn man nämlich einen Punkt in einer der Grundflächen der eckigen Säule festhält, oder es sich denkt, und diesen durch gerade Linien mit jedem der

[1]) Tractat.

gradlinig begrenzten Ecken, der andern gegenüberliegenden Basis genannter Säule verbindet, dann wird genau die Pyramide besagter Säule gebildet sein, von so viel dreiseitigen Flächen enthalten, wie viel in der Basis genannter Säule Linien oder Seiten sein werden, und es werden die Säule und ihre Pyramide nach den nämlichen Zahlen benannt, d. h. wenn besagte kantige Säule dreiseitig oder dreieckig sein wird, so wird auch die Pyramide dreikantig oder triangulär genannt, und wenn besagte Säule vierseitig ist, so wird auch ihre Pyramide vierseitig genannt werden, und wenn fünfseitig, pentagonisch u. s. f. Und da sich, wie vorher bei den besagten kantigen Säulen angegeben worden, zeigt, dass ihre Gattung je nach der Verschiedenheit oder Mannigfaltigkeit ihrer gradlinigen Grundflächen sich bis ins Unendliche vervielfältigen können; so sagen wir, müsse es sich auch so mit ihren kantigen Pyramiden verhalten, sofern jeder Säule oder jedem Cylinder seine Pyramide, sei sie rund oder kantig, entspricht. Und jener so in ihrer Grundfläche festgehaltene Punkt braucht nicht nothwendig genau in der Mitte genannter Grundfläche zu liegen, sofern er nur nicht aus jener heraustritt, liegt nichts daran. Denn mit den genannten verlängerten Linien wird eben eine Pyramide erzeugt; unbeschadet, dass die, deren Kanten genau nach dem Mittelpunkte gerichtet, lothrechte Pyramide,[1]) die andern dagegen geneigte oder schiefe genannt werden. Es gibt einige andere, die abgekürzte oder abgestumpfte Pyramiden genannt werden, und zwar sind dies die, welche nicht genau bis zur Spitze reichen, sondern es fehlt dabei der Gipfel, und sie werden geköpfte oder abgeschnittene genannt, und es sind ihrer ebensoviel ähnlicher Arten, wie ihrer ganzen und somit runde oder kantige mit Namen, wie hier in der Zeichnung die runde abgestumpfte Pyramide *A*, die abgekürzte dreiseitige *B*, die vierseitige abgeschnittene *C* erscheint. Und dies scheint mir zu ihrer Kenntniss hinreichend. Und im Folgenden werden wir zunächst von ihrer leichten Ausmessung reden.

[1]) Gerade Pyramide.

(Von der Art und dem Verfahren, jede Pyramide ausmessen zu können.)

Cap. LXVI.

Die richtige und genaue Grösse und Mass von jeder ganzen Pyramide, erhabener Herzog, sei sie rund oder kantig, wird aus der Grösse ihrer Säule auf folgende Art erhalten. Zuerst werden wir den Bogen oder Inhalt der Grundfläche der Pyramide, die wir zu messen beabsichtigen, mittelst der oben bei der Auffindung der körperlichen Masse aller runden und kantigen Säulen gegebenen Regeln bestimmen. Und nachdem jener gefunden, so werden wir ihn mit der Axe, d. h. Höhe genannter Pyramide multipliciren, und was das ausmacht, wird der Inhalt ihrer ganzen Säule sein. Und von diesem letzteren Producte werden wir stets $1/3$ nehmen, d. h. seinen dritten Theil, und so viel ist genau die körperliche Quantität der genannten Pyramide, und das fehlt nie. Es sei z. B. die runde Pyramide *abc*, deren Basis der Kreis *bc* bildet, dessen Durchmesser 7 ist, und ihre Axe *ad*, die 10 sei, so sage ich, dass man zuerst den Flächeninhalt der Basis bestimme, wie es vorher bei der runden Säule geschehen. Denn wie von den Säulen gesagt, haben auch ihre Pyramiden dieselben Grundflächen und dieselben Höhen. Für die Fläche der Basis werden wir $38 1/2$ erhalten, was mit der Axe *ad*, d. h. 10 multiplicirt, 385 für das Volumen ihrer ganzen Säule ergeben wird. Jetzt sage ich, dass man von diesem $1/3$ nehmen solle, dann kommt $128 1/3$ heraus, und das ist die Grösse besagter Pyramide. Und dieserhalb ist hinsichtlich der angegebenen Genauigkeit zu bemerken, dass bei den runden sie sich der Zahl nach[1]) entsprechen müssen, je nach dem bis jetzt gefundenen Verhältniss zwischen dem Durchmesser und dem Umfang. Nach der obigen Angegebenen liegt es zwischen 11 und 14, welche,[2]) wie an jener Stelle gesagt wurde, nicht mit Präcision, aber wenig abweichend von Archimedes gefunden. Aber es steht darum nicht das zurück, was wir gesagt haben, dass die runde Pyramide der Grösse nach nicht genau $1/3$ ihrer runden Säule sei, obwohl sie in Folge

[1]) d. i. dem Zahlenwerthe ihres Inhalts nach.

[2]) scil. Daten.

der Unkenntniss des Flächeninhalts des Kreises nicht ganz mit Präcision durch eine Zahl ausgedrückt werden kann, aber ihr $^1/_3$ ist es. Und besagte Säule ist ihr Dreifaches, d. h. dreimal so gross als ihre Pyramide, wie durch die neunte des zwölften bewiesen wird. Aber alle andern kantigen können genau durch eine Zahl bestimmt werden, da ihre Grundflächen gradlinig sind. Und ebenso wie es mit der runden geschehen, muss man das gleiche bei allen kantigen beobachten, demgemäss was ebenso von diesen in der achten des zwölften bewiesen wird, dass sie dreifach, d. h. dreimal so gross als ihre Pyramiden sind. Und dies sei zu ihrer genügenden Ausmessung gesagt.

(Wie sich bei den kantigen offen zeigt, dass jede ein Drittel ihrer Säule sei.)

Cap. LXVII.

In der sechsten des zwölften, erhabener Herzog, schliesst unser Philosoph, dass der riegelförmige Körper, der die erste Art der kantigen Säulen ist, wie oben gesagt worden, in drei gleiche Pyramiden zerlegbar sei, deren Grundflächen jede dreieckig ist, und folglich ist besagter Körper das Dreifache von jeder von ihnen. Und mit dieser Evidenz zeigt sich, dass jede Pyramide ein Drittel ihres Cylinders oder ihrer Säule sei. Und daraus entsteht die eben gegebene Regel, dass man vom Volumen der ganzen Säule $^1/_3$ nimmt. Was bei den gradlinigen Säulen klar erhellt, weil alle diese in so viel riegelförmige Körper auflösbar sind, in wie viel Dreiecke ihre Grundflächen unterschieden werden können, und aus ebensovielen werden jene stets zusammengesetzt genannt, wie in der achten des zwölften bewiesen wird. Also die vierseitige Säule: deren Basis, da sie vierseitig ist, löst sich in zwei Dreiecke auf, indem man darin nämlich von einem gegenüberliegenden Winkel zum andern die Diagonale zieht. Und über diesen zwei Dreiecken denke man sich, und es bilden sich auch wirklich zwei riegelförmige Körper. Und weil ein jeder das Dreifache seiner Pyramide ist, so folgt, dass beide das Dreifache ihrer beiden Pyramiden seien. Aber beide riegelförmige sind die ganze vierseitige Säule: daher sind die zwei Pyramiden der zwei riegelförmigen $^1/_3$ der besagten Säule. Und diese beiden Pyramiden sind genau ein Ganzes von der ganzen Säule, so wie jene ihre beiden riegelförmigen die ganze Säule sind, indem jene die zwei gleichen und vollen Theile besagter Säule sind, so dass die gegebene Regel aus allen angeführten Gründen nicht trügen kann. Und auf gleiche Art zeigt sich derselbe Effect bei jeder andern kantigen Säule, wie auch bei ihrer dritten als pentagonisch bezeichneten Art, deren Grundfläche sich in drei Dreiecke auflösen lässt, und deshalb wird die ganze Säule in drei riegelförmige Körper auflösbar genannt, von denen jeder das Dreifache seiner Pyramide ist, und deswegen sind alle drei das Dreifache aller ihrer drei Pyramiden, und diese zusammen wollen eine von der ganzen Säule besagen, sofern ihre drei riegelförmige die ganze Säule wieder ergeben. Und so findet dasselbe statt, wenn man auf alle andern eingeht. Und die genannte Auflösung der Grundflächen in Dreiecke wird in der zweiunddreissigsten des ersten gezeigt. Woselbst geschlossen wird, dass jede polygonische Figur, d. h. von mehr Winkeln und Seiten stets in so viel Dreiecke auflösbar sei, wie viel ihrer Winkel oder Seiten seien, weniger zwei, z. B. die vierseitige hat vier Winkel und folglich vier Seiten: dieselbe ist auflösbar in wenigstens zwei Dreiecke, d. h. bei der kleinsten ihrer Auflösungen, welche erscheint, wenn man darin eine grade Linie von einer ihrer gegenüberliegenden Ecken nach der andern zieht, wie man hier aus der Figur des Tetragons *abcd* sieht, welches mittelst der Linie *ba*, in der Kunstsprache Diagonale und auch Durchmesser genannt, in die beiden Dreiecke *abd* und *bcd* zerlegt wird. Und somit löst sich das Fünfeck wenigstens in drei Dreiecke auf, d. h. nach seiner allgemeinen Regel in zwei Dreiecke weniger, als die Anzahl seiner Winkel oder Seiten beträgt, was sich zeigen wird, wenn von einer (welche es auch sei) seiner beiden Ecken nach den beiden andern gegenüberliegenden zwei grade Linien gezogen werden, wie hier in der verzeichneten fünfseitigen Figur *abcde* geschehen, welche, nachdem darin von ihrer Ecke *a* aus nach den beiden gegenüberliegenden *c* und *d* die Linien hindurchgezogen, in die drei Dreiecke *abc*, *acd* und *ade* aufgelöst wird. Und jede besagter Linien nennt sich in der Kunstsprache Sehne des Fünfeckswinkels. Und ebenso lösen sich die Sechsecke in vier Dreiecke u. s. f. auf, so dass wir, erhabener Herzog, den Alten sehr verpflichtet sind, welche mit ihrer Wachsamkeit unsern Verstand aufgeklärt haben, besonders unserm Megaräer Euklid, der zugleich ordnungsmässig von den Früheren sammelte und von den Seinigen in diesen ausgezeichneten Fächern und mathematischen Wissenschaften mit so vielen seiner sorgsamen Beweise hinzufügte, wie in seinem ganzen hervorragenden Werke erhellt, dessen Genie nicht menschlich, sondern göttlich sich zeigt, besonders in seinem zehnten, worin er es in der That so sehr erhoben, wie es dem Menschlichen erlaubt ist, und ich kann nicht fassen, was er tiefer von jenen abstractesten irrationalen Linien hätte sagen können, deren Wissenschaft nach dem Urtheil jedes, der davon mehr versteht, vor allen andern die tiefste ist. Und von den ganzen Pyramiden, soweit es den Zweck betrifft, sei hier der Schluss.

(Wie die abgekürzten Pyramiden ausgemessen werden.)

Cap. LXVIII.

Bezüglich der abgekürzten oder geköpften ergibt sich ihre Messung mittelst ihrer ganzen, auf welche sie wie das Unvollkommene aufs Vollkommene sich auf folgende Art reduciren. Zuerst werden wir die abgekürzte auf die ganze bis zu ihrer Spitze zurückführen auf die in unserm veröffentlichten Werke angegebene Art. Und diese ganze werden wir nach dem vorher angegebenen Verfahren messen, und werden offenbar ihr ganzes Volumen erhalten, welches wir im Gedächtniss behalten werden. Sodann werden wir die Messung derjenigen kleinen Pyramide vornehmen, die zu der geköpften hinzugefügt ward, um sie ganz zu machen, ebenfalls nach den gegebenen Methoden, und den Inhalt dieser kleinen Pyramide werden wir von der Quantität der ganzen grossen fortnehmen, die wir aufbewahrten. Das Uebrigbleibende wird nothwendigerweise genau die Quantität besagter abgekürzter Pyramide sein, und von den andern Methoden ist diese die kürzeste und sicherste, und seien sie rund oder kantig, so wird das Nämliche beobachtet u. s. w.

(Von der Messung aller andern regelmässigen und davon abhängigen Körper.)

Cap. LXIX.

Es muss ferner von der Ausmessung der regelmässigen Körper und der von ihnen abhängigen gesprochen werden. Ueber die genannten regelmässigen Körper kümmere ich mich darum nicht, mich hier sonst noch zu verbreiten, indem ich schon einen besonderen Tractat für den erlauchtigsten Verwandten von Euer Hoheit Guido Utelio, Herzog von Urbino, in unserm Seiner Herrlichkeit gewidmeten Werke zusammengestellt habe und der Leser leicht auf diesem recurriren kann, sofern er zum öffentlichen Gebrauch gelangt ist, wie vorher erwähnt und in dieser Eurer berühmten Stadt sich viele davon vorfinden. Deren Messung ist um so mehr speculativ, je ausgezeichneter und vollkommener sie sind, als die andern Körper, sicher ein Gegenstand des Kothurns und nicht der Narrheit. Und an jener Stelle wurde hinreichend darüber gesprochen. Aber das Verfahren bei den anderen, von jenen abhängigen ist ähnlich dem, welches bei den abgekürzten Pyramiden angegeben worden, d. h. dass man sie auf ihre ganzen vollständigen zurückführen, und jene nach den von uns am genannten Orte angegebenen Regeln mit Sorgsamkeit messen, jene Grösse bewahren, und dann die Ergänzung zu seinem Ganzen nach den Regeln über die Pyramiden abseits ebenfalls messen und das, was es macht, von dem Inhalt ihres ganzen regelmässigen Körpers fortnehmen muss, dann ist das Uebrigbleibende genau der Inhalt genannten abhängigen Körpers, wenn der besagte abhängige zu der Zahl der abgeschnittenen gehörte. So z. B. das abgeschnittene Tetraeder, welchem die Spitzen fehlen, im Vergleich zu seinem Ganzen, welche sämmtlich kleine gleiche Pyramiden gleicher Form sind. Und daher werden, nachdem eine gemessen, sofort durch diese alle andern bekannt sein, der Zahl entsprechend, welche sich für ihre Seiten, oder Grundflächen oder andere (Theile) herausgestellt, wonach man sich in der Praxis stets richten muss. Und nachdem jene erhalten, wirst du sie von ihrem Ganzen, wie gesagt, abziehen. Aber wenn der genannte Abhängige von der

Zahl der Erhöhten wäre, dann würde man, um sein Mass zu erhalten, zu seinem Ganzen die Grösse aller jener seiner kleinen Pyramiden hinzufügen, deren nothwendigerweise so viele sind, wie Grundflächen seines vollständigen vorhanden. Und so muss man sich kurz gesagt mehr oder weniger bei besagten nach dem Licht ihrer vollständigen richten, indem man zu denselben hinzusetzt oder fortnimmt je nach den angeführten Umständen. Wollte man sich anders verhalten, so würde man in ein unentwirrbares Chaos gerathen. Und deshalb sei hinsichtlich derselben dies die geeignete Anweisung, indem ich mich auf die bewanderten Geister und speculative, dieser und irgend welcher andern Wissenschaft geneigte Einsicht verlasse, die wir stets bei unserm ganzen Fortgang vorausgesetzt, besonders der durch Vorzüglichkeit und Anthonomasie vor allen Andern hervorragendsten Euer herzogl. Hoheit, zu der ich in unserm Discurs weder über Aehnliches noch Anderes in keiner Weise meine, wie zu einem Unkundigen gesprochen zu haben, sofern Sie ohne Unterschied mit allen (Wissenschaften) ausgestattet und geschmückt, für die, wenn ich mich darüber verbreiten wollte, nicht blos das Papier, sondern das Leben nicht hinreichen würde. Aber was deutlich klar ist, braucht nicht bewiesen zu werden. Sofern Sie mit ihrem Blick allein jedes betrübte Gesicht gesund und froh machen und in Wahrheit jene Sonne sind, welche beide Pole erwärmt und erhellt. Und was mehr kann heute von Ihnen gesagt werden unter den Sterblichen? wenn nicht, dass Sie die einzige Ruhe und Erfrischung nicht blos von Italien sondern der ganzen Christenheit sind! Jene[1]) zeigt sich Jedermann glänzend, reich, herrlich und grossherzig; bei ihr ist Mitleid, bei ihr ist Frömmigkeit, bei ihr Grossartigkeit, in ihr vereinigt sich alles Gute in der Schöpfung. Demosthenes mit Cicero und Quintilian mögen gegen ihren Mund zurückstehen, der Quelle, die einen so weiten Redestrom verbreitet, Nektar den Guten und strenges Messer den Schuldigen. Sie beobachtet alle Religionsvorschriften am meisten und ist nicht nur die Herstellerin ihrer Tempel, sondern emsige Schöpferin von solchen. Sie ist stets dem Tages- und Nachtgottesdienst völlig ergeben, mit nicht weniger Verehrung als die

[1]) scil. Hoheit.

Ordensgeistlichen mit den heiligsten Prälaten ihnen widmen, wie es Ihre höchst würdige devote, dem göttlichen Cultus zugeordnete und mit den würdigsten Sängern ausgestattete Kapelle mit Ihren sonstigen besondern Devotionen offenbar machen. Sie eröffnet jedem, besonders dem frommen Bittenden ohne Verzug ihre mitleidigen Ohren, und ihre Güte hilft nicht nur dem, welcher sie anspricht, sondern eilt häufig freiwillig zur Nachfrage umher. Dieser Dinge wegen hat nicht mit Unrecht, der, welcher nie etwas Neues sieht, besonders zu unsern Zeiten, vor den Andern im ganzen Universum Sie zum Theilhaber seiner Gnade gemacht. Daher hat Sie mit nicht weniger Schicklichkeit als Octavian in Rom, seinen Tempel des allgemeinen Friedens bauen liess, Ihren heiligsten der Gnaden zur Erinnerung an so viele in Ihrer berühmten Stadt Mailand errichtet, und wird nicht satt, ihn von Tage zu Tage auf alle Art auszuschmücken und ihn in jedem seiner gelegentlichen Bedürfnisse zu unterstützen. Und diesen kurzen Discurs bitte ich den Leser nicht der Schmeichelei zuzuschreiben, der ich sowohl von Natur als durch mein Amt durchaus fremd bin. Denn wenn du anders thätest, so würdest du nicht weniger des Neides und Missgunst gegen seine Hoheit, als ich der Schmeichelei überführt sein, indem du Ihre so vielen ausgezeichneten und himmlischen Gaben nicht bewundert. „Doch was wir mit Augen gesehen, bezeugen wir." Und ich (stehe) darin nicht allein, sondern zugleich mit meinem ganzen heiligsten seraphischen Orden, mit seinem vorzüglichen und ausgezeichneten Haupt und Hirten, unserm ehrwürdigsten Vater M. Francesco Sansone von Brescia, seinem würdigsten General, bei unserm diesjährigen in Ihrer berühmten Stadt Mailand gefeierten Generalcapitel, wobei eine sehr grosse Anzahl berühmtester und gefeiertster Doctoren und Baccalauren der heiligen Theologie und anderer Wissenschaften aus dem ganzen Universum und von jedweder Nation, die unter dem Himmel ist, zugegen war. In demselben wurden emsig alle kathedralen wie öffentlichen Disputationen gehalten, stets in Gegenwart von Euer herzogl. Hoheit unendlichen Güte und devoten Herablassung gegen ihre Diener zugleich mit der ehrwürdigsten Heiligkeit, Monsignore Hipolyto's Ihres Verwandten, des Titels S. Luciae in Salice, Diakonus, Cardinal von Este, und viel anderm Gefolge Ihres hohen

Magistrats. Ich übergehe die Fülle und die überströmende Verschwendung, die in allen Dingen von den Händen Euer herzogl. Hoheit zur Unterstützung einer solchen Menge ausgeströmt, die nicht blos für die damals Anwesenden, sondern noch für die Verspäteten mehrere Monate hindurch genügend war, für Deren Wohl und glücklichen Stand die ganze niedere Menge zum Höchsten ihre zum Gebete gefalteten Hände ausstreckt, und insbesondere ich unwürdiger, elender Sünder, der sich Euer Hoheit von Neuem empfiehlt.

(Wie alle besagten Körper, wie sie in diesem Tractate aufgestellt und in Perspective gesetzt sind, und auch ihre materiellen Formen nach ihrer der Oeffentlichkeit übergebenen speciellen Tabelle der Reihe nach aufzufinden seien.)

Cap. LXX.

Weil da, wo keine Ordnung ist, stets Confusion stattfindet, so wird Euer Hoheit zur vollständigen Einsicht in dieses unser Compendium, um alle besonderen in diesem Werke zu perspectivischer Anschauung gebrachten Figuren und auch die materiellen nach der von ihnen publicirten Tabelle auffinden zu können, folgendes Verfahren beobachten, nämlich wenn ihr oben in ihren Capiteln über ihre Herstellung und Bildung lesen werdet, so werdet ihr an jener Stelle die mit antikem Abucus bezeichnete Zahl des Buches merken, d. h. so beginnend vom ersten bis 48. Capitel, I. II. III. IV. V u. s. f. bis an ihr Ende bezeichnet. Und genau dieselbe Zahl werdet ihr vorn aufsuchen, wo in diesen Werken die genannten Körper der Reihe nach sämmtlich abgebildet sind. Und diese Zahl wird gleicherweise an jenem Orte angegeben sein, indem sich I auf I, II auf II, III auf III bezieht, und ebenso bei allen übrigen. Und jene Figur wird die des besagten Körpers sein, der mit aller Vollkommenheit der Perspective auf die Ebene projicirt, wie es unser Leonardo Vinci versteht. Und eben dieselben Zahlen werdet ihr ferner unter den materiellen Formen besagter Körper aufsuchen, die in einem Brevet hängen, zugleich mit ihren im Griechischen und Lateinischen gesetzten Namen, der über jedem an seiner Schnur zwischen zwei schwarzen Bernsteinstiften befestigt, indem sich auch da jeder, wie gesagt, auf die dabei gesetzte Zahl bezieht, wo über denselben gehandelt wird, und Euer Hoheit haben auf beide Weise ihre Anordnung. Dieselben verdienten nicht aus schlechtem Stoffe (wie es für mich aus Mangel nothwendig gewesen), sondern aus kostbarem Metall und mit feinen Edelsteinen geschmückt zu sein. Aber Euer Hoheit wird die Liebe und die Gesinnung in Ihrem beständigen Sklaven berücksichtigen.

(Ueber das was unter diesen in der Mathematik gebräuchlichen Ausdrücken verstanden wird, nämlich Hypothese, Hypothumisse, Carausto, Pyramiden-Konus, Pentagon-Sehne, Senkrechte, Kathete, Durchmesser, Parallelogramm, Diagonale, Centrum, Pfeil.)

Cap. LXXI.

Es gibt einige Ausdrücke, erhabener Herzog, die von den Gelehrten in den mathematischen Disciplinen hinsichtlich ihrer Theile eingeführt worden, damit man bei keinem sich zweideutig auszudrücken habe, die dem, welcher damit nicht ganz erfahren, langweilen werden, und die oben in unserm Compendium häufig eingeschoben sind, wie Ihr beim Lesen gefunden haben werdet. Und um nicht von den Alten abzuweichen, haben wir sie beobachtet. Von ihnen scheint es mir nicht nutzlos, hier kurz dem Leser Kenntniss zu geben. Und zwar zuerst von „Hypothese".

Unter Hypothese muss man die unter den Parteien Autor und Gegner zugelassene und zugegebene Voraussetzung verstehen, mittelst deren man zu schliessen beabsichtigt, und im Verneinungsfalle folgt der Schluss nicht daraus; und deswegen pflegt man sie nicht aufzustellen, wenn sie nicht möglich ist.

Unter der Hypothumisse, bei allen gradlinigen Figuren insbesondere, versteht man die Linie, die dem grössten Winkel bei ihnen gegenübersteht. Aber insbesondere ist man gewohnt, darunter die dem rechten Winkel in den rechtwinkligen oder orthogonischen Dreiecken, wie sie sich in der Kunstsprache nennen, zu verstehen, die nothwendig stets die Hälfte der quadratischen Figur oder des verlängerten Tetragons, d. h. der rechtwinkligen mehr langen als breiten Figur von vier Seiten sind.

Unter Carausto versteht man eine grade Linie, die die Endpunkte zweier nach oben gerichteter verbindet. Und es können der Carausten, der Zahl der sich erhebenden Linie nach, mehr oder weniger sein.

Konus der Pyramide (Spitze), will sagen der höchste Gipfelpunkt, wo die Linien, die von ihrer Basis ausgehen, zusammenlaufen.

Unter pentagonischer oder pentagonaler Sehne oder wir wollen sagen, Sehne des ganzen Pentagonwinkels versteht man eine in der pentagonischen Figur von irgend einer ihren Ecken zur andern. ihr entgegengesetzten gezogene grade Linie, derart wie es öfter geschehen.

Die Senkrechte will sagen eine grade erhobene, oder auf einer andern lothrecht, d. h. so gestellte Linie, dass sie einen oder mehr rechte Winkel um sich herum bildet. Und ebenso auch, wenn sie auf die besagte Art auf einer ebenen Oberfläche stände. Und gewöhnlich pflegt man sie bei den Dreiecken zu deren Ausmessung zu suchen, wie wir in unserm genannten Werke an seinem Orte gesagt haben.

Kathete bedeutet dasselbe wie Senkrechte und von den gewöhnlichen Leuten wird sie gröblich bei den Dreiecken insgemein Pfeil des Dreieckes genannt, und das kommt vom griechischen Worte her.

Unter Durchmesser versteht man eigentlich eine grade Linie im Kreise, die durch sein Centrum geht, und mit ihren Endpunkten die Peripherie an jedem Ende trifft, und den Kreis in zwei gleiche Theile theilt. Aber man pflegt auch noch bei den Quadraten Durchmesser zu sagen. Und deshalb sagt man, um nicht doppeldeutig zu reden, Durchmesser des Kreises und Durchmesser des Quadrats zur Unterscheidung beider. Unter Parallelogramm versteht man eine Oberfläche aus parallelen Seiten, welche (Flächen) eigentlich vierseitig sind, nämlich von jenen vier Arten, die ihr oben im Cap. 59 als Quadrat, verlängertes Tetragon, Rhombus und Rhomboid, mit anderem Namen Elmuaym und dem Elmuaym ähnlich bezeichnet hattet.

Und obgleich jede Figur[1]) von gerader Seitenzahl gleichweit abstehende Gegenseiten hat, wie das Hexagon, Octagon, Dekagon, Dodekagon und andere ähnliche, so hat man nichtsdestoweniger jene vier insbesondere zu verstehen.

Unter Diagonale versteht man hauptsächlich eine von einer Ecke zur gegenüberliegenden im verlängerten Tetragon gezogene Gerade, die es in zwei gleiche Theile nach Art des Quadrats theilt. Und auch beim Rhombus und Rhomboid pflegt man sie so zu nennen.

Centrum wird eigentlich jener Mittelpunkt im Kreise genannt, von dem aus, wenn man darin die Cirkelspitze unbeweglich festhält, die andere herumdreht, der Kreis mittelst der, Umfang oder Peripherie genannten Linie beschrieben wird. Und alle von jenen Punkten zu dem genannten Umfange geführten Linien sind unter sich gleich. Aber man pflegt auch bei anderen, gradlinigen Figuren den Mittelpunkt ihrer Fläche Centrum zu nennen, wie bei den Dreiecken, Quadraten, Fünf-, Sechsecken und andern gleichseitigen und auch gleichwinkligen, da alle von jeder ihrer Ecken zum besagten Punkt gezogenen graden Linien gleichermassen unter sich gleich sein werden.

Pfeil wird die grade Linie genannt, die sich vom Mittelpunkt des Bogens irgend eines Kreistheils bewegt und senkrecht auf der Mitte seiner Sehne steht. Und man sagt Pfeil mit Rücksicht auf den Theil des Umfangs, der sich Bogen nennt, nach der Aehnlichkeit des materiellen Bogens, der auch die genannten drei Ausdrücke gebraucht: nämlich Sehne, Bogen und Pfeil.

Und obgleich sehr viele andere Ausdrücke gebraucht werden, wovon wir vollständig in unserem grossen Werke gehandelt haben, so kümmere ich mich nicht, sie hier anzuführen, sondern es schien mir nur nöthig, diese zum Verständniss des gegenwärtigen Compendiums Euer Hoheit vorzuführen, worin, wenn auch bei einer solchen Anzahl Blätter nicht abgeschlossen, doch von nicht geringerem Inhalt und höchsten Speculationen gehandelt worden ist. Und in der That, erhabener Herzog, ich sage, ohne zu lügen, Euer Hoheit, dass die Speculation der Mathematiker sich der Qualität nach nicht höher ausdehnen

---

[1]) Scil. reguläre.

kann, davon abgesehen, dass manchmal die Quantitäten grösser und kleiner sind. Und mit diesen beschloss und beendigte unser Megarenser Philosoph sein ganzes Volumen der Arithmetik, Geometrie, Proportionen und Proportionalität in 15 besondere Bücher geordnet, wie es dem Einsichtigen klar ist. Und deswegen wird Ihrer vorerwähnten werthvollsten Bibliothek nicht wenig Gunst und Würde erwachsen, wie wir zuvor in unserm Briefe sagten; sofern dies als das einzigste und alleinige in seiner Art von mir entworfen, und bis jetzt (mit Ausnahme Euer Hoheit) dem ganzen Universum unbekannt ist, und zwar hier in Ihrer berühmten grossen Stadt Mailand mit nicht unbedeutenden Sorgen und langen Nachtwachen unter dem Schatten Euer Hoheit und Ihres mir wie ein Sohn unverdientermassen, besondern und einzigen Beschützers, des Erlauchten San Galeazzo Sforza Seuerino von Aragonien, der Niemand in der Kriegskunst nachsteht, und höchster Liebhaber unserer Disciplinen, der heutzutage vor Allen die nützlichste und süsse Frucht seiner eifrigen Lection derselben kostet.

Und es stehe zum Schluss unseres Berichtes die demüthige Verzeihung und schuldige Hochachtung des beständigen Dieners Euer Hoheit, der er sich unendlich in jeder Weise empfiehlt.

Abermals und nochmals lebt glücklich und nach Wunsch. Beendet am 14. December zu Mailand in unserm stillen Kloster MCCCCXCVII unter der Herrschaft des höchsten Pontifex Alexander VI. im siebenten Jahre seines Pontificats.

Seinen theuersten Schülern und Zöglingen Cäsar dal Saxo, Cera del cera, Rainer Francesco de pippo, Bernardio und Marsilio da monte und Hieronymo de Jecciarino und Genossen von Borgo S. Sepulchro, würdigen Steinmetzen und emsigsten Verfolgern des Sculptur- und architektonischen Faches, Fra Luca Paciuolo ihr Landsmann vom Orden der Minoriten und Professor der heiligen Theologie. So Gott will.

Da ich von euch mehrmals gebeten, euch ausser der praktischen Anwendung der Arithmetik und Geometrie, die ich euch zugleich gegeben, mit jenen euch auch einige Regeln und Methoden geben zu wollen, um den von euch gewünschten Erfolg in der Architektur zu erlangen, so kann ich nicht umhin (obgleich sehr beschäftigt zum gemeinsamen Nutzen der Gegenwärtigen und Zukünftigen mit der Ausfertigung unserer mathematischen Werke und Disciplinen, deren Druck ich mit aller Emsigkeit betreibe), wenn auch nicht im Ganzen, doch theilweise eurer humanen Bitte zu genügen, besonders in Bezug auf das, was zu euerm Zwecke kennen zu lernen nothwendig ist. Darum verstehe ich ohne Zweifel (da ihr euch stets in den andern empfehlenswerthen Theilen mit allem Eifer übend, erfreut habt), dass ihr sonach zu dieser mit noch mehr brennender Sehnsucht geneigt seid. Daher habe ich mich, mit Zurückweisung jeder andern Unternehmung ganz in Bereitschaft gestellt, euch (wie gesagt), wenigstens zum Theil darin genügen zu wollen, nicht mit der Absicht gegenwärtig über solche Kunst oder vielmehr Wissenschaft vollständig abzuhandeln, indem ich mir mit Hilfe des Höchsten für geeignetere Zeiten und Musse vorbehalte, was solche Disciplinen angeht, da sie Stoffe des Kothurns und nicht des Narren sind, so dass ich euch bitte, dass, wenn ihr inzwischen mit diesem operirt, es euch nicht verdriessen möge auf jenen zu warten (wenn nichts Schlimmeres erfolgt, bezüglich dessen ihr, hoffe ich, in Kurzem mit mir zufrieden sein werdet und auch mit diesem verspreche ich euch vollständige Kenntniss der Perspective mittelst der Documente unseres Landsmannes und Zeitgenossen zu geben, dem Herrscher über dieses Fach zu unsern Zeiten Magister Petro de Franceschi, der darüber schon ein sehr werthvolles und von uns wohl verstandenes Compendium gemacht hat, und ferner seines wie ein Bruder theuern Magister Lorenzo Canozo da Lendenara, der ebenfalls im besagten Fache zu seiner Zeit sehr hoch stand, wie es durchweg seine berühmten Werke beweisen, sowohl die Intarsia im würdigen Chor des Sanctum zu Padua und seiner Sacristei, wie in Venedig in der Ca. grande, wie auch in Malerei an denselben Orten und viel anderswo und auch noch gegenwärtig seines Sohnes Giovanmarco, meines lieben Gevatter, welcher aufs höchste seinem Vater nacheifert, wie hinsichtlich seiner Werke in Roico[1]), des würdigen Chors in unserm Kloster Venedig, und in la Mirandola in Architektur der würdigen, mit allen Bequemlichkeiten wohl ausgestatteten Festung; und der sich durch fortgesetztes Arbeiten im würdigen

[1]) San Rocco.

Bauwerk mit Bohrmaschine beim Canalgraben in Venedig kund gibt: so dass jeder von euch im Ganzen davon befriedigt sein wird, obwohl ihr gegenwärtig zur Genüge wohl damit versehen seid. Lebt wohl und ich empfehle mich euch allen.

Aus Venedig 1. Mai MDVIIII.

In Folge eures Wunsches halte ich das nachstehende Verfahren inne, nämlich: Zuerst werden wir die Architektur in drei Haupttheile zerlegen, wovon der erste bezüglich der öffentlichen Orte von den heiligen Tempeln, der andere von den zur Gesundheit und Vertheidigung der kleinen und grossen Staaten bestimmten und ferner noch von den Privat- und particulären Oertlichkeiten, der dritte von den zur eigenen Bequemlichkeit nothwendigen, den eigentlichen Wohnungen handelt, die uns vor widerwärtigen und unseren Körpern schädlichen Dingen stets zu schützen haben, denn in diese und um sie erstreckt dies besagte Fach seine Kräfte. Es würde jedoch, meine Geliebten, der Process zu lang sein, wollte ich jetzt auf diese zu sehr mich einlassen, die ich mir, wie gesagt, reservire. Sofern man hinsichtlich der Tempel nicht so viel sagen könnte, dass sie hinsichtlich ihres heiligsten Cultus nicht mehr verdienten, wie unser Vitruv vollständig darüber spricht. Vom zweiten der Vertheidigung zugeordneten Theile würde nicht weniger zu sagen sein, sofern der Maschinen und militärischen Entwürfe irgend welcher Art unendlich viele sind, besonders hinsichtlich der neuen Arten von Artillerie- und Kriegsinstrumente, wie von den Alten niemals ausgedacht wurden, in denen unsere tapfern Borghesi zu Fuss und Pferd durchgehends aufs höchste geschickt, deren Ruf (nicht nur in ganz Italien), sondern über die ganze Erde hinausgeht. Wie von Antonello, der mit der Macht der Venetianer zugleich mit dem Herzog Friedrich von Urbino und Graf Carl von Montone sich in der Romagna befand, um in Faenza den San Galeotto wieder einzusetzen und nach dem Unternehmen von einem heftigen Fieber niedergedrückt, nach Hause zurückgekehrt, in Urbino sein Leben endigte, indem ihm der ehrwürdige Pater M. Zinipero und Bruder Ambrosius, meine fleischlichen Brüder desselben seraphischen Ordens beistanden. Dieser wurde im Reich zur Zeit König Ferdinand's bei deren Unternehmen derer von Anjou und Aragonien, da er sich tapfer benommen, von ihm sammt seinen Nachkommen zum Herrn der Castelle gemacht. Später wurde er bei den Parteien der Lombardei, unter Anführung des Herzog Franz von Mailand, wobei er sich grossherzig benahm, von diesem reich beschenkt. Von diesem stammt Alexander, würdiger Condottiere beim Könige [1]) und den Florentinern und andern Potentaten. Jener Antonello liess für ewige Zeiten unserm Kloster das Gebäude der würdigen Kapelle des Sanct Franziskus, mit würdigster Ausstattung, welche seine Nachfolger beständig erweitert haben. Von Benedetto Bajardo genannt, meinem nahen Verwandten, Schüler des sehr berühmten Baldacio d'Anghiari, der mehrmals Generalcapitain der Infanterie zuerst des Königs Alfons im Königreiche; dann der heiligen Kirche zur Zeit Nicolaus; sodann der Florentiner bei der Unternehmung von Voltera, um es zu erobern, dann der Venetianer zweimal. und das letztemal Capitän der ganzen Levante war. Und im Begriff zur Unternehmung gegen Skutari zu gehen mit seinem und meinem Neffen Franz Paciuolo von der Ruhr überrascht: liessen sie am letzten Tage in Ragusa das Leben. Dieser machte von unsern genannten Bürgern viele tüchtige Connétable, nämlich Gnagni della pietra, der bei der Vertheidigung von Skutari gegen die Türken mit vergiftetem Speer am Arme verwundet in Kurzem starb. Dies war derjenige, welcher mit seiner Partisane mit einem Schlag den Kopf des Taripauers zur Erde warf mit vielen seines Gefolges; welcher letztere durch Verrath nach Spalato kam, um den venetianischen Grafen und Edelmann zu ermorden und der Signoria von Venedig das Land fortzunehmen. Von diesen würde das Papier nicht hinreichen zu sprechen, mit soviel Tapferkeit hat er sich stets benommen. Dieser machte zur Zeit des Grafen Jacob in der Romagna mehrmals aus sich den Versuch, zu Fuss eine grosse Meile mit den Berber- und schnellen spanischen Pferden um die Wette zu laufen, indem er nur mit einem Finger den Steigbügel berührte. Von ihm blieb als ganz kleines Kind der würdige heutige Connétable Franceschino, sein Erstgeborner zurück, der stets die Herrschaft von Venedig mit eifriger Sorge und Vorsorge gehoben hat, und jetzt hat sie ihm die Citadelle von Triest in freiwilligen Gewahrsam gegeben. Und andere seiner gleicherart

[1]) Von Neapel, wie aus dem Vorigen hervorgeht.

berühmten Zöglinge übergehe ich, wie z. B. Messér Franco von Borgo, Todaro, würdige Söldner der Venetianer und Martinello da Luca, gegenwärtig auf Vorposten vor Cypern. Nicht weniger würde zu sagen sein von seinem fleischlichen Bruder Andreas, der in Folge von Fieber dem Dienste unserer Florentiner Herren erlag und zuerst Capitän der Infanterie der Venetianischen Herren gegen die Deutschen bei der Unternehmung gegen Trient war, wobei ihn, der mit Unrecht angeklagt, die hohe Herrschaft ohne andere Strafen nach einem Jahre und fünf Monaten, nachdem sie seine Unschuld erkannt und dass Alles aus Neid geschehen, in Freiheit setzte, indem ihm Liebe und höchste Stellung daraus erwuchs; und auch seinem überlebenden Sohne Mathäus, der stets gebührend versorgt und augenblicklich zur Ueberwachung von Asola im Brescianischen mit würdiger Begleitmannschaft abgeordnet ist.

Das Nämliche übergehe ich bezüglich seines andern Sohnes Johann auf Vorposten vor Gorizza in Friaul, unseres andern würdigen Mitbürgers und von Allen geliebten tapfern Kriegers mit Beinamen Vicodolci genannt; und viele andere, die sich stets brav in den Waffen geübt und aus diesem gegenwärtigen Leben mit der gebührenden Ehre in das andere versetzt. Zu unserm Benedetto Bajardo zurückkehrend, so wurden gleicherweise von ihm unsere würdigen Bürger Cincio da Scucola mit dreien seiner Brüder Buciuolo de Lapegio und Chiapino sein Bruder, der bei Lepanto im Venetianischen Solde erlag, zu Connétables gemacht. Mancino gehört lange zu den treuen würdigen Connetables und Bartolino Ederrata, Bruder von Bartolino und viele Andere sind von ihm dazu ernannt. Und nicht weniger hat er von andern Nationen wohlwollend sehr viele Tapfere und Grosse gemacht, wie Melo von Cortona, der unter Bagnacavello in Venetianischen Diensten starb und in Ravenna begraben ward; ferner Albanosetto, Giovan greco dalla guancia, gegenwärtig zur Ueberwachung von Rimini durch die Venetianischen Herren mit würdigem Geleite von leichter Reiterei und Infanterie und zwar als Capitain nach jenem Orte abgesandt. Von jenem Benedetto lebt ein Sohn, Baldanzonio genannt, der mit seiner Mutter Elisabeth dem bürgerlichen Leben ergeben. Unter den jetzt Lebenden werden gegenwärtig gerade unsere ausgezeichneten Militärs auf alle Art von verschiedenen Potentaten verwendet und angeführt; der grosse Ritter vom goldenen Sporn, Messér Criaco Palamides, der von meinem grossherzigen Herzog von Urbino, Guido Ubaldo als Herr ausgestattet, der ihn mit den militairischen Abzeichen das Castell und die Lametula genannte Festung für seine guten Verdienste schenkte. Dieser wurde durch unsere Florentiner Herren stets sehr und da er sich im Königreiche wie im Kirchenstaat und um Pisa und in Pistoja bei den Parteien der Panciatichi und Cancellieri mit aller Tapferkeit benahm, von der genannten Herrschaft fortwährend sehr gut honorirt; unbeschadet dessen, dass seine ersten Anfänge unter dem hohen Herrn von Rimini, Magnifico Ruberto de Malatesti stattfanden. Derselbe, da er Capitain der Venetianischen Herren war, als er von diesen zur Vertheidigung der heiligen Kirche gegen den Herzog von Calabrien gesandt worden, und sie in kurzem befreit, starb, und ward ehrenvoll in Sanct Peter zu Rom sammt den beiden städtischen Standarten begraben, nämlich der von San Marco und von der heiligen Kirche, weswegen Messér Criaco unsere Heimath von Borgo S. Sepulchro nicht wenig dadurch geehrt hat. Der andere Markus, Krieger und Ritter vom goldenen Sporn Messér Mastino Catani, der zu Pferd das Kriegshandwerk verfolgte, ist eine grosse Ehre für sein würdiges Haus, von welchem mehrere Ritter vom goldenen Sporn gewesen sind, nämlich der Vater, Onkel und Grossvater. Der herrliche Ritter Herr Messér Martino gehört ferner noch zu den Bürgern der vom erlauchten Hause Feltri gleicherweise geehrt und von meinem vorerwähnten grossherzigen Herzog wegen seiner grossen Verdienste zum Ritter und Herrn des sogenannten Castells la massetta gemacht. Ein Mann, Beistand und Kraft, bei jedem Kriegsplan, stets von unsern Florentiner Herren aufs beste behandelt. Der grosse Messér Gnagni'rigi, ferner ein anderer Ritter vom goldenen Sporn, der sich beständig zu Pferd und zu Fuss in den Waffen übt zu grosser Ehre, sich selbst und den Seinigen und der ganzen Erde unbesiegter Hort, der bald bei dem genannten Herzog, bald bei unsern Florentiner Herren, bald mit dem hohen Herrn von Pesaro war, und augenblicklich bei den venetianischen Herren zur Bewachung von Cattaro mit würdiger Begleitung als Capitain unseres Messér Mario de Seruardi mit seinen vier würdigen Söhnen Cristofanus, Peter, Franz und Troilus abgeordnet, die alle würdige Kriegshelden, der Vater stets als würdiger Condottiere bei verschiedenen Feltrenser Potentaten und unsern Florentiner Herren die Ehre im Alter, zu Hause und auf Erden davongetragen hat und in gleicher Weise sein theurer und ihm vereinter Genosse Marco dagnilo. Von sich selbst und den Seinigen und dem ganzen Vaterlande Gnagni mit dem Beinamen Pieke belegt, befindet er sich noch jetzt mit seinen zwei lieben Söhnen Andrea und Bartolomeo hier, in Venetianischem Solde mit würdiger Führung betraut, als Mann von grossem Rufe bei ihnen, dafür dass er aus sich selbst einen ausgezeichneten Streich bei der Unternehmung gegen die Deutschen ausgeführt, im Beisein des erlauchten Herzogs und Herrn Bartolomäus Dalviano und des ausgezeichneten Feldschaffners Messér Giorgio Cornaro und Messér Andrea Gritti, welche sein gutes Benehmen im Senate berichteten, wofür er auf Grund seiner Führung gut belohnt wurde. Und ferner zum Schutz von Fiume als Capitain mit seinen genannten Söhnen und seinem fleischlichen Neffen Giulian Paulo abgeordnet, der gleichfalls deputirter Capitain der Florentiner Herren, verherrlicht er zugleich mit den Andern sein Haus und die Seinigen und die ganze Erde durch seine ausgezeichneten und berühmten Thaten zu Livorno und andern gelegenen Orten der besagten Herrschaft. Ich übergehe den tapfern Connétable Bronchino ebenfalls, unsern Landsmann, der bei dem Unternehmen von Citerna durch die Vitelli getödtet ward. Und seinen Goro bei der Parthei von Pistoja und ebenso seinen Vitello lasse ich bei Seite, der für unsere Florentiner Herren, indem er sich ausgezeichnet hielt, bei Pisa unter Pieken und Lanzen sein Leben liess. Auch Paulo Dapici hielt in Skutari für die Venetianer mit dem vorgenannten Gnagni von Borgo, und in la Castellina für unsere Florentiner Herren im Kriege mit dem Herzog von Calabrien stets mit würdigsten Vertheidigungsmitteln auf seinen Posten, ein Mann zur Schutzwehr und zur Vertheidigung, desgleichen sich zu seinen Zeiten unter der Infanterie kein Anderer fand. Ich übergehe ferner, die ich zuerst nennen musste, Papia und Papo de Pandolpho seinen Neffen, die unter den Fusstruppen, der Vater würdiger Connétable, und er selbst Bannerführer, nie hinter ihrer Pflicht her mit den Faulen und Furchtsamen angetrieben wären. Nun habe ich — um es kurz zu fassen — meine Geliebten, von dem erwähnten Theile der Architektur zur öffentlichen Vertheidigung wie von den Mauern und Gegenmauern, Zinnen, Ummantelungen, Thürmen, Ravelinnen, Basteien und sonstigen Schutzwehren, grossen Thürmen,[1] Kasematten u. s. w. gelegentlich mit allen einst Lebenden und Todten gesprochen, wie es mitunter im Gespräch sich trifft, ich habe mich mit dem Einen oder Andern viel mit der augenscheinlichen und handgreiflichen Erfahrung abgemüht, bald auf diese, bald auf jene Art argumentirend und ihre Gründe vernehmend und nicht weniger mit der hohen Herrlichkeit Messér Johann Jacob, Traulzi mit dem damaligen würdigen Redner der Florentiner Regierung Pier Vetori in Gegenwart des Pontano im Palast des Grafen de Sarno in Neapel; und nicht weniger mit dem Edlen und würdigen Condottiere Herrn Camillo Vitelli aus Città de Castello, dem ich drei Jahre lang das erhabene Werk unseres Euklid vorgetragen; und zu Mailand mit meinem speciellen Patron zu jener Zeit Messér Galeazzo Sanseverino, und mehrfach mit dem ausgezeichnetsten Herzog Ludwig Maria Sforza. Schliesslich finden wir, dass dieser Theil der Vertheidigung in unsern Zeiten sehr weitgehend sei, durch die neuen Maschinen der Artillerie, welche sich zur Zeit unseres Vitruv noch nicht vorfanden, und darum werden wir diesen für jetzt bei Seite lassen und werden ihn für weitere Besprechung vorbehalten.

Den dritten Theil besagter Architektur von der Bequemlichkeit und den Bedürfnissen sowohl der Paläste und anderer Gebäude innen und aussen, mit allen ihren Gliederungen, nämlich Zimmer, Vorzimmer, Säle, Hallen, Arbeitszimmer, Küchen, Ställe, Theater und Amphitheater, Bäder, Latrinen, Brunnen, Quellen, Wasserleitungen, Backöfen, Kreuzgängen, Treppen, Fenster, Ballustraden, Strassen, Wegen, Plätzen für Markt und andere zum Spazierengehen, bedeckte und freie mit ihren vorgeschriebenen Symmetrien der Verhältnisse und Proportionalitäten zum ganzen Körper des Gebäudes und seiner Theile und inneren und äusseren Gliedern, wovon zur Genüge unser Vitruv spricht, und auch Frontinus hinsichtlich der Aquäducte, wie es

---

[1] Reduits?

an den von Marini her zu den Thermen des Diocletian gerichteten antiken römischen Bögen und andern Bädern von Pozuolo und Viterbo sich zeigt; bezüglich deren nicht wenig Symmetrie der Proportionen und Proportionalität erforderlich, lassen wir ebenfalls für künftige Untersuchung bei Seite und werden für jetzt nur eine andere für alle drei oben genannten sehr nothwendige besprechen, welche, wie ich zweifellos versichert bin, euch nützlich sein wird, in welcher ihr, wie ich verstehe, gegenwärtig durchaus gut eingeschult seid, indem ihr in der Sculptur Phidias und Praxiteles nachahmt, deren Werke auf Monte Cavallo in Rom sie berühmt und für immer gefeiert machen. Denn kein Theil der Architektur ist überhaupt möglich, wohl geziert zu sein, wenn die Steinmassen nicht mit hübschem Marmor-, Porphyr-, Serpentinschmuck oder andern verschiedenen Arten geziert, wie mit Säulen, Gesimsen und Giebelwänden und andern Ornamenten, ebenso dem defensiven und öffentlichen Theil, wie dem der Heiligthümer angemessen. Und weil dieser Theil die Gebäude um so mehr ziert, um wie viel mehr er mit nothwendiger Achtsamkeit auf Proportionen, Proportionalität angeordnet, welche Dinge euch und jedem, der sich in ebensolchen übt, höchst nothwendig sind, von dem gleichwohl ganz ausdrücklich unser Vitruv nicht spricht, indem er sie durchweg voraussetzt: so werde ich mich hier besonders bemühen, sie nach ihm gebührendermassen euch klar und deutlich zu machen, soweit es den guten Steinmetz betrifft, indem in diesem Werke etwas vom Zeichnen und Kenntniss des Libelle und Cirkels oder Sexto vorausgesetzt wird, ohne welche Instrumente man keinen Erfolg erzielen kann. Und von unserem Discurs werden wir drei kurze Theile machen, der Zahl der drei zu Anfang dieses von der göttlichen Proportion betitelten Werkes, aufgestellten Exempel entsprechend. Nämlich zuerst werden wir von der Proportion des Menschen bezüglich seines Körpers und seiner Glieder reden, weil vom menschlichen Körper jedes Mass mit seinen Benennungen herkommt, und in demselben alle Arten Proportionen und Proportionalitäten mit dem Fingerzeig des Höchsten, mittelst der innern Geheimnisse der Natur sich wiederfinden. Und deswegen werden, wie gesagt, alle unsere Maasse und Instrumente, welche von öffentlichen und Privatpersonen für Messungen angewendet werden, nach dem menschlichen Körper benannt; das eine Arm (Elle), das andere Schritt, das dritte Fuss, Palm (Hand), Ellbogen, Finger, Kopf u. s. w. benannt. Und ebenso sollen wir, wie unser Vitruv sagt, ihm ähnlich, jedes Gebäude mit dem ganzen nach seinen Gliedern wohl proportionirten Körper, entsprechend proportioniren. Und daher werden wir zuerst von eben diesem menschlichen Maass mit seinen Verhältnissen zu seinen Gliedern reden, wonach ihr euch bei euren Steinhauerarbeiten zu richten haben werdet, besonders hinsichtlich der Giebelseiten und anderer würdiger Tempelfaçaden, Thore und Paläste, die man stets gewohnt, mit Gesimse, Säulen und Architravs auszuschmücken, wie zur Genüge unser Vitruv darüber sagt. Aber weil zu unseren Zeiten seine Worte von uns schlecht verstanden werden, da sie in der That etwas fremdartig sind, wie er selbst es sagt, dass sie, erzwungen durch die Kunstwerke, aufgestellt worden, so sagt er dieser Sache wegen Folgendes in seinem Buche: Dies aber kann bei den Beschreibungen der Architektur nicht geschehen, da die Worte, die von dem eigentlichen Bedürfniss der Kunst hergenommen im gewöhnlichen Gespräche dem Sinne Dunkelheit hinzufügen. Da dieselben also an sich nicht klar und auch bei ihrem gewöhnlichen Gebrauch die Bezeichnungen nicht offenkundig u. s. w. Dies in der Vorrede seines fünften Buches von der Architektur, wobei er einschaltet, dass, wenn die Geschichtschreiber ihre Geschichte erzählen, sie ihre angemessenen Ausdrücke haben, und die Dichter ihre Versfüsse und Maasse, mit ihren bestimmten Betonungen u. s. w. Aber so trifft es sich nicht mit den Architekten, welche gezwungenerweise Fremdwörter gebrauchen müssen, welche für das Verständniss zuweilen Dunkelheit erzeugen u. s. w. Und daher werde ich mich bemühen, ihren Sinn zu offenbaren, wie es, soweit es den Zweck betrifft, genügend ist. Und zuerst werden wir von den runden Säulen reden, wie ihr sie bei den Gebäuden mit euern Meisseln sowohl hinsichtlich der Stärke zur Stütze des Gebäudes wie mit Bezug auf ihre Ausschmückung gebührenderweise anzuordnen habt. Und sodann werden wir vom Epistyl oder Architrav und von seiner Composition reden. Nachdem wir von diesen gesprochen, so werden wir sie bei dem Werke eines Thores anbringen, welches nach dem am Tempel Salomon's zu Jerusalem nach Verkündigung des Propheten Ezechiel mit den übrigen Anordnungen entworfen. Und ihr könnt sodann mit eurem Genie mehr oder weniger daraus machen.

(Von dem Maass und Verhältnissen des menschlichen Körpers, vom Kopf und seinen übrigen Gliedern, als Sinnbild der Architektur.)

Cap. I.

Wir müssen betrachten, wie Plato in seinem Timäus sagt, wo er von der Natur des Universums handelt: Gott, als er den Menschen bildete, setzte das Haupt ihm auf die Spitze, gleich den Citadellen und Festungen in den Städten, damit es Wächter des ganzen körperlichen Gebäudes, d. h. aller andern unteren Glieder wäre. Und jenes bewaffnete und versah er mit allen nothwendigen Bequemlichkeiten, wie erhellt, mit sieben Schiessscharten, d. h. sieben Höhlungen, durch welche der Verstand die äussern Gegenstände aufzunehmen hätte, und dies sind die zwei Ohren, die zwei Augen, die zwei Nasenlöcher, die siebente der Mund. Denn, wie die maxima philosophica sagt, nichts ist in dem Geiste, ohne dass es vorher nicht in den Sinnen war. Daher sind der menschlichen Empfindungen fünf, nämlich Sehen, Hören, Riechen, Fühlen und Schmecken, und daher stammt das buchstäbliche Sprichwort, welches sagt: „Wenn das Haupt schmerzt, so leiden auch die übrigen Glieder" nach Art der besagten Festungen in den Städten, wenn sie von den Feinden mit Kriegsmaschinen der Artillerie, Steinwurfmaschinen, Schleudern, Katapulten, Ballisten, Bombarden, Feldgeschützen, Flinten, Hakenbüchsen, Stutzen, Feldschlangen und andern schädlichen Dingen beunruhigt und belästigt werden. Die ganze Stadt empfindet darüber Leid bei grosser Ungewissheit für ihr Wohlergehen. Ebenso geschieht es bei dem Menschen, dass wenn er im Kopf belästigt oder behindert, alle übrigen Glieder darunter leiden. Und darum ordnete die Natur, die Dienerin der Gottheit, als sie den Menschen bildete, sein Haupt mit allen nothwendigen, allen andern Theilen seines Körpers entsprechenden Verhältnissen an. Und aus diesem Grunde richteten die Alten, nachdem sie die angemessene Anordnung des menschlichen Körpers erwogen, alle ihre Werke, insbesondere die heiligen Tempel nach seinem Verhältniss. Denn in ihm fanden sie die zwei hauptsächlichsten Figuren, ohne die es nicht möglich, irgend etwas zu bewerkstelligen, nämlich die höchst vollkommene Kreislinie und von allen gleichen Umfangs die vom grössten Inhalt, wie Dionysius in seinem Werk von den Kugeln sagt. Die andere ist die gleichseitige quadratische. Und dies sind diejenigen, die von den beiden Hauptlinien, nämlich krummer und gerader hervorgebracht werden. Hinsichtlich der Kreislinie offenbart es sich, dass wenn ein Mensch sich auf dem Rücken liegend ausstreckt und soweit es möglich die Beine und Arme wohl auseinanderstellt, der Nabel genau der Mittelpunkt seiner ganzen Lage ist, derart, dass wenn man einen hinreichend langen Faden hat, und die eine Spitze von ihm im genannten Nabel befestigt und die andere rings im Kreise herumführt, man genau finden wird, dass er gleicherart den höchsten Punkt des Kopfes und die Spitzen der Mittelfinger der Hände und die der grossen Zehen der Füsse berühre, welches die zur wahren Definition des Kreises von unserm Euklid im Anfang seines ersten Buches aufgestellten erforderlichen Bedingungen sind. Auch das Quadrat wird erhalten, wenn gleichermassen die Arme und die Beine ausgestreckt, und von den äussersten Enden der grossen Zehen der Füsse bis zu den Spitzen der Mittelfinger der Hände die geraden Linien derart gezogen werden, dass von der Spitze der grossen Zehe des einen Fusses zur andern Spitze des andern Fusses ebenso viel sei, wie von der Spitze der Mittelfinger der Hände zu genannten Spitzen der grossen Zehen der Füsse und genau so viel auch von der Spitze der besagten Mittelfinger der Hände, wenn man von der einen zur andern die Linie zieht, wenn die Arme genau gerade ausgestreckt; und ebensoviel beträgt genau die Höhe oder Länge des ganzen Menschen, wenn er wohl gebildet, und nicht ungeheuerlich, was so stets vorausgesetzt wird, wie unser Vitruo sagt. Sein edelstes äusseres Glied, nämlich der Kopf, wird sich, wenn man wohl darauf achtet, über der Form in der ersten Figur in den geraden Linien, nämlich dem gleichseitigen Dreieck, Isopleuros genannt, befinden, welche als Fundament und Princip aller andern folgenden Bücher von unserm Euklid an die erste Stelle seines ersten Buches gestellt, als er sagte: ein gleichseitiges Dreieck über einer gegebenen geraden Linie zu errichten. Dieses zeigt euch das Auge in der hier vorliegenden Figur [1]) deutlich, wenn man die Umrisse des ganzen besagten Kopfes wohl betrachtet, wie ihr das Dreieck *a m k* aus gleichen Seiten gebildet, und über seiner Seite *mk* das verlängerte Tetragon *km s b* dargestellt seht, das so breit ist, wie die Kathete von *a* bis zur Basis *mk*, welche ich, um nicht die Nase mit einem Buchstaben zu verdunkeln, frei gelassen habe. Und diese Seite *m k*, die die ganze Vorderseite des besagten Kopfes bildet, ist in drei gleiche Theile getheilt, nämlich im Punkte *l*, und dem Endpunkt der Nasenlöcher derart, dass *m l* ebenso gross wie von *l* bis zu besagten Naslöchern und von besagten Naslöchern bis zu *k*, der Sohle des Kinns, so dass jede Länge den dritten Theil von *m k* macht. Daher ist vom untersten Theile der Stirn, dem Naseneinbug *l*, an den Augenbrauen bis zu den Haarwurzeln *m*, d. h. bis zum Gipfel der Stirn ein Drittel der besagten Seite *m k*, so dass seine Stirn genau den dritten Theil des ganzen Kopfes hoch ist, gleicherweise bildet die Nase das andere Drittel, und von besagten Nasenlöchern bis zur Grundebene des Kinns *h* oder *k* ist ein anderes Drittel. Und dieses letzte Drittel theilt sich noch in drei andere gleiche Theile, wovon der eine von den Naslöchern zum Munde, der andere vom Munde zur Kinngrube, der dritte von besagter Grube bis zur Kinnsohle *k* reicht, so dass jede ein Neuntel des ganzen *m k*, d. h. das Drittel von einem Drittel beträgt, obgleich das Kinn mitunter vom Profil der Face *m k* abweicht, wie du in der genannten Figur gezeichnet siehst, deren Grösse uns nicht genau bekannt ist, sondern die ausgezeichneten Künstler haben jene nur von der Natur je nach Gefallen und Gutdünken des Auges beibehalten. Und dies ist eine Art der irrationalen Proportionen, welche der Zahl nach nicht möglich ist anzugeben. Das Gleiche wird bezüglich des Abstandes von der Haarwurzel und dem Ende des Winkels *m* gesagt, der ebenfalls etwas von jenem abweicht wie man sieht,

[1]) Vgl. die betreffende Figur am Ende des Tractats.

da es sonst dem Auge nicht anmuthig erscheinen würde. Und die Senkrechte von *a* oder Kathete ist genau auf die Wölbung der Nase gerichtet und schneidet das Profil *mk* bei den wohl proportionirten und richtig geordneten und nicht ungeheuerlichen genau in der Mitte. Und diese bisher bei seinem Profil aufgezählten Theile sind sämmtlich rational und uns bekannt. Aber wo die Irrationalität der Proportion eintritt, d. h. so dass man sie auf keine Art durch eine Zahl angeben kann, bleiben sie der würdigen Entscheidung des Perspectiviker's überlassen, welcher sie nach seinem Gutdünken zu bestimmen hat. Denn die Kunst ahmt die Natur nach, soweit es ihr möglich ist, und wenn das Kunstwerk genau das, was die Natur gemacht, darstellte, so würde man es nicht Kunst, sondern eine andere, der ersten völlig gleiche Natur nennen, welche die nämliche sein würde. Dies sage ich, damit ihr euch nicht wundern sollt, wenn alle Dinge den Händen des Schöpfers nicht völlig gleichkommen, weil es nicht möglich ist. Und von daher stammt es, dass die Weisen sagen, die mathematischen Wissenschaften und Disciplinen seien abstract und es ist niemals in der Wirklichkeit möglich, sie an ihnen sichtbar darzustellen. Deshalb kann die Hand niemals den Punkt, die Linie, Oberfläche und jede andere Figur bilden. Und obgleich wir Punkt jenes Zeichen nennen, was man mit der Spitze der Feder oder eines andern Stifts macht, so ist es doch nicht jener von ihm definirte mathematische Punkt, wie ihn unser Euklid in den ersten Worten seiner Elemente erklärt, als er sagt: „Punkt ist, dessen Theil nicht ist." Und ebenso sagen wir bezüglich aller übrigen mathematischen Principien und Figuren, dass man sie von der Materie abgetrennt verstehen müsse. Und obwohl wir sie Punkt, Linie u. s. w. nennen, so thun wir es, weil wir keine geeigneteren Worte haben, ihre Begriffe auszudrücken u. s. f. Und dies genüge, soweit es sich auf die proportionale Eintheilung des Profils des menschlichen Kopfes bezieht, wenn derselbe richtig gebildet, indem ich das Ueberflüssige dem Gefallen des Künstlers überlasse, wie die Wölbung der Augenbrauen und die Nasenspitze. Obgleich man von den Nasenlöchern bis zu besagter Spitze gewöhnlich ein Neuntel des Profils gibt, so kann man es doch nicht genau aus uns bekannten Verhältnissen bestimmen, wie oben hinsichtlich des Kinns gesagt worden. Daher u. s. f.

(Vom Abstand des Profils zum Hinterhauptbein besagten Kopfes, d. h. zum Punkte *a*, welchen man Hinterhauptbein nennt, und von den Theilen, welche dazwischen liegen, Auge und Ohr.)

Cap. II.

Nachdem vom Profil des menschlichen Kopfes und seinen vornehmlich erforderlichen Theilungen gesprochen, so werden wir in Folgendem sprechen von den Verhältnissen des Auges und Ohres. Damit man dieserhalb verstehe, was wir sagen, so werden wir zuerst auf die gleiche Art die Breite des vorgelegten Tetragons *sk* in drei gleiche Theile theilen, wie es mit seiner Länge geschehen. Und nachdem *ms* in drei gleiche Theile zerlegt, so sei der eine *mo*, der andere *oq*, der dritte *qs*. Und sodann werden wir zu grösserer Deutlichkeit für euch jedes dieser Drittel in zwei gleiche Theile theilen, und zwar in den Punkten *n, p, r*. Und jeder von ihnen ist der sechste Theil der ganzen angegebenen Breite *ms*. Und diese werden wir nochmals in zwei andere Hälften zerlegen können, und das würden Zwölftel des Ganzen sein, und diese wiederum in zwei andere gleiche Theile und jeder würde der 24. Theil des Ganzen sein. Und so könnten wir fortschreiten, soweit es uns gefällt, indem wir sie in uns bekannte Theile je nach grösserer oder geringerer Breite zerlegen. Und je mehr Theile bekannt sind, um so bequemer ist es für den Perspectiviker, weil sich dadurch mit dem Auge besser die Grösse des Gegenstandes erfassen lässt, den man darstellen will, sei es Kopf, oder sei es, was man sonst will, wie Thiere, Bäume, Gebäude. Und zu diesem Zwecke haben sich die Maler ein gewisses Viereck oder verlängertes Tetragon[1]) gebildet, das mit vielen feinen Citersaiten oder Seide oder grosse und kleine Sehnen durchzogen, wie es ihnen bei den Werken angemessen scheint, die sie in Leinwand auf Tafel oder Mauer zu entwerfen haben. Nachdem dabei der Künstler besagtes Te-

[1]) Rechteck.

tragon über die eigentliche Form gestellt, und dasselbe wohl befestigt, so dass es auf keine Art wackeln kann, zwischen sich und den Gegenstand den er abzubilden beabsichtigt, welcher Gegenstand je nach der Lage, wie man sie machen will, ebenfalls wohl befestigt sein muss, so schickt er sich darauf an, gerade zu stellen, knieend, wie es ihm am besten accomodirt zu stehen scheint und indem er mit seinem aufmerksamen Auge bald hier, bald dort jenen Gegenstand anblickt, betrachtet er die Grenzen jener Fäden, wie sie der Länge und der Breite nach über besagten Gegenstand entsprechen. Und so schicken sie sich an, dieselbe mit ihrem Stift auf dem Blatt oder sonstwo aufzuzeichnen, indem sie die kleinen Quadrate besagten Tetragons der Zahl und Grösse nach grösser oder kleiner nach jenem proportioniren, und bilden so aus dem Rohen heraus ihre Figuren, die sie nachher mit der Anmuth des Gesichts bekleiden. Und dies Instrument wird von ihnen Netz genannt; wie ihr hier am Kopfe seht, von welchem Instrumente ich mich hier nicht kümmere eine andere Form aufzustellen, da nach dem Gesagten sein Verständniss leicht ist. Nun zu unserem Gegenstande, dem Kopfe zurückkehrend, so werdet ihr finden, dass das Auge mit den obern und untern[1]) Brauen der Augenlider gewöhnlich ein Sechstel des ganzen Profils *mb* hoch sei, was ich nicht mit Linien zu verdunkeln mich gekümmert, aber ihr werdet es mit eurem Zirkel leicht finden, und ebenso breit. Hinsichtlich des Ohrs, wenn ihr gut darauf achtet, werdet ihr finden, dass es so hoch wie die Länge der Nase, d. h. ein Drittel des besagten Profils und ein Sechstel der Breite besagten Tetragons *ms* ist, und seine grösste Ausdehnung ist diametral zwischen dem Hinterhauptbein und Nasenrücken, gerade über der Kathete *a*, die unterhalb an der Nasenspitze und dem Anfang der Wange endigt. Der Hals ist zwei Drittel besagter Breite *ms*, d. h. so dick wie *os*, und ebensoviel entspricht dem Abstande von der Spitze der Brust zum Kehlkopfknoten. Der Hinterkopf, d. h. nach unserer Weise der hintere Schädelknochen, überschreitet besagte Breite grade um zwei Drittel seines sechsten Theils d. h. um ein Neuntel der ganzen *ms*. Der Scheitel, d. h. der Gipfel des Kopfes

---

[1]) Es mangelt hiefür im Deutschen der correcte Ausdruck.

überschreitet die Wurzel der Haupthaare um ein Sechstel besagter *ms* in Höhe, nämlich bis zum Punkte *p*, welcher seine Mitte ist. Die andern Theile nehmen sodann in ihrem Umkreise proportinal von *p* nach *o n m* dem Winkelpunkte des Tetragons nach vorn, und ebenso rückwärts von genannten *p* nach *q r s* proportional ab, mit jener Anmuth und Gutdünken, die beim Kinn und Haarwurzeln nach ihnen als irrationale Proportionen bezeichnet, d. h. als unnennbar durch irgend eine Zahl und ihre genauen Theile.

Und dies möchte ich hinsichtlich des ganzen Kopfes oder Hauptes genug sein lassen und wir werden nun fortfahrend vom besagten Kopf, seinem angemessenen Verhältnisse zum ganzen Körper und seinen andern äussern Gliedern sprechen, damit ihr demgemäss eure Arbeiten besser gestalten könnt.

(Vom Verhältniss des ganzen menschlichen Körpers, der zu seinem Kopfe und andern Gliedern seiner Länge und Breite nach wohl geordnet sei.)

Cap. III.

Nachdem wir zur Genüge das Verhältniss des Kopfes zu seinen wesentlichen Theilen seiner Breite und Profil nach besprochen, so werden wir jetzt vom Verhältniss eben des Kopfes mit Bezug auf seinen ganzen Körper und die andern äussern Glieder sprechen, damit eure Arbeiten sich leichter proportioniren können, besonders bei den Säulen, die an den Gebäuden zur Unterstützung ihres Gewichts und Schönheit ihrer Anlage angebracht, wie weiter unten von ihnen noch genug die Rede sein wird, mit Bezug auf eure Absicht. Und daher sagen wir mit den Alten, besonders unserm Vitruv, die ganze Länge des Menschen, d. h. von den Fusssohlen, der Grundflächen der körperlichen Masse selbst, sei gewöhnlich zehnmal so gross, wie vom Kinn zum höchsten Theile der Stirn, d. h. zu den Haarwurzeln, so dass besagter Schädel, d. h. der Knochen von eben dieser Höhe den zehnten Theil bezüglich seiner Höhe bis zur höchsten Spitze besagter Stirn beträgt. Und diese Höhe wird gewöhnlich von den Malern und alten Bildhauern als

Kopflänge bei ihren Werken angenommen, wie bei Statuen und andern Figuren in Rom die Erfahrung uns stets bewiesen hat und wie stets von Neuem die unsrigen bei aller Sorgfalt dasselbe zeigen. Und die angegebenen Masse verstehen sich stets, um sich nicht zu irren, von den blossen, vom Fleische reinen Knochen sowohl des Kopfes, wie der andern Theile, sonst würden die gewöhnlichen Regeln falsch sein, weil einige Menschen corpulent und sehr voll Fleisch, andre mager und dürr sind, wie man sieht. Und deshalb halten sich die Alten an den Knochen, wie an etwas Festeres und weniger Veränderliches, so dass man in unserm Vortrag für gewöhnlich unter Kopf genau das ganze vorher angeführte Profil *mk* zu verstehen hat. Ebensoviel beträgt genau die flache Hand vom Handgelenk, das heisst vom Ende des Ellenbogenbeins bis zur äussersten Spitze des Mittelfingers, welches eine Kopflänge und zwar ein Zehntel der ganzen Statur auf die besagte Art ergibt. Die Höhe des ganzen Kopfes von der untern Kinnfläche bis zur Spitze des Kopfes, d. h. bis zum Punkte *p*, macht den achten Theil ihrer ganzen Höhe, indem die Grösse von der Haarwurzel bis zu seinem höchsten Scheitel dazugerechnet. Von der höchsten Spitze der Brust bis zur Wurzel seiner Haare, d. h. von *g* bis *ms* ist der sechste Theil des Ganzen und von besagter höchsten Spitze der Brust bis zum Scheitel, d. h. bis zum Punkte *p* ist der vierte Theil seiner ganzen Höhe. Sein Mund liegt wie oben gesagt auf ein Drittel der Höhe vom Kinn bis zu den Nasenlöchern, die Nase ist ebenso hoch[1]. Der ganze Raum vor der Nase bis zu der Haarwurzel wird Stirn genannt, welche ein Drittel seines ganzen Profils hoch ist und die ganze Länge des Fusses, nämlich von der Ferse bis zur Spitze der grossen Zehe, macht den sechsten Theil des ganzen Körpers, d. h. soviel wie von dem obersten Ende der Brust bis zum Scheitel des Kopfes. Und die ganze Brust[2] beträgt den vierten Theil. Und dies Alles versichert unser Vitruv, als er von der Anlage der heiligen Tempel spricht, wo er in dieser Weise spricht nämlich: denn die Natur hat unsern menschlichen Körper so zusammengesetzt, dass der Schädelknochen vom Kinn bis zur höchsten

---

[1] D. h. wie der Abstand vom Kinn bis zum Nasenstachel.

[2] scil. breite.

Spitze der Stirn und den untersten Haarwurzeln seinen zehnten Theil betragen. Ferner die ausgestreckte Hand vom Gelenk bis zur äussersten Spitze des Mittelfingers eben so viel. Der Kopf vom Kinn bis zum höchsten Scheitel ein Achtel, mit Einschluss der untersten Schädelknochen, vom höchsten Theil der Brust bis zu den untersten Haarwurzeln ein Sechstel, bis zum höchsten Scheitel ein Viertel desselben; die Höhe des Mundes aber beträgt ein Drittel der Entfernung vom untersten Kinn bis zum untersten Theil der Nasenlöcher. Die Nase vom untersten Theil der Nasenlöcher bis zur mittleren Begrenzungslinie der Augenbrauen ebensoviel. Von diesem Ende bis zu den untersten Haarwurzeln reicht die Stirn, ebenfalls ein Drittel. Der Fuss aber beträgt den sechsten Theil der Höhe des Körpers, und der Ellbogen[1]) den vierten. Die Brust ebenfalls den vierten. Auch die übrigen Glieder haben ein Ebenmass der Proportion, welches auch die alten Maler und edlen Bildhauer angewandt, und dadurch grosses, unendliches Lob errungen haben. Aehnlicherweise aber müssen die Glieder der heiligen Tempel zu der gesammten Summe ihrer aus den einzelnen Theilen gebildeten gesammten Grösse die angemessenste abgewogene Symmetrie erhalten. Ebenso ist das mittlere Centrum des Körpers natürlicherweise der Nabel u. s. w., wie wir oben sagten, indem wir, wie auch er es in diesem thut, den Kreis und das Quadrat im menschlichen Körper verzeichneten u. s. w. Die, welche jene besagte Höhe in zehn Theile theilen, sagten, dass sie nach der vollkommenen Zahl getheilt sei, indem sie vollkommen die Zehnerzahl nennen, aus den in unserm grossen Werke in der ersten Distinction zweiter Tractat beigebrachten Gründen, da mit der Zehnerzahl alle Philosophen zufriedengestellt sind, nämlich mit der Zahl der zehn Prädicamente, hinsichtlich deren Alle übereinstimmen, wofür die Griechen sagen Theleon, weil sie sahen, dass die Natur an Händen und Füssen 10 Finger gemacht und deshalb, wie unser Vitruv sagt, gefiel es auch dem göttlichen Philosophen Plato, als von den eigenthümlichen Dingen erzeugt, welche bei den Griechen Monaden, d. h. nach unserer Ausdrucksweise Einheiten genannt

[1]) d. h. vom Ellbogengelenk bis zur Mittelfingerspitze (:).

werden. Und dieses den Naturalisten gemäss. Aber die Mathematiker nennen vollkommen die erste Sechszahl, 18 die zweite u. s. w., wie wir in unserm erwähnten Werke gesagt und zwar auf Grund der Bedingungen, welche im letzten Satze des neunten Buchs unser Euklid folgendermassen ausspricht: Da die Zahlen aus der Einheit stetig zusammengefügt worden, die verdoppelt die erste wirkliche Zahl bilden, so erzeugt die letztere unter ihnen, wenn sie mit der Summe jener multiplizirt wird, die vollkommene Zahl. Fügt man daher dieser Betrachtung zufolge 10 und 6 zusammen, was 16 macht, d. h. die vollkommene philosophische und die vollkommen mathematische 6, so resultirt aus dieser Verbindung eine dritte Zahl, nämlich 16, und diese nennen sie, wie Vitruv sagt, die vollkommenste, weil sie aus den beiden vorgenannten vollkommen zusammengesetzt und gemacht sei; welche Benennung ich nicht zu tadeln wage, aber ich führe im Fortgange auch unsererseits einen andern mathematischen Grund an, nämlich sie kann die vollkommenste der Quadratur wegen genannt werden, weil sie selbst das Quadrat des ersten Quadrats ist, welches 4, was den ersten Census[1]) macht mit Ausschluss der Königin aller Zahlen, der Einheit. Und die 16 ist ihr Quadrat, d. h. Census vom Census,[2]) was nächst den ihrigen nicht absurd ist.

Und damit auch die genannten Theile besser gegenwärtig, so schien es mir nicht unnütz, hier zur Seite am Rande eine Linie für die ganze normalmässige menschliche Statur nach allen jenen Maasen eingetheilt, welche von den Antiken und Modernen angenommen werden, zu verzeichnen. Dies sagen wir, sei die Linie *a b*, die in den Punkten *c d e f g h k l m* in 10 gleiche Theile getheilt. Und von diesen werdet ihr aus euch selbst einige genauer feststellen, wo sie nicht zutreffen. Nach dieser könnt ihr sogleich mit einem Cirkelöffnen, was euch scheint, in Proportion bringen, unter allen Umständen, wie oben gesagt, die blossen Knochen vorausgesetzt. Und damit werdet ihr den Fuss haben, weil die erste Höhe, wie Vitruv sagt, der Spur des menschlichen Fusses

[1]) Quadrat.

[2]) Biquadrat.

entsprechend war, nämlich Kopf und Ellbogen u. s. w. Den schon angegebenen Proportionen gemäss könnt ihr in euren Werken eine andere grössere oder kleinere annehmen, welche, wenn sie gut in ihre Unterabtheilungen getheilt, seiner Höhe entsprechen wird, sei es ein Riese oder Zwerg und man wird sie richtig verjüngt nennen.

Und nach ähnlicher Methode verhalten sich die Kosmographen in ihren Welt- und sonstigen Seekarten, indem sie ihren Maassstab zur Seite setzen, mit dem sie die ganze Welt proportioniren u. s. w. Es würden hierüber viel andere im Menschen gelegte Theile zu nennen sein, sofern er von den Weisen kleine Welt genannt worden. Gleichwohl, da ich hier nicht beabsichtige von besagter Architektur, wie wir vorher gesagt haben, vollständig zu handeln, indem wir uns die schon erwähnten für mehr Musse vorbehalten, so will ich sie für euren Zweck hinsichtlich der Skulptur genug sein lassen. Und wir werden im Folgenden zur beabsichtigten Aufgabe nämlich zum Entwurf runder Säulen, und ihrer Pilaster, Basen und Capitelle gelangen, wie ich euch versprochen, indem wir sie nach der menschlichen Gestalt proportioniren, von der wir sie zuerst abgeleitet, wie ihr aus unserm Vitruv verstehen werdet und wir werden ihn in jenem Theile anführen, indem wir seine Worte wörtlich hersetzen, so dass ihr aufmerksam sein, und mit Eifer sie euch merken werdet.

(Es folgt von den runden Säulen mit ihren Basen und Capitellen und Pilastern oder Stilobaten.)

Cap. IV.

Da ich euch in Kurzem das Nöthige über die runden Säulen angeben will, so werde ich diesen Abschnitt in zwei Haupttheile zerlegen, im ersten werde ich von der Säule und ihrer Grundfläche und Capitell, im zweiten von ihren Stilobaten oder auch Pilaster oder Basament, nach Einigen, reden. Ich sage wie oben, es müsse sich jedes Glied jedes Gebäudes zu dem ganzen besagten Gebäude proportioniren, wie jedes Glied des Menschen zum ganzen Menschen gebildet worden, was un die Natur durch Beispiel vor Augen gestellt hat. Und damit auch die Fremdwörter, wie es vorher von Vitruv angegeben, im Geiste keine Dunkelheit erzeugen, der sie manchmal Jonische, manchmal Dorische und Korinthische nennt, so wisset, dass diese Namen ihnen von den Alten nach dem Vaterland gegeben worden, wo sie zuerst vorgefunden; jonisch bei den Joniern, korinthisch bei den Korinthern, dorisch gleicherweise. Und mitunter wird das Wort vom ersten Erfinder abgeleitet. Nun mögen euch dieselben keinen Widerwillen veranlassen. Denn Vitruv erklärt es vollkommen, daher kümmere ich mich hier nicht, mich allzusehr zu verbreiten. Ihr müsst beachten, dass wie wir in unserer christlichen Religion verschiedene Heilige beiderlei Geschlechts haben, und jedem darin seine Zeichen und Instrumente geben und beilegen, je nachdem sie für den Glauben gekämpft, wie dem heiligen Georg die Waffen, Lanze, Kürass, Helm, Schwert und Pferd mit aller Armatur, ebenso dem heiligen Moritz und heiligen Eustachius und den Maccabäern u. s. w. und man der heiligen Katharina das Rad, weil sie mit diesem für den Glauben gekrönt, der heiligen Barbara den Thurm gibt, worin sie eingekerkert, und so über alle Heiligen Männern und Frauen discutirend, die Kirche zu ihrer Erinnerung Aehnliches, was in unsern Augen zur Entflammung des heiligen Glaubens thun zu dürfen erlaubt, indem sie sich durchaus nicht um Tyrannen kümmerten, da die heiligen Götter die Schläge der Henker nicht gefürchtet, genau so, jene ihren irrenden Religionsgebräuchen gemäss ihren Idolen und Göttern bald auf die eine, bald auf die andere Weise irgend welche Ornamente machten, entsprechend der Form ihrer Wirkung, in Trophäen, Tempeln und Säulen, indem sie dieselben nach ihren Namen oder Vaterlande nannten und tauften, wo sie zuerst Ursprung genommen. (Wie in den Geschichten der Römer gesagt wird, dass Fabius von den Bohnen so genannt, und andere sagen, dass die Bohnen von Fabius benannt seien. Und ebenso liest man von Appius, dass er, weil sie (von ihm) gegessen wurden, benannt worden, nach den Aepfeln, und andere wollen, dass „Apie", d. h. besagte Aepfel, nach Appius benannt seien, der sie zuerst in jene Gegenden brachte u. s. w., und ebenso geschieht es bei eben diesen und sie machten eins von diesen Werken schöner als das andere, je nach der Frömmigkeit dieses oder dieser, worin emsig gearbeitet sein wird, wie für Herkules, Mars, Jupiter u. s. w., für Diana, Minerva, Ceres u. s. w., wie von allen vollständig unser Vitruv erwähnt.) Von da zu unserem Zweck zurückkehrend, so pflegten die Alten die Höhe der runden Säule mit der ganzen Höhe, die sie mit ihrem Capitell zu machen beabsichtigten,[1]) in acht gleiche Theile zu zerlegen. Und sodann theilten sie dieselbe besagte Höhe nochmals in zehn gleiche Theile. Und den einen derselben nahmen sie von dem Achtel fort, so dass dabei genau der vierzigste Theil der ganzen besagten Höhe übrig blieb,[2]) d. h. einer von vierzig Theilen, und diesen behielten sie als Abacus seines Kapitells, wie ihr in der zu Anfang dieses ganzen Briefs aufgestellten Figur besagte Abacushöhe *ln* oder *mo* angegeben habt, die mitunter von Modernen Gesimse genannt wird. Und von der Höhe des ganzen Zehntels machten sie die Glocke oder Trommel, oder wir wollen sagen das Rankenwerk des Capitells, was dasselbe besagt, bis zur Kehle oder Verengung des obern Theils der Säule, wie *lg* oder *mh*, welches Alles mit seinem Abacus bis zum höchsten Theil besagter Glocke Capitell genannt wird. Dort sagt man Volute, welches in vier Ecken des genannten Capitells ausläuft, wie ihr die Spitze *l* und die Spitze *m* seht. Von einer Ecke oder Winkel des Abacus oder Gesimsplatte bis zum andern wird Tetrant genannt, nämlich jener Raum, der zwischen einer und der andern Ecke liegt, nämlich *no*, so dass in jedem Abacus vier Tetranten sind. In dessen Mitte pflegt man eine grosse Blume oder Rose oder anderes Blatt zum Schmuck zu machen, d. h. eins per Tetrant, und es wird Auge des Kapitells genannt. Diese Tetranten werden auf folgende Art gebildet, nämlich: man nimmt den Durchmesser der Verjüngung unterhalb, d. h. von jener Kehle, die sich unterhalb der Basis befindet, und denselben verdopple man, und mache ihn zur Diagonale eines Quadrats, welches genau im Kreise liegt. Und dieses Quadrat ist genau der Abacus besagten Capitells. Und jener Tetrant wird gegen

[1]) Vgl. die bezügliche Figur am Ende des Tractats.

[2]) $\frac{1}{8} - \frac{1}{10} = \frac{1}{40}$.

das Centrum besagten Vierecks hin hohl oder abgerundet gemacht, indem man ihn um ein Neuntel der Seite des besagten Vierecks krümmt, d. h. gekrümmt bis zur Lage seines Auges in der Front. Und dieser wird bald mehr, bald weniger verziert, je nach dem, der die Ausgabe macht und anordnet, mit einem oder zwei Abacus über einander gestellt, wie es ihm besser zusagt, nach Belieben, indem man die vorgeschriebenen Proportionen ihrer Abstufungen beibehalt, die bei jedem Entwurfe stets als beobachtet vorausgesetzt werden, indem man sie verhältnissmässig herabsetzt, d. h. auf kleineres Mass reducirt, und sie vergrössert, d. h. zu grösseren anwachsen lässt, wie bei den Entwürfen zu allen Modellen, die zuerst gemacht werden, welchen gemäss der Architekt nothwendigerweise das ganze darin Enthaltene auf den wirklichen Bau anzuwenden verstehen muss u. s. w. Und dies genüge, soweit es sich auf sein Capitell bezieht, welches der korinthischen zugehört.

(Es folgt, von der Länge und Dicke besagter Säulen zu sprechen.)

Cap. V.

Besagte runde Säulen werden beliebig hoch gemacht: ihre Höhe theilt sich in sechs gleiche Theile, und bisweilen in acht und sieben, wie ihr weiter unten verstehen werdet, und der eine ist Durchmesser ihrer untern Verjüngung, nämlich *ef*,[1]) welche Verjüngung um so grösser sein muss als die obere, um wie viel der Vorsprung des Trochilus an der obern beträgt, d. h. dass die Verjüngung unterhalb ohne ihren Trochilus ebenso gross sein muss, wie die obere, mit besagtem Trochilus, um dem Gewicht zu widerstehen. Von jener Verjüngung bis zum dritten Theil ihrer Höhe wächst sie allmählich in ähnlicher Art wie der menschliche Körper, und für ein ferneres Drittel wird diese Dicke beibehalten. Und dann nimmt sie beim letzten Drittel bis zur höchsten Spitze immer ab, indem sie dort in der obern Verjüngung *kp* endet. Jene letzte Abstufung unmittelbar über[2])

---

[1]) Vgl. die betreffende Figur am Ende des Tractats.

[2]) Statt des keinen Sinn gebenden Ausdrucks: „immedietate" wohl „immediate" zu lesen.

der Verengung, dort sagten die Alten Schaft und mitunter Trochilus, und das darüber zwischen ihm und dem Capitell wird oberer Säulenpolster genannt. Ihre Basis muss die Hälfte des Durchmessers ihres untern Trochilus, d. h. von *ef* hoch sein, welche Basis aus mehr Abstufungen zusammengesetzt ist, wovon die erste *ab* von den Alten Plinthe und von unsern Zeitgenossen Platte genannt wird, die mit dem ganzen Vorsprung oder Projectur ein und eine halbe Dicke der Säule lang sein muss und ein Sechstel der Dicke hoch sein muss. Das, was unmittelbar darauf gesetzt wird, nämlich *cd*, heisst unteres Polster der Basis, oder Stock nach Einigen. Das andere engere darauf heisst Quader. Und den anderen hohlen Theil, zwischen den zwei Quadern, diesen nennt man Scotica von den Unsern Reifen oder Stäbe (genannt). und über seiner Quader befindet sich das obere Polster der Basis, nämlich *ef*, derart, dass besagte Basis aus einer Plinthe, zwei Polstern, zwei Quadern und einer Scotica, oder Reifen oder Stäben besteht. Und alle genannten Abstufungen zusammen werden Basis der Säule genannt, wovon mit Ausnahme der Plinthe der Rest ein Drittel der Dicke besagter Säule beträgt, von der besagte Plinthe ein Sechstel ausmacht, wie wir vorher gesagt, welche Theile oder Glieder ihr stets zu allen übrigen mit ihrem Ebenmass proportioniren könnt, wie bezüglich des menschlichen Körpers oben gesagt wurde, die euch sämmtlich vermittelst Zahlen bekannt sein werden und es auch noch bei irrationalen sein werden, die sich durch Zahlen und ihre Theile weder ausdrücken noch angeben lassen, wie der des Quadratdurchmessers[1]) zu seiner Seite. Und unser Vitruv nennt sie in dieser Zusammensetzung Spira und wir Basis. Nimmt man von dieser Basis oder Spira die Plinthe oder Platte fort, so theilt sich das ganze Obere in vier gleiche Theile, aus dem einen wird das obere Polster, und die drei übrigen theilen sich in zwei gleiche Theile, wovon der eine das untere Polster *cd*, der andere die Scotica *f*, mit ihren Quadern, von den Griechen Trochilus genannt, bildet. Abgesehen davon, dass Trochilus noch manchmal jene letzte der beiden untern und obern Verjüngungen der Säule, nämlich

[1]) cfr. Cap. LXIX des vorigen Tractats.

kp genannt wird. Und hier beschliessen wir zu eurer Genüge hinsichtlich besagter runder Säule, und werden ferner von ihrem Pilaster oder Stilobaten sagen, wie er gemacht werden müsse.

(Es folgt, wie die Anordnung des Stilobaten oder Pilaster, oder Basament der Säule getroffen werde.)

Cap. VI.

Der Stilobat ist die Stütze der Säule, den wir Pilaster oder Basament der Säule nennen, wie ihr in der vierseitigen Figur *cdef* seht,[1]) welcher ebenfalls seine Basis *abcd* und sein Capitell oder Gesims *efnm*, mit ihren Abstufungen, Plinthe, Polster, Scotien, Quadern nach Willkür gemacht und geschmückt erhält. Aber er selbst ist in der Breite genau begrenzt, um so viel wie die Länge der Plinthe der Basis der auf ihnen stehenden Säule beträgt, wie ihr die Plinthe der abgestumpften Säule *hg* gleich gross seht und daher mit der Breite des Stilobaten *ef* und *cd* im Loth, da er sonst das darauf stehende Gewicht nicht unterstützen würde, wenn er schief stünde. Und ihr seht, wie die ganze Basis der Säule, *abgkl* auf demselben steht, und wiewohl seine Schönheit dem Auge entspricht. Daher ist die Anordnung besagter Abstufungen, mögen es Quadern oder Scotien sein, derart, dass stets ihre Vorsprünge oder Vorstände von beiden Seiten so weit heraustreten, wie sie breit oder hoch sind, damit besagte Vorsprünge rechte und linke stets Quadraten entsprächen, wenn es auch 10.000 in seiner Basis und seinem Capitell wären, was auch, wie ihr weiter unten verstehen werdet, im Architrav und seinem Karnies beobachtet werden muss. Und wenn ihr am besagten Stilobaten lieber ein Ornament machen wolltet als das Andere, wie man mit Blattwerk oder Thieren pflegt, so macht es innerhalb seiner Oberfläche derart, dass seine Aequidistanten *cdef* und auch *ce* und *df* nicht fortgelöscht werden. Und besagter Stilobat muss zwei seiner Breiten hoch sein, oder, wollt ihr sagen, genau so viel, wie zwei Längen der Säulenplinthe, damit er richtig in der einen wie in der andern Weise,

---

[1]) Vgl. die betreffende Figur v. Ende d. Tractats.

nämlich nach der Stärke des Gewichts und der Schönheit für das Auge proportionirt sei, den übrigen Theilen des Gebäudes entsprechend, wie ihr es aus dem Beispiel der Gestalt des Speciosa genannten Thores seht, das zu Anfang des Buches gestellt, bestehend aus der Säule, Stilobat, Epistyl und Karnies, damit euch ihre Verbindung bekannt werde. Dieser Pilaster muss vom Fundament aus unterhalb gut befestigt sein, an und für sich selbst und für Alles was darauf gestellt, so dass er wenigstens ganz unter der Erde bis zum gewachsenen Boden von einem guten Maurer wagerecht fundamentirt, sonst würden eure Werke mit dem ganzen Gebäude zusammenstürzen. Und man muss seine Breite wenigstens so gross machen, wie genau die Basis der Stilobaten einnimmt, wenn nicht mehr. Und merkt wohl, dass die Vorsprünge seiner Basis *abcd* von beiden Seiten her so weit nach Aussen vortreten müssen, wie die seines Capitells *efmn* oder die der Basis. Mitunter könnt ihr sie länger als die seines Capitells machen, aber niemals kürzer, wie ihr in der besagten Figur beispielsweise seht, u. s. w. Sein Fundament wird von den Alten Steriobat genannt, und man versteht darunter so viel wie genau die Basis des Stilobaten *ab* davon einnimmt, so dass ihr euch Alles zur Vorstellung bringt.

Mit Bezug hierauf werdet ihr euch noch hinsichtlich der Stufen sowohl der Basis als des Capitells besagten Stilobats zu merken haben, dass dieselben mitunter je nach den Orten, wo sie sich befinden, verschiedene Namen haben, denn ihr werdet einen Zierrath an einem Thor und einen andern ebensolchen am Fenster und Kamin anbringen, welche ebenfalls ihre Benennung, d. h. Thürpfosten, Thürangel, Einfassung u. s. w. haben. Ebenso geschieht es hier am Stilobaten an der Basis und Capitell. Denn die höchste Stufe seines Capitells wird bei den Alten Akrotherion, die folgende Gesimsplatte und von den Unsrigen Rinnleiste die dritte First, die vierte Echinus und von den Unsrigen, eiförmiger Zierrath genannt, die fünfte Baltheus oder Trochilus. Die Unsrigen sagen hier Stab, bei der siebenten sagen die Antiken Tänia, die Unsern bei der, welche unmittelbar oberhalb des Stilobaten ist, Getäfel. Und ihr werdet es bei eurem Genie, ich bin sicher, besser verstehen als ich es sage. Von Vielen pflegen in genannten Pilaster schöne antike Buchstaben eingelegt zu werden, von Manchen derart geordnet, dass sie ihre Absicht sagen und erzählen, mit aller Proportion und ebenso bei andern Giebelwänden und Einfassungen und Monumenten, ihre Grabschriften, die ohne Zweifel das Kunstwerk sehr schön machen. Daher habe ich hier am Ende noch in diesem Bande von der göttlichen Proportion benannt, die Art und Form eines würdigen antiken Alphabets mit allen seinen Verhältnissen aufgestellt, mittelst dessen ihr in euern Werken schreiben könnt, was euch vorkommen wird, und sie werden ohne Zweifel von Allen empfohlen werden, indem ich euch in Kenntniss setze, dass ich mich dieserhalb allein veranlasst fand, es in angegebener Form anzuordnen, damit den Schreibern und Miniaturmalern, die sich so karg machen, sie zu demonstriren, hier klar wäre, dass ohne ihre Feder und Pinsel die beiden mathematischen Linien, krumm und grade, sie mögen wollen oder nicht, sie[1]) zur Vollendung führen, wie sie auch alle andern Dinge machen, sofern ohne sie es nicht möglich, irgend einen Gegenstand wohl zu bilden, wie ihr vollständig aus den Anordnungen aller regelmässigen und von ihnen abhängigen Körper oben in diesem seht, die vom würdigsten Perspectivmaler, Architekten, Musiker und mit allen Fähigkeiten ausgestatteten Leonardo da Vinci aus Florenz in der Stadt Mailand gemacht worden, als wir uns im Dienst des durchlauchtigen Herzogs, jenes Ludwig Maria Sforza Anglo, in den Jahren unseres Heils von 1496 bis 1499 wieder fanden, von wo wir nachher zusammen zu verschiedenen Zwecken in jenen Angelegenheiten abgereist und zu Florenz auch zusammen gewohnt u. s. w. Und ebenso lauten auch besagte Namen an der Basis besagten Stilobats mit Hinzunahme von Spitze, Schaft, Getäfel u. s. w. Und die sehr schönen Formen besagter materieller Körper habe ich mit aller Zierlichkeit hier in Mailand mit meinen eigenen Händen angefertigt, colorirt und verziert, und ihre Zahl betrug sechzig von regularen und ihren abhängigen. Gleichfalls habe ich ebenso viel für meinen Patron Herrn Galleazzo Sanseverino an jenem Orte angefertigt, und sodann ebenso viele in Florenz als Exemplare Sr. Excellenz

---

[1]) scil. die Buchstaben.

unsern Herrn, beständigem Gonfaloniere P. Soderino, die sich gegenwärtig in seinem Palaste befinden.

(Worin sich die drei Arten besagter Säulen von einander unterscheiden.)

Cap. VII.

Ihr müsst noch bemerken, dass besagte Sorten von Säulen, nämlich dorische, jonische und korinthische alle soweit es ihre Basis und Stilobat betrifft, auf ein und dieselbe Art gemacht werden. Aber ihre Capitelle sind verschieden. Das der jonischen, oder willst du sagen der gepolsterten, ist melancholisch, weil es sich nicht kühn nach Oben erhebt, was etwas Melancholisches und Beweinswerthes, Witwenhaftes repräsentirt. Besagtes Capitell erhebt nur die Hälfte des Haupts, d. h. die halbe Dicke der Säule ohne sonstigen Abacus und sonstiges Gesims; sondern sie hat nur ringsum abwärts gegen die Länge der Säule hin gekehrte Voluten nach Art betrübter Frauen mit verworrenem Haar. Aber die korinthische hat ihr Capitell erhoben und mit Blattwerk geschmückt, und Voluten mit ihren Abacus und Gesims, wie gesagt worden, nach Art der jungendlichen, artigen, muntern und mit ihren Kränzen geschmückten; deren Instanz sie geweiht. Und bei eben diesen ward es bei den Alten gebräuchlich, zu grösserer Zierde ihre Höhe in acht gleiche Theile zu theilen, und den einen zur Dicke, d. h. Durchmesser ihrer untern Verjüngung zu machen, damit sie beim Anblick grössere Schönheit darböten. Aber diese pflegt man nicht an allzu schwer lastenden Gebäuden, sondern an anmuthigen Plätzen, wie Logen, Gärten, Gallerien [1]) und andern Orten zum Spazierengehen aufzustellen. Die Dorischen haben ihre Capitelle dem schon gesagten Masse und Proportion entsprechend hoch, aber nicht mit so viel Ornament, sondern blosser und einfacher Trommel, oder Tympanon, dem Manne ähnlich, wie Mars, Herkules u. s. w., denen sie zu ihrer Ehre geweiht. Und diese Sorten (obgleich heute wenig verbreitet), da sie rein und einfach sind, sind stärker als die Korinthischen, um das Gewicht auszuhalten. Ihre Höhe pflegten die Alten in sechs gleiche Theile zu theilen. Denn die

[1]) Baladore eigentlich: oberstes Verdeck.

Jonier, da sie ihr Ebenmass nicht hatten, sondern solche auf gut Glück beim Tempel angewandt, indem sie die Form und Spur oder Fussstapfen des menschlichen Fusses entdeckt fanden, indem sie dieselbe zu seiner Statur proportionirten, dass er der sechste Theil der Höhe des menschlichen Körpers sei, und nach diesem Verhältniss gewöhnten sie sich zuerst die Höhe und Dicke besagter runder Säulen zu machen, wie unser Vitruv im fünften Buche beim Anfang des ersten Capitels und ferner im siebenten sagt, den Stellen entsprechend, wo man sie anzuordnen habe. Und so sind auch die jonischen höchst passend zu dem Gewichte, die ähnlich den dorischen eingetheilt werden, obgleich sie, wie von den dorischen gesagt, da sie dem Auge keine Schönheit bieten, heutzutage wenig [1]) angewandt werden. Die Erinnerung daran wird euch sehr dienlich sein, die Dinge mehr nützlich als pomphaft zu machen, wenn es euch frei steht, darüber zu verfügen. Sonst gehorcht dem Zahlenden und mehr gibt es nicht.

Wie dem auch sei, es haben sich von Zeit und Zeit einanderfolgend verschiedene Genies und Nationen gewöhnt, besagte Säulen nach Belieben zu machen und jene, und ihre Capitelle, Basen und Stilobaten, und ebenso jeden ihrer Theile, und auch bei den übrigen Bauwerken verschieden zu benennen, wie Vitruv am Ende des ersten Capitels seines vierten Buches sagt, nämlich: „Es gibt aber Arten von Capitellen, die eben diesen Säulen aufgesetzt und mit verschiedenen Ausdrücken benannt werden, bei denen wir weder Eigenthümlichkeiten der Ebenmasse, noch eine andere Säulengattung nennen können, sondern wir sehen, dass ihre Ausdrücke aus korinthischen und gepolsterten und dorischen übersetzt und abgeändert, deren Ebenmasse bei neueren" u. s. w. derart, dass heut von Allem ein Durcheinander gemacht worden, indem sie sie nach ihrer Weise benennen. Aber nur die Capitelle machen sie nach ihrer Mannigfaltigkeit verschieden. Und zu eurem Troste und unserer Bekräftigung der hier gemachten gedrängten Untersuchung setze ich hier die würdigste Autorität unseres Vitruv genau her, aus seinem vorerwähnten fünften Buche ausgezogen, nämlich: „Diese

[1]) Text soll: pocô statt perô heissen.

Stämme, als sie die Karer und Leleger hinausgeworfen, haben jene Gegend des Landes nach ihrem Führer Jon Jonien genannt, und sie begannen daselbst Tempel der unsterblichen Götter herrichtend, Heiligthümer zu erbauen, und errichteten zuerst dem Apollon Pandion einen Tempel, wie sie es in Achaja gesehen, und nannten ihn „dorischen", weil sie in den dorischen Gemeinden zuerst ihn auf diese Art erbaut gesehen. Als sie an diesem Tempel Säulen aufstellen wollten und kein Ebenmass für dieselben hatten und nachforschten, auf welche Weise sie bewirken könnten, dass sie sowohl zum Tragen der Last geeignet wären, als auch beim Anblick eine erprobte Schönheit hätten, so massen sie die Spur des männlichen Fusses und übertrugen dies auf die Höhe. Da sie gefunden, dass der Fuss der sechste Theil der Höhe des Menschen sei, so übertrugen sie das auch auf die Säule, und von der Dicke, womit sie die Basis des Schafts gemacht, trugen sie sechsmal so viel mit Einschluss des Capitells in der Höhe auf. So begann die dorische Säule die Proportion und Festigkeit und Schönheit des männlichen Körpers bei den Gebäuden vorzustellen. Ebenso führten sie später, als sie der Diana einen Tempel zu bauen suchten, eine Gattung neuer Art aus denselben Spuren auf die weibliche Zärtlichkeit über und machten zuerst die Dicke der Säule vom achten Theile, um eine erhabenere Species zu haben; der Basis fügten sie die Spira als Schuh bei; am Capitell brachten sie Voluten an, gleichsam als gekräuselte Locken, die rechts und links hervorhingen und schmückten die Stirnen mit Kymation und Encarpen (Fruchtschnur) statt der geordneten Haare und liessen über den ganzen Stamm Furchen wie Falten des Gewandes nach matronenhafter Sitte herab. So haben sie die Erfindung der Säulen nach zwei Unterscheidungen: die eine Species nackt ohne männlichen Schmuck, die andern in weiblicher Feinheit und Schmuck und Symmetrie angewandt. Die Spätern aber, die in Eleganz und Feinheit des Urtheils weiter fortgeschritten, da sie sich an schlankeren Massen mehr erfreut, setzten sieben Durchmesser der Dicke für die Höhe der dorischen, neun für die der jonischen fest. Das aber, was die Jonier zuerst gemacht, wird jonische genannt. Die dritte aber, die korinthisch genannt wird, hat die Nachahmung der jungfräulichen

Schlankheit, weil die Jungfrauen wegen ihres zarten Alters mit schlankeren Gliedern gebildet, im Kleiderschmuck anmuthigere Wirkungen empfangen. Von der erstern Erfindung ihres Capitells aber wird erwähnt, dass sie folgendermassen stattgefunden: ein korinthisches Bürgermädchen, schon zur Hochzeit reif, starb, von einer Krankheit befallen; nach ihrer Bestattung brachte die Amme die Blumentöpfe, woran sich jene Jungfrau erfreut, gesammelt und in einem Korbe zusammengestellt zu ihrem Grabmahl und stellte es oben darauf, und damit jene sich unter freiem Himmel länger hielten, deckte sie eine Scherbe darüber. Dieser Korb war zufällig über der Wurzel eines Akanthus aufgestellt; unterdessen ergoss die mittlere Wurzel des Akanthus, vom Gewicht gedrückt, Blätter und Stiele gegen die Frühlingszeit, deren Stengel den Seiten des Korbes entlang wachsend und von den Ecken der Scherbe durch die Nothwendigkeit des Gewichts herausgedrückt gezwungen wurden, nach den äussersten Enden hin Schneckenwindungen zu machen. Da bemerkt Kallimachos, welcher wegen seiner Eleganz und Feinheit in der Kunst des Marmors von den Athenern Katatechnos genannt worden war, im Vorbeigehen an diesem Monument jenen Korb und die ringsum keimende Zartheit der Blätter, und macht, von der Art und Neuheit der Form erfreut, nach jenem Muster Säulen bei den Korinthern und setzte die Ebenmasse fest, dadurch dass er die Verhältnisse des korinthischen Stils bei der Ausführung von Werken zutheilte. Die Symmetrie aber eben des Capitells ist so zu bewerkstelligen, dass, ebenso gross wie die Dicke der unteren Säule war u. s. w."

(Wo sich jetzt normalmässiger construirte Säulen befinden, die in Italien von den Alten und auch den Modernen angefertigt.)

Cap. VIII.

Ich weiss mir nicht zu denken, meine Theuersten, warum unser Landsmann Leonbattista deli Alberti aus Florenz, bei dem ich mehrfach Monate lang im göttlichen Rom zur Zeit des Papstes Paul Barbo aus Venedig im eigenen Hause von ihm auf seine Kosten stets gut tractirt worden, ein Mann, gewiss von sehr grossem Scharfblick und Gelehrsamkeit in den humanen Fächern und Rhetorik wie aus seinen tiefsinnigen Worten in seinem Werke über Architektur erhellt, indem er in demselben so eingehend spricht, darin nicht den moralischen Beweisgrund beachtet habe, welches Jedem zu einer erlaubten Pflicht macht, für das Vaterland zu kämpfen. Und er, nicht nur dass er das seinige mit einigen Worten im besagten Werke nicht empfiehlt, lässt im Gegentheil vielmehr die Ehre, welche von Andern ihm zugeschrieben, hier hinsichtlich dieser architektonischen Befähigung zum grossen Theile ausgelöscht. Denn Vitruv verherrlicht es an vielen Stellen seines Buches sowohl hinsichtlich der Säulen, als auch der übrigen Theile, indem er zuweilen von diesen Säulen sagt: „nach Toscanischer Art verziert" zu ihrer grössten Empfehlung, und mitunter sagt: „wie es bei den Toscanischen erhellt," welche Dinge er nicht anders als zum Lobe und zur Empfehlung sagt. Unser Leonbattista sagt von solchen Stellen nach Italischer Art, indem er sie Italische nennt und auf keine Art nennt er sie Toscanische, was sicher nicht ohne grösste Verwunderung bleibt, sofern von jener her er und die Seinigen stets dieserhalb geehrt worden. Daher werde ich mit dem Apostel sprechen: „Ich lobe euch, aber darin lobe ich euch nicht" u. s. w. Es scheint mir deswegen angemessen, euch hier bezüglich derselben mit unserm Vitruv und auch bezüglich der übrigen der Wahrheit gemäss zu sagen, wo sich heute in Italien Säulen, insbesondere runde befinden, die, wenn nicht durchaus, so doch grösstentheils die antiken Merkmale bewahren, besonders von unserm Vitruv, was auch Vitruv noch zu bemerken pflegt. Als er in Rom nicht diejenigen Theile der Architektur vorfand, die er behandelte, sagte er offen: „Aber zu Rom ist diese Gattung nicht zu haben, sondern zu Athen oder anderswo" wie es ihm bekannt war. So werde ich zu euch sprechen. In Florenz fand ich besagte Architektur sehr verherrlicht, besonders dann als der prächtige Lorenzo Medici sich daran zu erfreuen begann: welcher hinsichtlich der Modelle sehr in derselben bewandert war, was mir durch Eins bekannt wurde, das er mit eigenen Händen seinem höchsten Diener, Giuliano da Maglino zu dem würdigen Doglievolo benannten Palaste in der Stadt Neapel entwarf, wo ich mich zu jener Zeit mit unserm Catano Catani aus Borgo und vielen Andern unserem kaufmännischen Mitbürger befand, so dass, wer heute in Italien und ausserhalb bauen will, sofort nach Florenz um Architekten seine Zuflucht nimmt. Ja, ich sage die Wahrheit, der Erfolg verbirgt es nicht, geht nach Florenz und bezüglich ihrer Villen finden sich in Italien keine so wohl mit aller Sorgfalt hergerichteten Gebäude. Daselbst werdet ihr, um von unsern Säulen zu reden, in Santa Croce unserm Kloster am Stifte von Verschiedenem sehr würdig angeordnete,[1]) der Symmetrie aller übrigen Theile besagten Stiftes gemäss vorfinden, welches zu den würdigen Bauwerken Italiens gehört. Auch in San Spirito, einem modernen Gebäude sehr passende und wohl geordnete Säulen, und viel mehr, ohne Vergleich im würdigen und reich geschmückten Patronate des herrschaftlichen Hauses von Medici Sancta Lorenzo, welches unter den andern Gebäuden unserer Tage in Italien nicht seines gleichen hat: Ich sage unter sonst gleichen Verhältnissen. In demselben sind mit aller Ordnung der Symmetrien und ihrer Proportionen viel Säulen aufgestellt, ebenso am Dome von Pisa; obschon sie dort von mehreren Arten aneinandergefügt und dadurch ein Aggregat von Säulen entstanden, worin man begreift, dass sie von verschiedenen Gegenden dahin versetzt worden sind. Gleicherweise verhält es sich auch nach Einigen mit dem vor dem Pantheon in Rom anfgestellten. Obwohl sie von grosser Masse sind, so haben haben sie nichtsdestoweniger nicht ihre erforderliche Schicklichkeit der Höhe zu ihren Basen und Capitellen, wie es sich nach dem Urtheil dessen schicken würde, der in der Kunst wohl erfahren. Ebenso sagt man gleichermassen von denen von Sanct Peter und Sanct Paul ausser der Stadt. Aber die, welche nach Art von Schrauben gemacht vor dem Altar von Sanct Peter angebracht, wurden von Jerusalem gebracht, aus dem Tempel Salomons entnommen: von ihnen hat die eine die immense Kraft gegen die bösen Geister: wie ich es mehrmals gesehen, durch ihre heiligste Berührung, welche unser Erlöser Jesus Christus vornahm. Von diesen existirt keine Norm, bis auf das, was sich auf ihre Höhe, Basis und Capitell bezieht.

---

[1]) scil. Säulen.

Aber nicht von jenen Windungen und Figuren, weil sie je nach Gefallen des Auges schmäler und breiter sein können. Dasselbe sage ich von denen, die sich in Venedig auf dem Sanct Marcusplatze befinden, die obwohl sie gross und dick sind, nicht die erforderliche Symmetrie bewahren, denn wenn man wohl darauf achtet, so streben sie sehr ins Scharfe und Zugespitzte. Aber ich sage euch ganz offen, dass ich in keinem Theile Italiens je gesehen, noch glaube, dass heute eine nach ihrem Capitell, Höhe und Dicke besser proportionirte Säule existire, abgesehen davon, dass sie nicht auf ihrer eigenen Basis, sondern auf einem umgekehrten Capitel steht, und dem Auge mit aller ihrer Schönheit entspricht, wie sie auch, nach meiner Ansicht, nicht gemacht worden, um an jenem Orte zu stehen. Diese, meine Theuersten, ist hier in der Stadt Venedig im Stift der Minoritenbrüder, unserm Kloster, la Cagrande benannt, wo von den heiligen Doctoren im zweiten Kloster gelesen zu werden pflegt, so dass, wenn ihr einmal dahin kommt, ich weiss, dass es euch nicht verdriessen wird, hinzugehen, um sie zu sehen, und zugleich mit eurem Faden und Instrument, wie ich in diesen Tagen mit einigen meiner Schüler das Nämliche gethan habe.

(Von den kantigen Säulen.)

Cap. IX.

Nachdem ich mit kurzer Besprechung zu eurer Genüge von den runden Säulen gesprochen, schien es mir angemessen, auch von den kantigen Etwas zu sagen, damit ihre Anfertigung neben den andern nicht unnütz zu sein scheine, sofern sie ausser der Stütze des Gewichts bei den Gebäuden sehr grosse Schönheit für den Anblick gewähren, bezüglich derer ich in Wahrheit nichts Anderes sagen werde, als das, was wir von den runden bis jetzt gesagt haben, indem ich mich auf euer bewandertes Genie verlasse; und zugleich auf jenen insbesondere für jeden Arbeiter besonders nothwendigen Theil, den ihr bei mir mit Aufmerksamkeit vernommen habt, nämlich von den Zahlen und Massen mit der Anwendung ihrer Proportionen, hinsichtlich deren ich mich sicher verlasse, dass ihr sie stets mit euren dazu hergerichteten Instrumenten Cirkel und Libelle, d. h. vermittelst der graden und krummen Linie werdet proportioniren können; mittelst deren, wie oben gesagt worden, jede Operation zum würdigen Abschluss gebracht wird, wie man bei den antiken Buchstaben die in diesem unserm Buche vorangestellt sind, offenkundig sieht, die stets mit Kreisen und Vierecken gemacht sind, selbst wenn weder Feder noch Pinsel vorhanden. Und obwohl man sagt, es sei schwer, den Kreis dem Vierseit zu proportioniren, mit der Kenntniss der Quadratur des Kreises nach allen Philosophen mag sie lernbar und darstellbar sein, obgleich sie noch nicht gewusst und dargestellt worden ist. Vielleicht ist in diesen Tagen derjenige geboren, der sie geben wird, wie ich mich auch meinerseits erbiete, es Jedem, der es leugnen sollte, handgreiflich nachzuweisen. Somit deute ich auf nichts Anderes hin, als auf das, was ich über sie vorher in diesem Tractat bei den regelmässigen Körpern und davon abhängigen gesagt habe. Darum verweise ich euch auf jenen Ort und ihr werdet es offen finden.

(Von den runden und eckigen Pyramiden.)

Cap. X.

Die Pyramiden ferner werden euch durch ihre Säulen, sowohl runde wie eckige leicht zu lernen sein, sofern jede stets ein Drittel ihrer Säule ist, wie unser Euklid beweist; und deswegen werde ich gleicherweise bezüglich ihrer ihre Anordnungen übergehen, welche nicht möglich ist zu verfehlen, da sie, wie gesagt, sowohl nach Gewicht wie Abmessung unter allen Umständen stets ein Drittel ihres Cylinders sind. Und ihre Anordnung und Figuren werdet ihr oben in diesem Buche zugleich mit allen andern Körpern haben, auch von der Hand unseres vorerwähnten Landsmannes Leonardo da Vinci aus Florenz, hinsichtlich dessen Zeichnungen und Figuren in Wahrheit nie ein Mensch gewesen, der ihm opponiren könnte. Daher u. s. w.

(Vom Ursprung der Buchstaben bei allen Nationen.)

Cap. XI.

Wie ich oben euch gesagt zu haben mich entsinne, schien es mir angemessen, in diesem Tractate zu Anfang das antike Alphabet zu stellen, blos um Jedem zu zeigen, dass ohne andere Instrumente, mit der graden und krummen Linie nicht blos dieses, sondern jedes bei jedweder Nation, möge sie hebräisch, griechisch, chaldäisch oder lateinisch sein (zusammengesetzt sei), wie ich mich mehrfach in der Lage befunden habe zu sagen und effectiv zu erproben, obgleich mir ihre Sprachen nicht bekannt sind. Denn in jeder könnte ich verkauft und mir auf den Verkauf zu trinken gegeben sein, ohne dass ich es weiss, wie hier in Venedig eines Tages einem gewissen Mohren auf Piazza di San Marco im Beisein von etwa 50 würdiger Ehrenmänner geschehen. Aber da das Griechische nicht die geometrischen Formen ändert, d. h. da es nicht das Viereck mit fünf Ecken macht, so würde ich mich in Allem und allenthalben ihrer Schritte nach unserm Euklid getrauen; wenn mir von ihnen erklärt, was sich auf Namen und Sache bezieht, habe ich versprochen, sie[1]) darin anzugeben, und mehr kann ich nicht. Und ich bin der Bruder geblieben,[2]) wie mich jeder in dieser berühmten Stadt nennt und bin damit beschäftigt meine Bücher zu drucken, zu welchem Zweck ich mit Erlaubniss und Unterstützung meines Ehrwürdigsten Cardinal San Piero in vincula, Vicekanzler der Heiligen Muttergottes-Kirche, und Neffe Seiner Heiligkeit unseres Herrn, Papst Julius II., der mir nur zu bald fehlte hier eingetroffen und ich spreche nicht von dem, was ich mir erbeten, und für Alles sei Gott gelobt u. s. w. Ich sage zu euch, besagtes Alphabet müsse für die Werke der Sculptur sehr nützlich sein, in denen es vielfach angewandt zu werden pflegt, entweder für Grabschriften oder andere der besagten, je nachdem es darin angeordnet wäre. Und sicherlich gewähren sie bei jedem Werke sehr grosse Schönheit, wie bei den Triumphbögen und andern ausgezeichneten Gebäuden in Rom, und anderswo erhellt; von welchen Buchstaben, wie auch von jeder andern Art, ich behaupte, dass ihre Erfindung nach

[1]) scil. Die geometr. Formen im Enklid.

[2]) romase wohl rimasi.

Willkür stattgefunden, wie bei den Obelisken in Rom und andern Bauwerken in San marco erhellt, und an dem Porphyrgrab angesichts der von zwei Löwen bewachten Rotonde, wo Federn, Messer, Thiere, Schuhsohlen, Vögel, Krüge als ihre Buchstaben und Ziffern zu jener Zeit angewandt wurden. Von da weiter speculirend sind die Menschen bei denen stehn geblieben, die wir heute gebrauchen. Denn sie haben damit die angemessene Art gefunden, sie mit dem Zirkel als Curve, und der Libelle als grade Linie schicklichermassen herstellen zu können. Und wenn vielleicht einer unter der Hand der Schrift und Regel ihrer Bildung nicht in erforderlicher Weise entspricht, so werdet ihr nichtsdestoweniger unter Befolgung besagter Gesetze sie stets mit höchster Anmuth und Wohlgefallen der Miniaturmaler und anderer Schreiber machen, indem ihr die über sie nacheinander gegebenen Regeln befolgt.

(Von der Anordnung der runden Säulen, wie sie bei den Gebäuden mit ihrer Basis festgestellt werden müssen.)

Cap. XII.

Nachdem zu eurer Genüge gesehen und besprochen, wie in der Sculptur die runden Säulen unter euern Händen mit euern Instrumenten anzuordnen seien, so werden wir jetzt für diejenigen, welche sie ins Werk zu setzen haben werden, hier im Verfolg den antiken und neuerdings gebräuchlichen Modus angeben. Die Alten pflegten, sie nach dem Richtloth zu richten, die eine von der andern nur um eine Dicke entfernt und solcher sind in Athen und Alexandria in Aegypten durch die, welche dort gewesen, gefunden worden. Sie pflegten sie auch noch in gleichen Abständen von anderthalb ihrer Dicken aufzustellen, wovon sich sehr viel in Rom findet. Andere sind um zwei ihrer Dicken auseinandergestellt; andere um zwei und eine halbe. Alle diese sind nun von unserm Vitruv je nach ihrer Stärke empfohlen worden. Und zur Schönheit empfiehlt er mehr das Mass von zwei Dicken und weit mehr von zwei und einhalb, abgesehen davon, dass die Vernunft sagt, dass je grösser ihr Abstand, sie um so schwächer seien. Aber der würdige Architekt muss, bevor er sie anordnet, zuerst das Gewicht erwägen, was sie mit ihrem Epistyl und Krönung, Tygraphen,[1]) und Dach[2]) auszuhalten haben. Daher empfiehlt er, wenn das Gewicht nicht enorm ist, jene sehr, deren Tetrant zwei und eine halbe Dicke beträgt der Schönheit wegen. Merket euch darum zum Verständniss bezüglich dieses Ausdruckes Tetrant, dass man darunter stets jeden Raum versteht, der einem Quadrate zustrebt, da er nur von den äquidistanten Linien gebildet wird. Dies sage ich, weil wir oben Tetrant den Raum oder das Intervall genannt haben, welcher sich zwischen einer und der andern Ecke des Capitells befindet. Und es werden ferner noch Tetranten die Räume oder Intervalle genannt, die zwischen den gerichteten Säulen sich befinden, welche Vitruv Intercolumnien zu nennen pflegt u. s. f. Und gleicherweise versteht sich dasselbe von den Räumen und Intervallen zwischen dem einen Tygraphen und dem andern, was ihr, da ich unmittelbar unten vom Epistyl zu sprechen im Begriff bin, verstehen werdet. Jetzt sage ich mit Bezug auf unsere Zwecke: dass Vitruv solche Intervalle empfehle, vorausgesetzt dass von den Architekten wie gesagt, das Gewicht wohl erwogen, wovon man nicht mit der Feder vollständig Kenntniss geben kann, davon zu schweigen, dass der, welcher sich in der Praxis befindet, sie in Folge seines Betriebs im Proportioniren besitzen muss, was alles Vitruv in dem folgenden Citat deutlich macht. Denn, wie Vitruv sagt, der Architekt muss gleich Anfangs sehr achtsam sein bei der Beobachtung von Orten, Abständen und Gewichten hinsichtlich des Gebäudes, sofern nicht an jedem Orte immer die Symmetrien und Proportionen in Folge der Enge der Oerter und anderer Hindernisse bewahrt werden können. Deswegen sind Viele gezwungen, sie anders anzulegen als nach seinem Wunsche. Und darum ist es Sache, so viel man kann, sich ans Viereckige oder Runde und seine auf irgend welche Art bekannte Theile zu halten, wenn es in Zahlen möglich, wenigstens möge es nicht in Linien(maassen) fehlen, was er Alles in diesem goldenen Ausspruch im fünften Buche schliesst der wörtlich hergesetzt, nämlich: „Jedoch sind nicht bei allen Theatern die Ebenmasse zu allen Verhältnissen und zu allen Wirkungen

[1]) Tygraphen = Triglyphen.

[2]) Text l. tecto st. lecto.

vermögend, sondern der Architekt muss wahrnehmen, aus welchen Gründen es nothwendig sei, der Symmetrie zu folgen und nach welchen Proportionen der Natur oder Grösse des Werkes gemäss sie zu bemessen sei: Denn es gibt Dinge, die in kleinen wie in grossen Theatern wegen ihres Gebrauchs nothwendig von derselben Grösse hergestellt werden müssen, wie die Stufen, die Abtheilungen der Sitze, Schutzdächer, Durchgänge, Aufzüge, Bühnengerüste, Tribünen und was anderes sonst noch vorkommt; wodurch die Nothwendigkeit zwingt, von der Symmetrie abzuweichen, damit die Benutzung nicht gehindert werde, nicht weniger, wenn irgend eine Kleinigkeit an Vorrath, d. h. Marmorstoff und der übrigen Gegenstände, welche beim Werke angeordnet werden, fehlte, ein wenig fortzunehmen oder hinzuzusetzen, wenn es nur nicht zu übermässig geschieht. Aber es darf nicht der Harmonie ermangeln. Dies aber wird der Fall sein, wenn der Architekt in der Praxis erfahren, ausserdem edlen Talentes und Betriebsamkeit nicht ermangelt u. s. f. Er schliesst kurz gesagt, dass ausser der Kunst der gute Architekt Talent besitzen muss, das Verringerte zu ergänzen, und das Ueberflüssige zu vermindern je nach der Gelegenheit und Anlage der Orte, damit ihre Gebäude nicht monströs erscheinen. Und zu diesem Zwecke habe ich mich für euch und manchen Andern angeschickt, bei grossen Anstrengungen und langen Nachtwachen, die Formen von allen fünf regulären Körpern nebst andern von ihnen abhängigen zu finden, und nachdem dieselben in diesem unsern Werke zugleich mit ihren Kanon aufgestellt, überdies noch solche mit ihrem richtigen Verhältniss auszuführen, damit wenn ihr darin studirt, ich sicher bin, dass ihr sie euren Zwecken werdet anzupassen wissen. Und auch die übrigen Mechaniker und Gelehrten werden daraus nicht wenig Nutzen ziehen, mögen sie welchen Künsten, Geschäften und Wissenschaften es auch sei ergeben sein, wie es in seinem Timäus der göttliche Philosoph Plato bekundet.

(Vom Intervall zwischen einem Tygraphen und dem andern.)

Cap. XIII.

Das was wir von der Stellung der Säulen gesagt haben, das Nämliche sage ich müsse man bei den Tygraphen beobachten.

Unbeschadet dass sie an der höchsten Spitze der Gebäude über den Krönungen oder Karnissen sich zu befinden haben, haben sie nichtsdestoweniger auf diese Art Schönheit zu gewähren; indem sie stets mit ihren Säulen correspondiren müssen, auf denen sie stehen, d. h. wenn der Tetrant der Säulen 2 oder zwei und eine halbe Dicke oder eine beträgt, so muss man ebenso die des Tygraphen 2, und $2^1/_2$ u. s. f. machen. Und in keinem Falle empfiehlt er den Raum von drei Dicken, wie ihr unten beim Epistyl verstehen werdet.

(Vom Epistyl oder Architrav nach den Modernen und seinem Zophoros, und Krönung oder Karnies, nach den Modernen.)

Cap. XIV.

Wenn die Säulen nach dem Richtloth auf ihre Stilobaten oder Pilaster, nach den Unsrigen, mit ihren Basen und Capitellen mittelst ihrer sehr festen Eisen wie erforderlich gut senkrecht gestellt, so stellt man auf ihre Capitells unserm Vitruv zufolge den Epistyl, von den Modernen Architrav genannt, zur Befestigung und Verkettung aller Säulen. Und dieser Epistyl muss auf folgende Art eingerichtet sein, nämlich: Zuerst macht man ihn so lang wie die Reihe der Säulen werden soll. die auf einen Punkt genau in grader Linie, auf ihren Pilastern und Stereobaten stehen, so dass sie auf keine Weise aus der graden Linie heraustreten. Und zuerst setzt man einen Giebelbalken oder Streifen darauf, dessen Breite sich auf folgende Art findet: ihr werdet die Höhe eures ganzen Epistyls bestimmen, wie sie euch für das Gewicht hinreichend scheint, indem ihr ihn nach ihren Säulen den Orten gemäss proportionirt, wo ihr sie bei Tempeln und andern Gebäuden z. B. hier *a h* anzubringen haben werdet.[1] Und diese Breite oder Höhe werdet ihr in 7 gleiche Theile theilen: von einen wird die Tenia, oder wir wollen sagen Kymation des Epistyls (*h*) gemacht, über welchen der Zophoros oder Fries *V*, nach den Unsrigen, befestigt wird. Sodann werden die andern $^6/_7$ in 12 gleiche Theile getheilt, so dass jede ein Vierzehntel besagter $^6/_7$ sein wird und der obere Streifen muss deren 5, d. h. $^5/_{12}$ von besagten $^6/_7$ betragen, nämlich der

[1]) Vgl. die betr. Figur v. Ende des Tractats.

Raum *e* der mittlere Theil *c* muss deren 4 und der unterste *a*, 3 betragen. Und diese Streifen pflegt man auch Giebelbalken zu nennen, von denen man meistens jedem Epistyl 3 zu geben pflegt, nämlich untersten, mittleren und oberen. Und auf besagte Streifen pflegt man nach Belieben verschiedene Ornamente, d. h. in dem Raume *b* anzubringen wie Tympana, Olivenstäbe, Paternoster, Blattwerk u. s. w., d. h. dass besagte Ornamente zwischen je einem und dem folgenden Streifen gemacht werden, und dieses (bei *b*) ist das erste zwischen dem ersten und dem folgenden Streifen; das zweite zwischen dem dritten Streifen und dem mittleren nämlich *d*: da sagt man Getäfel. Und das was über dem letzteren Streifen befindlich, heisst bei den Alten Echinus und bei den Unsrigen eiförmiger Schmuck, nämlich der Raum *f*. Und bei dem, welcher zwischen der Tänia *h* und dem Echinus *f* ist, nämlich *g*, dort sagen die Alten Scotica und die Unsrigen Kehle des Epistyls oder Architravs. Es muss also *b* $^{1}/_{3}$[1]) von *a* und f genau so breit sein wie *a*, und *g* so wie *d*; und jedes muss $^{1}/_{2}$ von *e* sein, damit es beim Anblick sich schön darstelle. Und diese ganze Zusammensetzung von Giebelstreifen, Olivenschmuckwerk, Getäfel, Echinus, Scotica und Tänia nennen die Alten Epistyl und die Unsrigen sagen dafür Architrav, der wie gesagt, die Säulen verkettend, von einem Kopf zum andern geht, und von von dieser Anordnung sagt wie im 3. Buch Vitruv, als er vom Intervall oder Tetranten des Tempels Apollo's und dem der Diana spricht, dass wegen zu grossen Intervalles der Epistyl zerbrach; seine formellen Worte sind folgende: „Obwohl wir die Dicke von drei Säulen für das Intercolumnium einsetzen können, wie der Tempel Apolls und Dianas ist, so hat diese Anordnung die Schwierigkeit, dass die Epistyle wegen der Grösse der Intervalle brechen" u. s. w. Und noch etwas mehr unten im besagten Capitel: „Nämlich für die Intervalle sind die Räume der Dicken zweier Säulen und dazu noch ein viertel der Säulendicke auch für das mittlere Intercolumnium zu nehmen, nämlich das eine, welches in der Front steht. Das andere was an der Rückseite von der Dicke dreier Säulen: denn so wird dasselbe sowohl einen schönen Anblick der Bildung als auch die Benutzung des Zugangs ohne Hindernisse haben" u. s. w., so dass er will, dass besagte Inter-

[1]) wohl $^{1}/_{4}$.

valls nicht zu enorm seien. Und deshalb sagt er mit Bezug hierauf, man müsse ihren Giebelschmuck nach Toscanischer Art machen, woselbst man sie zu jener Zeit aus Kupfer, ringsum von einem starken hölzernen Balken eingehüllt zu machen pflegte und diesen vergoldete man, und fand ihn viel fester und für das Gewichte stabiler und für das grosse Intervall nicht so zerbrechlich wie die Steinplatten oder andere Marmorarten.

(Vom Zophoros (Bilderfries) am Epistyl.)

Cap. XV.

Sein Zophoros, V, der von den Unsrigen Fries genannt wird, muss ein Viertel seines Epistyls breit sein, wenn er rein ohne Ornament gemacht wird. Und wenn er mit Ornament gemacht wird, wird er um ein Viertel breiter als sein Epistyl gemacht, damit seine Schönheit gut entspreche und damit besagte Ornamente vom Weiten und in der Nähe bequem gesehen werden können, nämlich wenn besagter Epistyl 4 hoch oder breit ist, so muss der Zophores 5 mit den Ornamenten sein, seien es Blattwerk, Weinranken oder andere Geschöpfe wie auch Olivenstäbe.

(Von der Composition des Gesimses.)

Cap. XVI.

Ueber den besagten Zophores wird ein anderer Zierrath componirt, von den Alten Karnies und den Modernen Gesimse genannt, und mitunter nannten die Alten, welche die ganze besagte Zusammensetzung vom Fries bis zum letztgenannten Kymation des Gesimses,[1]) Akrotherion und von den Unsrigen wird es oberer Stab am Zophoros benannt. Und die Anordnung dieses Zophores muss auf folgende Art stattfinden, nämlich zuerst wird unmittelbar auf genanntem Fries ein Riegel oder Stufe gelegt, sonst wegen seiner Kleinheit kleine Stufe genannt und ist ein rechtwinkeliges Oblongum mit der Steinwand nach aussen an

[1]) Die Worte des Textes: „edali antichi" des Sinnes wegen zu streichen.

jeder Seite ihrer Breite gemäss vorspringend, d. h. dass sie aus dem Zophoros genau um so viel heraustritt wie sie breit ist, und sie werden auch von den Alten Tänia genannt. Von solchen stellt man gewöhnlich fünf davon von gleicher Breite auf, wie durch Theilungen analog den Streifen am Epistyl eher zu seinem Schmuck als zur Stärke, wie du aus dem zu Anfang des Buchs Angegebenen siehst,[1]) welche leer sind, ohne irgend eine Bezeichnung, wie das Kymation *h* des Epistyls. Genau über dieser stellt man eine Quader als Streifen des Epistyls, von Vitruv Denticuli, von den Modernen Zähnchen und mitunter Rechen genannt, wegen der Aehnlichkeit des mit Zähnen versehenen Rechens, wie ihr in dem *l* bezeichneten Theile seht. Und zwischen ihn und das Kymation des besagten Frieses *k* stellt man eine Tänia. Ueber diesen wird ein anderer als Stab gesetzt, Paternostri oder Olivenschmuck[2]) genannt und hierauf die andere Quader oder Tänia. Sodann wird hierauf unmittelbar die Krönung *m* gesetzt, von den Alten so genannt, und von den Modernen Traufe genannt, sodann eine andere Tänia. Sodann die andere Stufe von Paternostri und Olivenschmuck. Ueber diese die andere kleine Quader und als vorletzte seine Sima, welche die Modernen Kehle des Gesimses nennen, wie ihr seht, die Stufe *o*. Zuletzt wird wie gesagt sein Akrotherion aufgesetzt, d. h. eine andere kleine Quader oder Tänia und somit ist alles beendigt, was unter der Bezeichnung Karnies begriffen. Wie vorher beim Stilobaten und Architrav bezüglich aller besagten Stufen gesagt, muss jede von beiden Seiten rechts und links so weit hervorragen, wie gross ihre Breite ist, damit beim Anblicke das ganze Gebäude schön entspreche.

Und von Glied zu Glied gut verkettet, unter Anwendung von Eisen und Blei u. s. w.

(Von der Lage der Tygraphen.)

Cap. XVII.

Sodann werden über diese ganze Composition des Epistyls und Gesimses zuletzt nach allem Uebrigen die Tygraphen,

---

[1]) Vgl. betr. Fig. a. Ende des Tractats.

[2]) cfr. Cap. XIV, XV.

d. h. gewisse kleine Strebepfeiler mit drei Rippen und zwei Canälen gemacht, wie gewisse kleine vierseitige Säulen, die eine von der andern um zwei mitunter drei ihrer Breiten entfernt, genau, wie die Säulen über denen sie stehen, genau, aber ohne leeren Zwischenraum, sondern massiv wie Brustwehren, aus guten Steinplatten gemacht, und in denselben pflegt man Ornamente anzubringen, wie Ochsen-Pferdeköpfe, Guirlanden, Becken, Rosen in Relief u. s. f. Es würde viel hierüber zu sagen sein, aber für jetzt ist mir die Zeit nicht gewährt, weil ich beständig Tag und Nacht in der Presse und bei ihren Kupferstechern unsere Werke mit aller Sorgsamkeit wie erforderlich leiten muss. Aber dies Wenige habe ich euch zu Gefallen hier aufstellen wollen wie als Entwurf zu dem, was wir eingehender über besagte Architektur abzuhandeln hoffen. Und nachdem ich hier die Säule und den Epistyl mit seiner Krönung und Zophoros aufgestellt, schien es mir geeignet, Alles zusammen zu stellen und sie ihre Wirkungen zeigen zu lassen und daher habe ich sie hier an dieser Thür Speziosa genannt angeordnet wie ihr seht, wobei ihr alle ihre besprochenen Theile mit Augentreue sehen könnt, indem darüber der dreiseitige First hinzugesetzt, wie es bei ähnlichen majestätischen Compositionen bei den Alten und den Modernen gebräuchlich.

(Wie Steinmetzen und andern Sculptoren besagte Körper empfohlen werden.)

Cap. XVIII.

Nachdem ich genug für euer Bedürfniss gesprochen, erinnere ich euch ausserdem, was wir im Ganzen gesagt haben, dass eure Werke nicht zu tadeln sein werden, wenn ihr mitunter, wie es euch am besten scheint, dabei als Basis oder Capitell irgend einen unserer mathematischen Körper aufstellt, die ich euch mehrmals materiell in ihrer eigenthümlichen Form gezeigt habe, ungeachtet unser Vitruv derselben speciell keinerlei Erwähnung thut. Im Gegentheil sie werden euerm Werk zur würdigsten Empfehlung gereichen, weil sie dasselbe nicht nur schmücken, sondern auch den Gelehrten und Weisen zu speculiren geben, sofern sie stets mit jener Wissenschaft und göttlichen Proportion gemacht, welche einen mittleren und zwei äussere Abschnitte hat. In dieser Hinsicht erinnere ich mich in Rom, im Hause meines Herrn Mario Melini, eines römischen Barons in gewissen römischen Annalen gelesen zu haben, wie Phidias, der bedeutendste Bildhauer in Cercio, der Umgegend von Rom im Tempel der Ceres eine gewisse Arbeit machte, in welcher er den Ikosaeder genannten Körper, Figur des Wassers anbrachte, was viele Philosophen aufs Höchste empfahlen und sich bei demselben mehr aufhielten es zu betrachten, als bei irgend einem andern Theile des Werkes, welches gleichermassen ganz ausgezeichnet war, dessen Formen ihr von meiner eigenen Hand in der Kanzlei zu Rom, zu Florenz und in Venedig viele habt. So wird von uns zur Empfehlung stets erwähnt werden, wenn ihr einen davon aufstellt, indem ihr sie nach der Methode macht, die ich euch gezeigt und ferner das befolgt, was oben in diesem Werke über sie gesagt ist.

(Wie sich der Architekt an engen Orten bei seiner Anordnung zu verhalten habe.)

Cap. XIX.

Der Architekt muss, wenn er Andern hinsichtlich der Gebäuden und bei dem Entwurfe ihrer Modelle Rath gibt, sehr umsichtig sein. damit sie den Bauherrn nicht zu unnütze Ausgaben veranlassen. Darum sagt unser Vitruv, nachdem er die angemessenen Masse der Gebäude mit ihren Symmetrien wohl gelehrt hat von ihren Proportionen: es wird mitunter vorkommen, dass die Enge und Schmalheit des Orts nicht gestatten wird, mit allen jenen Solennitäten zu bauen, welche der wahren Architektur entsprechen, in Folge des Hindernisses des Orts, der es nicht gestatten wird. Und darum wird euch diese Erinnerung gegeben. dass wenn ihr eure Werke nicht vollständig ausführen könnt wie es sein müsste, ihr euch stets an das viereckige oder runde, als an die beiden hauptsächlichsten Formen der beiden Linien: grader und krummer halten müsst. Und wenn ihr sie im Ganzen überhaupt nicht in einem ganzen Quadrate oder Kreise machen könnt, so werdet ihr von ihnen stets einen bekannten

Theil oder einige bekannte Theile, wie z. B. 1/2, 1/3, 3/4, 2/3 u. s. w. entweder zu ihrem Umfang oder Durchmesser nehmen, indem ihr jene stets, so weit ihr könnt, nach bekannten Theilen proportionirt, die sich durch Zahlen zur Anschauung bringen lassen. Wenn dies nicht der Fall und ihr durch die Irrationalität wie z. B. zwischen dem Durchmesser des Quadrats und jener Seite gezwungen, dann werdet ihr mit eurer Setzwage und Cirkel ihre Endpunkte in Linien in eurer Zeichnung verzeichnen, denn ungeachtet sie sich nicht immer durch eine Zahl angeben lassen, so wird doch nie dadurch gehindert, dass sie durch Linien Oberflächen bestimmt werden können, sofern die Proportion viel weiter sich erstreckt bei den stetigen Grössen als bei der discreten, denn der Arithmetiker betrachtet nur hinsichtlich der Rationalität und der Geometer sowohl der Rationalität wie der Irrationalität, wie zur Genüge unser Euklid im fünften Buche der Elemente darüber sprach, und wir nach ihm in der Theorie und Praxis zu eurer Belehrung in unserm grossen „Summa de Arithmetica Geometrie, Proportionen und Proportionalitäten" benannten Werke im sechsten Abschnitt, im ersten Tractat und ersten Artikel: gedruckt zu Venedig im Jahre 1494 und dem grossherzigen Herzog von Urbino gewidmet, worauf ich euch durchaus für eure Bedürfnisse verweise. Ihr habt auch in diesem Tractat, wie ich euch gesagt, das höchst würdige antike Alphabet, nach dem ihr eure Werke ausschmücken und die Wünsche der Unternehmer, seien es Grabmäler oder andere Arbeiten, aufschreiben könnt: dieselben werden sicher ausser dem Nothwendigen das Werk sehr schön machen wie es an vielen Orten in Rom erhellt. Früher pflegte man sie aus verschiedenen Metallen zu machen und diese an ihren Stellen zu befestigen, wie es im Capitol und Palaste Nero's die Spuren bezeugen. Und es mögen sich die Schreiber und Miniaturmaler nicht grämen, wenn solche Nothwendigkeit die Thatsache ins Publicum gebracht, nur um zu zeigen, dass die zwei wesentlichen Linien, grade und krumme stets alle die Dinge machen, die in der Praxis fabricirt werden können, und deswegen habe ich hier ihnen das Viereck und den Kreis ohne ihre Feder und Pinsel vor Augen gestellt, damit sie ganz gut sehen, dass von den mathematischen Disciplinen Alles ausgeht; abgesehen davon, dass ihre Formen willkürlich sind, und hier setzen wir unsern Worten ein Ziel, indem wir euch inständig bitten, dass ihr unter euch miteinander nach Art guter Brüder zu grösserer Aufhellung des Ganzen darüber conferiren wollet, weil das Zusetzen zu den gefundenen Dingen leicht ist, wie ich denn sicher bin, eure bewanderten Genies werden es thun, sowohl zu ihrer Ehre wie der unserer Vaterstadt, aus welcher in jedem Fache, wie ihr von euren Vorfahren gehört haben könnt, stets würdige Gute hervorgegangen sind; obwohl der Ort eng, ist er doch volkreich. Und ferner gute Genies, sowohl in militärischen, wie wir oben kurz durchgegangen, als auch in andern Disciplinen und Wissenschaften, was hinsichtlich der mathematischen in unsern Tagen der Herrscher in der Malerei und Architektur, Meister Pietro deli Franceschi mit seinem Pinsel klar macht, so lange er kann wie in Urbino, Bologna, Ferrara, Rimini, Ancona und in unserer Vaterstadt auf Mauer und Tafel in Oel und Aquarell besonders in der Stadt Arezzo der grossen Kapelle der Tribuna des Hochaltars, eines der würdigsten und von Allen empfohlenen Werke Italiens erhellt. Und ferner entwarf er das Buch von der Perspective, das sich in der würdigen Bibliothek unseres Durchlauchtigsten Herzogs von Urbino befindet. So auch bemüht ihr euch das Gleiche zu thun.

(Von den über andern Säulen befindlichen Säulen an den Gebäuden.)

Cap. XX.

Da ich bis jetzt nicht von den runden Säulen gesprochen, die an den Gebäuden mitunter über den andern aufgestellt zu werden pflegen, wie in unserm Kloster des heiligen Kreuzes in Florenz, in seinem würdigen Kreuzgange und andern Orten in Italien, wie sie angeordnet sein müssen, damit sie sowohl dem Gewichte als der Schönheit gemäss richtig situirt seien; was uns unser Vitruv durch das folgende Citat in seinem fünften Buche klar macht, wo er in folgender Form spricht, nämlich: „Die obern Säulen sind um den vierten

Theil kleiner als die untern zu construiren, weil die, welche unterhalb stehen, zum Tragen der Last stärker sein müssen als die obern nicht minder wie man auch die Natur des Entstehenden nachahmen muss, wie bei den glatten Bäumen, der Tanne, Cypresse, Pinie, von denen keine von den Wurzeln ab dicker wird. Von da wachsend geht sie in die Höhe, indem sie mit natürlicher gleichmässiger Contraction bis zum Gipfel wächst. Wenn daher die Natur des Entstehenden es so verlangt, so ist es richtig angelegt, wenn sowohl in der Höhe als Dicke das Obere knapper wird als das Untere. Die Orte für Basiliken, welche mit den Märkten verbunden, muss man in den möglichst wärmsten Theilen bauen, damit sich im Winter von der Witterung unbelästigt die Kaufleute darin versammeln können, und ihre Breiten mögen aus nicht weniger als dem dritten Theile, aus nicht mehr als der Hälfte der Längen bestehen, wofern es nicht die Beschaffenheit des Orts verhindert und gezwungen haben sollte, die Symmetrie auf andre Art abzuändern. Wenn aber der Ort in der Länge geräumiger sein wird" u. s. w. Und ein wenig weiter unten replicirt er folgendermassen: Die obern Säulen möge man kleiner als die untern, wie vorher geschrieben worden, einrichten. Das Schutzdach, was zwischen den obern und untern Säulen, scheint ebenfalls um den vierten Theil schmäler werden zu müssen als die obere Säulenreihe war, damit nämlich die, welche über den Emporen der Basilika spazieren gehen, von den Händlern nicht bemerkt werden. Die Epistyle, Zophora, Krönungen mögen nach dem Ebenmass der Säulen wie wir im dritten Buche beschrieben, entwickelt werden; nicht weniger können compactere Fronten von Basiliken die höchste Würde und Schönheit erhalten, in welcher Art ich die an der Julischensäule mit Fenstern angeordnet und auszuführen besorgt, deren Proportionen der Symmetrie gemäss folgendermassen angeordnet sind. Das mittlere Schutzdach u. s. w.

Diese höchst werthvolle Autorität, meine Geliebtesten, hat als zu gewissen Zwecken bezüglich des Doms von Mailand im Jahre 1498, in seiner uneinnehmbaren Burg in der sogenannten Camera demoroni in Gegenwart des erhabenen Herzogs jenes L. M. Sforza mit dem Ehrwürdigsten Cardinal Hippolyt von Este, seinem Verwandten, dem Erlauchtesten S. Galeazzo Sanseverino, meinem speciellen Patron und vielen anderen sehr berühmte Männern wie es sich Angesichts ähnlicher Fälle trifft, unter andern der ausgezeichnete Ehrwürdigste berühmteste Doctor und Graf und Ritter Messér Onofrio de Paganini, genannt da Scueli war, derselbe ebenda öffentlich ausgezeichnet auseinandergesetzt und dadurch in allen Anwesenden die grösste Liebe für unsern Vitruv erweckt, in dessen Werken er von der Wiege an unterrichtet zu sein schien.

Kurz, jener Philosoph will, ohne mich zu sehr über jenes hinaus zu ergehen, dass über den am Boden stehenden Säulen, über denen wie angegeben, der Epistyl mit allen seinen Theilen Zophoros, Kranz, Gesimse u. s. w. befestigt wird, dass wenn über jenen andere angebracht werden, wie man sie bei Bühnen und Loggien anzuwenden pflegt, diese gleichermassen das Gewicht zu tragen haben, aber nicht so viel, wie die unteren. Und indem er die Wahrheit sagt, führt er das nothwendige und richtige Verhältniss an, dass jene oberhalb um den vierten Theil kleiner sein müssen, als die untern, sofern jene untern aus dem angegebenen Grunde stets fester sein müssen, und zu seiner Bekräftigung führt er das Beispiel der Lehrerin aller Dinge, d. h. der Natur an, die wie man an den Bäumen und andern Pflanzen, Tannen, Cypressen, Pinien sieht, in welchen sich zeigt, dass stets die Gipfel oder Spitzen sehr viel schwächer sind als ihre Wurzeln und Fundament; also zeigt, wie er entscheidet, die Natur uns dieses, wir können daher nicht irren, ihr darin nachzuahmen; indem er als Beispiel dazu anführt, die untern Säulen seien an den Gebäuden Stamm, Wurzel und Fundament für alles über ihnen stehende, wie es auch der Fall sei mit dem Stamm des Baumes, der Stütze für alle andern Aeste, welche darüber sich befinden, die stets schwächer sind als der Fuss. Aber das genaue Quantum nach bestimmter Proportion ist uns unbekannt. Aber weil er als Kunst der Nachahmung der Natur, soweit es möglich, nicht genau das nothwendige Verhältniss und Beschaffenheit der Aeste und Spitzen an denselben zu ihren Stumpf oder Stamm und Beinen nahm, da jenes uns nie bekannt sein kann, wenn nicht, sofern es uns vom Höchsten gestattet wäre, wie Plato in seinem Timäus sagt, zu irgend einem geheimen Zwecke, nämlich: „Denn diese Dinge sind Gott allein bekannt, und dem, der Gottes Freund ist" u. s. w., darum damit die Kunst nicht herumtappe, sondern stets mit so viel Gewissheit, wie möglich, gibt er ihr uns bekannte und bestimmte Proportion, die rational ist, und stets durch eine Zahl erklärt werden kann, indem er sagt, jene obern müssen um den vierten Theil kleiner gemacht werden als die untern, da sie nicht für so viel Gewicht bestimmt, wie man offenbar begreift, wie an jener Stelle er selbst sagt, sie bei gewissen Fenstern aufgestellt zu haben, und er ordnete sie so an, wie es mit Berücksichtigung jener Symmetrie und Proportionen geschehen musste, unbeschadet, dass in diesem und auch in andern Theilen der Bauwerke die Natur des Orts nicht hindert, dies beobachten zu können, und ausserdem dabei uns nicht zwänge, besagte Symmetrie und ihre Proportionen abzuändern. Denn, wie wir gesehen, dass man heutzutage der Form des Bauplatzes gemäss bauen müsse, so braucht man auch nicht dem Rechnung zu tragen, in jeder Hinsicht die gebührenden Symmetrien der Verhältnisse durchzuführen, sondern wir sind mit Gewalt gezwungen, zu bauen wie weit es die Lage uns gestattet. Und darum ist es kein Wunder, wenn man zu unsern Zeiten viele Gebäude sieht, die in Ecken und Facen monströs erscheinen, weil sie nicht vollständig das Nothwendige haben bewahren können; und darum das für eure und zwar sowohl bei Gebäuden wie in der Sculptur zwingenden Anordnungen oben gegebene Document euch stets mehr dem Viereckigen und Runden und auch ihren Theilen soweit es möglich ist anzuschliessen, da ihr, von der Enge das Orts behindert, stets dafür empfohlen sein werdet, und in keiner Art eure Werke getadelt (sein werden).

Und dies möge euch als heilsamer Wink dienen. Und die besagten obern Säulen müssen genau im Niveau über den untern aufgestellt werden, ihre kleinen Basen entsprechend den Capitellen, Basen und Stereobaten der untern, weil sonst bei einer Abweichung von seinen Stereobaten, d. h. unterirdischem Fundament der untern Säule das Gebäude, zusammenstürzen würde, indem die oberen ausserhalb der Perpendiculare der untern ständen. Und dies will ich für jetzt euch genug sein lassen bis zu dem andern, mit Gottes Hilfe euch versprochenen Werke. Lebt wohl und betet zu Gott für mich.

Ende.

Zu Venedig gedruckt durch den wackern Mann, Paganinus de Paganinis von Brescia, jedoch mit öffentlichem Decret, dass Niemand ebenda und im ganzen Reich vor Ablauf von 15 Jahren es drucke oder drucken lasse, und wenn es anderswo gedruckt, unter irgend welcher Farbe ins Publicum bringe, bei den im besagten Privileg enthaltenen Strafen. Im Jahre unserer Erlösung 1509 am 1. Juni; unter Leonardo Lauretano, Beherrscher der venetianischen Republik, im 6. Jahre des Pontificats Julius II.

Anmerkungen.

[1]) Cap. VII, pag. 195, 4. Zeile v. u.

Da die Definition der stetigen Theilung nach Euklid gewöhnlich so angegeben wird, wie am Schluss des Capitels gesagt, d. h. wenn die gegebene Linie in zwei Abschnitte zerfällt, wovon das Quadrat des grössern gleich dem Product aus der ganzen Länge mal dem kleinern Abschnitte ist, so sei zum Nachweise der Identität der letztern mit der zu Anfang dieses Capitels gegebenen Definition Folgendes bemerkt:

1.

Es sei nach der bekannten Euklidischen Definition die Linie ac im Punkte b stetig getheilt, so dass:

Vor. $ab^2 = ac \cdot bc$ so wird behauptet:

Bh. $5\left(\frac{ac}{2}\right)^2 = \left(ab + \frac{ac}{2}\right)^2$

Bs. Nach Vor. ist:

$$ab^2 = ac\,(ac - ab) \text{ oder}$$
$$ac^2 = ab^2 + ab\,ac$$

Fügt man rechts und links $\left(\frac{ac^2}{4}\right)$ hinzu, so folgt die Behauptung:

$$5\left(\frac{ac}{2}\right)^2 = \left(ab + \frac{ac}{2}\right)^2$$

[2]) Cap. VII, pag. 198, 14. Zeile v. u. Diese Folgerung ergibt sich, indem man sich die Linie ab in c halbirt, und sodann bc auf die gewöhnliche Art stetig getheilt denkt. Betrachtet man dann die 3 Theile, aus denen die Linie ab besteht, so ist der grössere Abschnitt $ac = cd + bd$.

2.

[3]) Cap. XII, pag. 203, 3. Zeile v. o. Mathematisch ausgedrückt, heisst dies mit Bez. auf Fig. 1:

Vor. $ab^2 = ac \,.\, bc$

Bh. $5\left(\frac{ab}{2}\right)^2 = \left(\frac{ab}{2} + bc\right)^2$

Bs. $ab^2 = bc^2 + ab \,.\, bc$ (nach Vor.), daher analog wie in [1]) durch Hinzufügung von $\frac{ab^2}{4}$ rechts und links:

$$5\left(\frac{ab}{2}\right)^2 = \left(\frac{ab}{2} + bc\right)^2$$

Setzt man z. B. die Werthe des Cap. XII behandelten Beispiels ein:

$$ab = \sqrt{125} - 5$$
$$bc = 15 - \sqrt{125}$$

so ergibt sich die Richtigkeit durch Uebereinstimmung der beiden Seiten der letzten Gleichung ohne weiteres.

[4]) Cap. XIII, pag. 204, 2. Zeile v. o. In mathematischer Form (cfr. Fig. 2):

Vor. $cd^2 = bc \,.\, bd$

Bh. $ac^2 = ad \,.\, cd$

Bs. Nach Vor. ist $cd\,(ad - ac) = ac \,.\, bd$ folglich

$$ad \,.\, cd = ac(bd + cd) = ac^2$$

[5]) Cap. XIII, pag. 204, 11. Zeile v. u. In allgemeiner Form heisst dies (cfr. Fig. 2) unter der früheren Voraussetzung:

Bh. $bd^2 + bc^2 = 3\,cd^2$

Bs. a) $bc^2 = ad \,.\, cd$ (nach 4) oder auch:

$$= bc \,.\, cd + cd^2$$

b) $bd^2 = (bc - cd)^2 = bc^2 - 2\,bc \,.\, cd + cd^2$ durch Addition

$$bc^2 + bd^2 = 2\,cd^2 + bc^2 - bc \,.\, cd$$

von a) und b):

$= 2\,cd^2 + bc \,.\, bd$ also nach [1])

$= 3\,cd^2$ w. z. b.

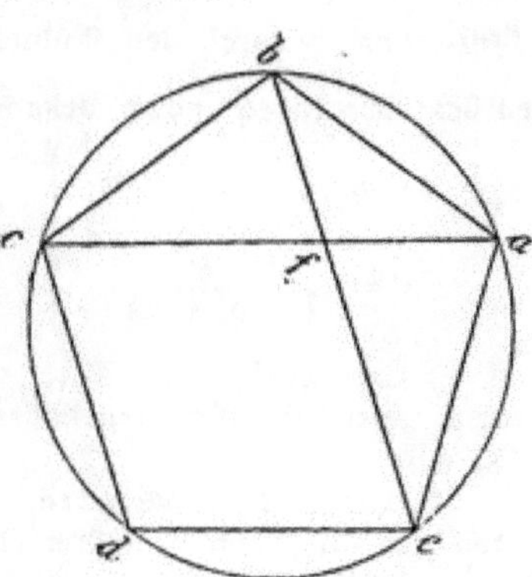

[6]) Cap. XVI, pag. 205, 11. Zeile v. u. Dies folgt unmittelbar aus [4]), wenn man berücksichtigt, dass die 10-Ecksseite der grössere Abschnitt des stetig getheilten Radius ist.

[7]) Cap. XVIII, pag. 206, 11. Zeile v. u. Der Beweis folgt aus der Aehnlichkeit der gleichschenkligen Dreiecke:

bca und *baf*, wonach sich unmittelbar ergibt:

$\frac{ca}{ba} = \frac{ba}{af}$ d. h. $ba^2 = ca \,.\, cf$ oder, da $ba = bc = cf$, $cf^2 = ca \,.\, af$

[8]) Cap. XXI, pag. 209, 13. Zeile v. u. Bezeichnet man mit s, s' resp. die Seiten des Kubus und des regulären Ikosaeders, so wird, wenn die Linie ab in c stetig getheilt ist (Fig. 4), behauptet:

$$\text{Bh.} \quad \sqrt{\frac{ab^2 + ac^2}{ab^2 + bc^2}} = \frac{s}{s'}$$

Bs. Der Ausdruck unter den Wurzelzeichen links lässt sich vereinfachen, indem zuf. Vor.:

$$a)\ ac^2 = ab \cdot bc$$
$$b)\ bc^2 = (ab - ac)^2$$

Durch Einsetzen dieser Ausdrücke und Ausführung der Quadratur des letzteren erhält man:

$$\frac{ab^2 + ac^2}{ab^2 + bc^2} = \frac{ab\,(ab + bc)}{3\ ab \cdot bc} = \frac{ab + bc}{3\ bc}$$

Aus der Gleichung $a)$, nachdem darin $ac = ab - bc$ gesetzt, erhält man:

$bc^2 - 3\ ab\,ac + ab^2 = o$, durch deren Auflösung:

$$bc = \frac{ab}{2}\,(3 - \sqrt{5})$$

Setzt man dies in den vorstehenden Quotienten ein, so erhält man:

$$\sqrt{\frac{ab^2 + ac^2}{ab^2 + bc^2}} = \sqrt{\frac{ab + bc}{3\ bc}} = \sqrt{\frac{5 + \sqrt{5}}{6}}$$

Derselbe Werth ergibt sich aber auch, wenn man das Verhältniss von $\frac{s}{s'}$ durch den Radius r der umschriebenen Kugel ausgedrückt berechnet, indem bekanntlich ist:

$$\left.\begin{aligned} s &= \frac{2r}{\sqrt{3}} \\ s' &= \frac{4r}{\sqrt{10 + 2\sqrt{5}}} \end{aligned}\right\} \text{ somit } \frac{s}{s'} = \sqrt{\frac{5 + \sqrt{5}}{6}}$$

[9]) Cap. XXII, pag. 211, 7. Zeile v. o. Vgl. hierüber den Tractat über die fünf regelmässigen Körper (Tract. II, Cas. 26 u. s. w.)

[10]) Cap. XXVI, pag. 216, 12. Zeile v. o. Bekanntlich verhalten sich in jedem regulären Tetraeder die Abschnitte der drei Höhen, welche sich im Centrum der umschriebenen Kugel vom Radius r schneiden, zu einander wie $1 : 3$. Bezeichnet man nun den kleinern Abschnitt mit x und denkt sich ferner eine der Höhen über die Grundfläche hinaus bis zum Durchschnitt mit der Kugel

verlängert, so ergibt sich das Verhältniss dieser Verlängerung zu der Höhe des Tetraeders, welches in der Figur des Textes durch $bc:ac$ ausgedrückt wird:

$$\frac{bc}{ac} = \frac{r - x}{r + x}$$ folglich, da dem Vorigen gemäss $x = \frac{r}{3}$:

$$\frac{bc}{ac} = \frac{\left(1 - \frac{1}{3}\right)}{\left(1 + \frac{1}{3}\right)} = \frac{1}{2}.$$

Alles Uebrige ergibt sodann der Text von selber.

[11]) Cap. XXVII, pag. 217, 17. Zeile v. o. Bekanntlich ist das Quadrat der Diagonale eines Quadrats doppelt so gross als das Quadrat der Seite. Denkt man sich nun durch eine der drei Hauptaxen des Kubus und eine Kante eine Ebene gelegt, so schneidet sie die umschriebene Kugel in einem Kreise, dessen Durchmesser jene Axe (ab), deren zwei von ihren Endpunkten ausgehende Sehnen, respective die Seite (bd) und Diagonale (ad) des ihm angehörigen Quadrats ist.

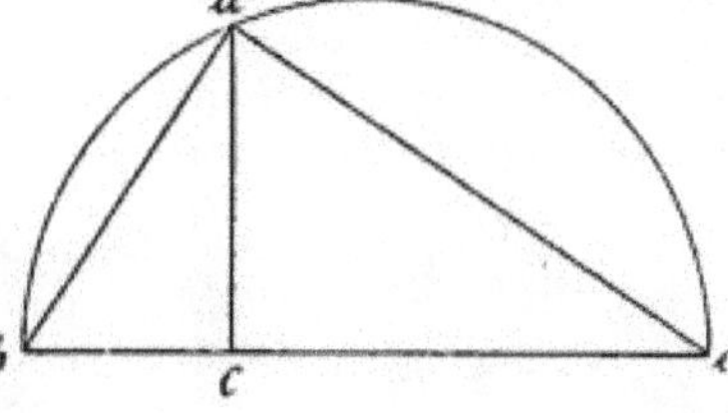

Daher hat man nach bekannten Sätzen:

$$\frac{bd^2 = bc \cdot ab}{ad^2 = ac \cdot ab}$$

somit, da dem Vorherigen zufolge $ad^2 = 2\,bd^2$, erhält man durch Division vorstehender Gleichungen:

$$\frac{bc}{ac} = \frac{1}{2} \text{ w. z. b.}$$

a)

[12]) Cap. XXIX, pag. 220, 15. Zeile v. o. Bekanntlich ist die Seite a des regulären Ikosaeders, durch den Halbmesser der umgeschriebenen Kugel ausgedrückt:

$$a = \frac{4r}{\sqrt{10 + 2\sqrt{5}}}$$

Denkt man sich nun durch die Axe ab und eine Kante ad des Ikosaeders eine Ebene gelegt, welche zugleich die Kugel im Halbkreise adb schneidet, so ist nach bekannten Sätzen:

$$ac = \frac{ad^2}{ab} = \frac{a^2}{2r}$$

Setzt man den vorstehenden Werth von a hier ein, so ergibt sich:

$$ac = \frac{r}{2}\left(1 - \frac{1}{\sqrt{5}}\right) = r - \frac{r}{\sqrt{5}}$$

woraus hervorgeht, dass:

$$r - ac = cm = \frac{r}{\sqrt{5}} \text{ somit das Doppelte:}$$

$$cc' = \frac{2r}{\sqrt{5}} = \frac{d}{\sqrt{5}} \text{ wenn der Durchmesser mit } d \text{ bezeichnet wird.}$$

Nun ist dem Text zufolge (cfr. Fig. *b*) bekanntlich:

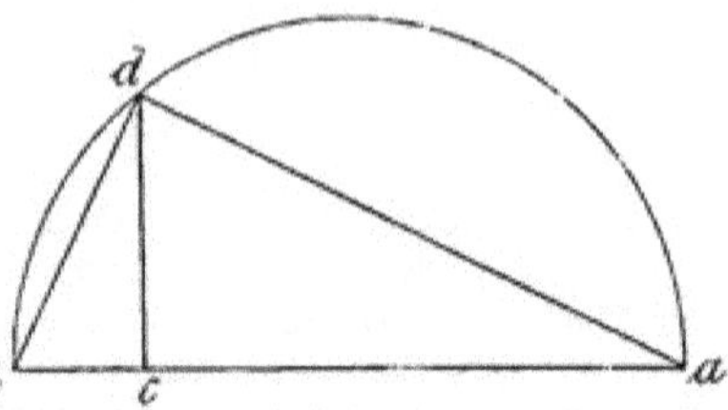

$bd^2 = \frac{d}{5} d$ sonach:

$bd = cc'$, d. h. gleich der Länge der im Text als Katheten bezeichneten Höhen, welche man in den Ecken der ebenda angegebenen Fünfecke zu errichten hat, welche sich in einer zur Axe (cfr. Fig. *a*) ab senkrechten Ebene durch die Punkte c, c' befinden. Der Radius r' des diesen Fünfecken (oder auch dem im Texte genannten Zehneck) umschriebenen Kreises ist aber, wenn a, wie es sein muss, als Seite des Ikosaeders, zugleich Fünfeckseite sein soll, durch diese bekanntlich:

$$r' = \frac{a}{10}\sqrt{50 + 10\sqrt{5}}$$

oder, wenn man hierin für a den zu Anfang angegebenen Werth setzt:

$$r' = \frac{2r}{5}\sqrt{\frac{25 + 5\sqrt{5}}{5 + \sqrt{5}}} = \frac{d}{\sqrt{5}}$$

d. h. es muss r' genau gleich der Linie bd des Textes und zugleich gleich den als Katheten bezeichneten Höhen sein, wie solches der dort angegebenen Construction zufolge auch wirklich der Fall. Hiernach hat das Verständniss des Uebrigen keine Schwierigkeit.

[13]) Cap. XXX, pag. 224, 4. Zeile v. u. Dies ergibt sich unter Beibehaltung der Figur des Textes [1]) folgendermassen:

Es ist der Construction zufolge:

$$ln^2 = an^2 - ke^2 - le^2$$
$$= 4\, kl^2 - ke^2 - le^2$$

(da an als Kante des Dodekaeders gleich lm u. s. w. ist).

Diese Gleichung kann man auch schreiben:

$$ln^2 = 2\, kl^2 (ke^2 - 2\, ke \,.\, le + le^2)$$
$$\text{da } kl^2 = ke \,.\, le$$

folglich:

$$ln^2 = 2\, kl^2 - (ke - le)^2 = kl^2 \text{ w. z. b.}$$

[14]) Cap. XXX, pag. 225, 5. Zeile v. o. Dies ergibt sich am einfachsten, wenn man sich über ek als Durchmesser einen Halb-

[1]) Fig. s. f. S. oben.

kreis denkt und im Punkte l eine Senkrechte bis zum Durchschnitt (m) mit ihm, sowie die Sehnen em, km zieht.

Dann ist nach Voraussetzung:

$$kl^2 = ke \; el$$

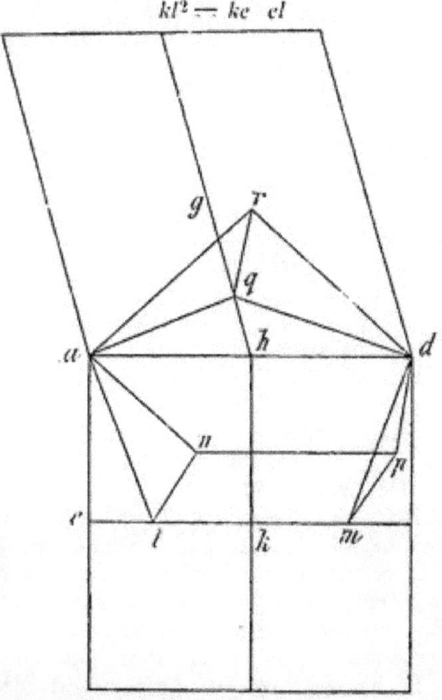

Ferner ist nach bekannten Sätzen:

$$el^2 = em^2 - ml^2$$

$$ke^2 = em^2 + mk^2 \quad \text{also addirt:}$$

$$el^2 + ke^2 = 2\,em^2 + mk^2 - ml^2$$

$$= 2\,em^2 + lk^2$$

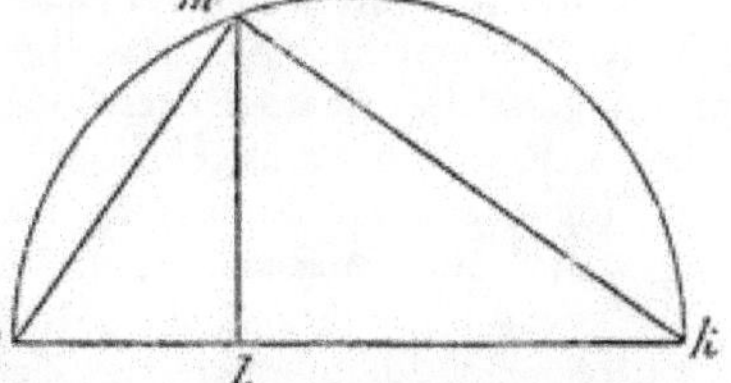

Da ferner:

$$em^2 = el \,.\, ek = lk^2 \text{ so folgt:}$$

$$el^2 + ke^2 = 3\,em^2 \text{ w. z. b.}$$

[15]) Die hier ausgesprochene Behauptung ist offenbar falsch, denn auf ganz analoge Art wie das Oktaeder dem Dodekaeder sich einbeschreiben lässt, kann es auch dem Ikosaeder eingeschrieben werden. Man braucht sich zu diesem Zweck nur die Mitten je zweier sich parallel gegenüberliegenden Kanten verbunden denken. Unter ihnen wird man drei solche als Axenkreuz wählen, welche senkrecht aufeinander stehen, was auf vielfache Art möglich. Damit ist zugleich die Lage des Oktaeders bestimmt. Der Grund, warum Pacioli das Vorhandensein dieser einfachen Thatsache leugnet.

scheint aus dem einseitigen Bestreben hervorgegangen zu sein, im Sinne der platonischen Lehre einem unter den fünf Körpern dem Dodekaeder vor allen andern den Vorzug grösster Vollkommenheit zuzuerkennen, eine Anschauung, die sich nach dem Vorherigen als durchaus unhaltbar beweist.[1]) Mit mehr Recht würde des Verfassers Annahme als zulässig erscheinen, hätte er als Massstab seines Urtheils nicht die Frage entscheiden lassen, welchem Körper die meisten andern sich einbeschreiben lassen, sondern welcher Körper sich der Kugel als dem, nach seiner Anschauung vollkommensten Körper am meisten nähere, wenn sie sämmtlich derselben Kugel einbeschrieben gedacht werden, d. h. welcher die grösste Oberfläche und das grösste Volumen umfasse? Hierbei stellt sich nämlich wie leicht nachweisbar die Entscheidung entschieden zu Gunsten des Dodekaeders.

[16]) Hinsichtlich der Art des Zustandekommens der regulären Körper und der von ihnen abhängigen unterscheidet der Verf. zwei Classen, nämlich ebene (einfache) und abgeschnittene regelmässige Körper, die er in volle und hohle eintheilt. Diese einfachen und abgeschnittenen werden dann ferner noch dadurch modificirt, dass man sich auf ihren Seitenflächen gleichseitige Pyramiden errichtet denkt. Der entgegengesetzte Fall, diese Pyramiden über denselben Flächen ins Innere des Körpers hineinzuconstruiren, wird nicht erwähnt. Die auf die zuerst angegebene Art erhaltenen sternförmigen Körper sind ebenfalls in eine Kugel construirbar, welche alle Pyramidenspitzen umfasst, und es liegt die Frage nahe, welcher Körper entsteht, wenn man die Pyramidenspitzen als dessen Ecken betrachtet. Man erkennt unmittelbar, dass sich dafür wieder einfache reguläre Körper ergeben. Das erhöhte Tetraeder z. B. würde zum einfachen Tetraeder. Der erhöhte Kubus zum einfachen Oktaeder, das erhöhte Oktaeder zum einfachen Kubus führen u. s. f. Umgekehrt ersieht man, dass durch Abtragen der Pyramiden nach innen ganz das Analoge stattfinden würde. Die ganze Auffassung lässt sich jedoch verallgemeinern und es möge in dieser Beziehung die folgende kurze Andeutung hier Platz finden:

Die fünf einfachen regulären Körper verhalten sich hinsichtlich der Anzahl ihrer Ecken, Kanten und Seitenflächen zwei und zwei reciprok zu einander. Das Tetraeder entspricht nur sich selbst d. h. es gibt nur diese Figur, welche bei sechs Kanten zugleich vier Ecken und vier Seitenflächen enthält. Der Kubus entspricht dem Oktaeder und umgekehrt, sofern jener bei zwölf Kanten acht Ecken und sechs Flächen, dieses bei derselben Kantenanzahl sechs Ecken und acht Flächen enthält. Dem Ikosaeder entspricht das Dodekaeder und umgekehrt, da jenes bei 30 Kanten 12 Ecken

[1]) Uebrigens hat schon Tartaglia im General-Tratiato diese Ansicht widerlegt

und 20 Seitenflächen, dieses bei derselben Kantenanzahl 12 Flächen und 20 Ecken enthält. Je zwei solcher zusammengehöriger Körper mögen der Kürze wegen als reciproke bezeichnet werden. Aus einem derselben ergibt sich dann dem Vorherigen gemäss der reciproke auf zweierlei Art:

1 Durch Verwandlung der Seitenflächen in Eckpunkte, wie dies durch Aufsetzen oder Aushöhlen von Pyramiden geschieht, indem man deren Spitzen als die Ecken des neuen Körpers betrachtet;

2 durch Verwandlung der Ecken in Ebenen, d. h. durch Abschneiden der Ecken. In diesem Falle muss jedoch ein gewisses Minimum erreicht oder überschritten sein bezüglich der Höhe der abzuschneidenden Pyramiden, deren Spitzen jene Ecken, damit der erhaltene Körper der reciproke des gegebenen sei. Dasselbe wird dadurch bedingt, dass sich sämmtliche um die Ecken einer Figur der Seitenfläche des regulären Körpers geführten Schnitte im Schwerpunkt dieser Figur schneiden müssen, oder die Seitenflächen müssen durch das Abschneiden der Ecken in Punkte übergehen.

Der analoge Fall von 1 würde der sein, wo die Höhe der Pyramiden genau so bemessen wäre, dass die Spitzen sämmtlicher Pyramiden, welche auf den in einer Ecke zusammenstossenden Seitenflächen des gegebenen Körpers errichtet werden, mit seiner Ecke genau in einer Ebene liegen.

Wie man leicht erkennt, wird in diesem Falle der neue Körper diejenige Kugel umhüllen, welche dem ursprünglichen umschrieben ist, während im vorherigen Falle der durch Abschneiden der Ecken erhaltene von derjenigen Kugel umhüllt sein wird, welche dem ursprünglichen Körper einbeschrieben ist.

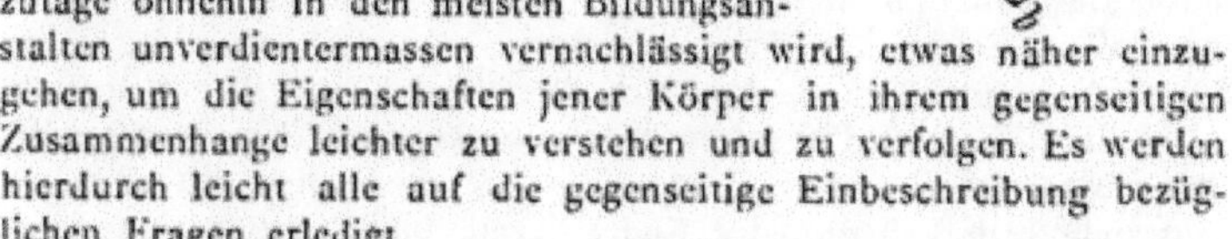

[17]) Wenn auch Pacioli die Bedeutung der fünf regelmässigen Körper in theoretischer wie in praktischer Hinsicht weit überschätzt, so scheint es gleichwohl von Interesse, und nicht blos vom historischen Standpunkte aus, sondern auch aus wirklich praktischen Gesichtspunkten, auf die Theorie dieses Gegenstandes, welcher heutzutage ohnehin in den meisten Bildungsanstalten unverdientermassen vernachlässigt wird, etwas näher einzugehen, um die Eigenschaften jener Körper in ihrem gegenseitigen Zusammenhange leichter zu verstehen und zu verfolgen. Es werden hierdurch leicht alle auf die gegenseitige Einbeschreibung bezüglichen Fragen erledigt.

Von irgend einem beliebigen Körper oder sonstigem geometrischen Gebilde kann man stets die Elemente, aus denen dasselbe zusammengesetzt ist, beim Körper die Ecken und Grenzflächen in zweierlei Art aufeinander bezogen denken:

entweder indem man jeder Ecke des einen eine solche des andern, oder jeder Ebene des einen eine ebensolche des andern nach einem bestimmten Gesetz zuordnet; eine solche Beziehung ist eine directe;

oder man ordnet zu jeder Ecke des ersten eine Grenzfläche des zweiten oder umgekehrt zu jeder Grenzfläche des ersten eine Ecke des zweiten; eine solche Beziehung heisst eine reciproke.

Gegenseitigkeit oder Wechselwirkung braucht dabei in keinem der zwei Fälle stattzufinden. Ordnet man beispielsweise die acht Ecken des Kubus acht Ecken des Dodekaeders in bestimmter Ordnung, wie z. B. beim Einschreiben jenes Körpers in letzteren zu, so sind die Ebenen der beiden Figuren dadurch nicht gegenseitig aufeinander bezogen. Bei dem, dem Ikosaeder einbeschriebenen Kubus kann man sich die Beziehung von Ecken und Seitenflächen beider Körper als eine reciproke vorstellen, derart, dass jede Ecke des Kubus der Fläche des Ikosaeders zugeordnet erscheint, auf der sie ruht. Aber es entsprechen dabei nicht die sechs Ebenen des Kubus solchen des Ikosaeders.

Eine Beziehung der zuletzt angegebenen Art kann man auf mannigfache Art herstellen. Die einfachste ist die polare Beziehung mittelst einer Kugel. Unter Pol einer Ebene bezüglich einer Kugel versteht man bekanntlich die Spitze des Tangentenkegels, dessen Basis der von jener Ebene aus der Kugel ausgeschnittene Kreis ist, wie umgekehrt diese Ebene die Polarebene jenes Punktes genannt wird. Liegt dagegen die Ebene selbst ausserhalb der Kugel, so findet man den, nunmehr innerhalb liegenden Pol, indem man zu dreien ihrer Punkte nach der vorigen Art die Polarebenen bestimmt. Diese schneiden sich alsdann im gesuchten Pole.[1]) Diese Beziehung ist wechselseitig, wie man leicht erkennt, d. h. jedem Punkte des einen Gebildes wird eine Ebene des andern, aber auch umgekehrt jeder Ebene des ersten ein Punkt des letzten entsprechen.

Bestimmt man in dieser Weise von irgend einem der regelmässigen Körper seinen polaren Körper mittelst einer Kugel, die man zu diesem Zwecke in das Innere desselben concentrisch so legt, dass sie von ihm in beliebigem Abstande umschlossen wird (um von allen Ecken her Tangentialebenen an die Kugel legen zu können), so findet man, dass sich für jeden Körper der reciproke als polare Figur ergibt, sofern jedem Punkte eine Ebene entspricht. Die Gesammtheit dieser Ebenen, da sie ausserdem im gleichen Abstande vom Centrum der Kugel liegen, bildet somit den frag-

[1]) Die drei Punkte, welche der verlängerte durch den Pol gehende Durchmesser aus der Kugeloberfläche und der Polarebene ausschneidet, bilden mit dem Pol bekanntlich vier harmonische Punkte.

lichen Körper. Derselbe ist in dem angenommenen Falle von der Kugel, und somit auch vom ursprünglichen Körper vollständig umschlossen.

Statt wie vorher zu jedem Punkt des ursprünglichen Körpers die Polarebenen zu bestimmen, hätte man auch umgekehrt zu jeder seiner Ebenen den Pol suchen können. Der dadurch erhaltene Körper würde von dem auf die erste Art entstandenen nicht verschieden sein, weil der jedesmalige Pol sich als Durchschnitt dreier Polarebenen ergibt.

Denkt man sich nun die Kugel allmählich wachsend, so wird der von ihr umhüllte polare Körper ebenfalls wachsen. Der Grenzfall ist der, wo die Kugel den ursprünglich gegebenen Körper von innen berührt, so dass dessen Ebenen Tangentialebenen der Kugel sind. Alsdann aber werden zufolge der Definition vom Pol einer Ebene die Pole jener Tangentialebenen in die Berührungspunkte jener fallen, deren Verbindung den polaren Körper liefert, der somit dem ursprünglichen genau eingeschrieben ist, so dass seine Ecken in den Mitten der Seitenflächen des ersteren liegen. Wächst die Kugel noch mehr, so schneiden sich beide Körper. Von diesen sich gegenseitig durchschneidenden Körpern ist der Fall von besonderm Interesse, dass beide von derselben Kugel umschlossen werden, wobei sie dem Vorherigen zufolge auch beide dieselbe Kugel umhüllen. In diesem Falle muss der Radius R der Kugel, mittelst deren die polare Beziehung stattfindet, gleich sein:

$$R = \sqrt{r \cdot \varrho}$$

wo r der Radius der beiden Körpern umschriebenen, ϱ der, der einbeschriebenen Kugel bezeichnet, wie sich leicht aus der nebenstehenden Figur ergibt.

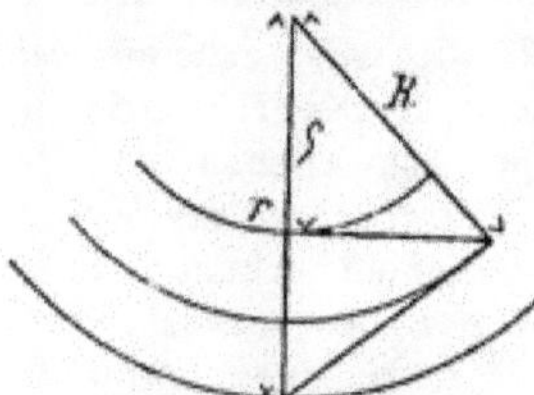

Dehnt sich die Kugel weiter aus, so tritt ein zweiter Grenzfall ein, wenn sie den ursprünglichen Körper genau umhüllt. Alsdann vertauschen beide Körper ihre Stellen, und der letztere ist dem polaren genau einbeschrieben wie vorher dieser dem letzteren. Bei noch weiterer Ausdehnung der Kugel dehnt sich auch der polare Körper weiter aus und umhüllt den ursprünglichen fortwährend, doch wird für jede endliche Grösse der ersteren auch stets ein bestimmter Körper als polarer des ursprünglichen sich ergeben.

Zugleich geht aus dem Vorherigen hervor, dass je mehr sich der Pol, sei es von innen, sei es von aussen her, der Kugeloberfläche nähert, auch um so näher seine Polarebene von der entgegengesetzten Richtung her an diese Oberfläche herantritt, bis beide schliesslich in der Tangentialebene und ihrem Berührungspunkte zusammenfallen.

Mittelst dieser wenigen Sätze lassen sich alle die praktisch interessanten Fälle ohne Schwierigkeit erledigen, welche sich auf die gegenseitige Einschreibung zweier regulärer Körper beziehen.

Die sämmtlichen überhaupt möglichen 20 oder genauer 21 Fälle dieser Art ergeben sich, indem man zunächst nach drei Gruppen ordnet, je nachdem bei der Einschreibung Ecke auf Ecke, oder Ecke auf Seitenfläche oder endlich Ecke auf Kante fällt. Durch reciproke Uebertragung leitet man sodann aus den zehn hierauf bezüglichen Fällen ebensoviel neue ab, deren Gruppentheilung darnach geschieht, je nachdem Fläche auf Fläche, Fläche auf Ecke und Kante auf Fläche fällt. Demgemäss ergibt sich folgendes Schema:

a) direct.	*b)* durch reciproke Uebertragung.
1) Ecke auf Ecke.	1) Fläche auf Fläche.
1. Tetraeder im Kubus*.	2. Octaeder im Tetraeder*.
2. TetraederimDodekaeder*.	4. Ikosaeder im Tetraeder.
3. Kubus im Dodekaeder*.	6. Ikosaeder im Oktaeder.
2) Ecke auf Fläche.	2) Fläche auf Ecke.
7. Oktaeder im Kubus*.	8. Kubus im Oktaeder*.
9. IkosaederimDodekaeder*.	10. Dodekaeder im Ikosaeder*.
11. Tetraeder im Ikosaeder*.	12. Dodekaeder im Tetraeder.
13. Kubus im Ikosaeder*.	14. Dodekaeder im Oktaeder.
3) Ecke auf Kante.	3) Kante in Fläche.
15. Oktaeder imDodekaeder*.	16. Ikosaeder im Kubus.
17. Oktaeder im Ikosaeder.	18. Dodekaeder im Kubus.
19. Tetraeder im Oktaeder*.	20. Kubus im Tetraeder.

Hierzu würde als 21 noch die Einschreibung des Tetraeders ins Tetraeder zu zählen sein, die im Text übersehen. Die mit Sternen bezeichneten sind die im Text bereits erwähnten Fälle.

Um nun aus der ersten Gruppe links die entsprechende zur Rechten zu erhalten, denkt man sich mittelst der Kugel, welche je zweien der Körper aus der linken Gruppe umschrieben ist, die reciproke Beziehung hergestellt, wobei die Polarebenen der Ecken Tangentialebenen in diesen Punkten werden. Man erkennt dann ohne Schwierigkeit, dass der reciproke Körper des vorher eingeschriebenen den reciproken des vorher umschriebenen umhüllen wird, und zwar derart, dass die, den zusammenfallenden Ecken der beiden ursprünglichen Körper entsprechenden Ebenen der neuen Körper ihrerseits zusammenfallen. Es werden also im 2. vier Ebenen des Oktaeders in die vier Tetraederflächen fallen, wie es derjenigen Stellung entspricht, wobei die sechs Ecken des Oktaeders in die Mitten der sechs Kanten des Tetraeders fallen. Aus 3 entsteht in ganz analoger Art 4, wobei vier Ebenen des Ikosaeders mit den vier Tetraederebenen zusammenfallen. Die gegenseitige Lage beider Körper kann man sich am einfachsten vorstellen, indem man sich das dem Ikosaeder eingeschriebene Tetraeder denkt, wie solches im Text bereits angegeben, dessen Ecken in die Mitten von vier Ikosaederflächen fallen. Denkt man sich diese vier Flächen bis zu ihrem gegenseitigen Durchschnitt verlängert, so umhüllt das so erhaltene Tetraeder das Ikosaeder. Aus 5 wird ebenso 6 abgeleitet, wobei acht Ikosaederflächen mit den acht Flächen des Oktaeders zusammenfallen. Dabei fallen zugleich die zwölf Ecken des Ikosaeders in die zwölf Kanten des Oktaeders. Die gegenseitige Lage vergegenwärtigt man sich am einfachsten, wenn man beachtet, dass je zwei parallele gegenüberliegende Kanten des Ikosaeders je zwei diagonal gegenüberstehende von derselben Ecke ausgehende Kanten verbinden.

Bei 7, 9, 11 der zweiten Gruppe würde das obige Verfahren wieder auf die ursprüngliche gegenseitige Lage beider Körper zurückführen, anstatt 8, 10, 12 zu ergeben. Allein diese Fälle erledigen sich noch einfacher als die vorigen, sofern man nur eines der beiden ursprünglichen Körper bedarf. Um 8 aus 7 zu bilden, hat man nur den Kubus nöthig, dessen reciproker Körper, das Oktaeder, bezüglich der ihn umschliessenden Kugel, ihn ebenfalls umschliessen wird, wie umgekehrt das Oktaeder bezüglich der ihn einbeschriebenen Kugel genau den einbeschriebenen Kubus als reciproken Körper ergibt. Aus demselben Grunde hat man in 9 nur das Dodekaeder nöthig, um Fall 10 abzuleiten. Dagegen wird man, um aus 11 den Fall 12 abzuleiten, zu beiden Körpern bezüglich derjenigen Kugel, welche den einen Körper umhüllt, und vom andern umhüllt wird, die reciproken construiren. Man denkt sich die gegenseitige Lage der so erhaltenen beiden Körper: Dodekaeder im Tetraeder am einfachsten, indem man sich zuerst den umgekehrten im Text behandelten Fall des dem Dodekaeder eingeschriebenen Tetraeders vergegenwärtigt, und durch die gemeinsamen Eckpunkte beider Körper Tangentialebenen legt, deren Gesammtheit das dem Dodekaeder umschriebene Tetraeder bildet. Analog ergibt sich 14 aus 13, wobei die Mitten der acht Oktaederflächen acht Ecken des Dodekaeders enthalten, und zwar diejenigen acht Ecken, welche verbunden, den eingeschriebenen Kubus bilden würden, wonach sich die gegenseitige Lage beider Körper leicht vorstellen lässt.

Hinsichtlich der dritten Gruppe kann man nicht genau so wie vorher verfahren, weil beiden Körpern keine Kugel gemeinsam ist. Dies ist indessen zufolge dem Vorherigen an sich nicht nöthig, indem jede Kugel, sobald sie nur concentrisch zu beiden Körpern liegt, stets ähnliche reguläre Körper als reciproke ergibt, derart, dass den zusammenfallenden Elementen jener wieder solche bei letzteren entsprechen. Fallen somit bei jenen Ecken auf Kanten, so werden bei letzteren die reciproken Elemente, d. h. Ebenen auf

Kanten fallen. Da ferner die Grösse der Kugel, mittelst der die Beziehung geschieht, ganz willkürlich, so wähle man sie möglichst einfach, z. B. so, dass sie den äussern Körper genau umschliesst. Der reciproke wird alsdann seinerseits die Kugel genau umschliessen, während der, dem kleinern Körper reciproke dem Vorherigen zufolge um so grösser wird, je kleiner jener war. Hiernach ergibt sich 16 aus 15, wobei sechs Ikosaederkanten in die Kubusflächen, und zwar in deren Mittellinien fallen, und zwar je zwei und zwei parallel, wobei sich zugleich sämmtliche 12 Ecken des Ikosaeders als Endpunkte der Kanten zu je zwei auf den Kubusflächen befinden. Dieser im Text nicht aufgezählte Fall wird eigenthümlicherweise im Tractat über die fünf regelmässigen Körper ausdrücklich erwähnt und behandelt. — Aus 17 entsteht ferner ebenso 18, wobei die Kantenlage dieselbe ist wie vorher bei 16, mit dem Unterschiede jedoch, dass hier nicht sämmtliche Ecken auf die Kubusflächen sich stützen, sondern ausserdem noch acht frei liegen, welche den Ecken des dem Dodekaeder eingeschriebenen Kubus entsprechen, welchen letzteren der umschliessende Kubus somit parallel umschreibt. Aus 19 endlich findet sich ebenso 20, wobei die vier Flächen des Tetraeders vier Kanten des Kubus enthalten. Um sich ihre gegenseitige Lage zu vergegenwärtigen, denke man sich je zwei gegenüberliegende Kubusflächen parallel zu je zwei sich kreuzenden Tetraederkanten derart, dass diese zugleich den Mittellinien der bezüglichen Quadrate parallel laufen. Denkt man sich auf diese Art den Kubus ins Tetraeder gestellt, so werden zwei sich gegenüberliegende Seiten des obern, und die sie kreuzenden des untern Quadrats an den Seitenflächen des Tetraeders liegen.

TAFELN.

ALPHABET.

A. Questa letera *A* si caua del tondo e del suo quatro: la gamba da man drita uol esser grossa dele noue parti luna de lalteza. La gamba senistra uol esser la mita de la gamba grossa. La gamba de mezo uol esser la terza parte de la gamba grossa. La largheza de dita letera cadauna gamba per mezo de la crosiera quella di mezo alquanto piu bassa comme uedi qui per li diametri segnati.

A. Dieser Buchstabe *A* wird aus dem Kreise und seinem Quadrat entnommen. Das Bein zur Rechten muss einen der neun Theile der Höhe dick sein. Das linke Bein muss halb so dick sein, als das dicke. Das mittlere (Quer-) Bein muss den dritten Theil des dicken Beines (dick) sein. Die Breite besagten Buchstabens (bestimmt) jedes Bein mittelst des Kreuzungspunktes (der Diagonalen). Das mittlere (liegt) ein wenig tiefer, wie du hier mittelst der vorgezeichneten Durchmesser ersiehst.

B. Questa letera *. B.* si compone de doi tondi equello desotto sie lo piu grando de li noue parti luna cioe uolesser li cinque noni de la sua alteza per diametro comme qui desopra proportionatamente tegliochi te sapresente.

B. Dieser Buchstabe *B* setzt sich aus zwei Kreisen zusammen und der untere ist der grössere: nämlich von den neun Theilen der Gesammthöhe muss er fünf zum Durchmesser haben, wie es sich dir hier oben im rechten Verhältniss den Augen darstellt.

C. Questa . lettera . *C.* se caua del tondo e del suo quadro ingrossando la quarta parte de fore e ancora de dentro. La testa desopra fenisci sopra la croci del diametro ecirconferentia. Quella desotto passando la croci mezo nono apresso la costa del quadrato comme apare in la figura e caua si comme uno *O.*

C. Dieser Buchstabe *C* wird aus dem Kreise und seinem Quadrat entnommen, indem man den vierten Theil (des Kreisbogens) von aussen und innen her verdickt. Der Kopf oben endigt über dem Durchschnitt des Durchmessers und Kreisumfanges, der unten überschreitet den Kreuzungspunkt um ein halbes Neuntel nahe der Ecke des Quadrates, wie es in der Figur erhellt, und ergibt sich auf dieselbe Art wie ein *O.*

D. Questa letera . *D* . se caua del tondo e del quadro. La gamba derita uol esser de dentro le crosere grossa de noue parti luna el corpo se ingrossa commo deli altri tondi. La apicatura desopra uol esser grossa el terzo de la gamba grossa et quella desotto el quarto ouer terzo.

D. Dieser Buchstabe *D* wird aus dem Kreise und Quadrate entnommen. Das geradlinige Bein muss zwischen den Kreuzpunkten (von Kreis und Diagonalen) einen der neun Theile dick sein. Der (runde) Körper verdickt sich wie bei anderen Krümmungen. Das Verbindungsglied oben muss ein Drittel des dicken Beines dick sein: und das unten ein Viertel oder ein Drittel.

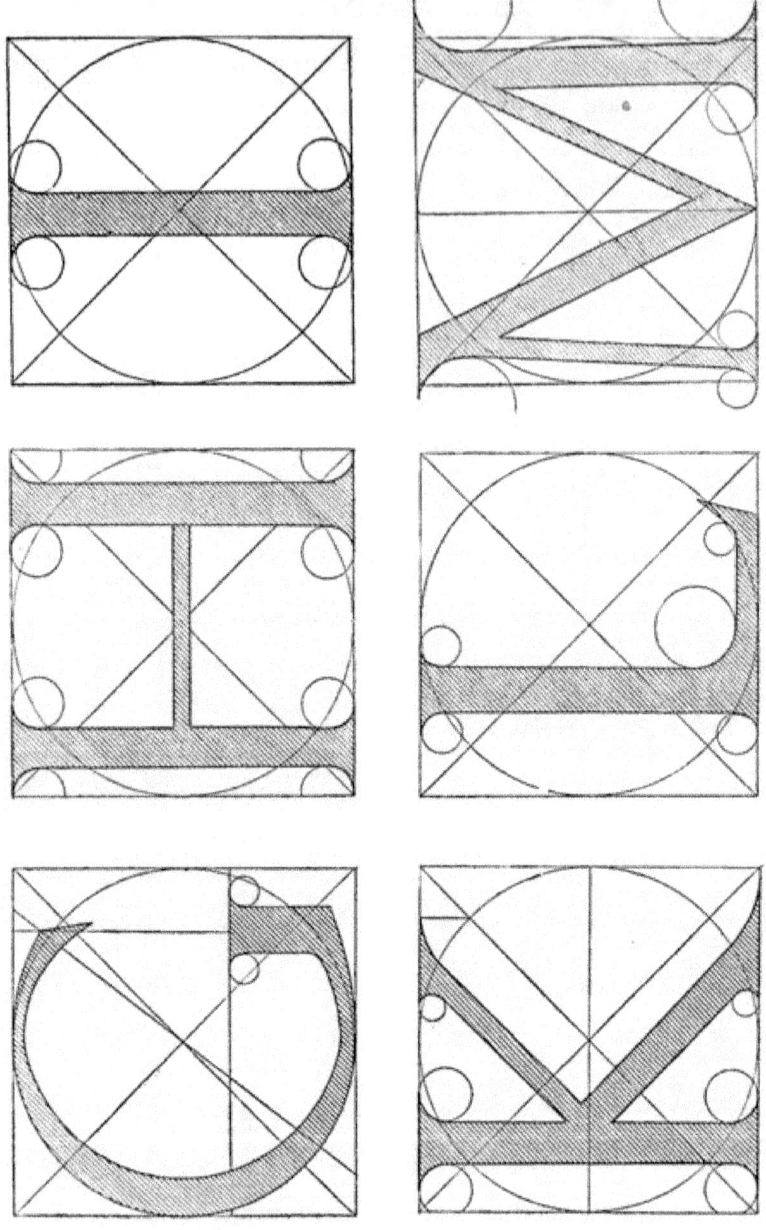

E. Questa lettera. *E.* se caua del tondo e del suo quadro. La gamba grossa uol esser de le noue parti luna. La gamba desopra uol esser per la mita de la gamba grossa quella de sotto per simile. Quella de mezo per terza parte de la gamba grossa comme quella de mezo del. *A*. e la detta lettera uol esser larga meza del suo quadro et sic erit perfectissima.

E. Dieser Buchstabe *E* leitet sich aus dem Kreise uud seinem Vierseit her. Das dicke Bein muss einen der neun Theile, das obere die Hälfte des dicken Beines stark sein, das untere gleicherweise: das mittlere den dritten Theil des dicken Beines, wie das mittlere des *A*, und besagter Buchstabe muss so breit sein, wie die halbe Seite seines Vierecks, und so wird er am vollkommensten sein.

F. Questa lettera. *F*. se forma a quel modo come la lettera. *E*. ne piu ne mancho excepto che. *F*. si e senza la terza gamba: come denanci hauesti diffusamente alluoco de ditto. *E*. cum tutte suo proportioni pero qui quello te basti.

F. Dieser Buchstabe *F* bildet sich auf die Art, wie der Buchstabe E, weder mehr noch weniger, ausgenommen, dass *F* ohne das dritte Bein ist, wie du es deutlich am Ort besagten *E*'s vor Augen gehabt hast: mit allen seinen Proportionen. Darum möge hier dieses dir genügen.

G. Questa letera. *G*. si forma commel. *C*. del suo tondo e quadro. La gamba deritta de sotto uol esser alta un terzo del suo quadro: e grossa de le noue parti luna de lalteza del suo quadrato.

G. Dieser Buchstabe *G* bildet sich wie das *C* aus seinem Kreise und Vierseit. Das untere gerade Bein muss ein Drittel seiner Quadrat (seite) hoch und einen der neun Theile der Höhe seines Quadrats dick sein.

H. Questa lettera. *H*. si caua del tondo e del suo quadro. le sue gambe grosse si fanno per mezo le crosiere cioe doue se intersecano li diametri del tondo suo quadro. La grosseza de ditte gambe uol esser de le noue parti una de lalteza. E quella de mezo se fa per mezo el diametro: la sua grosseza uol esser la terza parte de la gamba grossa commeltrauerso del *A*.

H. Dieser Buchstabe *H* wird aus dem Kreise und seinem Vierseit abgeleitet. Seine dicken Beine werden mittelst der Kreuzungspunkte gemacht, d. h. wo die Durchmesser des Kreises und seines Vierseits sich schneiden.*) Die Dicke besagter Beine muss einen der neun Theile der Höhe betragen, und das mittlere wird mittelst des Durchmessers gemacht. Seine Dicke muss den dritten Theil des dicken Beines betragen, wie der Querbalken des *A*.

J. Questa lettera. *J*. se caua del tondo e del quadro la sua grosseza uol esser de le noue parti luna che facil fia sua formatione fra laltre.

J. Dieser Buchstabe *J* wird aus dem Kreise und Vierseit entnommen. Seine Dicke muss einen von den neun Theilen betragen, so dass seine Bildung vor den übrigen leicht ist.

K. Questa lettera. *K*. se caua del tondo e del suo quadro tirando una linea per diametro del quadro. in

K. Dieser Buchstabe *K* wird aus dem Kreise und seinem Vierseit entnommen, indem man eine Linie

*) Soll heissen: wo Peripherie des Kreises und Diagonalen des Quadrats sich schneiden.

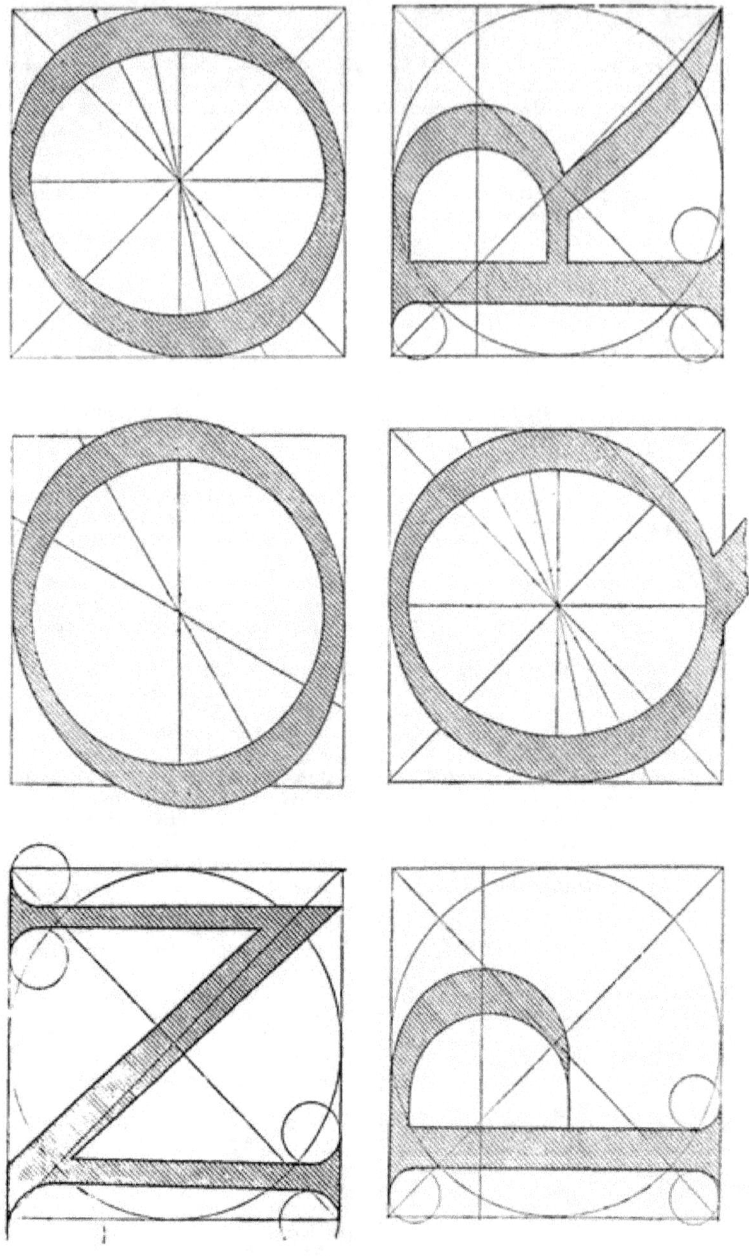

questa linea se ferma e termina le due gambe per mezo la gamba grossa. La gamba de sotto uol esser grossa comme laltre gambe una parte de le noue. Quella de sopra la mita de la grossa comme la sinistra del *A*. Quella de sotto uol esser longa finala crociera ouer di fora. Quella de sopra dentro la crociera.

als Durchmesser des Vierseits zieht. In dieser Linie beschliessen und beendigen sich die beiden Beine in der Mitte des dicken Beines. Das untere Bein muss wie die übrigen Beine einen der neun Theile dick sein. Das obere die Hälfte des dicken, wie das linke des *A*. Das untere muss bis zum Kreuzungspunkt (von Kreis und Diagonale) oder darüber hinaus lang sein: das obere (bleibt) innerhalb des Kreuzungspunktes.

L. Questa lettera . *L*. se caua del tondo e del suo quadro. La sua grosseza uol esser de le noue parti una de laltezza. La sua largheza mezo quadro cum questi tondi soprascripti . la gamba sutile de sotto uol esser per la mita de la grossa comme quella del *E*. et del *F*.

L. Dieser Buchstabe *L* wird aus dem Kreise und seinem Vierseit entnommen. Seine Dicke muss einen der neun Theile der Höhe betragen. Seine Breite die Hälfte der Quadratseite mit den darüber beschriebenen Rundungen. Das dünne Bein muss unten halb so dick sein, wie das dicke, wie das des *E* und des *F*.

M. Questa lettera . *M*. se caua del tondo e del suo quadro . le gambe suttili uogliano esser per mezo de le grosse comme la senistra del *A* . le extreme gambe uogliano esser alquanto dentro al quadro . le medie fra quelle e le intersecationi de li diametri lor grosseze grosse e sutili se referiscano a quelle del *A*. comme disopra in figura aperto poi cemprendere.

M. Dieser Buchstabe *M* wird aus dem Kreise und seinem Quadrat entnommen. Die dünnen Beine müssen halb so dick sein, wie die dicken, wie das linke des *A*. Die äusseren Beine müssen ein wenig einwärts in das Quadrat treten; die mittleren liegen zwischen jenen und den Durchschnitten der Durchmesser (mit der Peripherie). Ihre Dicken, dickeren und dünnere, verhalten sich wie die des *A*, wie du vorher aus der Figur deutlich verstehen kannst.

N. Questa lettera . *N*. se caua del suo tondo et etiam quadro. La prima gamba uol esser fora de la intersecatione de li diametri. La trauersa de mezo uol esser grossa de la noue parti luna presa diametraliter. La terza gamba uol esser fora de la crociera. Prima gamba et Vltima uogliano esser grosse la mita de la gamba grossa cioe duna testa.

N. Dieser Buchstabe *N* wird aus seinem Kreise und aus dem Quadrat entnommen. Das erste Bein muss ausserhalb des Durchschnittes der Durchmesser (mit dem Kreise) liegen. Das mittlere Querbein muss einen der neun Theile, diametral genommen, dick sein. Das dritte Bein muss ausserhalb des Kreuzungspunktes (von Quadrat und Kreis) liegen. Erstes und letztes Bein müssen halb so dick sein, wie das dicke Bein, nämlich eine Kopflänge.*)

O. Questo . *O* . e perfectissimo.

O. Dieses *O* ist sehr vollkommen.

O. Questa lettera . *O* . si caua del tondo e del suo quadro . se diuide in

O. Dieser Buchstabe *O* wird aus dem Kreise und seinem Quadrat

*) D. h. $1/9$ der Quadratseite.

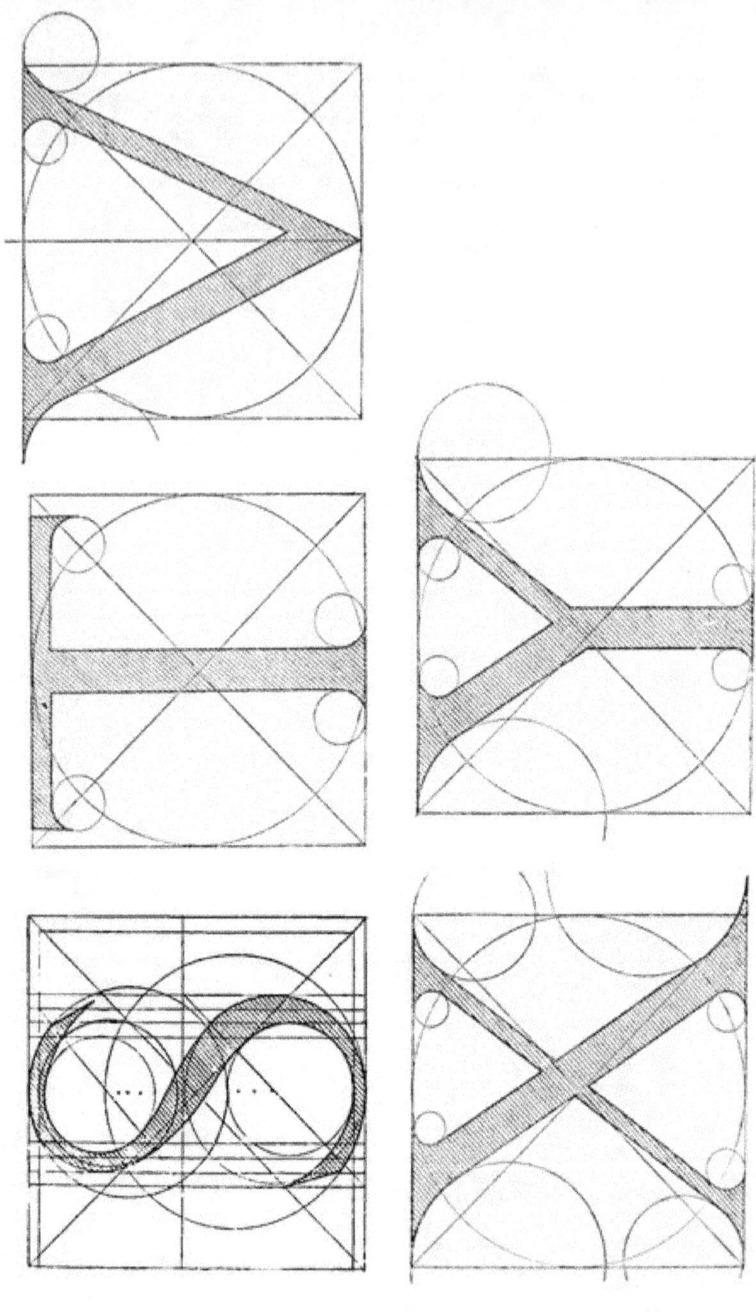

quatro parti cioe in croce per mezo le quatro linee. el corpo suo uol esser grosso de le noue parti luna. el corpo suo de sopra uol esser per mezo del suo grosso. Le sue pance una uol pender in su laltra ingiu. el sutile del corpo nol esser per la terza parte del la sua pancia. E per che di lui sonno doi opinioni pero te no posto un altro amio piacere perfectissimo e tu prendi qual te pare e di loro formarai el *Q* comme disotto intenderai a suo luoco.

P. Questa lettera. *P.* si caua del tondo e del suo quadro. La sua gamba grossa uol esser de le noue parti luna. La forma del tondo uol esser grande comme quella del *B.* da basso, e la sua grosseza de la pancia uol esser tanto quanto la gamba grossa e si uol principiar ditta lettera de le crociere del tondo grande cioe da le intersecationi de li diametri et si erit perfectissima.

Q. Questa letera. *Q.* comme disopradissi se caua del *O.* terminando sua gamba tre teste de sua altezza sotto el quadrato cioe de le noue parti le tre del suo quadrato ouero diametro del suo tondo comme qui appare proportionata. guidando le pance grosse e sue sutili oposite a poncto comme del *O.* fo dicto. Ela sua gamba uol esser longa noue teste cioe quanto el suo quadrato arectangulo. ela fine uol esser alta la poncta in su un nono de laltezza sequendo la curuita de la penna con la degradatione de la sua grosseza.

entnommen. Es wird in vier Theile getheilt, d. h. kreuzweise mittelst der vier (Mittel-) Linien. Sein Körper muss einen der neun Theile dick sein, und sein Körper muss oben halb so dick sein, als sein dicker Theil. Von seinen Bäuchen muss einer aufwärts, der andere abwärts hängen. Der dünne Theil des Körpers muss ein Drittel seines Bauches dick sein. Und weil darüber zwei Meinungen herrschen, so habe ich dir noch einen anderen hingesetzt, der nach meinem Gefallen sehr vollkommen ist, und du nimmst, welcher dir gut dünkt, und wirst aus ihnen das *Q* bilden, wie du unten an seinem Orte verstehen wirst.

P. Dieser Buchstabe *P* wird aus dem Kreise und seinem Vierseit entnommen. Sein dickes Bein muss einen der neun Theile betragen. Die Form des Runden muss so gross sein, wie der untere des *B* und die Dicke des Bauches muss so gross sein, wie das dicke Bein und besagter Buchstabe muss an den Kreuzungspunkten des grossen Kreises, d. h. den Durchschnitten, mit den Durchmessern beginnen, und so wird er sehr vollkommen sein.

Q. Dieser Buchstabe *Q* wird, wie ich oben sagte, aus dem *O* entnommen; indem sein Bein drei Kopflängen seiner Höhe unterhalb des Quadrats, d. h. drei von den neun Theilen seiner Quadrat (seite) oder Durchmesser seines Kreises endet, wie es hier im rechten Verhältniss erscheint: indem man die dicken Bäuche und seine dünnen entgegengesetzten genau wie beim *O* gesagt worden, führt. Und sein Bein muss neun Kopflängen, d. h. so lang wie sein rechtwinkeliges Vierseit sein und das Ende muss am obersten Punkte ein Neuntel der Höhe hoch sein, indem man der Krümmung der Feder mit der Abnahme seiner Dicke folgt.

R. Questa lettera . *R* . se caua de la lettera . *B* . el suo tondo sie de sotto dal centro una meza gamba. Tutta questa lettera uol esser dentro de le croci excepto la gamba storta uol uscir for de le croci fin al fin del quadro. Dicta gamba storta uol esser grossa de le noue parti luna terminata sutile in ponta nellangulo del quadro amodo de curuelinee ut hic in exemplo patet.

R. Dieser Buchstabe *R* wird aus dem Buchstaben *B* abgeleitet. Seine Rundung geht um eine halbe Bein (dicke) unterhalb des Centrums. Dieser ganze Buchstabe muss innerhalb der Kreuzungspunkte (von Kreis und Diagonalen) liegen, ausgenommen das gebogene Bein, welches über die Kreuzpunkte hinaus bis ans Ende des Vierseits gehen muss. Besagtes gebogenes Bein muss einen der neun Theile dick sein, indem es dünn in eine Spitze am Ende des Vierseits nach Art von krummen Linien ausläuft, wie hier am Beispiel erhellt.

S. Questa lettera *S* se caua de octo tondi et questa sie la sua ragione ut hic in exemplo apparet . li quali per le sue paralelle trouando lor centri trouerai quelli de sotto esser magiori de li de sopra un terzo del nono del suo quadro. La pancia de mezzo uol esser grossa el nono aponto de lalteza. Le sutili un terzo de la grosseza terminando le teste con sua gratia.

S. Dieser Buchstabe *S* wird aus acht Kreisen entnommen*) und dieses ist sein Bildungsgesetz, wie hier im Beispiel erhellt. Nachdem du von diesen (Kreisen) mittelst ihrer Parallelen ihre Centra aufgefunden, so wirst du finden, dass die unteren um ein Drittel des Neuntels seines Quadrats grösser seien, als die oberen. Der Bauch in der Mitte muss genau den neunten Theil der Höhe dick sein. Die dünneren Theile ein Drittel der Dicke, indem die Köpfe in anmuthiger Form endigen.

T. Questa lettera . *T* . se caua del suo quadro e tondo. La gamba grossa uol esser a poncto comme del *J.* fo detto. Quella trauersa uol esser grossa per la mita de la grossa comme quelle disopra al . *E* . et . *F* . e uol terminare mezza testa per lato da le coste del suo quadro e fia ala uista gratissima.

T. Dieser Buchstabe *T* wird aus dem Quadrat und Kreise entnommen. Das dritte Bein muss genau so sein, wie beim *I* gesagt worden. Das Querbein muss halb so dick sein, wie das dicke, wie das obere beim *E* und *F* und muss um eine halbe Kopflänge beiderseits von den Ecken seiner Quadratseite enden, und wird beim Anblick sehr anmuthig.

V. Questa lettera . *V* . se caua del suo quadro tutto intero. La gamba senistra uol esser grossa el nono del suo quadro presa diametraliter comme la dextra del . *A* . e trauersa del . *N* . la dextra la mita de la

V. Dieser Buchstabe *V* wird aus seinem ganzen vollen Quadrat entnommen. Das linke Bein muss den neunten Theil seines Quadrats, diametral genommen, dick sein, wie das rechte des *A*

*) In Figur sind deren nur sechs angegeben.

grossa pur diametraliter presa comme la senistra del *A* e termina pontito nella basa del quadro in fin del diametro del tondo.

und quere des *N*. Das rechte halb so dick als das dicke, ebenfalls diametral genommen wie das linke des *A*, und endigt in einem Punkte in der Basis des Quadrates am Ende des Kreisdurchmessers.

X. Questa lettera. *X*. uol tutto el suo quadro incrociando sue gambe nella intersecatione de li diametri E luna uol esser grossa la nona parte de laltezza. Laltra la mita prese diametraliter terminando sue gambe condebita gratia secondo la forza de li tondi piccoli.

X. Dieser Buchstabe *X* bedarf seines ganzen Quadrats, indem sich seine Beine im Durchschnitt der Durchmesser kreuzen. Und das eine muss den neunten Theil der Höhe dick sein, dass andere die Hälfte davon, beide diametral genommen, indem seine Beine mit erforderlicher Anmuth gemäss dem Zwange der kleinen Kreise endigen.

Y. Questa lettera. *Y*. uol tutto el quadro le gambe. dextra e senistra uogliano esser grosse comme la proportione de quelle de *Y*. saluo che le terminano a poncto in su la intersecatione de li diametri. e dainde in giu si tira lor conjunctione ala basa del quadrato grossa el nono del quadrato. le teste de sopra finescano suli soi tondi comme uedi.

Y. Dieser Buchstabe *Y* erfordert das ganze Quadrat. Das rechte und linke Bein müssen so dick sein wie das Verhältniss derer des *V* aufweist, abgesehen, dass sie genau im Durchschnitt der Durchmesser endigen. Und von da nach unten zieht man von ihrer Verbindung bis zur Basis eine ein Neuntel der Quadratseite dicke Linie. Die Spitzen oben endigen auf ihren Kreisen, wie du siehst.

Architektur.

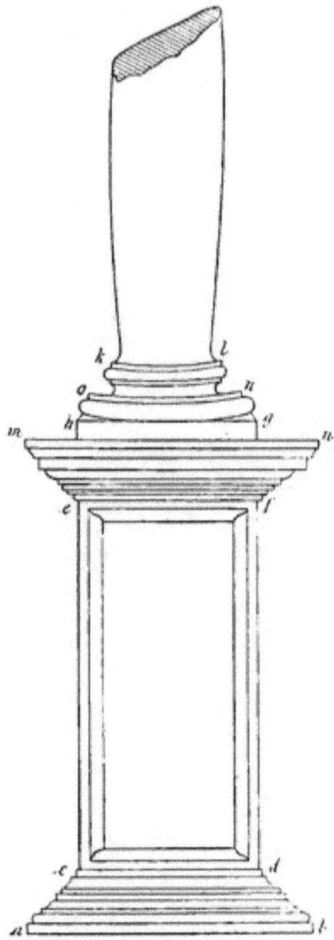

Questo Vittruuio lo chiama Stillobata e da li Moderni sia detto Pilastrello ouero basamento.

El fundamento soto terra fin al suo piano largo quanto sua basa sia detto Steriobata.

Dies nennt Vitruv Stilobat, und von den Modernen wird es Pilaster oder Basament genannt.

Das Fundament unter der Erde bis zu seiner (Grund-) Ebene, ebenso breit wie seine Basis heisst Stereobat.

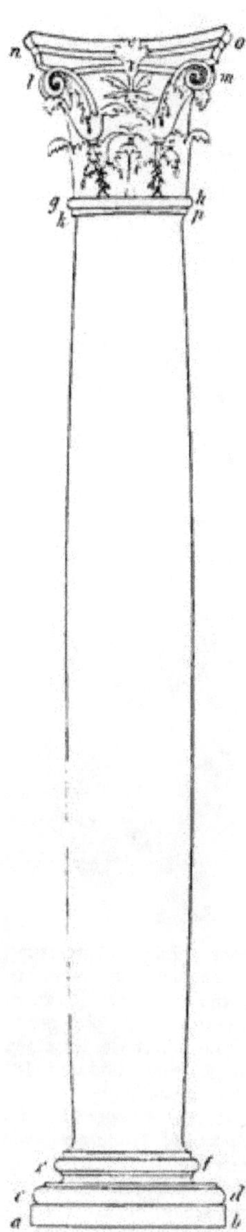

Colonna della Corinta respetto al Capitello, Abaco e Cimasa, Jonica e Puluinata quanto ala Basa e in capitello come apieno nel suo libro Vitruuio expone de tutte.

Per la importantia e varieta di questi nomi ala tauola ordinata nel principio del libro recorri equella te mandara al suo capitulo. Doue apieno intenderai lor differentia antica moderna etc.

Ben che tre sieno le sorti principali de le colonne dali antichi celebrate cioe Jonica Dorica e Corinta: Non di meno molte altre piu oltra speculando sonno dali pratici retrouate alochio vaghe e a li hedificii bastanti ale quali ancora non ben a pieno fia el nome assegnato cioe nel domo de Pisa e in Firençe San Spirito e San Lorenzo digno patronato de la casa di Medici.

Säule, korinthisch genannt, bezüglich des Capitäls, Abacus und Gesims, jonische und Polstersäule bezüglich der Basis und am Capitäl, wie Vitruv in seinem Buche vor Allem deutlich darlegt.

Wegen der Wichtigkeit und Verschiedenheit dieser Namen geh' auf die am Anfange des Buches angeordnete Tafel zurück und diese wird dich auf das betreffende Capitel hinweisen, woraus du vollkommen ihre Unterschiede im Alterthum und jetzt verstehen wirst.

Obwohl der Hauptsäulengattungen drei sind, welche von den Alten gepriesen, nämlich die dorische, jonische und korinthische, so sind nichtsdestoweniger viele andere darüber hinausspekulirend von den Praktikern aufgefunden, die für das Auge schön und für die Bauten genügend sind, für welche aber der besagte Name nicht ganz zutreffend ist, nämlich im Dom zu Pisa und Florenz, S. Spirito und S. Lorenzo, dem würdigen Patronat des Hauses Medici.

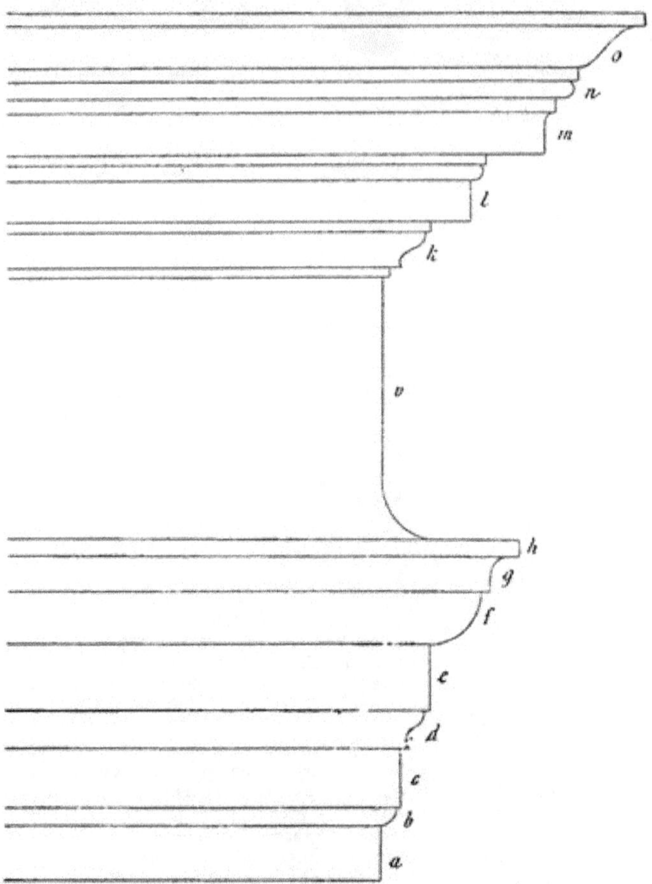

Tutto el composto dal Zophoro in giu da li Antichi fia detto Epistilio e da li moderni Architraue e tutto el composto sopra depso li Antichi cornice e moderni cornicione.

a = Fastigio ouer Fascia da li Antichi e moderni ut supra;

c = Fascia ouer Fastigio comme de sopra fo detto da cadauno;

e = li antichi a questo dicano Fascia e alcuolte Fastigio e cosi li moderni;

Die ganze Zusammensetzung von Zophoros abwärts wird von den Alten Epistel und von den Modernen Architrav genannt, und die ganze Zusammensetzung oberhalb desselben von den Alten „Karnies" und von den Modernen „Cornicione".

a = Giebelabschluss oder Bündel von Alten und Modernen, wie oben erwähnt;

c = Bündel oder Giebelabschluss wie oben von Jedem gesagt worden;

e = Die Alten sagen hiefür Bündel und zuweilen Giebelabschluss, und ebenso die Modernen;

f = Questo da li antichi fia detto Echino e da li moderni Huouolo;

g = Aquisto li antichi dicano Scothica li moderni: gola de larchitraue;

k = Questo cadauno lo dice Cimacio del Fregio e Zophoro;

l = Li antichi li dicano Denticoli li moderni denticelli e Rastro;

m = Li antichi li dicano Corona li moderni la chiamano gociolatoro;

o = Li antichi a questo dicano Acrotherio, li moderni Regolo de la cornice.

Quel che qui e posto de Colonna Architraue e Cornicione solo acenno de lo intero exemplo fia facto perche apieno di loro non sipo in breue dirne maxime per la gran varieta de proportioni e proportionalita che in sue debite dispositioni se ricercano. Il che tutto el rende chiaro el sublime volume del nostro degno Anticho Architecto Vitruuio Pollione. Doue ben monito de Arithmetica Geometria e Quinto del perspicacissimo nostro Platonico e Megarense Phylosopho Euklide. Tal tutto Lectore te remetto senza la cui doctrina non e possibile in agibilibus Prathice e Theorice alcuna cosa bene exercitarse: cum omnia in numero, pondere et mensura disposuerit Altissimus et cetera.

In la sequente Figura de la porta detta Speciosa le doi parti qui aducte cioe de la colonna rotonda con suo capitello, Basa, Stilobata et Steriobata, Epistilio cum suo Zophoro e Cornicione mirendo certo Lectore che alintellecto debitamente lochio del tuo peregrino ingegno lo representa con li recordi che di sotto per la tauola trouarai etc.

f = Dies wird von den Alten Echinus und von den Modernen Eierstab genannt;

g = Hiefür sagen die Alten Scotica, die Modernen Kehle des Architravs;

k = Dieses nennen beide Gesimse des Frieses und Zophoros:

l = Die Alten sagen hier Zähne, die Modernen Zähnchen und „Rechen".

m = Die Alten sagen hier Krone, die Modernen Dachtraufe;

o = Die Alten sagen dafür Akrotherion, die Modernen Stab des Karnieses.

Das was hier über Säule, Architrav und Karnies beigebracht, ist nur als Skizze des vollständigen Beispiels dargestellt, weil man vollständig darüber in kurzen Worten nicht reden kann: wegen der grossen Verschiedenheit der Verhältnisse und Proportionen, die in ihren nothwendigen Anordnungen untersucht werden müssen. Alles das macht der erhabene Band unseres würdigen alten Architekten Vitruuius Pollio klar, worin über Arithmetik, Geometrie und das Fünfte (Perspective) unsere scharfsinnigen Platonikers und megaräischen Philosophen Euklid gut gehandelt worden. Auf dies alles, Leser, verweise ich dich, ohne dessen Wissenschaft es nicht möglich ist, vorkommendenfalls irgend etwas praktisch und theoretisch gut auszuführen: weil Alles nach Zahl, Gewicht und Mass der Höchste angeordnet hat.

Hinsichtlich der folgenden Figur des „Speciosa" genannten Thores und der hier vorgeführten beiden Theile: nämlich der runden Säule mit ihrem Capitäl, Basis, Stilobat und Stereobat, Epistil mit seinem Zophoros und Karnies, bin ich sicher, Leser, dass das Auge deines bewanderten Geistes es in richtiger Weise dem Verständniss vorführe mittelst der Erinnerungen, die du unten mit Hilfe der Tafel finden wirst.

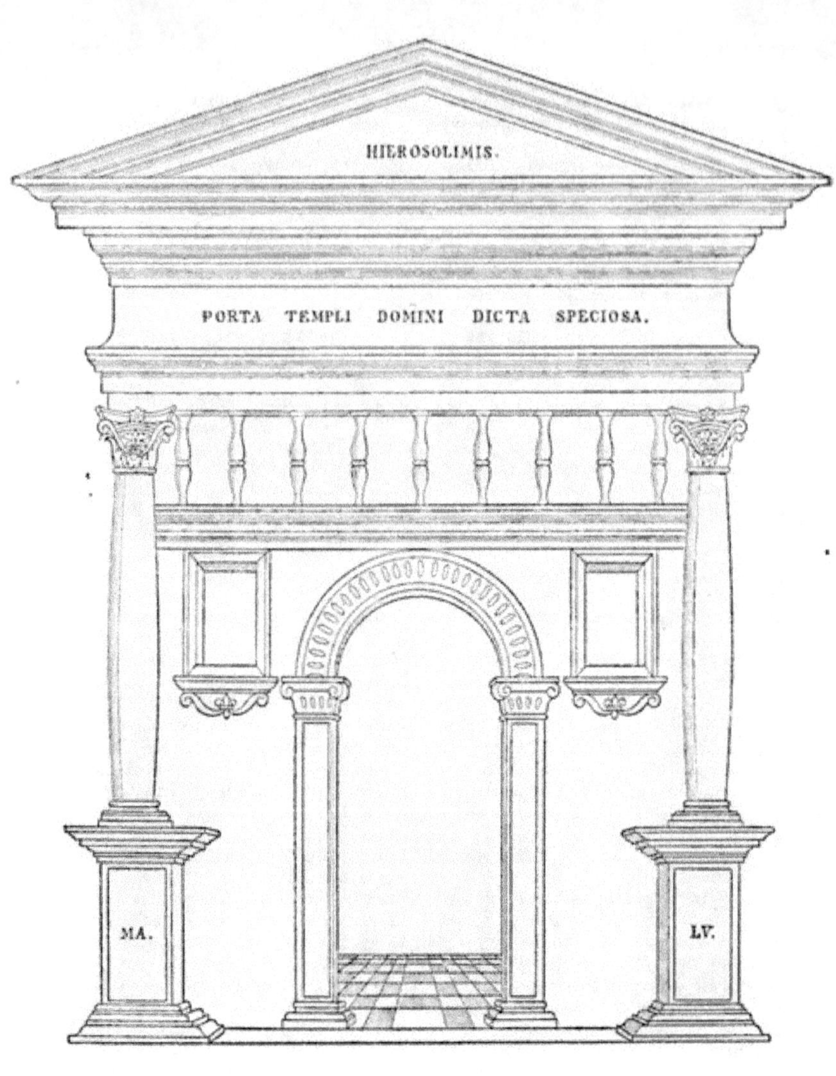
HIEROSOLIMIS.
PORTA TEMPLI DOMINI DICTA SPECIOSA.
MA.
LV.

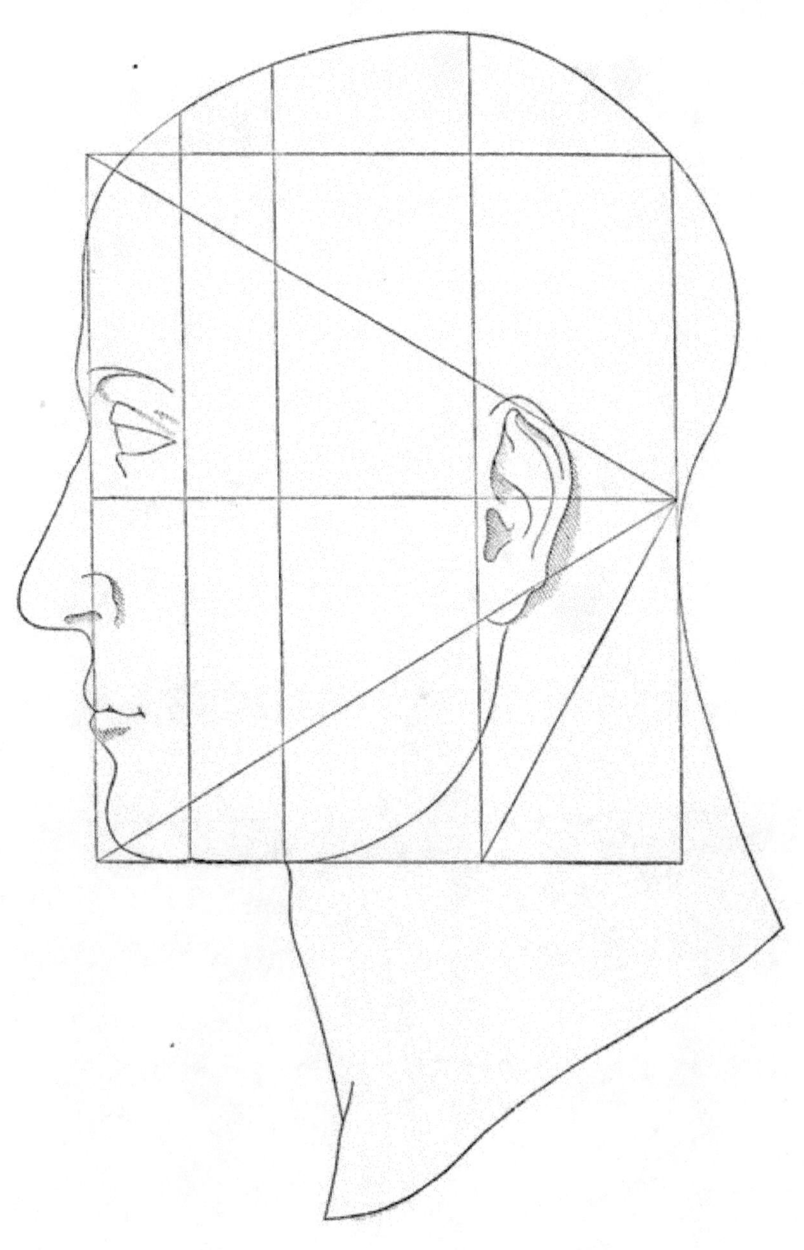

www.ingramcontent.com/pod-product-compliance
Lightning Source LLC
Chambersburg PA
CBHW030906270326
41929CB00008B/604

* 9 7 8 3 7 4 4 6 8 2 0 5 3 *